北戴河

好大的聚寶盆

魯伯濤

張桂越的一根指頭和序一個字讓我思潮起伏……

時間回到 2018 年的倫敦。

那天與闊別近 50 年的張桂越通了電話，她建議我們在倫敦中國城的兩個石獅子前見面，我滿口同意。要知道她是駐倫敦多年的記者，倫敦猶如她的後花園，我在倫敦也住了幾年，自認對中國城也是熟悉的，為了口腹之欲，沒有哪個中國人能夠遠離中國城的。我安步當車提前溜達到了中國城，忽然傻眼了！幾乎每一家飯館門前都立著兩個石獅子；黑的白的大的小的、大理石的、木刻的，數量雖不如盧溝橋的獅子，又沒有她的手機號！我已經眼花撩亂叫苦連連。

第二次就直接來家吧，我可以以逸待勞，也免得再生枝節。她一進門就翻看我先生寫的「北戴河」，書裡有陸小曼前夫王賡的相片，談起了她曾經在開羅的一個墓園中發現了王賡的墓碑，說「他是三個人中最沉默無聲的。」這句話深深觸動了我；終於有人為這位徐志摩陸小曼戀情中的受害者、美國總統艾森豪西點軍校的同學、西點軍校的高材生、最後埋骨異鄉的王賡先生說了句公道話！她繼續翻閱著這本書……忽然衝著我說：「你能不能幹點有意義的事兒？不要整天圍著小孫女轉！」我奇怪的看著她，她接著說：「把這本書翻譯成中文！」

我也曾經想過將 Rainer 的作品譯成中文，但是「理想很豐滿、現實卻往往很骨感！」我給了自己太多退縮的理由，丈夫的這本「北戴河」總是一拖再拖……。

這次病毒施虐全球，不由得讓我想起了「北戴河」書中提到的、百年前的東北鼠疫；多虧了清末施肇基這位留過學的外交家，推薦了劍橋畢業的醫學博士伍連德，面對死亡毫不退卻，臨危受命，在 1910 年的平安夜，伍連德親自奔赴疫區，真是九死一生、命懸一線，在日俄極端惡劣政治環境中、嚴酷的氣候和物資匱乏的情況下，做出了正確的判斷。他有王爺載灃的支持，將肺鼠疫成功的擋在了山海關外，拯救了多少中國、乃至全世界人的生命！現在滿世界的、不論男女老少每人臉上的口罩，那也是伍連德那時候的發明！他證明了知識就是力量，尊重知識，就是尊重生命！

張桂越又穿越時光隧道，把我拉了回來。她像個火車頭，冒著白色蒸汽……序！序！序！天天逼我寫序！火車頭直奔目標而來，病毒也耐她不得。

三人行必有我師！我雖是他曙光女中的數學老師，50 年後，突然發覺她才是我的老師呢！沒有她，「北戴河」中文版不可能問世，功不可沒！

我收住飄忽的思緒，做些有意義的事，也不枉在世界上走了一遭。就交給她算著是「序」吧。

編輯室報告

我那輕狂叛逆的少女時代

17 歲認識趙亞生，初相識，是讓一根粉筆從講台畫下，直奔我全神貫注的腦袋瓜子，眼睛正直視著張無忌的屠龍刀。

趙亞生是我高中的數學老師，我討厭算術，大學聯考數學兩分，一輩子記得！但那天的師徒大戰也是很難忘記！戲是這麼上演的：老師在上面微積分，我是班長，在下面埋頭苦看我的張無忌，突然一線流星雨畫過，是趙老師射的！因為我「無視粉筆的攻擊」，她怒氣沖沖走下臺來，把我的本兒撕個稀巴爛，我有好幾本，記得她雙手發抖，撕一本、我再拿一本，好像是兩本「倚天」都毀了！

大戰中，坐在隔壁的趙夢遠低頭不語，她是老師的親妹妹，事隔 50 年，一直沒問她「記不記得這件事？」後來，訓導處沒人找我，教官也沒找我，SAFE ！這是我一直納悶的事，她為什麼不像遊鴨子（班導）記我個大過？五十年後問她，她訝異的看著我：「我完全不記得，那我不成了焚書坑儒啦？」

與趙亞生的初相識，覺得她「還不錯！」

人家瓊瑤的17歲如此朦朧，我的17歲卻像隻憤怒鳥、扛著把屠龍刀闖進曙光女中，逞英雄、愛表現、自以為義氣……，背著大過、大功，大開殺戒……三年下來，結識不少英雄好漢、終生死黨。我的少女時代不朦朧，明明白白大叛逆，逼得教主焚書坑儒！

與趙老師有緣50年後倫敦相遇，成就了這本「北戴河」的中文本。

作者魯伯濤是老師的愛人同志，我是攀附「裙帶關係」得以神遊北戴河。我喜歡看民國故事，書裡的王賡（徐志摩的陸小曼的前夫）是我在2006年去開羅採訪時順便前往憑弔的人物，並為「印刻」雜誌寫了篇「靈魂的孤寂」，可能也是因為這樣，我對北戴河情有獨鍾，這書雖是「中國的百寶盒」，書裡有157個寶貝，還有很多洋玩意兒，你可以魂遊、亦可把玩，正好我人在台灣、老師夫妻在德國，天時、地利、人和，一塊蛋糕的事兒，我就不自量力的攬了下來，後來發現這是個不小的工程，但我能夠因此進入民國時代的歷史、品嘗那個時代的生活，有機會穿越反省，實在是物超所值，只能鞠躬，感謝老天。

張桂越

前言

在進入「北戴河」之前，我要先介紹一位老朋友出場，他是「老北京浪蕩子」的作者，有三個名字：策紹真、澤旦多耳基（他是蒙古王子）、英文名叫喬治。策紹真是軍閥的兒子，1920年代就讀於北京的德國學校，念到了德國中學六年級後，赴德國斯裡西亞邦 Schlesien 繼續念高中。畢業前夕，策紹真帶著念了三年的拉丁文檢定資格回到北京，此後開始了他那無所事事、閒雲野鶴的生活。

中華人民共和國成立後，策紹真遊手好閒的生活當然也宣告結束。要糾正他的無所事事，他首先被送進勞改營兩年，後來，被派到外交部教德語。文化大革命開始的第一年，他再度被迫回到勞改營。1979年當我以德國交換學者的身分到北京時，他是北京外語學院「漢德大詞典」編輯委員。五年來我們共事，在一起編輯「漢德大詞典」。透過「文字」我們相識，文字也領我們進入故事，故事引起回憶。我鼓勵他把他的生平經歷用德文寫下來，也毛遂自薦的答應在一旁協助。我們說到，也真的做到了。那時候合作當然是私下秘密進行：要知道當時是在所謂的「文革的尾巴」階段，任何個人的私密，只能透過「自我批判」的方式表達，而且在工作之外與外國人接觸根本就是被禁止的。

策紹真的個子矮小、有著高聳寬闊的額頭、烏龜般厚重的眼皮、活躍挑動的眉毛、平平整整向後梳理的頭髮、很容易引人注意的嘴巴（他的門牙在文革時被打掉了），平時身旁的佩戴物件有：一副焦紅色牛角眼鏡（他總是用雙手戴上）、一條褪色顯得蒼白的銀白色絲巾圍繞在他滿是皺紋的脖子上、一根麻六甲硬木手杖，進辦公室他總是把它掛在衣架上……他讓我想起「愛麗斯夢遊仙境」中的那隻老貓：圍著一條褪色的絲巾、手中拄著他的小馬拉嘎（麻六甲木制小手杖）。

我們天天面對面坐在同一張寫字台前，他抽菸，抽的是當時中國很少見的細小雪茄，經常的熄火，是個不知名的中國品牌，淺棕色的玉米紙緊緊包裹著菸絲。他用一個鐵盒裝他的小雪茄，盒子印著「騎士上尉 Rittmeister」」。每喝一口茶，他就會不由自主的拿手帕擦嘴。他的德文，還屬於那個人們還會「聊天」和彼此「花言巧語、相互奉承」的時代。他住在金魚胡同（父母親留下）的大宅院裡，但是住的是當年他家的撞球室，因為在 50 年代，他的家被九個家庭瓜分了。他冷靜沉著的接受了這一切，正如他在接著的文化大革命時被送進勞改營一樣，他總是體面的維護住自己的尊嚴，有骨氣的撐了過來。

大革命

不定期的，策紹真會把他寫的故事交給我，大部份是早上十點鐘課間操休息時間，其他的字典組成員這時候會到外面庭院中；按照擴音器播放出的指揮和音樂做體操（擴音器時而發出尖銳刺耳的聲音，至今還在我的耳中回蕩）。我看完他的手稿，小心的更正，然後給他提出一些疑問和建議，來來去去，大概花了兩年的時間。這喚醒了我對軍閥時代的興趣，那是個屬於喬治的時代，不久我就固定稱呼他喬治，我覺得，這個名字很適合他：喬治男孩 Georgie-Boy 是當年的流行歌曲，書中描述他度過的大部份童年生活。

那是個你剛唱完、我登場的混亂年代 - 從中國的帝制結束到中華人民共和國誕生，喬治自己就認識許許多多、大大小小的軍閥。我開始計畫書寫這段在德國幾乎沒有人知道的篇章。當然是寫傳記，我打算把這段精彩的時代給德國讀者補上。

週末我會到金魚胡同去拜訪喬治。他的房間很簡陋：一張大床、一張書桌，書桌上有幾本英文和德文書，還有一瓶強尼走路（我送他的，每週一瓶，讓他能夠保持繼續寫作的興趣）、一個痰盂、一個五斗櫃，上面有一袋奶粉、一支用來裝熱水的大熱水瓶、床鋪下有一個引人注意、怪異的老木箱。牆壁上掛著他父親的照片，一位年輕軍閥，軍裝上掛滿了各種動章；高聳的衣領，胸前有裝飾吊帶繩，看起來如同奧匈帝國皇家的輕騎兵的制服。照片上被用黑墨寫著：「老混蛋曾任日偽軍官」，這張照片在文革時期曾落到紅衛兵手裡，現在看起來，反而成了一種榮耀的證明。

對於當時的人物和他們的日常生活，我用打破砂鍋問到底、步步緊逼的方式對喬治提出一連串的問題；一邊為我要寫的傳記做著筆記，也養成了把資料書寫在檔案卡片上的習慣，再把這些卡片都收藏在我的檔案櫃中。而檔案卡正是我們編寫「漢德時大辭典」工作中用來收集單字和詞彙時所用的工具（那時候還沒有電腦）。

我不斷的增加和修改，像納博科夫「Nabokov」用檔案、鉛筆、橡皮擦來寫他的小說一樣，直到整本字典完成。

由於我當時還不很清楚到底要選擇哪個人物作為我寫作的對象，我把重點放在那逐漸消失的中國生活層上面，也是為了未來書寫人物的背景氛圍做準備。結果真讓人眼花撩亂：金錢、鴉片、養鳥、金魚、蛐蛐兒、瓜果、市場、藥房、茶樓、說書人、香水、衣著服飾、宅第、動物與植物等等。背景具備，主角尚缺，誰的傳記呢？如何拉起紅線讓彼此關聯呢？我找不到解決的方法，只好把檔案卡先擱置一旁。

喬治的書，他自己就是那條貫穿的紅線，在完成書稿後，我嘗試推薦給一些德國的出版社，希望能找到出版的機會，但是沒能成功。因為，這本書與德國在 68 年學運後的那種被中國熱情吸引的氛圍不協調。他們說「缺乏深刻思想，沒有理論高度」，要讓我修改。修改是不可思議的事：本來如同義大利的作家丹尼爾華雷（Daniele Vare's）的風格：純真無邪的描繪；娓娓道來的述說著那時候的歷史故事和軼事，如魔術般的吸引著你。如果按他們的要求去做，純粹是南轅北轍，那就什麼都不剩了。

我原封不動的把原稿交給了在德國的一個朋友，希望透過他的關係，找到出版的機會。後來在我不知情的情況下其中有個朋友成功了，柏林有位女編輯接受了這份手稿。也是在我不知情的情況下，幾個月後就出版了。

喬治呢？他因為一件事，從字典編輯部門被解職了，而我與這件事也不能說沒有關係：德國大使在我的建議下，邀請字典編輯部同仁們到他家作客。十點鐘，部門領導說結束了，外頭有學校巴士在等著，餐後，德國大使和喬治談笑正歡，就留他再喝杯白蘭地，因為喬治的家離大使家不很遠，他也就留了下來，這個行為觸犯了學院的規定，那時候與外國人來往，只能在正式場合，而且必須團體行動。幾天後，喬治必須在德文老師集體會議中，拄著他的手杖，站立著「自我批評」，這是個例行會議 - 列行的處理了喬治。不久之後，他就被迫提前退休。如果這件事發生在幾年前，喬治搞不好還會被送往思想改造營去。

字典編輯完成後，我離開了外語學院，轉換跑道，到了一個我完全陌生的中國商業世界。喬治的故事，就被擱置在一邊，直到有一天我在蘇黎世的一個書店，看到這本作者叫策紹真、書名：「老北京的浪蕩子」、出版者：Margit Miosga 科隆、出版社：Eugen Diederichs, 1987。

一種介紹 -「老北京的浪蕩子」

你將要讀到的故事，是一個老人所寫，有一些是他自己的經歷；另外的一些是被遺忘的或是不願意被記起的事件與故事。

這些故事是他自己親身的經歷，或至少是自己聽人說的。他所聽說的，也許不是事實，但都確實是人們告訴他，他也就如實採信。

他是誰？屬於什麼種族？哪個國家的人？他的職業，他的階級？這個回答很簡單：他是個「直立猿人（homo erectus）」；連個增加上形容詞“智的”智人（sapiens）都算不上。他就是個人，他走路的樣子和別的人及直立的兩腿走路的高級猴子無異。

如果他是蜥蜴，或是兩棲動物；起源於爬蟲類，他早就幸福了！

這本書不完全，當然更不是要證明什麼，只是作者在北平所經歷的事兒。他從前也曾經有時候抽口鴉片，那個年代幾乎整個城的人都這有這嗜好。

文章被縮編，故事的章節順序有些改變，除此之外，還保持著當時完稿的大概。我翻一翻後，發現故事內容，沒有改變。只在其中增加了註腳與說明。

也差不多與此同時，因為搬家，那些數以百計的、一小包一小包的軍閥時代檔案記錄卡片，又重見天日。忽然之間記憶又鮮活起來，裡面有共同的人物，他們的脈絡、派系在我眼前浮動，如一團纏繞小樹的常春藤，要把年輕的共和國捆綁至死，相對的還有些個外國人；他們的生平事蹟可以與之對應，就如同外國人 18 世紀前後在教會權勢過大、被迫分權、分財產的過程中生出了各種特殊的協會、團體、俱樂部，對其教會成員來說參與其中是一種義務，這脈絡中國人不瞭解、也進不去，而外國人同樣的對中國的複雜關係，也只能望之興歎，根本進不了他們的世界。

用句話 -「中國老手」來形容這些一輩子在中國的老外，這塊土地是他們生活的重心，與自己故鄉連接的臍帶已經被剪斷了。如拉丁文 Ubi bene, ibi patria 那句話：「哪裡好、哪裡就是家」，祖國就在那個你覺得生活過的好的地方，但是沒有人敢公開這麼說，如果有人經常的這麼說，是會讓自己陷入險境。只有高舉對效忠祖國的旗幟，最後才能找到平衡，這是倖存者活下來的前提。Going native 被同化，會被視為一種罪過，要活著不只是精神上有壓力，還面對被人排斥與蔑視的困境，往往落入與一個中國女人結婚、被收買、或是吸鴉片上癮的結局。在極端的狀態下，要想解救自己，唯一的方法 - 回國去。

但是誰要是在這裡不再有發展的可能：有一個中國女人，欠錢負債，破產，疾病，家鄉政權被推翻，就如同一個酗酒的人，逐漸的陷入深淵不能自拔。沒有祖國的傢伙，沒有根，被歧視，被羞辱，也被中國人看不起。在異鄉原來是外籍人士，後來無家可歸，再後來被驅逐，喬治認識一大堆這樣人。

我還是不清楚要選誰當我書中的主要人物，我還缺少那條紅線。如果隨意為之，只是些混淆不清的人物故事，狂野迷亂的異國風情，一定會讓讀者墜入五里雲霧中不願看下去。

我當時想要的一種故事的形式，是由單一的一個人物作為那個時代總體故事的引子；帶出那個時代的精神。但是我需要一個實體，可以連接彼此，就好像一個夾子，可以把理想、思維、信念、態度一起夾住。

機運後來出現了。我們公司，簽訂了一份老水泥廠更新擴建的合同。簽約的儀式選在北戴河舉行，一個離北京不遠、著名的海濱浴場、避暑勝地。在我還在編輯字典的時候，就去過的地方。

過去那是個外國與中國政要初夏開始聚集的地方，其中不乏有頭有臉或是腰纏萬貫的人；財政大員、軍閥、外國使節、不同派系的政客們。這個地方在他們身上留下印記，他們也給這個地方蓋上了各種的大印。

北戴河，一個位於黃海邊的比亞裡茲（Biarritz）（西班牙，法國邊界，面向大西洋巴斯克區的著名海濱浴場）。這些重要人物們盤根錯節的聚集到了此地，縮影形成了脈絡。脈絡？我終於找到解決問題的答案了：這條紅線不是一種想法，而是北戴河。一個西方與中國面貌同時存在、已經擁有自己的特色和個性，雖然世事變遷、物換星移，它的過去；如喬治，圍著銀色真絲圍巾，柱著他的馬拉嘎手杖，一切依然栩栩如、生生氣勃勃。現今政治局的人物們，每一年的炎熱夏天依然在北戴河的老別墅中度過，這是毛澤東開始的傳統，他的後繼者依然延續著樂此不疲；像有守護神（genius Loki）暗中相助，從來沒有間斷。

我再度翻閱我的筆記卡，包括「老北京的浪蕩子」剩下來的材料，開始新的卡片、新的篇章、新的索引，好似在繼續編輯未完成的字典一樣，開始去描寫這個地方，它們那些「原住民」的故事，他們的生活、娛樂及嗜好：鴉片、女人、金魚、蛐蛐兒，雖然物換星移，一切與北戴河有關的歷史過往、飛禽走獸、花鳥蟲魚慢慢聚集浮現於此書中。

我第一次去北戴河是搭火車去的，從北京到秦皇島費了五個小時，這是中國的第一條鐵路，火車經過搖搖晃晃的橋，這還是清朝皇帝時所搭建的。那是 1979 年，也就是文化大革命正式結束的這一年。

1917

從第一眼開始
北戴河的老房子就牢牢的
吸引住了我的視線。

1893 年，英國人史德華首開其端，在北戴河海濱興建了第一所別墅。到 1898 年，清政府正式宣佈北戴河為避暑區之後，中外名流、富商大賈紛紛在這裡購地築屋。

東嶺會教堂，1898 年建，面積 250.49 平方米

瑞士小姐樓

現位於東山外國專家療養院的大別墅區中，傅作義曾在此居住。

"畫幅歲寒圖易米，不用人間造孽錢"的一代女杰何香凝（廖承志的母親）的別墅。文革以詩畫言志"一樹梅花伴水仙，北風強烈態依然，冰霜雪壓心猶壯，戰勝寒冬骨更堅。"1972 年去世周恩來助其完成"生則同衾，死則同穴"的誓言，沒有被火化與廖仲愷合葬於南京中山陵墓園。

張學良居住過的章家樓位於北戴河海濱西二路 4 號，始建於 1925 年，由奧地利工程師蓋苓設計，共有 46 個房間。東側有荷花池，西側網球場。主樓後面是章瑞亭為兒女蓋的附樓，紅瓦黃牆，配上綠色的百葉窗，再現歐陸風情，主樓和附樓之間有走廊相連。1954 年毛澤東下塌於此時，寫下了 " 大雨落幽燕，白浪淘天…蕭瑟秋風今又是，換了人間。" 的詩句

顧維鈞別墅

北戴河 好大的聚寶盆

第一部

1 1979，第一次到北戴河

2 這裡是中國京劇與西洋歌劇的舞台

3 再探北戴河

4 毛澤東每年來此度假

5 造訪中國皇帝們的陵寢

6 軍閥孫殿英盜墓記實

7 陳列櫥櫃中有她留下來的物品

8 候鳥的中途站

9 開拓者英國傳教士 James Stewart 和甘陵 Georg Thomas Candlin

10 清海關度假處

1979，第一次到北戴河

我第一次去北戴河是搭火車去的，從北京到秦皇島費了五個小時，這是中國的第一條鐵路，火車經過時搖搖晃晃的橋，還是清朝皇帝時所搭建的。那是 1979 年，也就是文化大革命正式結束的這一年。火車頭前面有一張火紅的板子上寫著「為人民服務」幾個大字，是當時中國隨處可見的，毛澤東那獨特的、斜斜的字體。我的車廂是軟座，小桌上蓋著鑲著花邊的小桌巾，上面一盞幽暗的檯燈，縫在燈罩上的流蘇邊，像芭蕾舞衣的下襬。

當時中國社會主義當家做主，車窗前的小茶几上，有一盒糖果，糖果如人的手指頭大小，很硬，也很黏牙，不小心好像就會崩斷門牙，或者黏下臼齒。與德國萊茵河一年一度的嘉年華會、從遊行花車上撒下的大把大把、扔向群眾的硬糖 Kamelle 類似。

火車經過一處矮磚結構的小火車站，車站前面立著的長竹竿上纏著天線。火車停靠在被地震摧毀的唐山。大地震已經過去三年了，整條街道依然躺在瓦礫堆中，左右兩邊有一些殘存牆面、不知道要通往何處的樓梯、空洞洞的地窖入口裸露在外。到處蜿蜒的小路，通向蕁麻和杜松子草覆蓋的垃圾堆。扭曲、鏽蝕的鋼筋、被震得四分五裂的工廠，猶如身處在德國二次大戰後的城市。就連突然響起一聲尖銳的笛聲，也像德國火車站裡的哨子聲……火車繼續前進，車上的人，似乎進入各自沉思狀態。

另外一節車廂也是社會主義當道：是個來自東德的外交團體，他們的衣服緊緊的扣著，像黑白老電影中一樣，在唐山停車時，拿出夾著蛋的、抹著牛油的麵包。安靜的一口口的吃著，沉默的吃著。我聽見其中一位叫達苟伯特 Dagobert，另外一位叫司提飛 Steifel「同志」，他吃完麵包，把包麵包的紙，規規矩矩折起來，放進背包裡。

兩個小時後，火車抵達北戴河。和世界其他地方的海水浴場一樣，火車站離海邊還有幾里路。

我們上了一輛嘎嘎作響的老巴士，沿著海邊前進，巴士車窗是開著的，右邊傳來海浪拍岸的波濤聲，左邊吹進風穿樹林的松濤聲。從第一眼開始，北戴河的老房子就牢牢的吸引住我的視線。與一般中國傳統建築的房子──外頭有高牆，一進來，穿過一層層庭院，漸入佳境的向主建築推進──迥異。這裡的房子，是歐洲式、朝外開放，正面迎人，我好像置身於還沒有被戰爭蹂躪過的德國波登 Bodensee 湖畔、一個高級住宅區的角落，房子顯現出優雅、內斂與自信。「北戴河」這裡滿是工商巨賈、朝廷大員的洋房別墅，位置絕對一流。向外延伸出去的瓦簷，有花牆點綴，花崗岩的窗框。我想如果這些建築材料有國籍的話，花崗岩是德國籍，而磚瓦是中國籍。

每一間別墅都有自己刻意設計的花園，沒有一家遮住了鄰居的視野，看出設計時刻意避開左鄰右舍，一切都井然有序，似乎是照德國的那一套建築法規來蓋的，其中還包括「鄰居的權益法則」。我不時的看見一個個涼亭，多數是西化了的中國涼亭，一種異國風情，好像又見到了德國慕尼黑英國花園中的「中國塔」。

顯然房子的主人應該是個有錢人、長得胖嘟嘟的、會享受生活中所有的好處；方便舒適、愜意。同時表現出屋主的自信、自滿與「成就」感，是中國人所說的「有頭有臉」的人，這些「老外」雖然是「身在異鄉為異客」，也要有家的感覺。「北戴河」賦予他們個人的特性和社會地位，雖然在天津、北京也有很多的同類，但是多數沒有發展到這個程度，這些人手中掌握著別人的命運。

花園中還插著白漆的旗桿──曾經掛過英國聯盟傑克旗幟（Union Jack）、三色旗、星條旗、黑白紅或是納粹的卍旗，這些旗桿有些已經脆裂、歪斜，從前掛旗的目的是一種信號，招呼在海灘玩耍的小孩們回家吃飯。這樣的房子，我如果是小孩，我也喜歡來這裡度假。

這些別墅還有一個特性：就是遊廊。每一棟別墅都有陽臺或是遊廊，它屬於洋房整體設計的一部分，不是後來額外加蓋的。所有的房間都與遊廊相通，所有的遊廊、露臺都很寬敞通透，光線充足。有不少洋房整個被遊廊環繞。讓人可以隨意的選擇不同的地點：陰涼的、避風的、陽光充足的、海風徐徐的。有面南向海，也有向西的，可以看夕陽西下。朝東與朝北的部份，就蓋成陽台，你可以按照自己的喜好、不同的時間和季節，選擇不同的位置。享受日曬或是風吹、晚霞或是朝陽。

別墅的迴廊各不相同，反映出主人的財力、教育程度、生活品味。有一些迴廊從外面就可以長驅直入，有一些則是封閉的，或者蓋得高高的。迴廊往往比後面相鄰的房間來得大，柱子也各不相同：有圓的、有稜角的、單一的、成雙的，材料有石頭的、磚的、木頭做的、沒有裝飾的、有裝飾的、光面的、雕刻的。這讓我聯想起華特・班雅明（Walter Benjamin）的「通道 Passagen」一書，「通道」是一條從外面進入內心的街道，而一個迴廊則是一個向外延伸的房間。拱門把內與外合而為一，內在世界的外面世界，外面世界的內在世界……中國與外國。

北戴河街景、濃濃民國風

另外的一個建築特色，就是那高聳、斜斜的、佈滿苔蘚的地基：地窖的拱形屋頂就藏在裡頭，黑暗陰深。說是地窖，但是更像德國的墓穴。有一些是四方形，有一些是多角形或圓形的，為了保護房子免受潮濕侵害，有些有可以打開的窗戶，有些只有通風口，裡面同時還可以用來儲存食物，或當廚房。

我透過門縫往裡看，還有一些用來放置冰塊，用來降低樓上房間的溫度的冰窖，當然這比現代的冷氣機自然、舒服多了。雖然這裡的屋主都有汽車，但是北戴河是不准開汽車的，那裡的交通工具，除了腳踏車，毛驢外，就是人力車（Rikschas）。人力車在當時的中國是主要的街景，夏天的北戴河更是到處都是一間間「可移動的小房子」。[1]

別墅的屋頂有許多的樣式，馬鞍式的、斜坡式的、平的、多層山脊頂、四坡屋頂、雙掛頂等等，上面鋪蓋著灰色的、紅色的或是彩色的木頭或是瓦。有一些奢華講究的別墅還使用鍍鋅的鐵皮為頂。活潑明亮的紅色的坡狀頂最為常見，它與周圍生氣勃勃的綠樹，形成強烈的對比、和諧的關係。樹林裡也有一些房子是彩色的屋頂時隱時現，遠遠看去好像格林童話故事中男孩漢斯 Haensel 和妹妹葛麗特 Gretel 被吸引走進去了的、巫婆的糕餅糖果屋。屋頂閣樓，是小孩捉迷藏的最佳去處。

洋房別墅內外的設計，是德國與英國的混合體：樓梯上屋頂小塔、和複式樓、有閣樓，弓狀的窗楣和門楣，窗戶外面還有木製百葉窗，實木拼接的地板或是鋪著長條木製地板的門廳，粉刷的天花板、餐廳、兒童與傭人房，貼著磁磚的浴室，和提供熱水的火爐，開放的、使用白色木頭裝飾的壁爐和煙道，有石板、或是陶瓷片鑲嵌在上面；因為沒有人照顧，早已經失去光澤。牆壁裡的衣櫥、過道，專門用來放置毛巾、床單、被罩、枕套的櫥櫃……。

這些樣式的、曾經輝煌、體面的洋房，如今被高大的樹木包圍、遮擋，它們位於高處視野廣闊的公園或是花園中。從前矮樹籬種的是假刺槐 Robinia pseudoacacia，為了能看到海，被修剪成及肩的高度。可是現在這些靠近路邊的圍籬，已經長成了又高又瘦滿是樹痂、挑著一圈樹葉的小樹木。以矮樹叢為籬，這是歐洲人的習慣，在中國，區隔裡外和所有權靠的是高高的圍牆。[2]

許多公園與花園在我第一次去的時候，還到處是荒煙蔓草。原有的草坪連同小徑、台階，長滿著銀白色的荊棘，雜草、蔓藤植物自由的攀爬纏繞，高過人膝的雜草、蕁麻叢，向日葵的大盤花隨處可見。

這些人跡罕見的路徑和建築物，被肆無忌憚的植物霸佔了，看起來有些恐怖，似乎裡頭還住著原來的主人。

有一棟房子特別引起了我的注意：那是一棟L形、三層樓建築，石板塊屋頂，大石塊的圍牆環繞，底樓開著一扇刺眼、顯然是後來安裝上去的門，門上塗著的紅漆已經開始剝落，好似一個老婦人臉上的妝容。裡頭有個鼓著肚子的鐵爐子；上面有四個爐口被鐵蓋蓋著，所謂烹飪用的「花盆爐」，旁邊地上有一個筐子，裡面有起火用的松木與樹枝。這房子有個從外面通到二樓的石頭樓梯，上面有臥房，和很長很深的陽台，好幾個女孩可以在上面玩「跳房子」，玩法有點像我們德國小孩玩的「天堂與地獄」：地上用粉筆畫著兩排的「房子」，用一條腿跳，跳過去踢扔在第一間房子裡的石頭或是瓦片，跳完後，就扔到第二間房子，以此類推跳到位了，就可以「買」一間房子休息。

陽台的地上鋪的是黑、白兩種顏色的地磚，周圍部分的鐵欄杆已經鏽蝕了，看似有毒的綠色欄杆好像才從綠藻池裡撈上來的。柱子是灰色與紅色磚塊交雜，一般來說中國建築大都使用灰磚，紅色很少見，而灰紅配搭幾乎沒有，這兩種顏色一起使用，很是希罕。

太陽下的”駱駝祥子“，莫理循的兒媳婦海達莫理循 Hedda Morrison；德國人，著名的攝影家，民國時期的攝影作品

原本的大房間，被分隔成了許多小間。每一個家庭、休閒度假或是療養院的職員們整年都住在這裡，按照家庭的人口多少，佔據二至三間房間。石板樓梯從外部上到三樓，上面有個寬大的陽台，視野極佳，滿眼的海景，和北戴河的山巒。

從前的花園、公園的草坪、灌木叢，現在都必須讓給青菜，只有樹木還在，我看見一棵長歪了的松樹，可以很容易爬到它的樹梢上，有個小男孩坐在纏繞著老樹的紫藤藤條上，閉著眼睛搖晃著盪鞦韆。

陽臺上享受夏日陽光

我還看到兩個男人搬著一個巨大的烏木櫃，從陽台搬到下面，低著頭無語的移動著，我感覺好像在看默片。一條曬衣服的繩子，上面掛著兩個毛絨的洋娃娃，娃娃下面有一張洛可可式的沙發椅，沙發椅套已經褪色，淺藍色上面用絲線繡著白色百合花。沙發上面坐著一隻貓，眼睛緊盯著洋娃娃，好像是牠的娃娃。

寬敞的陽臺，高高的花岡岩地基，拱形酒窖，小小塔樓，紅色和彩色的屋頂瓦，樹叢，草坪，碎石矮牆，為什麼這個地方，看起來不像在中國，而是在黃海邊的德國？

在第一次大戰前和20、30年代，不少的德國工匠與建築師在中國工作，其中還包括德國醫師、麵包師、屠夫、軍事教官……工匠手藝及專業技能是德國人的強項。第一批北戴河的洋房，大概在世紀交替時開始崛起，早期來的建築師名叫魏迪錫 Weidrich，他在20年代初期才離開中國。他被後人傳頌的就是所有他施工建築的洋房，都免費送一間涼亭，涼亭可以選擇是歐式的拱頂，還是中式向上彎曲的飛檐。

他的後繼者是奧地利工程師魯爾夫．蓋苓 Rolf Geyling，這個人對北戴河的影響更大，他是在第一次世界大戰時被迫離開歐洲、到中國的一大群中歐人之一。（有關他的部份，之後會有敘述）。[3]

我上網查到「北戴河1924指南」「Peitaiho Directory 1924」。[4]

這是一本有廣告的地址簿，有那個時代的廣告語言、褪色的照片、地點描繪、有關動植物的文章和出遊建議。北戴河分為幾個區：巨石點 Rocky Point、東峭壁 East Cliff，兩者皆為外國人那時候的「殖民地」，這本簿子還記著原居民以及業主的姓名與住址。每一個姓名住址之後有個標記說明是時間、月份，最後一頁還印有一張地圖。[5]

註釋

1 有錢的中國人都有自己的人力車：耀眼的黑漆車身、四方形的遮雨頂棚、擦得光鮮亮麗、用雞毛撣子撣得一塵不染的車身，加上減震的彈簧、充氣的輪胎、高大的輪子、密實的輪軸，長長如昆蟲肢體的拉桿，厚實的向後折疊鼓起的車棚，拉車的是長相俊朗、一身堅實肌肉的小青年，穿著雪白的制服。一個橡皮喇叭安在拉桿上，一個腳踩的鈴鐺在座位前。喇叭用來警告行人，鈴鐺是提醒車夫要往何處去，或者催促他加快速度。前後都有一盞電石燈。喬治曾說，在沿著海濱的道路上遇到這樣的「黑老虎」，那是令人難忘的記憶。首先看見一束耀眼白色燈光，然後聽到呼喊、清脆的鈴鐺聲、呱呱低沉的喇叭聲，讓人不由自主的停下腳步。然後看到軍閥的姨太太坐在人力車上，從旁閃亮招搖而去，一隻亮晶晶的鑽戒戴在手指上，不由的閉上眼睛，深怕鑽石亮瞎了眼！

2 中國人對定期修剪樹叢的藝術，一竅不通。但是在中國，平面、立體空間，並不是透過抽象的公式來計算。中國人是不使用數理幾何，而是講究風水：地表上任何從點、線、面形成的事物，都會被拿來當成威脅和警告。神的意旨對抗人的計算，東方面對歐美西方。

把修剪樹叢的花園藝術帶到中國的第一位西方人，就是朱塞佩·卡斯蒂廖內 Guiseppe Castiglione，中文名字郎世寧（1688—1766），他是一位在皇帝身邊的宮廷畫家及耶穌會傳教士。郎世寧參與了圓明園的歐洲花園的建造，還把透視法則（中文叫線法：一種政治權責分配的遊戲），畫圖者用的垂飾法，用到了政治的三權分立上。還有水利學，這些法則、學問，他都將之實體化，用在了圓明園的建築「諧奇趣」，「黃花陣」、「養雀籠」和「方外觀」，在「海晏堂」，在「遠瀛觀」，在「大水法」，在「線法山」，在「線法牆」……，巴洛克式的建築物中還擺設著許多歐美的玩具：威尼斯的鏡子、法國的傢俱、掛毯。各式各樣鑲著寶石的鐘，還有能在一個移動舞臺上跳舞的機械人偶，並且機械人偶能在皇帝靠近時給皇帝磕個頭。

3 其他的德國建築師：北京的庫爾特·羅克格 Curt Rothkegel，上海的倍高洋行 Becker & Baedeker。羅克格 Rothkegel 與夥伴一起設計了北京的「中國議會大廈」、「北京國際俱樂部」。倍高洋行 Becker & Baedeker 是上海「中蘇銀行大廈」的建築商；中國第一棟有電梯的大樓（1901）。

4 網路上的資源，可以查香港大學網址（http://www.lib.hku.hk）

5 上面附帶的地方說明：定居點從戴河河口開始：河流經北戴河車站入海，…在戴河口的高地上，第一棟外國房子由詹姆斯·史德華 James Stewart 所建。這附近的海邊還有許多很棒的洋房。義和團事件後，德國人大批的流入，他們沿著海岸一直蓋到戴河口的東邊。這是條不間斷的、從東邊一直延伸到西邊的海岸，過去這裡被稱為廟宇海濱，因為那時在離沙灘不遠處有一座小廟。廟宇海灘在蓮峰山下，在此斜坡上與山頂之間有許多美麗的房子。海灘一直延伸到拋錨石灣灣 Anchor Rock Bay，也是海灘的盡頭。我在那裡第一次看到岩石，岩石的盡頭就是「北戴河大飯店」，飯店東邊躺著老虎灣，中間是老虎岩，再過去就是龍洞或叫恐龍洞，是尖石聯合會土地的西邊邊界。後面有一排接一排、往山上的房舍，現在稱為日落山丘，這地方原來叫小園，從這裡一直到東邊的海灘是英國大使館的財產，中國人稱之為紅石巢，或者紅石洞。從紅石洞再到燈塔海角（金山嘴或是金山頭）的西邊是廟灣（廟灣寺），這個稱呼是來自於最高處、面對著大海的海神廟，在廟宇灣也有一間很不錯的飯店。經過燈塔海角（現在的稱呼），海灘往北彎曲，前行就到了「爬行者灣」和「沙子灣」，上頭就是東峭壁殖民區；「鴿子窩」或者現在被叫錯了的「老鷹石」，外國人居住的界限至此為止。

地震後唐山站

火車停靠在被地震摧毀了的唐山。大地震已經過去了三年了，整條街道依然躺在瓦礫堆中，左右兩邊有一些立著的殘存牆面、不知道要通往何處的樓梯、空洞洞的地窖入口裸露在外中。到處流浪的小徑，通向長滿著蕁麻和被杜松子草叢覆蓋的垃圾堆。扭曲、鏽蝕的鋼筋、被撕裂、扭曲的四分五裂的工廠：猶如身處在德國二次大戰後的城市中。

上世紀 20 年代，
外國人在唐山車
站前留影

1882 年中國最早
的唐山火車站，
是英國人設計的。

這裡是中國京劇與西洋歌劇的舞台

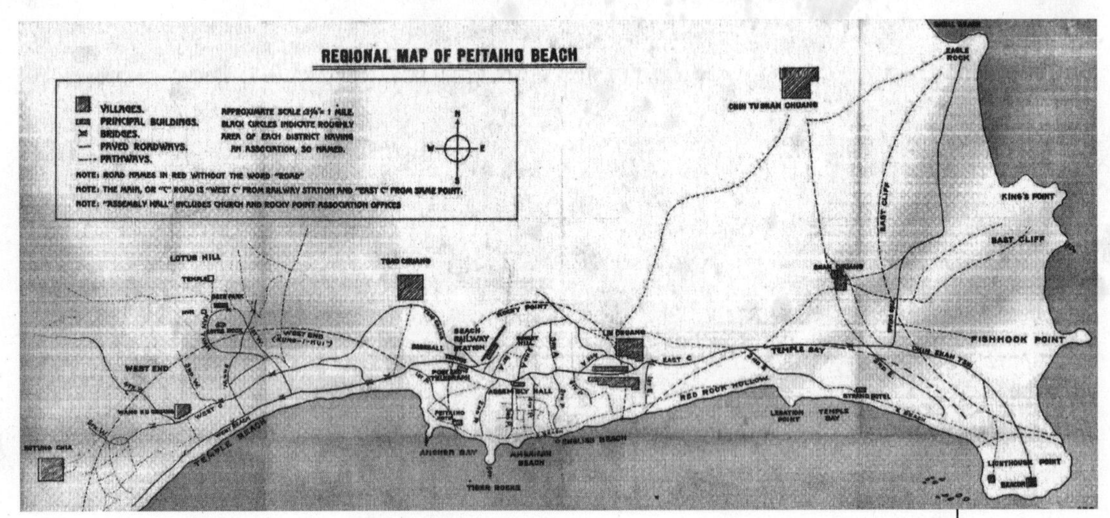

北戴河地圖

這個地方，我剛來的時候，似乎一切都還維持著原樣，與1949年新中國建國前無差異。幾十年前，這裡曾經與世界其他著名的海水浴場齊名，如地中海的卡布里島（Capri），大西洋的比亞里茨（Biarritz），黑海的索契（Sochi）；這裡也是義大利的外交家與作家丹尼爾・華雷Daniele Vare's書中的故事發生地：《幸運的麻雀之門》（Das Tor der glücklichen Sperlinge），《天堂褲子的裁縫師》（Der Schneider himmlischer Hosen），及《寶貴的智慧廟宇》（Der Tempel der kostbaren Weisheit）。

可是現在這個地方的名字變了，叫「北戴河」，過去已經根深柢固的、深沉的字母P，T，O（Petaiho）消失了，代之而起的是現在缺乏聲調與個性的B，d，e（Beidaihe）。好像少了脊樑骨，失去了特色。

其實名字本身擁有魔術般的力量，代表著它的靈魂；另外的一個世界，一個消失了的世界。——或是它真的曾經存在過，亦或是僅僅存在於丹尼爾・華雷的想像之中。他作為一位外交官和國際聯盟

（1920～1946年）的代表，在開會時想要幫著義大利在世界的舞臺上爭取更多更好的席位，有一次居然創造出了一個國家「冷珀」（Zembla），後來成為納博科夫Nabokov小說《幽冥之火》（Pale fire）的舞臺。

但是「北戴河」並不是想像杜造出來的「冷珀」（Zembla），它是真實存在的：這個地方真的發生過可恥的背叛、失敗的政變，上演過非常揪心的情節劇，浪漫的愛情故事和政治的陰謀。軍閥、冒險家、政客、財閥、傳教士、世界革命者、外交官、寡頭政治人物、工業鉅子、黑道大亨、商人、軍事專家、海關稅務司、軍火商、日本間諜，還有交際花瑪塔·哈里Mata Hari……，他們都來過這裡，給這個地方增添了許多精彩。

罌粟花凋謝後的田景

這裡是中國京劇與西洋歌劇的舞臺，到處都瀰漫著鴉片的味道，附近就有大量大片種植罌粟的土地。當那搖曳生姿的罌粟花盛開的時候，那一大片的花海，美麗壯觀極了。[7]

北戴河這個地方，似乎是為了夢想家，尋寶者、冒險家和吸食哈芙蓉的人而設置的。當然不只是為這些人而已：整個亞洲北部的候鳥，會在此聚集，準備下一段的遠航。每年牠們依然來此，雖然數量逐年在減少。譬如稀有的黑頭戈壁鷗鳥，牠們是以沙漠中的鹹水湖為棲居地。沙丘

北戴河是著名的賞鳥聖地，候鳥聚集地。圖為珍稀的戈壁鷗。

猶如海洋，起起伏伏、這裡與那裡，有升有降，自然的形成了起飛與降落的跑道。害羞的鳥類，避免與霸道粗野的海鷗等混一塊：牠們是海難漁夫與水手的靈魂。[8]

註釋

6 這些書是德國「RoRoRo 出版社」在戰後出版的第一套小書。「寶貴的智慧廟宇（Der Tempel der kostbaren Weisheit）」第171號。是在沃爾夫岡．博爾謝特 Wolfgang Borchert《在大門外》（Draußen vor der Tür）之後出版的。

7 罌粟花，會加速血液循環與新陳代謝，產生熱量，在腦中產生一種舒服的沉重感、暈眩，這是為什麼需要躺著抽。讓四肢蘇麻，亢奮、感覺及幻想活躍。在中國那個年代，幾乎每個有錢有勢的人都抽鴉片。公與私，在中國混為一體，大部份會在鴉片燈光下談論公事，考慮再三後，抽幾口煙後，放下煙斗，遲疑不決，或者懸而未決。無為；這是老子的道家哲學，在鴉片煙一口接著一口吸食之間，讓思維與行為分離。這個物質，對緊張與不穩定的人來說，其實是憂鬱的東西。對身體有害，容易產生一種不存在的感覺。涅盤是錯誤的表達，醉生夢死比較接近。即便拒絕那煙斗。但是，有人會拒絕這大餐嗎？當主人邀請客人抽鴉片時，那就是身份的表徵（煙斗，燒燈，煙扡子等）。中國的近代史，與鴉片脫不了關係。首先來自於印度，叫「黑貨」，意思不是鴉片的顏色，而是南亞人種的顏色。曬成黑褐色的“黑籍老哥們”。在 Patna 或者 Benares 那些在英國政府監督下生產的鴉片稱之為“大土”或是“共班土”，產於 Malva 沒有官方印章的叫“小土”，還有“白皮土”，“白洋藥”，相對於官方的“煙土”，就稱之為“公司土”或是“公司白”。從波斯經過蘇俄來的叫俄國紅包土，因為它被包裹在紅色的紙裡；用紅繩子綁著。比印度的更持久有勁。一個小單位，就可以持續超過十個小時，味道像草藥卻比較苦，有一點類似大白菜的味道。中國土，顏色最黑；屬於味道濃厚的一種，味道像剛收割、還有點濕的青草，來自於廣東與雲南，分別稱之為廣土，雲土。抽幾口雲土，人就到了天堂。抽完後到戶外去，吹點蒙古吹來的西風，藥效很快就被吹飛了，喬治是這樣説的。廣東來的，因為包裝成球狀，所以又叫“人頭土”，效應更強，但是北方常缺貨。所有想要的人，都會努力的去囤貨，有些人晝思夜想的希望擁有，好不容易得到，又捨不得用、和夢一樣保存的太久，終了化成了灰塵，只能拋向空中任其隨風吹散。在北京與天津流行的是從北口或是西口來的，在中國，那些通關，都被稱為“關口”，好像是説，它們也可以品味，吃或是抽似的。北路土，從北方滿洲皇族的古城熱河地方來的，也有一些是北戴河周邊的產品。地理上越靠近北方種植的鴉片的麻醉力越強，缺點是很快的就開裂，用手指尖一搓揉就成粉。這個情形的，就叫乾面兒。抽這類的鴉片煙的；很容易在煙鍋內形成“黑窩”，這也是品質不好的表現。“西路土”是從蒙古通過張家口進來的，雖然不那麼的強烈，但是味道很好。原因何在？喬治説，乾燥的中國西部，土地用糞稀或是油膏來施肥，雨水充足的北方用糞乾。東路土（山東）很難得可以賣到北京與天津。其他也有按藥丸的數量以及顏色來分類，植物的年齡，種植地的海拔和乾燥時間的長短。乾燥的時間越長，麻醉的效果越小。單一種皮的叫大頭，四個種皮的叫四平頭，八個頭的叫八叉。獨一種皮的最佳。種皮有紫色，紅色和白色。紫色的價值最高，可以用來治療痢疾，不少抽鴉片的人都有此疾病。高原種植的比平原種植的麻醉效果高。新生的植物比老的的效果高。快速乾燥的汁液，如果是在高原種植、用糞稀施肥的、年輕的、紫色花的大頭土得來，那可是極品，奇貨可居，一般只有自用，或者送給朋友。

8 戈壁鷗，又名遺鷗 Larus relictus，1929 年由一個探險隊的成員 Sven Hedins 所發現，那時候正值中原大戰最後階段，他們被困在蒙古西部的 Edsin Gols，喬治説的，他曾經有一次為 Hedins 翻譯。

再探北戴河

沒多久，我們可以開汽車到北戴河去了，路上經過省道以及顛簸的鄉村道路，整個旅程約需要七、八個鐘頭。從北京到唐山，需要約四個鐘頭，地震的遺跡和廢墟在此期間已經被清理了，然後繼續往北戴河開，約三個鐘頭可到。馬路邊的村落，看起來與一百年前照片上的沒有什麼兩樣；土磚的矮房、圍牆後面的院落有曬麥子的禾場，有豬、有鴨，村子邊上還有個水坑。

我們停在一個村子前面，向一位坐在門檻上的老人問路。老人旁邊坐著個小男孩，老人的嘴裡吧嗒吧嗒的抽著長長的、沒有冒煙的旱菸，他好像在想什麼，然後把菸杆子從嘴裡抽出來，皺著額頭，用菸杆指著方向，再用菸鍋「坑」的一聲敲向小男孩的光頭，男孩吃驚的抬起頭看了一眼，眼淚掉了下來。

這次出發前，我對北戴河的歷史做了些研究，那些舊的西式洋別墅，還活生生的在我眼前，而在「北戴河指南」（directory）中，居然沒有中文名字！要知道這裡曾經是中國的「巨石陣」（英國古蹟），一個存在於神話中神秘的地方，直到唐朝，皇帝都還在這裡祭天呢。

最初我在想，這也許是一個神話故事吧，又是一個虛構的「冷珀」（Zembla）國度。但是在這個巨大國家中，我發現似乎沒有一個其它地方像這裡，天與地是如此接近過：傳說中的秦始皇、這位第一個統一中國、也是下令建萬里長城的人，曾經在北戴河跪下，祈求上蒼保佑賜他長生不老。同樣，著名的三國時代的傳奇領袖人物曹操（西元 155-220），他的不朽詩作〈觀滄海〉就是在北戴河寫下的。

東臨碣石，以觀滄海。
水何澹澹，山島竦峙。
樹木叢生，百草豐茂。
秋風蕭瑟，洪波湧起。
日月之行，若出其中。
星漢燦爛，若出其里。
幸甚至哉，歌以詠志。

中國歷史上偉大的統治者、唐朝的第二位皇帝：太宗李世民，也為北戴河寫了首非常具現代感的詩〈春日望海〉。

披襟眺滄海，憑軾玩春芳。
積流橫地紀，疏派引天潢。

仙氣凝三嶺，和風扇八荒。
拂潮雲布色，穿浪日舒光。
照岸花分彩，迷雲雁斷行。
懷卑運深廣，持滿守靈長。
有形非易測，無源詎可量。
洪濤經變野，翠島屢成桑。
之罘思漢帝，碣石想秦皇。
霓裳非本意，端拱且圖王。

神秘的失蹤

唐太宗之後，北戴河好像發生了什麼無法解釋的事，從此被遺忘、被塵封在了歷史的長河中！如同傳說中德國東海邊的「維內塔」Vineta 城，一夜之間沉入海底。

19 世紀末，北戴河又很奇特的甦醒了過來，喚醒它的不是中國人，而是海的另外一邊的、金髮碧眼的野蠻人。隨著這些人的到來，北戴河活了過來，如香檳氣泡似的活潑生動，好像天神決定讓這個地方在百年後甦醒，以彌補它千年的長眠。

清朝在第一次英法聯軍戰敗後，於咸豐八年（西元 1858 年）簽訂了〈天津條約〉，允許英法人士；可在內地遊歷、傳教和"允中外人士雜居"。既然皇帝都說可以了，那些擁有特權的傳教士們從此不但公開合法的在中國傳教，而且到處購買土地。在北戴河的傳教士們不僅利用他們

北戴河郵局

小紅書

的權利蓋了教堂及社區聚會所，還有一些人也開始以評估土地、幫助投資來賺錢。

外國人對這個地方的興趣很高，因為這附近就有一個藏量非常豐富的、巨大的煤礦盆地，當時中國正在步入工業化的道路上。而煤礦的擁有者是開平礦務局，他們還擁有位於北戴河東北部的秦皇島海港。八國聯軍之後，巧取豪奪這個公司的管理權落到了外國人手中。外國人以「帝國關內外鐵路總公司」名義擴建了從北京和天津到秦皇島的鐵路線。主要目的就是把開平煤礦的煤運送出來。

一家礦業公司，一個海港，一條鐵路，外國人開始在北戴河興建住宅。幾十年後，這裡看起來一片歐洲面貌和風情：別墅、教堂、飯店、街燈、郵局、網球場、醫院、機場、高爾夫球場、電影院、舞廳、咖啡館等等。此外，那裡還有一處美國海灘，一處英國海灘，和一處中國海灘；按照「北戴河指南」，在第一次世界大戰前，還曾經有過一個德國海灘。

接著說說歐洲人。上一個世紀的前50年，幾乎所有在天津與北京有名有姓、有頭有臉的歐洲人，都會在北戴河度過他們的夏天。

下面列出其中幾個名人：

莫里循 George Ernest Morrison，倫敦泰晤士報 Times 記者。他的助手拜克豪斯 Sir. Edmund Backhouse，是傳記《北京隱士》Hermit of Peking 的主角、真正的北京隱士。晚清時擔任過權可傾國的中國海關總稅務司、第一把手的赫德 Robert Hart。曾擔任清朝北洋水師總教習，並短暫訓練過清朝新式陸軍的漢納根 Constantin von Hanneken。有天津王之稱的德璀琳 Gustav von Detring。胡佛 Herbert Hoover，他當時是開平礦務公司的總辦，後來當了美國總統（他是賽璐珞圓衣領（Zelluloid-Kragen）[9]、也稱之為胡佛領的發明人）。「微笑外交官」丹尼爾·華雷 Daniele Vare'，如前面所說，他虛擬了一個國度。德日進 Pierre Teilhard de Chardin，耶穌會傳教士、古生物學家、也是共同發現北京猿人的人。第二次世界大戰中國戰區參謀長、外號「酸醋喬」的約瑟夫·史迪威 Joseph Warren Stilwell。墨索里尼的女婿、齊亞諾 Galeazzo Ciano 伯爵。後來的溫莎公爵夫人 Mrs. Simpson。埃里克·利德爾 Eric Liddell，他是1924年奧林匹克400米冠軍、虔誠的基督教徒，後來被好萊塢拍攝成電影《火戰車》的傳記人物、「一位星期日不跑步的人」。

註釋

9 中國在十九世紀的前半段是賽璐珞的最大市場。賽璐珞是硝化纖維與樟腦的化合物，類似象牙的外觀，提供製造如注射器、香菸盒、香菸嘴、梳子、傘柄與刀柄、鋼琴鍵、撞球、人偶、人工牙齒。喬治曾對我說，賽璐珞的假牙套，是模仿象牙的物質，在喝酒的時候有樟腦味兒。

一位駐華外交官筆下的慈禧

丹尼爾・華雷 Daniele Vare，作家、外交家。著有《含笑的外交官》等書。

丹尼爾・華雷 Daniele Vare 的《一位駐華外交官筆下的慈禧》簡體中文版於 2014 年出版。

含笑的外交家 Daniele Vare'（1880～1956），中文名華雷，義大利外交家、作家，於 1912～1930 旅華。1912 年他出任駐華使館頭等參贊，曾短暫兼任代辦，1927 至 1930 年出任駐華公使。由於和中國特殊的「外交緣」，華雷曾寫過多部關於中國的著作，如描寫慈禧太后的《暮年皇后》The Last Empress，和《含笑的外交官》Laughing Diplomat 等。

1938 年初版的《含笑的外交官》實際上是一本典型的外交家回憶錄，全書 400 餘頁，但 150 多頁回憶了作者自己在中國的外交生涯。1912 年春，華氏初抵中國，書中記錄了大量關於袁世凱的軼事，如 1913 年 10 月中旬的一天，袁世凱在宴會上居然向外國駐華使節鼓吹「無政府主義最適合中國」，華雷認為袁世凱如果有足夠的資金，會要全力維持前清王朝。次年，華雷離開中國，隨後袁世凱便開始恢復帝制了。當華雷再次來華，張作霖與張學良父子成為作者筆下的主人公。儘管張學良在華雷的眼中還是位「一事無成」的公子哥，但張作霖卻給作者留下了不錯的印象，就在「皇姑屯事件」爆發之前半天，張作霖還和華雷大談了「墨索里尼和中國菜」，令華雷終生難忘！

慈禧遺物

據說慈禧棺槨內的珍寶，價值在5000萬兩白銀，堪稱世界之最。慈禧的棺底鋪有三層金絲串珠錦褥和一層珍珠，她頭部上首為翠荷葉，腳下置粉紅碧璽蓮花。慈禧頭戴珍珠鳳冠，冠上最大一顆珍珠大如雞卵，價值1千萬兩白銀。身邊更是放著黃金、寶石、玉雕，還有佛像等等的無數珍寶。

這是最為珍貴的陀羅經被。佛教認為，它具有不可思議之大威德加持力，無論男女，在壽終之際將此衾覆蓋其遺體上，能令亡者罪滅福生，前往極樂世界。

毛澤東每年來此度假

1990年代的晚期，從北京到北戴河有了高速公路，中國政治局，每年暑假會到北戴河「開會度假」。毛澤東，這位中國新任的皇帝，把舊有的傳統活化了：他的繼承者華國鋒、鄧小平、江澤民，也延續這個傳統。於是夏季北戴河成了政治機構。毛澤東，他的下巴有一個大疣，也效法他的先祖列宗，在北戴河留下一首詩〈浪淘沙・北戴河〉：

享受夏日北戴河的海灘陽光

大雨落幽燕，白浪滔天，
秦皇島外打魚船。
一片汪洋都不見，知向誰邊？
往事越千年，
魏武揮鞭，
東臨碣石有遺篇。
蕭瑟秋風今又是，換了人間。

他擔心什麼呢？只是換了一個人間，那陣風，在唐太宗的時候還是柔和的吹著，現在卻如秦始皇時一樣，變的蕭瑟寒冷了。

造訪中國皇帝們的陵寢

2008年，北京舉辦了奧林匹克運動會，對中國來說，其意義同等於德國1936年的賽事。為了逃離那種人馬雜沓的嘈雜，我們舉家前往北戴河度假。開車只要三個鐘頭，過去，三個鐘頭只能從唐山到北戴河。

高速公路一路熱呼呼的，右邊有輛超載的貨車超車，圓滾滾的，晃來晃去像艘船，這貨車先是超我的車，然後又在前面超越另外一輛貨車，蛇行，我不忍目睹…。看樣子，時間和距離不是中國司機的強項。當我再度睜開眼睛，看見高速公路右側路肩有個老人，老人走在路肩上，拖著一大堆行李，手上還拿著根棍子，根本不理會一旁高速通過的汽車。

過了這地震後早已經新建起來的唐山，只見從滿洲延伸過來的連綿不斷的山脈，在它的前面就是清東陵；這個死去了的皇帝們的香格里拉，離北戴河不遠。我們從岔路轉出去，去參觀慈禧太后的陵墓。在20年代的時候，這個墳墓被一個叫孫殿英的軍閥給盜竊一空。[10]

註釋

10「北洋畫報」的記者，名叫岳南，對盜墓事件寫了篇報導「考古中國」：清東陵地宮珍寶被盜記。這篇報導不是學術論文，而是吸引人注目的報導。「北洋畫報」是份民國時期於天津出版的圖畫報刊，我手上有本再版的。畫報是彩色的，顏色繽紛，彷彿用不完的顏料：有覆盆莓的粉紅色，深藍色，青草綠，灰石色。報導盜墓那期是深藍色，讓這個事件產生不實在感，充滿了想像力。深藍的顏色，閱讀起來比覆盆莓粉紅色好些，粉紅色會讓所看到的東西模糊。那是一份1928年10月18日發行的，雙頁，照片，繪圖，文字併在一起，裡頭還有一份陪葬品的估價清單。

1928年5月26日北洋畫報上轉載的有關日本侵略中國的漫畫，
足見當時日本的惡劣行為和野心勃勃已經引起世界關注。

6

軍閥孫殿英盜墓

1928年6月，離正值夏日旅遊旺季的北戴河幾十公里外：孫殿英帶著部隊駐紮在此。孫是個從河南來的小軍閥，像從漫畫中走出來的人物。他的人生軌跡就是賭徒、投機者、鴉片走私者、土匪頭子。最後當他的頂頭上司；越來越無法控制局面後，他就理所當然的成為軍閥了，原先是清朝的將軍，後來是民國的將軍。他個子高大，頭像南瓜、獅子鼻、小牛眼、麻子臉、厚肥的嘴唇，他的左手永遠轉動著兩顆核桃，因為長時間揉動摩擦，核桃外表已經黑油油的發亮。他的外號叫孫大麻子，是個文盲。

東陵一共埋葬了15位清朝（1644—1911）的皇帝和后妃們，宮廷的風水師選擇的這片福地？北邊是連綿的山脈，保護著陵園，南向的遠山與之呼應，東西兩邊的山丘負責守衛，中間是平坦的大地，有一條河流過。東陵完全符合皇陵的標準，背山面水，山腳下的平原，兩邊無限延伸的山脈，往東是海洋，往西是沙漠。蒼天遼闊，無邊無際的罩著地上連綿不斷青翠山巒、寧靜祥和的風景，預知死後更加虛無縹緲的天外天。

清皇陵的設計：一條神道；兩邊成對的、排列著石像生 --- 巨大的石雕 --- 有傳說中的神獸、穿著長袍的文官、全幅盔甲的武將。神道通過承恩門；來到承恩殿、明樓，明樓後面是座被城牆包圍著的拱形山丘，這是所謂的寶頂；下面就是地宮。地宮確切的位置，是絕對的機密。只有極少數的高官知曉。建造地宮，皇帝、皇后入葬、和封地宮都是些不識字、不會書寫

清東陵

的聾啞工人所為；目的是雙保險。

按照中國人的信仰：一個皇帝的死亡，並不表示他就不存在了，他繼續活在另外的一個世界裡，墓穴中陪葬著他生前喜愛的物件，所謂「生之同屋，死之同穴」就是這個意思。每一個地宮，基本就是一個藏寶庫，這就是為何孫大麻子；這個骨子裡依然是土匪頭子；每念及此；口水直流，這才是他想要的。他假裝在陵園區內做軍事演習，設立了由機關槍駐守的崗哨，讓整個地區與外界隔絕。立下牌子，警告閒雜人等不可靠近，士兵佔領了附近的村莊，監視著地方的居民。

問題是，要找到陵墓的入口，整個寶頂像座山；滿山遍野找？那是個辛苦的、耗費力的工作不說，還只能憑藉運氣了！怎麼辦？

盜墓東陵

譚溫江，這個軍閥的得力助手、一個老兵，有著刀切般瘦削的臉龐，看起來像把斧頭，他探聽到附近住著前朝官員蘇必脫林，此人在慈禧太后下葬和封地宮時，曾經在一旁監工，因此知道入口在何處。

他們逮捕了蘇必脫林（一位還留著長辮子、穿著清朝官服的人，一臉土灰，乾癟的臉上有著很長的白眉毛）帶他去見譚溫江。譚令人把他的朝服給扒了下來，換穿上軍隊的制服。從滿清大員變成了軍閥的士兵，不聽從命令就槍斃。

革命革到了死去了的皇帝頭上，這個慈禧老妖婆把土地抛售給了外國人，現在輪到革她的命了。蘇必脫林，曾經是太后陵寢的僕人，現在換了邊，是他們的人了，是嗎？

天氣像火燒，譚溫江滿頭大汗，他把茶杯蓋往後推，然後大聲的吸了一口茶，一片茶葉喝進了口裡，又再把茶葉吐了出來。

是嗎？

他不懷好意的笑著，拿起桌上的軍帽，戴到蘇必脫林的頭上說：「從現在開始你是民國的軍人了。當然，你會分到獎賞的，」斧頭臉繼續說，不再以威脅的口吻，而是輕鬆的問：「哪裡是入口？」蘇必脫林可以幫他的新同志們節省很多力氣和找尋的時間，不是嗎？ ---- 然後又變臉，再度不懷好意的、無止境的作弄他而大笑。---- 要不然？，然後先伸出食指，再中

金鋼牆

指。

蘇必脫林低著頭站在那裡，他的軍帽與辮子很不搭調，但是他有別的選擇嗎？他還能見到他的家人嗎？他的白眉稍在顫抖。等到他的對手要伸出小手指時，蘇必脫林兩手一攤，弓身走向前去，幾乎是無聲的說著：阿彌陀佛[11]。

他帶領著他們前去找入口，是個沒有人想得到的地方：就在山丘前的琉璃影壁。

譚溫江讓人將辮子兵關進附近的房間中。一聲令下，圓鍬與鋤頭開挖開鑿，很快就在琉璃影壁下鑿到一面金剛磚牆。鋤頭與鏟子蹦出火花。這個老人說了實話，地宮一定就在牆後。但是要如何進得去呢？時間拖得越久越危險，因為盜墓傳聞會散播出去，對一個小軍閥來說，這是孤注一擲。

爆破當然是最簡單最安全的方式。譚溫江讓人找來了炸藥，一個暴破專家鑿了個洞，將炸藥塞進去，不能太多，也不能太少。放了一條引信。大家找地方躲避，譚溫江倒數喊秒。炸藥爆炸了，煙霧湧上寶頂，煙霧還沒散去，譚溫江已經迫不及待的衝向前去。

牆被炸裂了；它的後面露出了個洞口，通向一條高聳、寬闊的廊道，斜斜的往下延伸；是運送棺木時的滑道。

一聲令下他們開始下去；走在前面的人是全幅武裝，跟在後面的則帶著鋤頭、斧頭、鐵鍬與鏟子、鎚子、鐵棍。燃燒著瀝青的火把，閃爍著；實在無法穿透塵土飛揚中的黑暗，只聽到沉重的呼吸聲此起彼伏；還有的就是皮靴聲。譚溫江站在中間，手裡拿著他的毛瑟手槍 Mauser。

這種牌子的槍的子彈盒在扳機的前方，中文叫盒子槍，這種槍在中國特別受歡迎，是軍官、強盜、歹徒們的標準配備。生產許可證是山西太原的軍火工廠所有。它裝有一個木槍套，使用時可抵在肩上當槍托幫助瞄準。平時用紅色的寬帶子綁在腰帶上，常常出現在許多盜匪電影的廣告看板上 ---- 主要取其影子的效果：一隻伸出去的手中握著一把手槍的影子照到白色的粉牆上，壓抑、暴力、恐怖、震顫：「下一個角落 The next corner」[12] 的場面。

譚溫江小心的往前挪著步子，食指扣著毛瑟手槍的扳機，通道越來越滑溜、潮濕及層層飄動、環繞著他們的沼氣味兒，讓他們走得越深，鼻子與眼睛就越癢。通

手持盒子炮的著名大盜陶克陶胡 Taoketaohu

道的盡頭有兩扇三公尺高的、白色大理石門，擋住了去處。撬不開，也無法拆解，門上面刻著的野生動物的頭顱，在閃爍的火光中眼珠滾動，牙齒猙獰。隊伍停下來，又是一片死寂。「斧頭臉」下令「拿燈！」

在兩扇門之間有一道縫隙，在照明下；從側邊可以看到裡頭有一根斜柱。譚溫江放下照明的燈，他已經看夠了，裡面有根頂在地上的「自來石」柱子，在當初關閉大門時，用“拐釘鑰匙”，透過門縫將”自來石“固定；落在扇門的中間卡榫處。譚溫江懂得碉堡戰，有兩種方法可以打開這扇門：炸開、或撞開。第一種方法有危險性，因為爆炸可能會造成整個陵墓的崩塌，此時此刻撞開比較適合。他令士兵到寶頂上，砍下一棵松樹，去掉樹枝，拿入地宮。士兵們抱著松樹的大樹幹，小踏步的、隨著口號，一次次向大理石門撞去。一次 ----、二次 ----、三次 ----。三次衝撞後，大理石門鬆動了，譚溫江在兩扇門的中間位置用粉筆畫一個撞擊目標的記號，最後一次衝撞，終於把那根斜撐著的自來石給撞斷了，因為衝力太猛；士兵們也一起跌撞到門裡去了，「斧頭臉」笑了。第一道門後，還有第二道門，他們繼續用這種山羊撞牆的方式，第二道門也撞開了。

路通了。在最後一間的拱形的地宮中，有一個巨大的靈柩放置在寶床之上，一個巨大的金漆棺材，上面滿滿雕刻、裝飾著許多幸運符，佛教的經文。譚溫江敲敲棺木：金絲楠木；這是世界上顏色最深、最重和最硬的木頭。它們出自雲南的原始林中最粗大、最老的樹木，價值與金子一樣貴重。

士兵們小心翼翼的開始工作；花了好些時間，才用鑿刀把棺木撐開，裡面還有個用紅金漆的內棺，也是漆了十好幾層。

譚溫江讓人在棺木蓋下方戳出了幾個小洞；然後把刺刀捅進去、小心的壓著把柄往下壓、往上撬……

突然一聲巨響，棺材蓋子跳了起來；盜墓的人；忽然被噴了滿臉的白粉；狼瘡的後退；眼睛刺疼；轉過身來，雙手蒙住眼睛；大叫著到處瞎跑 - 老妖婆的第一個犧牲品！棺蓋重新落下。

詐屍

一陣混亂過後，「斧頭臉」讓他們小心的、再一次抬起棺蓋，一陣沉重的、甜味像煙霧一樣撲面而來，屍身上還蓋著一層梓木，上頭紋飾著金箔編織的經文。

強盜之一在事後描述：慈禧太后，穿著墜滿珍珠、金子掐絲編織的壽服，看起來好像是睡著了，戴著由珍珠與綠玉葉做的頭冠；下面的臉被非常細小的白色絨毛覆蓋，一張活生生的、柔和的面容，眼睛輕輕的閉著，雙頰微微凸起，頭髮黝黑，柔和的細絨毛也蓋住了手部。

一個老妖婆？目擊者繼續說：「當大家還在凝視這個驚人的華麗形象時，突然那張臉塌陷下去，好像是在沙灘上用沙堆的城堡，被水澆了。粉紅色的臉皮，先開始變紅，後變白，然後轉為紫色，最後成為黑色。更恐怖的是兩隻眼睛，慢慢變成為兩個黑窟窿，臉頰的顴骨突冒了出，原來閉著的嘴巴咧了開來，兩排牙齒突然裸露出來，兩手萎縮成了骨架，一個士兵見狀要轉身逃離，他認為有人掐住了他的喉嚨，一聲刺耳的尖叫，然後就昏倒在地。以上是目擊者的說法。

盜墓的過程繼續：當譚溫江把狀態穩定之後，他讓人們把屍體抬到一旁外層棺木蓋上面去。昏倒的士兵醒過來了，譚溫江彎腰查看。「詐屍！」「詐屍」，只聽到他喃喃自語的說。

瘋了，他認為，讓他躺在棺木蓋旁休息。

這時候，譚溫江拿起火把往棺木內照去：在閃爍的光線下；只見全都是玉製物件。慈禧喜歡玉，代表著陽剛之氣，這眾所皆知，裡頭有佛教的玉羅漢、枝繁葉茂的櫻桃樹上紅櫻桃間、綠樹枝上有隻非常小的、有班點的小鳥，一根蓮藕上有著綠葉和粉紅色的花朵，上面掛著由深色的寶石所製成的一對菱角，煥發著濕潤的光澤，看起來好像剛從水中撈出來的。一個翠玉白菜，青綠色的葉子，白色的葉桿，有兩隻紅棕色的蜜蜂停在上面、一隻綠色的炸猛，好像聽到了牠的叫聲。一個切開的西瓜，綠色的外皮、紅色的果肉與黑色的西瓜子；四個由玉石與寶石做的甜瓜，其中兩個外皮是白色的，棕色的仔，粉紅色的果肉。另外兩個綠皮，白色仔，棕色的果肉；用玉石做的桃子，梅子，杏；紅棗皮是紅寶石，褐色的梅子是黃玉做的；寶塔是金鑲寶石 ---- 一個百寶箱。

清空了棺內的寶物後，把棺木被移動到一旁。譚溫江從一個太監處得知，棺木下有個金井，那裡藏得都是慈禧的寶貝；她的靈魂升天之處，是慈禧生前自己選定的所在，寶頂中的穴位。

沒有挖太久，就找到了那寶貝的”源泉“---- 金井：最上頭放著的是世界最有名的珍珠項鍊，然後就是金手鐲，腰帶掛勾，髮箍，玉製的象徵福氣的各種物件，金餐具，祈禱用的珊瑚念珠串，鑽石。

譚溫江命令所有的東西裝箱運送到外面，此時孫殿英已經到達，讓他們給他展示了一下那些寶物，然後想親自去看一下慈禧的陵寢。

譚溫江引著他下去，這位左手滾動著兩顆核桃的軍閥，聞了聞：一股涼氣混合著發黴和甜甜的味道。他皺起鼻子給自已點上一隻煙，拿起了一隻火把，要去看那老妖婆在哪兒。

她還是臉朝上的躺在原來的外棺的棺木蓋上；一旁還有那個可憐、不幸的倒楣小兵像木乃伊一樣的雙手緊抱著雙肩，頭擺來擺去，不斷的喃喃自語。

「他瘋顛了。」譚溫江說。孫殿英抬起腿給了他一腳，這個倒楣蛋倒向屍體，屍身的嘴巴張開了，一個鴿子蛋大小的閃亮的珍珠露了出來。每一個人都睜大眼睛看：一顆夜明珠，傳說可以讓人青春永在以及屍身不腐的寶貝，一個護身符，一個可以對抗世界的邪惡、在黑暗中會發光的寶貝！據說，它的光亮可以照到百步之外。

“為什麼要留給這個老妖婆？”譚溫江說著，就伸手去拿。只是他沒有想到：夜明珠是兩個光滑的、半面的組成，光滑的如同西瓜子，從他的手指溜掉進她如牛皮的食道裡。他伸手進去撈，沒有成功，生氣的大罵讓拿一把刺刀，從頸部的左邊和右邊開切，拿出那對半的夜明珠。

軍閥看夠了。然後說，“還有剩下的什麼，“手裡拿著夜明珠，對士兵說「都是你們的。二十分後，通道就會被再封起來：誰要是沒有出來，就再也出不來了」。

當這兩位還沒有完全走出通道，就聽到後頭一陣動盪，槍聲大作，喊叫聲起。兩個士兵躺在了血泊中，其他的人在屍身與衣服上用手撕扯、搶奪、挖掘。譚溫江回過頭，他還有件別的事要處理 ---- 那個長辮子的蘇必脫林，他是個不可靠的知情者。他已經說了，現在到了讓他不說的時候，士兵綁了他，譚溫江用他的毛瑟槍，射殺了他，他就掉進了此前；他眼見他們所挖的那個入口坑洞中。

註釋

11 佛祖保佑

12 手中發射子彈的武器，如毛瑟槍，並非偶然；幾乎在同一個時期，西方的法律系統也被引進到了中國。原本有兩種不同的概念可供選擇：就像自動上膛的歐陸系統，和安格魯薩科森的左輪槍系統。歐陸系統比較占優勢，正如毛瑟手槍與左輪相比，前者上膛快、好駕馭，射擊速度比較快，較不易困乏，後作力小。缺點是：容易卡彈，不容易瞄準。猶如歐陸法律系統的優缺點：自動的概括分類，有效的嚇阻、短而快速的審判，以確切的證據為基礎的審判。另外一方面；其缺點是：官僚主義的限制與影響；和法院的誤判。

孫殿英

孫殿英（1889 年—1947 年），乳名金貴，字魁元，河南永城人，自稱是明孫承宗的後代。一般人叫他孫老殿，也有人因他生過天花，叫他孫麻子。此人從十幾歲就跟流氓地痞鬼混，出入賭場，後來當過國民黨的兵、漢奸。行伍出身，1928 年投靠國民黨，任第六軍團第十二軍軍長，因在河北馬蘭峪盜掘清東陵而聞名。

北洋畫報

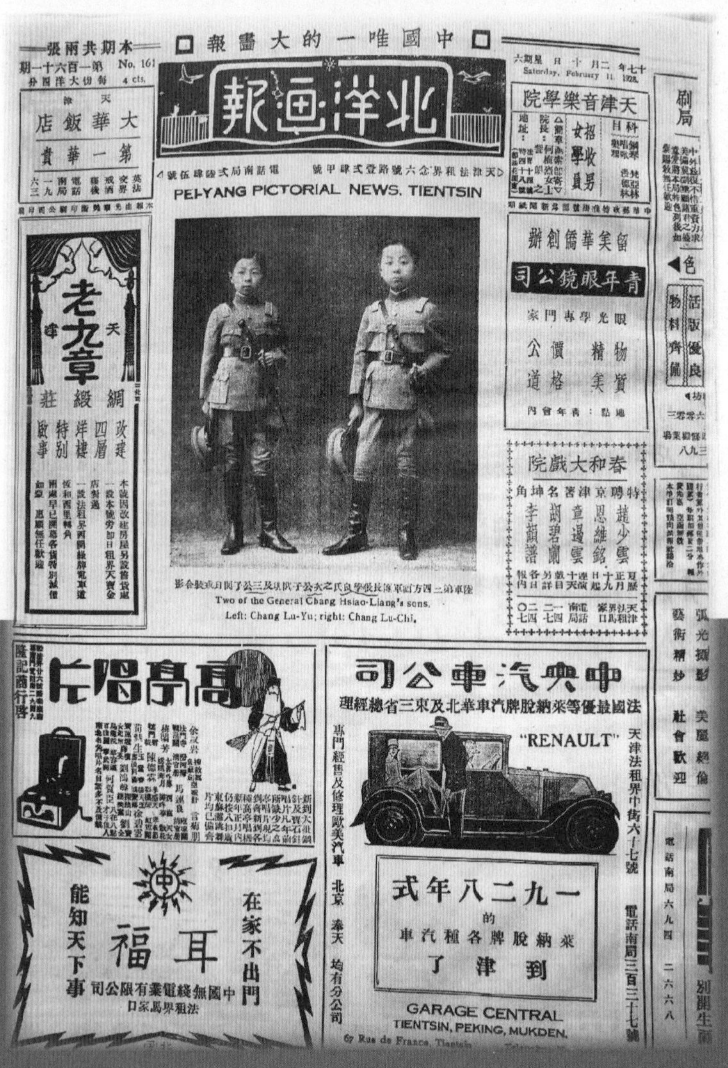
中國唯一的大畫報

本期共兩張
第一百六十一期 No. 161
每份大洋四分 4 cts.

北洋畫報

十七年二月十一日 星期六
Saturday, February 11, 1928.

天津法租界三十六號路登瀛里三十四號甲 電話南局二四三五號

PEI-YANG PICTORIAL NEWS. TIENTSIN

天津 大華飯店 第一華貴

天津音樂學院 招收男女學員

留美華僑創辦 青年眼鏡公司 眼光學專門家 物質精美 價格公道

春和大戲院

老九章 綢緞莊

陸軍第三四方面軍團長張學良氏之次公子閭玗及三公子閭琪戎裝合影
Two of the General Chang Hsiao-Liang's sons.
Left: Chang Lu-Yu; right: Chang Lu-Chi.

高亭唱片

中興汽車公司
法國最優等來納脫牌汽車華北及東三省總經理
"RENAULT"
專門經售及修理歐美汽車
天津法租界中街六十七號
一九二八年式的來納脫牌各種汽車到了津
北京 奉天 均有分公司
GARAGE CENTRAL
TIENTSIN, PEKING, MUKDEN.

在家不出門 能知天下事
耳福
中國無綫電業有限公司

弧光攝影 美麗絕倫 藝術精妙 社會歡迎

《北洋畫報》創刊於1926年7月7日，當時在中國傳媒界被稱為“北方巨擘”，該刊由馮武越、譚北林所創辦，吳秋塵主編，是一家獨資經營的刊物。馮武越是當時中國銀行總裁馮耿光之子，曾留學法國，能文、能書、能畫，擔任過張學良的法文秘書。

陳列櫥櫃中有她留下來的物品

此前都是戲劇性的報導，我們回說曾經發生過的事情：事實上，後來在正式調查時，蘇必脫林的屍體被挖了出來。他捲曲的側臥著，如同岳南的報導指出的一樣，他被「五花大綁」：他的手、腳與脖子被同一條繩子綑綁在一起。他那拖著條辮子頭顱，還戴著譚溫江給他扣上去的軍帽。

有關盜墓的調查，是在已經退位的滿清皇帝及其家族抗議、施壓下進行的，最後還是不了了之。似乎沒有人對此事有任何的興趣，孫殿英當然會被牽出，要對此盜墓負責，但是他很慷慨的利用竊盜來的寶貝送禮。宋美齡、蔣介石的夫人，如岳南的報導，她收到的是那粒價值連城、可以讓人長命百歲的夜明珠。後來她把這顆夜明珠一分為二，像一對眼睛一樣的，鑲在她最喜愛的拖鞋上。她活到 106 歲。

旁邊的建築，也就是他曾經被關押的地方，現在是一個紀念品商店。承恩殿中立著一個慈禧太后的蠟像，玻璃的陳列櫥櫃中有她留下來的物品：一個「Duke's Cameo」牌子的香煙盒，是紐約的美國煙草公司製造出品的；另外還有一個：「King Wiff」牌子的加長特級，維金尼亞香煙，一是皇室的黃色，上頭印有一個馬球運動員手拿著長的球竿；第三個是叫「Murattis」的飯後香煙 ------ 香菸盒上有一個留著長長卷翹的、義大利式八字鬍的男子、翹著二郎腿、身著燕尾服坐在鋪著白色桌布的餐桌前，一隻手拿著裝滿酒的酒杯，另一隻手一根香煙……桌上放著一瓶萊茵葡萄酒。

另外的玻璃櫥窗裡的東西還有：一個水煙袋、一副紙牌、一付牌九和一些乾了的燕窩，還有一小盒「虎標萬金油」。

孫殿英同時還下令盜了另外一個陵墓-----是乾隆皇和他的五個妃子的。我們會在回程時去看看。

候鳥的中途站

有一些發亮的雲朵在天際，風從西邊吹過來，把雲朵越吹越長，慢慢像絲帶，後來就像飛機飛過的拖尾線，最後如煙霧又若輕紗。這附近曾經是一大片的鴉片田[13]。

東邊的海上，盤旋著一隻白尾海鵰（Haliaeetus albicilla），黃海已經不遠了。景觀也在逐漸的改變，沖積出的三角洲周圍有廣布森林的山丘，濕地，河灣，低窪地，河床叉口、水塘、小溪，由「戴河」延伸形成寬廣的淡水沼澤。「北戴河」的名稱因此河而來，意思是位於戴河的北邊，「北戴河」位於一個三角形、由花崗石組成的海岬的正中間，海岬沿著原本平整的海岸線前進，卻於此被沖刷成許多的小岩洞，腐蝕粉碎了花崗岩的海岬，以及這個小半島，卻猶如吸鐵石一般，吸引著從西伯利亞的草原、沼澤和滿洲一帶的候鳥，牠們的目的地是東南亞、澳洲、美洲，甚至非洲，在長途飛行中，這些鳥兒選擇「北戴河」做中途休息地。

春秋兩季，超過三百種的候鳥、數以萬計的飛來，真是無以倫比的壯觀！對鳥類學家來說，這裡就是賞鳥者的聖城麥加。美國鳥類學家馬丁威廉姆斯 Martin Williams 曾在此停留了總共一年，寫的報告中說：「『北戴河』是觀察東亞洲候鳥遷徙的最佳處所，你可以在其中發現任何一種的流浪者，這一切就發生在北戴河。特

白尾海雕

丹頂鶴

白頭鶴

白鶴

白枕鶴

別是鶴，牠會讓你意亂情迷。」

鶴，在所有東亞文化中是被尊崇的鳥類，在中國牠象徵智慧與長壽，在日本牠是好運攜帶者。群集飛行的鶴，令人印象深刻不能忘懷；搖曳鼓動的翅膀，從鳥嘴、頸部到背部都伸得筆直的雙腳形成優美的線條，在一望無際的天邊不斷變化的人字形隊形，牠們不停的呼喚彼此，在地上他們是好玩、調皮的搗蛋鬼，求偶示愛時會彼此吸引對決，以美麗直挺的身段，莊重的速度移動、刮腳、勾腿、振翅，折翅、緊靠在一起尖叫高歌（pas de deux），左右前後的組合，有趣的跳躍，把小石頭或樹枝拋向天空，然後再用嘴巴再度接住。

必須遠行的時間到了，他們會焦躁不安的聚集一起，陷入緊張、興奮中，直到出發的特定時刻到來，他們才心甘情願的準備出發：把頭部與頸部伸向要去的方向，彼此呼喊著，開始起步跑動，然後同步騰空飛起。

在北戴河駐足停留的鶴中，有四類是屬於瀕臨絕種的：（1）滿洲地區的丹頂鶴 Grus japonensis，全球只剩下約 2400 隻。牠們有白色的手翅，黑色的臂翅，頭頂上有一個紅色的綹，臉部與頸部是灰黑色的。（2）白頭鶴 Grus monacha，一種體型較小的，羽毛是深灰黑色，白頭。（3）白枕鶴 Grus vipio，他的喉嚨，頭頂、後頭部，後頸部是白色的。在長江下游過冬。

（4）白鶴 Grus leucogeranus，全身羽毛白色，閃亮的紅臉與紅腳，原本在長江中游過冬，後來因為修建三峽大壩，棲居地沉入水下了。根據統計大概還有三千隻，僅有上百隻在北戴河歇腳。鶴在中國的傳統繪畫中是最被喜愛的對象之一，有各種的筆法，例如虛筆，也就是用半乾的毛筆落筆，讓其出現段落性空白；所謂的似有似無筆觸的「飛白」：「顯非顯」也是一種傾向書法的技巧，哲學基礎就是：概述就足夠了，常常連概略也可以省去。

松鶴延年 國畫 鶴（賀）壽圖

註釋

13 陵墓附近，沒有其他比罌粟更合適在的植物了。罌粟是唐朝（紀元 618—907），與佛教東傳的時間大約同時，從印度來到中國。當時被稱為阿拉伯蓮花—“阿芙蓉”。是一種針對盜汗，遺精，慢性腹瀉，脱肛的收斂劑。一開始在洋藥局可以買到，就如“皇帝小米”----“禦米穀”，取的是乾燥的種子包。罌粟在中國被禁止種植，是考量到這種植物的廣泛種植，會對穀類生長產生不利的影響。（另外一個類似的禁令是對大麻，這種植物，不能在人行步道附近與田野邊上種植，只許在人煙稀少、沒有農作物、偏遠的空地上栽種）。這個禁令一直延續著，即便西方列強後來不再用銀子購買中國的茶葉，而改用鴉片來購買。喬治説，中國錯失了許多與西方交往的機會。如果皇帝答應可以在中國種植罌粟，鴉片價錢就會下降，進口就沒有意義了：也就永遠不會有鴉片戰爭。---- 相反的，中國可以大量的向全世界銷售鴉片要獲得生鴉片，其實過程很簡單，不需要太深奧的學問 --- 在炎熱的大白天，用帶著有 3 個或是 4 個刀片的刀子；將罌粟的種子囊劃三、四刀。流出來狀似乳膠的液體，在夜裡會凝結在種子囊上，形似凝固的橡膠，第二天早晨把它收集到容器中，很快它就會自動分為上下兩層：上層是潮濕顆粒狀、粉紅色的物質，下層是暗棕色的液體，叫做「Passewa」。這東西最後拿回去放置在通風陰涼的地方三、四個星期，脱水晾乾後，這柔軟、黑褐色的物質就是「生鴉片」。把它放進銅鍋裡，大火煮軟，過濾後，再用小火熬。放涼後，成為深黑棕色黏稠的膏狀物，這就是所謂的煙膏」，也就是吸食鴉片者的終端產物，他們用一根針挑出煙膏，揉成一個小球狀，稱之為「打泡」，然後就著煙燈的明火，開始「燒泡」；把煙吸入，直到只剩下煙灰，完結。但是在中國一如既往的沒有被浪費的東西，又產生了一個新產品。那個一半已經被炭化了的黑黑顆粒狀的東西，會被拿去再煮一次，再賣一次，不只是賣給窮的癮君子，還有人用水混合，再次、也是第三次塞入煙斗裡使用。喬治説有些懂得的人，只抽煙灰。只需稍微加一點點的煙灰，就能很明顯的提高鴉片膏的效力。

開拓者英國傳教士 James Stewart 和甘陵 Georg Thomas Candlin

道路從西邊過來，首先會經過蓮蓬山[14]，從這裡開始就到了外國人居住區。第一所房子，是 1894 年蓋的，屬於一位名叫詹姆斯斯特瓦特 James Stewart 的英國傳教士。在義和團的暴動中，「北戴河」也難以倖免，這間房子也被摧毀了。

房子的主人不只是位傳教士，他也同時是位商人，在那個時代這是很平常的。1926 年斯特瓦特去世後，他在「北戴河」的房子與土地，由兒子羅伯特 Robert E Stewart 繼承。羅伯特是天津富比式 Forbes & Co 公司的工程師，也是一位知名的賽馬騎術師和騎馬教練。年輕的斯特瓦特與民國第一任大總統袁世凱的兒子袁克定是好朋友。而袁克定在天津是出名的人物，這棟房子至今還在，住址是西海灘路 2 號。

另外一位開創人物就是英國傳教士甘陵 Georg Thomas Candlin，他在 1878 年，年僅 25 歲時來到中國[15]。1895 年，也就是在他代表「宗教議會」參加了芝加哥召開的世界博覽會後的第二年蓋了這棟堅固的、如同碉堡的石頭屋。這棟房子引起了人們的擔心：他們認為外國人正非法使用資金，計畫建設海港。後來真的發生了，雖然與甘陵這位生性和平的人沒有關係，但他扮演了一定的角色。這一棟房子位居山頂，供水是一個問題，甘陵沒有挖井，而是在緊鄰房屋處、如聖經所說的建了兩個水槽來儲水（如「雨棺材」是從前在德國的一種稱呼，因為想不開的女人會「走進水裡」自殺）。

甘陵屬於「親中派」，在中國的傳教士中屬於被同化的一群：他們深深的被中國文化吸引，陷入其中，時間久了，越來越中國化，他們甚至抽鴉片。特別奇怪、有趣的是他們中許多人後來成為著名的鳥類觀察家。甘陵最喜歡的候鳥是在「北戴河」過境休息的野鴨。[16]

甘陵會說中國話、寫中國字、有中國朋友。他年紀越大，待在北戴河的時間就越長。他的女兒終生未嫁，在其夫人過世後女兒繼續女主人的角色，許多傳教士喪偶後在中國的命運大概都如此。他死後就葬在離石礄路不遠的新教徒墓園中，成為十多位以「北戴河」為最後的休息地的外國人之一。

註釋

14 蓮蓬山，其實名稱來自於這座山上的一塊巨石，因為其形狀像蓮花的蓮蓬（或是浴室的淋浴噴頭），另外一個名字叫「蓮峰山」。後來轉換為今天使用的雙山峰的「聯峰山」。

15 英國人喬治拖馬斯，甘陵牧師（Candlin，Rev. George Thomas）部長與傳教士，住址：Chiang Ts'a 胡同 29 號，1853 年出生於威靈頓，Salop。國籍：英國。是北京大學系統神學教授，同時也任職於北京衛理公會學院 The Methodist Academy，Peking。聯合衛理公會 United Methodist Mission 主席。1893 年代表宗教議會參加在芝加哥舉行的世界博覽會。1901 年新聯繫教會衛理公會會長（現在是聯合衛理公會）—1902 年於西敏寺參加國王愛得華七世的加冕典禮。1905 年擔任在北京舉行的聯合會議（federation conference）主席。見 1922 年 Alex. Ramsay 編輯及出版的「北京，誰是誰 Peking, who's who?」，「天津報業有限公司」印刷，臺北，Ch'eng Wen 出版公司，1971 年重新印刷出版。

16 白眉鴨 Anas querquedula，從喉嚨深處發出的、幾乎無聲的「可了不」Kl eerb 音上可以辨認，在飛行中使用淺藍灰色的前翅，牠們成雙成對的從過冬的棲息地返回，母鴨後面跟著公鴨，不斷的發出大的 "kleerb kleerb kleerb" 的聲響。羅紋鴨 Anas falcata：他們從眼睛到脖子泛著綠色的金屬光澤，有時候會迷途飛到歐洲。候鳥的遺傳基因在遷徙過程排序上產生了錯誤，讓這類的鴨子無家可歸 ------ 在某種程度上就是「難民鴨」，在年初與秋季，準備遷徙時開始不安，因為不知道究竟要飛那條路、和飛往何處，只能落在地上。嘴鴨 Anas poecilorhyncha：鴨嘴前端是黃色的，兩端的根部各有橘紅色的點。他們在泰國及柬埔寨過冬。鴛鴦 Aix galericulata，在中國代表著婚姻的忠誠。牠們最初來自中國的東北阿莫爾地區。在歐洲鴛鴦退化成為觀賞的鳥類。「北戴河」是少有的幾個地方，依然可以觀察到野生的鴛鴦一醜鴨 Histrionicus histrionicus：這種鴨子的多色羽毛，讓人聯想到他的名稱。在美國稱為「丑角鴨」、「爵士與淑女」、「彩繪鴨」、「圖騰柱鴨」。鵲鴨 Bucephala clangula」，來自北方的泰卡 Taiga 針葉林。公鴨發光的黃色眼睛，成了英、美兩國的 007 龐德電影「黃金眼」。這種鴨子，屬於自私的杜鵑鳥家族，公鴨不參加鴨蛋孵育的工作，母鴨常常將蛋產在別種鳥的巢中，為了給自己的後代更大的生存機會，牠會殺掉原來的雛鳥。

清海關度假處

離街不遠處的一個山丘上，有個尖尖的、色彩斑斕的「鸚鵡亭」，在它後面、聯峰山腳下有一棟度假別墅，過去屬於「清廷海關稅務司 Imperial Maritime Customs Service」，除了名稱外，建築是西洋式的，管理人員不僅僅是英國人而已，還有德國人、法國人、蘇聯人、美國人等等。與在領事館或其他外交部門的工作相較，人們更渴望在海關稅務司工作，那兒不只是有利可圖的，且更顯現身份地位和特權[17]。Robert Hart，中文名赫德，簡稱 I.G.（Inspector General 的縮寫），他在清朝的正式官位是「中國海關總稅務司」，從 1865 年開始就擔任海關稅務的領導，隨後的幾十年這個單位就成為了猛猲象般巨大的權威機構，不僅收取海關稅金，也負責改革大清的郵政，管控海港以及航道，這個機構還建燈塔、氣象站、成立船隊來對抗走私、代表中國參加國際展覽會，並且為國政、外交提供建議。[18]

註釋

17「他是海關的」就代表著這個人是個有權勢的人。喬治說的。

18 1842 年鴉片戰爭結束，後果之一是開放上海與西方通商：上海開始有了外國租借地，城市被劃分為英國、美國、法國各自管理的區域，還有海關稅則的通過，從西方來的貨物其關稅降 50% 到 79%。當時是個十分猛烈的措施。西方列強為了保護自己的利益而減免關稅，而對於別的國家的進口物品則抬高進口關稅，使得當時中國的進口關稅變成全世界最低的。當時清朝對外太過軟弱，無力抗爭改變狀況。西方列強利用清朝內部

赫德

的軟弱無能，將之玩弄於手掌中：1853 年，部份上海被小刀會所佔領，官府無力收取關稅，西方列強的代表；英國領事瑞斯佛特阿寇客 Rutherford Alcock，對當時的道台建議：「海關募用外國人幫辦稅務」，這改變了之前稅金被層層剝削、落入貪汙腐敗的官方泥沼，大大的讓稅收快速增長。北京的清政府正在為國庫空虛發愁，越來越發現這個「募用外國人幫辦稅務」措施未嘗不是一個好法子。所謂哥倫布的蛋：也就是最好的法子：。。讓外國人去徵外國人的稅。原本是不得已的措施，現在變成了固定的機構，不僅在上海而是擴展到了全國每一個對西方開放通商的海港，這就是清帝國海關服務 Imperial Maritime Customs Service 的開始，後來取消了「帝國」兩字，這是西方特洛伊木馬屠城記的中國版。從海關收的稅成為清政府最大與最可靠的財源。缺點是中國的海關被奪了權，中國後來幾十年成為西方貨品傾銷地。

第二部

「總稅務司」赫德 Robert Hart

就在西海灘路西邊開始的地方，7號，一共有五間房子，在山花牆上還寫著 1903 年。在房子前面歪歪扭扭的草叢與樹叢之間，有一塊風化的界石，上面寫著「總稅務司赫德 Robert Hart」，他是清廷的一品大員，朝服上的補子繡有鶴的圖案，玉扣子腰帶，頂戴鑲紅寶石。1898 年，他在北戴河買了一棟房子，在那裡住了三個月，他在日記上寫著：「為了讓我自己愉快……我受夠了這種每天加班的工作，簡直是折磨！……在休假的時候，我盡量不拿我的筆工作……。」房子在義和團事件中被毀。稅務司馬上重新修建，修的更大、更好。過去周圍長著的只是樹叢、草叢，現在逐漸種植了中國油松 Pinus tabuliformis、刺槐 Robinia pseudoacacia 和側柏 Platycladus orientalis。

赫德組成的北京樂隊

赫德 Robert Hart 是一個矮個子，喜歡把雙手放在背後。他有著長臉、一雙會看穿人的灰色眼睛、禿禿的高額頭，蓄著完美的「滿面鬍」。他喜歡穿雙排釦、寬鬆斜紋軟呢的西裝，胸部有深深的口袋，讓別的中國大員們羨慕不已，因為他們的朝服沒有口袋，所以必須把菸斗、菸絲以及其他的物品吊在腰帶上，很不方便。（中國人使用肩袋或者腰袋，在寬帶子兩端各有一個長長的口袋；稱之為褡褳，裡頭放錢，雖然說是很安全，但是要想掏出來就很麻煩。）他的外套最下面的釦子是不扣的。。當他離開房子的時候，馬上就戴上他的氈帽。他是個謹慎的人，信任的人很少，但是與他有接觸、有來往的人，都說他是非常和藹可親的。

他熱愛閱讀古典拉丁文與希臘文原著，喜歡拉小提琴。

他收集老虎皮，張牙咧嘴的，躺在他「北戴河」房子的地板上。他習慣早起，每天抽四支香菸，中飯過後，喝杯雙份的白蘭地時抽支雪茄[19]。他對氣候敏感，有偏頭痛，他在日記中寫著：「……沉重的，奇怪的寒意與接近熱浪的混合，結果就是頭疼。……好熱的天啊，我感覺自己快不行了。」他保有一種稚氣的想像力：「巨雷與大雨。奇怪的雲走進大風吹動的天空，像似向另外那個漆黑的烏雲國度進攻；就像一個小矮人攻擊大巨人。」

如一般個子矮小、禿頭、留著絡腮鬍子的男人——擁有些動物性本能——赫德有一種對性的強烈需求和強迫性控制衝動。他在日記寫道：「想要討個小妾的誘惑很強烈。……最讓我煩惱的事莫過於喜歡女人……」。在另外一段中他寫道：「她們讓我的血液燃燒……對於沙發上快感讓我瘋狂……更多的是殘酷的激情，比與正常女人的交往還吸引我」。然後一個不意外的告白：「如果我要是繼續留在中國（他的確如此），我就會同中國人一樣……雖然就社會來說，一夫多妻制在西方不合適，但是在中國我不認為是不合適的，而且道德上來說本身也沒有什麼不對之處。」

1866 年，他在回國度假時結婚了。當時，他才剛剛被提拔成為 I.G.（中國海關總稅務司），對一個還幾乎不到 30 歲的人來說，是值得驕傲的成就。他的太太是 18 歲的海斯特．布萊頓（Hester Bredon）。兩人總共在一起生活了十年。1882 年，她回了英國，看不出有什麼特別的外在原因，隨後的四分之一個世紀她在倫敦度過，赫德給予她大方的經濟支持和總是贈送貴重禮物。此後赫德留在中國期間，再也沒有回英國看望過她一次。對認識他的許多人來說，這是一個謎。是否婚姻出了問題，就像許多歐洲人的婚姻在東亞時常會如此，也許還有一個其他的對手？對手不會是歐洲女人，如果是的話，早就到處風傳

赫德庭院中的宴會

赫德夫人海斯特．布萊頓

了。莫非是一位中國女性？

一個老故事。海斯特發現她的丈夫原來還有三個小孩，是與一位年輕中國女子生的。赫德日記上說的「瘋狂的享受沙發上的快感」，小女孩是他的最愛。每次只要時間允許，他還會和她們散步。有一次被撞了個正著，當時他正在和一群嘻嘻哈哈的小女孩玩著蒙住眼睛抓人的遊戲。倫敦泰晤士報記者莫里循 Morrison 曾在日記上記載過：「與 I. G. 一起吃飯，看到他對年輕小女孩的性躁狂。」

1883 年 12 月 14 日，赫德寫給他在倫敦的私人秘書金登幹 Campbell 的信中說：「我希望你幫我採購一些生日禮物，我要送給我的好朋友嘉寶莉 Gabrielle，伊莉莎 Elise，還有珍妮 Jeanne de Noidans，她們明年分別會是 18、16 和 15 歲。嘉寶莉中等個子、棕髮。伊莉莎小個子，很大的黑眼睛，她有你從來沒見過的最美麗的小手。珍妮看起來比她的年紀要大，金髮，黑眼睛，非常嚴肅。」

他接著仔細地寫出他想要送的禮物樣式、金額等，可謂鉅細靡遺：

1. 給嘉寶莉：我希望送給她一只手鐲以及圍巾上用的別針，兩件價值約 50 英鎊。包在同一個盒子裡—如圖（畫出如何擺放）：

A ＝手鐲，B ＝別針。

盒子上燙金字寫著：給嘉寶莉，R.H.，北京，1884 年。

2. 給伊莉莎：我要給她一只戒指，一串項鍊，一只手鐲：大約是 50 英鎊，放在一個盒子裡—如下圖：

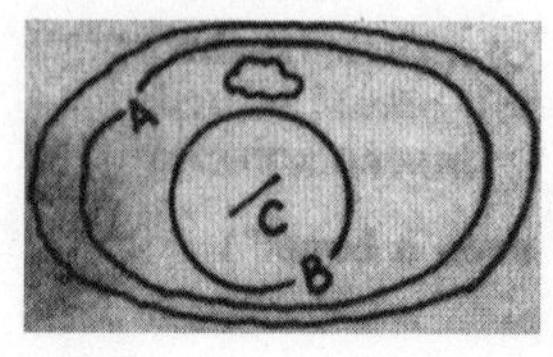

A ＝項鍊，B ＝手鐲，C ＝戒指。

盒子上燙金字寫：給伊莉莎，北京，1884。

3. 給珍妮：一只手鐲、一支錶和一對耳環。全部總值約 50 英鎊，放在一個盒子裡，如下：

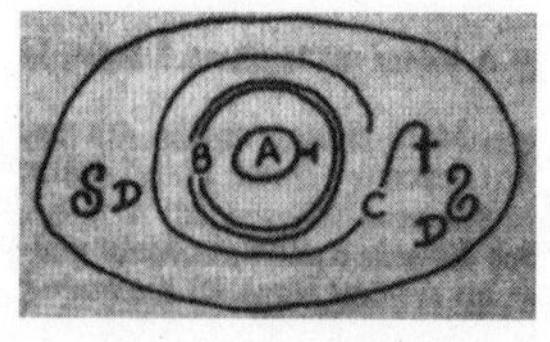

A ＝手錶，B ＝手鐲，C ＝錶鍊，D ＝耳環。

手錶應該是一支好品質的女用狩獵錶，珍妮是位卓越的騎士，配搭的錶鍊如淑女阿伯特 Albert 的同款，上面應該吊著個水晶十字架。十字架是簡單純金的。

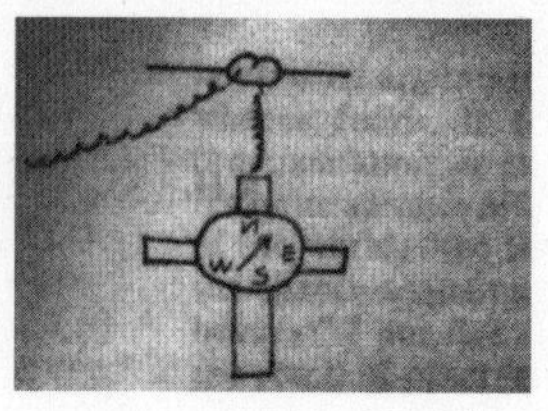

盒子用燙金寫著：給珍妮，羅伯特爵

士 Sir Robert 贈，北京，1884。

包裝的盒子要精緻，外面用摩洛哥 morocco 皮革包裝，內襯藍色或是猩紅色的天鵝絨。

給伊莉莎的戒指，必須是個精緻的小東西，一顆祖母綠與一顆鑽石，不要太大，但必須要大到適合一位淑女。我試著下星期寄給你她的戒圍，非常小。

赫德不會忘記任何事情。12 月 24 日的信寫著：「隨信附上伊莉莎的戒圍尺寸，這條線的長度，剛好圍起她的最大的指頭，這是她想要戴戒指的手指戒圍。」

赫德

註釋

19 1884 年 10 月 28 日，他寫給倫敦他的秘書、同時也是他可以信任的人金登幹 Campbell：「在孤獨中我開始抽菸：因此除了晚飯後的那支雪茄外，我每天可能還會點上 4 根香菸，100 根一盒，夠用一個月 ----。我發現我抽過最好的菸是和 de Butzow 先生或是 de Luca 先生一起抽的。De Butzow 的煙是從聖彼得堡來的是真正的俄國人的 La Ferme 公司出的（不是德國的），這菸草真是精美，也非常的昂貴，只能抽那麼五六口就完了，差不多這麼大：（此處畫了圖）。de Luca 的菸來自倫敦，包裝紙上印有 Morris 的名字，菸草很好，就是這紙沒品味，這菸大概這麼大（畫了圖）。關於 Morris 香菸，我相信 Morris 煙店應該是在邦德（Bond）大街上（老的還是新的邦德大街），我就不知道了。」

鐵血紀律的工作態度

上一章是赫德的私生活。但身為「中國海關總稅務司」呢？他簡潔，精確，冷冰冰的客氣，從他那種毫不掩飾的冷漠、高傲、直言不諱、無動於衷的表情，讓人不敢恭維。他知道如何掌握前來求他者的要害，懂得與他們保持距離！但其實情況並非總是如此。

有個小故事：有一位年輕的海關雇員路易士帕棱 Lewis Stanton Palen，他在 1900 年任職於上海海關管理部門，因為覺得沒有升遷的機會而感到頹喪，後來就辭職了，之後到上海約翰霍普金斯學院 John Hopkins College 當拉丁文老師。三年後，他被學院解僱，帕棱失業了，在困惑與失望中到北京去拜訪赫德，請求他再度雇用他，也訂下了見面時間。讓我們來看看帕棱自己怎麼說：

我在他的辦公室等待，等到他有時間見我，終於從他的私人辦公室出來，用他那特有的平靜態度問我「找我什麼事？」，當他聽我說明來意後，再度陷入靜默。他灰色的眼睛從頭到尾都注視著我……連一個字都沒有回應。我說完後，緊張不安的面對他的沉默，在我等待著他的回答時，突然我想到了在上海工作時我的工作優點。我自己也驚訝的竟然對他虛張聲勢的說：「還有，Robert 先生，事實上，在上海工作時，是我寫的『上海十年總結報告』，我所做的本應該是領導們的工作，由此也可以證明我的工作能力，和我求職的誠意。」我發現他那無動於衷、嚴肅的表情有些軟化了，他笑了，並且開口說話：「您的意思是說，您用打字機打的？」有那麼一會兒，我不知所措。這個人表面上來說掌握了這個倒楣年輕人的生死，難道他還在譏笑這個年輕人？他實在不必問這樣的問題。大家都知道用打字機打字不是什麼了不起的事。我覺得自己好像沒有機會獲得這個差事，所以決定「以其人之道還治其人之身」，我回答說：「不錯，是我用打字機打的報告，但是在我用打字機打之前，我先起草了的這份報告。」我坐了下來，想著剛才說的話，出乎我的意料，他對人性的精通我是無法比的，這個人依然保持沉默，他也在等，直到我無法再等了，別無選擇的只好結束談話，告別、離開。當我站起身問他「何時我可以知道答案？明天可以嗎？」因為自己還有別的事。「喔，不用，」他用一貫平靜的口氣說：「您不必麻煩，我會讓人送消息到你住的旅館去。」

反正覺得沒有什麼好期待的了，在我告別前，我解釋說夏天我喜歡北方的港口，秋天，任何需要我的地方都可以去，然後轉身離開，把他一個人留在那兒，這個權力還可以掌握在我手上！離開這個讓我看起來像傻瓜的人！

這是帕棱當時的狀況，面對未來，他已經被逼到谷底，下午在北京的城牆上散步，每一步都加深了他被那老人打擊、欺侮的痛苦。

第二天，帕棱自己寫道：「早上七點三十分，當我正在穿衣服的時候，從總稅務司來的短簡送到了房間。上面寫著簡短的幾個字，『請您今天下午三點來我的辦公室。我還想要與你談一下』。」一個謎，那個矮小的愛爾蘭人從他的私人辦公室走出來時，謎底揭曉。

「我決定再次任用你，」與昨天一樣，仍然是平靜無任何情感的聲音。「我要派你到天津去，我希望你在那裡要做的事與你在上海所做的一樣——寫一份十年的報告。」

其實，赫德不但情感豐富而且是個能夠換位思考的人，為人也很慷慨，他把帕棱的職位提升了兩級。他的原則是：「錯也要大方的錯」。其實他也很健談，也表現在隨後的談話中。

赫德是因為羞辱了這個年輕人，覺得抱歉，想要補償嗎？看起來是這麼一回事。像他這麼敏感的人怎麼會不知道他的用字遣詞會有什麼樣的後果。對一個來求助的年輕人，還踢他一腳，良心不安，也可以解釋為什麼他前一天如此沉默。或者是因為赫德想事情想得很遠，他已經向前看了十步，而帕棱才只是向前了兩步而已。對一個像赫德這樣的人，或可以同情心來解釋他的作為。

郝德管理工作的方式是「鐵血紀律」，從來不會給別人第二次的機會。為了能夠被雇用，有很多的求職者，要不是考試很高分，就是有著頂級的關係，或者是他赫德的親戚，赫德的後繼者就是他的一個小舅子。

赫德遇上義和團

赫德這個中國通，在中國工作近四十年，每天與清廷大臣往來，受到他們高度信任，他本人也熟識宮廷的謀略，獲得慈禧太后的青睞。海關的事務就像機器一樣，只要不間斷的提供給他各省的第一手資訊，他就能掌握工作、運作自如。他的手下洋職員都會說中國話，赫德是極少數外國人中能掌握中國官員思維能力的人，他也會設身處地的換位思考，有時候更是「未卜先知」走在官員前面。在一個所有的事情都必須隱藏保密的國度，隨著經年累月與他們打交道，這種能力後來變成了他的直覺、本能、第六感，能預測將要發生什麼事的情況可從 1899 年 10 月 1 日他寫給金登幹 Campbell 的書信中不難看出他頗引以為榮：「當我離開的時候，我會帶走許多的、所謂直覺的東西，我熟知中國人的思維與行事方式，很可惜的是，我沒有辦法傳給其他的人。」

英國大使的位置預留給了他，他拒絕了。海關的職務，提供他更大的行動空間。

1900 年義和團事件爆發，如同半世紀前發生的鴉片戰爭一樣，又是一件西方與中國的舉足輕重、開拓性的大事件。從前歐洲人摧毀了圓明園，現在似乎是輪到中國人在北京的使館區要一個接一個的摧毀歐洲人。與其他的歐洲人一樣，這個拳亂暴動讓赫德措手不及，當時他 65 歲，達到了權力的頂峰。他沒有看見這座黑色的雲牆、泰山壓頂似的推動過來。可是有些有遠見的人像樊國梁 Favier-Duperron 主教（他是法國人）就不一樣。

樊國梁當時在北京西什庫教堂（北堂）擔任天主教的主教，相信天上的主，看到這塊黑雲伸展蔓延、密佈、風起雲湧、鋪天蓋地而來，幾個月前他就開始發出警告；在一封給法國公使的信中寫道：「我可以向您保證，公使先生，我有最可靠的消息來源；他們對基督徒的迫害只是藉口，消滅歐洲人才是目的，這明明白白的寫在義和團的旗子上。」

沒有人把主教的警告當回事。因為赫德搖頭，認為不會。是自滿還是傲慢讓他視而不見？

赫德很冷靜，他不會屈服於這類情緒。而且他的判斷力也一如既往的完整。錯就出在他位於高處，位高權重，經年累月只坐在辦公桌前，早已脫離了現實。拳亂是從老百姓開始的，而赫德很少能如主教和普通人接觸。赫德的訊息來自宮廷的最高層他信任的人。雖然情況越來越嚴峻，他們卻有意忽視、沒有即時發出警告。因為赫德不屬於一般平民，為什麼還要告訴他？對正在發生的事又該如何解釋呢？

赫德自己認為可以信任他們，無法理解，為什麼他們刻意對他隱瞞真相。5月20日，就在拳亂爆發之前，他寫給金登幹 Campbell 的信：「衙門[20]說這些都是兒戲，不值一提！」赫德，越來越依賴自己的直覺，面對這個拳亂事件他說：「對北京來說，我想這個危機已經過去了」（1900年6月3日給金登幹的信）。而在6月10日，情況越演越烈，他還認為：“這是一種中國的風聲大雨點小，如此這般震驚世界的悲劇，至今歷史上還沒有發生過使節團都被消滅的事！“赫德一直認為自己的本能與直覺都都很準，這一次事件讓他顯現出了深度的疲憊，他在1900年5月27日給金登幹的信上說：「我很累，太多的事要想，太多的事要做[21]。」他已經決定在中國再待一年，然後就退休回英國去過平靜的生活。

北堂大主教樊國梁

在一個位置上要用直覺來判斷，腦子必須要非常的清醒，而且所有的感官都要在緊張專注的狀態下運作。如果把疲勞與直覺攪在一起是會造成錯誤，不少人會自我迷失、開始迷信。赫德是個非常聰明冷靜的人，在義和團事件爆發前他的書信中常常引用中國人說的「流年不利」「不是黃道吉日」等等的描述。4月1日，他寫給倫敦的信：「今年閏八月，中國算命的說，今年流年不利」。5月20日給金登幹的信：「我害怕過6月1日、中國人的五月節，但是中國人說我們的毀滅是在八月節，9月8日，或許是在10月8日，因為今年是閏八月……。」

不僅是他的第六感弱化了，他身體的抵抗力也差了。在他的肚臍下面，偏偏就是那個直覺、以及肚子感覺的位置所在，長了個大包，滿是膿液。1900年4月15日他寫道：「我害怕長了癤子，一顆好大的癤子，在肚臍下面。讓我很虛弱，癤子的核心已經去除了，我希望一星期後就能夠復原…。癤子流出來的膿液量非比尋常。」

幾個星期後，義和團這個的大癤子如火山一樣爆發了，仇恨與暴力一湧而出。

與其他的歐洲人一樣，赫德也撤退到了被包圍、封鎖起來的英國大使館，這可說是他的人生最低谷。對每個被包圍在裡面的人來說，這都是個謎團，到底這包圍攻打使館區的目的何在？他們打算幹什麼？是否有意在幾天內來個有組織的大屠殺？沒有人想要從赫德這裡探出什麼情況，人們沉默的、有些可憐他、但是又有些幸災樂禍的有意避開他。「有事找羅伯特爵士 Sir Robert」言猶在耳，英國大使一再邀請他同桌用餐，他還是拒絕了。在他身上也可以感覺到、看得出來他顏面盡失的苦楚。他因為擔憂而消瘦，在庭院中漫無目的走來走去。兩隻碩大的柯爾特 Colt 手槍綁在瘦小的身上，第三隻手槍插在屁股口袋裡。一個悲劇，但是多少有些滑稽、可笑、又可悲。

註釋

20 衙門，曾經被許多旅遊的作家所使用的外來語，在《漢德大辭典》中解釋「Yamen」，名詞，封建中國的法院與官署所在地。

21 有說法認為赫德是吸鴉片後倦怠感升級，這說法沒有證據，但是也有人強調說「當時在中國，每個人都吸鴉片」，這麼說也無法證明。

赫德的完結篇

說說赫德這個人吧。1905 年 8 月他在「北戴河」寫下證詞：

「我 1854 年來到中國的時候，我認識的每一個人都有個中國女人。1857 年我自己也染上這個毛病，我的女孩是廣東人，叫阿姚 Ayaou，1858 到 1864 年間她為我生了三個小孩，1866 年，我們關係解除；當她把孩子們交給了我的代理人自己嫁給了一個中國人時。我給她 3000 塊錢。孩子們被送到英國受教育，由我的律師照顧他們。我給了律師 6000 英鎊作為他們的信託基金，他們全部都是我和阿姚的孩子，我決定讓他們有尊嚴的過日子，而不是把他們留在中國自生自滅。阿姚是個非常好、行為端莊的小女人，但是我們沒有結婚，她不是我的妻子，她的小孩也不是婚生子女。」

郝德繼續寫下證詞並簽名：「我 1866 年與海斯特珍妮布萊頓 Hester Jane Bredon 結婚，她是我的妻子，我從來沒有和其他的人結過婚，我和她的兒子愛德格布魯斯 Edgar Bruce 是我唯一合法的兒子，也是爵位的合法繼承者。

我確認以上所言，都是真實的。

赫德 Robert Hart 簽名，北戴河 1905 年 8 月 19 日」[22]

發佈這樣一個像供詞的聲明，一點也不符合赫德相對保守、內斂的個人形象，原來 1905 年 6 月 9 日，發行量很大、倫敦人愛看的倫敦早報 Morning Post 登出赫德有非婚生兒子的報導：

赫德

「赫伯特．赫德 Herbert Hart，就是香港赫德爵士 Sir Robert Hart 的大兒子，他和赫德夫人，還有他們的獨子一起，昨天離開利物浦搭蒸汽船巴伐利亞號前往加拿大的渥太華。」

赫德夫人直到那個時候，還認為她丈夫的非婚生的兒子，不會妨礙到自己兒子的權利。這件事有如芒刺在背的折磨著她，她看到報導後，才忽然發現他的丈夫與阿姚這個中國女人共同生活了十年，還把他們的三個孩子送到英國接受教育。以當時的標準來說，赫德大方的照顧他們，讓他們過著很不錯的日子，還讓他們受教育。在這種情況下，他們可以在英國提出訴訟；訴諸法律，按照一般法律 common law，他們是事實婚姻，也就意味著他們的孩子有權要求分配遺產。這對赫德夫人來說是一種恐怖的景象，所以她就往前邁了兩步；讓消息曝光，逼迫她先生與非婚生的兒子們公開的劃清界限。她親自到報社拜訪了報社編輯，結果在第二天的報紙上登出以下更正資訊：

「我們發現昨天刊登的有關赫伯特．赫德 Herbert Hart 先生前往加拿大一事的報導，與赫德爵士 Sir Robert Hart 唯一的兒子無關。」

阿姚，這位赫德隨著年齡的增長越來越懷念的人，當年認識她的時候，她才十四、五歲。當時赫德擔心自己永遠也學不會中國話，他的中文老師就把阿姚介紹給了他，與她一起十年時間的學習，讓赫德的中國話永遠帶著南方陰柔的口音。對於他們共同的孩子們，他有遠大的計畫：兒子們應該學習，在將來前往印度成為領事事務人才。女兒到歐洲大陸上寄宿學校，學習法文、德文，還有音樂。很不幸，三個孩子都讓他失望，也讓他終身痛苦。赫伯特，那位讓「倫敦早報」公開的兒子，後來還勒索他！他與婚生兒子關係也不好，愛德格 Edgar Bruce（1873 年出生），這個兒子和他的弟弟一樣，後來成了酒鬼。難道是家庭的不幸遺傳？赫德的父親職業是烈酒燒酒師，原本也就是個抵抗不了酒香誘惑、永遠覺得口渴需要酒來濕潤

赫德

的人。1901 年 1 月 22 日，赫德寫給金登幹的信中：「我從前總是後悔為何沒有生一打小孩，現在覺得生它個四分之一已經太多了。」

赫德要告別北京這一天，在他的桌子上留下一張字條：「1908 年 4 月 13 日早上 7 點，羅博・赫德離開。」

赫德總是把自己看成是第三者，而這也是他成功的秘訣。離開北京三年後他去世了。他渴望回到中國，在那裡了此一生，這個願望終究沒能實現。

倫敦泰晤士報的記者莫里循，記錄了他與赫德在倫敦最後一次見面：「赫德爵士看起來非常虛弱，搖搖欲墜，他希望能夠回到中國，然後死在那裡。他眼中飽含著眼淚幾乎掉下來，說話聲音尖銳刺耳……。」

註釋

22 揣摩當時發出聲明的狀況，到底赫德內心深處對非婚生的父子關係怎麼想的？ 1905 年 8 月 11 日他給金登幹的信裡能說明一些。

「一般來說，我的原則是面對事實，不接受勒索，但是必須削成適合的形式，盡可能的減少對別人的折磨。朗費羅 Longfellow 寫過『讓已逝的過往永久埋葬吧 Let the dead Past bury its dead!』，但是活生生的事實卻無法被埋葬。在我活得很長的一生中，有許多的麻煩事都是我自己造成的，最初的錯誤也是我自己造成的，別人的經驗對我來說是無用的。奉勸大部份被我拋棄的人，每一個人只相信自己天上的那顆星星，走自己的路，自己怎麼種就怎麼收！」

最後他寫說：「我現在的狀況是一天好、一天差，老了，對我這個年紀來說，身體還是挺健壯的，當然不可避免的事情早晚還是會來。海邊對我也沒什麼吸引力了……。」

十年風水輪流轉

十年之後再到北戴河，首先察覺到的是俄文路牌、指標。不尋常的刺眼：西裡爾字母在中國（英文字母在此比較平常）有些不尋常；廣告牌，旅館，商店和小商鋪，甚至街道的名字全是。還有俄國人的裡米尼海灘。從前這裡只有西方的遊客。多數是從北京與天津來的“常駐居民”：外交人員、商人與“外國專家”們。我們在”外交人員賓館“預定的房間，賓館是由彼此之間離得很遠、分散各處的兩層樓建築群組成；類似度假村，位於當地著名的中心點老虎石附近、靠近海灘的高處，雖然名為“外交人員賓館”，但是並不限於外交人員才能入住。入口處有一座石膏熊貓（大陸稱之為熊貓，臺灣正好相反叫牠貓熊）舉著前爪，當迎賓衛士。牠的前面放置著一堆堆的盆花，按照顏色分類擺放，排列整齊；一邊是棕色，另外一邊是紅色的。

接待處的女士穿著藍色的旗袍，編著長辮子，如同文革時期的流行的式樣。橢圓的、形同瓜子的臉，中國的美的典型。我們把護照交給她，三個工作人員開始了處理檔案的作業程式 --- 紙片戰爭 --- 薄薄的登記表格在她們手中來來去去：複寫紙、小膠水瓶、大頭針。一個人登記、第二個人黏上檔然後釘在一起，第三位再一次核對、檢查護照以及登記表。這些工作都需要時間。牆壁上掛著三個鐘：倫敦，莫斯科，北京：9：50，12：50，17：50。

檔案與法律在中國是一樣的。對外國人來說這只是一種限制；因為他們多數不會填寫也不認識。缺乏耐心的小孩們，當我們取回護照、拿到磁卡鑰匙（上次還是真正的鑰匙，上面還吊著硬梆梆的綠色橡皮球）時間是 10：20，13：20，18：20。好像為了補償我們的等待，發給我們好多種的證明卡：可以進入旅館的、進入旅館所屬專用海灘的及以及停車證。從前只要

外交人員賓館在長巷內

外交人員賓館的入口處，熊貓歡迎你

是大鼻子、歐洲人長相就夠了，不必要什麼證明的。

露臺比房間還大，一種家的感覺。一種柔和的、暖暖的、潮濕的空氣包圍著我，不是北京那種黏黏糊糊、聞起來有種燒焦了的橡皮味兒。一種舒服的感覺，終於抵達目的地。海灘上傳來陣陣海浪拍岸的聲音，中間夾雜著蟬鳴，當它們安靜的時候，換成蟋蟀聲，不然會被蟬鳴給淹沒。牠們的鳴叫時斷時續，鳴聲由高而低的持續和停頓大概各五十秒；過時間後就停止、之後又重新開始，如此周而復始。對歐洲人來說的，這種持續的、均勻穩定的尖鳴聲，讓人覺得聲音出自自己的耳朵深處。[23]

註釋

23 在中國的北方有下列的種類：（1）油葫蘆。從牠大的、幾乎是球形頭部可以辨認。其他特徵：大約 2.5 公分長，背部一般是黑色或者深棕色，腹部是棕色的，前額黑色，觸須是棕色比身軀還長，複眼；油亮深棕色的前翅比較硬、很短，無法遮住尾巴；白色柔軟的後翅向下方折疊，延伸到尾部出去；雌性有深棕色柳葉刀狀的產卵器。“油葫蘆”：一個柔和微妙的名字，應該感謝其形狀及油光閃亮猶如油漆的外表 ----- 特別的是在初秋時牠經過人工繁殖；使更多的人們能夠透過牠們的叫聲，來溫暖冰冷灰暗的冬天，呼喚春天的到來：《ji---（吉：如《dji》）---- 常常一而再再而三的連續重複超過 13 次，不斷的轉換聲調；感傷和悲切、充滿顫音。深黑色的最昂貴。次等的就是發亮、紅棕的冰糖紫，又稱為”北京油葫蘆”，再來就是從南方來的“花鏡”，強壯的傢伙，粗壯，堅硬的鞭毛觸角，比冰糖紫的紅色更顯得清新、亮麗。缺點是飆高音時不那麼好聽，尖銳、兇狠而且單調。（2）蛐蛐、鬥蟋蟀，如果只是被當成歌唱家聽聲音，那麼個頭大小、體重、頭形、強壯與否等等就都不重要了，只聽其經常重複的。。。渠（qu）———渠聲，渠聲有變化，但是少了油葫蘆的顫音，聽起來宏亮、剛烈、有振奮人的底聲，不那麼悲切。（3）有一種小型的，大概 1,2 至 1,5 公分長，居住在平地、灌木叢下，背部有兩圓點，一個特別厚實的鳴叫脈線在翅膀上，產生出一種。。。。呲（ci）力（li）力（li）嘶（si）。。。，聲音高亢而嘹亮，整個音節，用詩文表達就是。。。《空谷傳音》。（4）棺材頭：其頭頂與從旁邊伸出來的角落；加上平平的前身部份，讓人吃驚的立刻聯想到彎曲的中國棺材的形狀 ----- 看著令人害怕。此外的一些特徵：大約 2 公分長，棕色的外表。下半身尖，前翅相對的短小，後翅不是短就是長；長的翅膀適合飛行。磕碰出的聲音是：。。。嘀。。嘀。。嘀，或者是發出疑問的。。。則。。則。。則，聲音尖、高、亮、短而均勻。晚上聽到此種聲音，會讓人迷惑、產生一種淒歷陰森、毛骨悚然的感覺。（5）金鐘：黑的發亮；看起來猶如肥大的瓜子。雄性的大約 1。5 公分長，雌性的 2 公分。翅膀寬而平，羅紋靜脈高高低低；後翅收在腹下，延伸到尾巴尖；頭部相對的小而圓；引人注意的是公母都有約 3 公分長的觸須；被不同的顏色清楚的分為三段：底部是森林地面那種棕色，中間部份是白色，最前面是黑色。棲息地：長得緊密的草地、牆根。特徵：動作快，喜歡跳躍。養金鐘是養一對，因為雄性的沒有雌性在一旁就不唱歌。鰥夫是不會出聲的。當雄性渴望他的雌性時，就會將觸鬚前伸，利用這個牠最敏感的器官來彼此擁抱，開始鳴唱：金屬般的聲音，同時伴隨著越來越大的嗚咽聲，不知何故；當牠把翅越打開，緊接著就在耳中傳來舒服美妙的回音，如同一個掛著的鐘聲一樣的震動迴盪，這也是牠金鐘名字的由來。前翅越薄，叫聲就越響亮。翅膀尖越圓；回音越明顯清晰。（6）金鈴：中國北方比較少見，牠的棲息地在南方。個頭不到一公分，是最小號的會唱歌的蟋蟀，有不同的顏色，棕黃色，白色，肉紅色。另外的特徵：觸鬚比身體長好幾倍，尾部也有兩根觸鬚（據說，觸鬚越長、越尖，這只小昆蟲就越聰明，翠眼，碧眼、複眼。有一隻翠眼另外一只是碧眼的最為稀奇珍貴，被稱為鴛鴦眼。金鐘一支後腳彎曲猶如變形，另外一支後腳是直的。在水上的樹叢與草叢之間，牠們看起來像捲起來枯掉的葉子。特徵：能爬高，會跳躍。其聲音可以從停頓中忽然開始，不論是白天或是夜晚，陽光普照或是烏雲密佈，從牠上揚與下墜的悠揚聲音可以辨認。牠的音樂會，從打破沉默開始，可以持續四、五個鐘頭。短的循環週期大約是 20 秒，長的可以持續 100 秒。其聲音又因姿勢而不同，有正身的聲音、有側身的；聲音聽起來持續不斷、明亮而清晰。在尋求女伴時會發出一種、少有的、動人的、黑暗而隱藏的低語聲；猶如愛人之間的竊竊私語。如果遇見了另外的一個公的對手；立刻會讓他尖銳嘶叫，鬥志昂揚的全身投入。（7）蝱斯，又叫“草馬”“蟈蟈兒”（Cyrtophyllus），大約 4 到 5 公分，比一般蟋蟀大，是最受歡迎的。強大的，如鐵鎚模樣的頭部，讓人聯想到馬，而其後頸部還有類似的套上的馬鞍。其他的特徵：彈跳有力的腿，尖銳的牙齒，可以食用堅硬的食物；向後折疊的後翅。牠們是不會疲倦的歌者，牠深沉而強有力的聲音；離得很遠的地方也可以聽得到。在大熱天可以不必太多停頓、持續兩個鐘頭的鳴唱，即便是鍾愛迷戀他的主人也會受不了。透過以淋浴般澆冷水降溫的法子可以補救。把牠的居所噴些水，透過霧氣來降低溫度也降低牠鳴唱的樂趣。蟈蟈兒有不同的大小與顏色。鐵蟈蟈與黑蟈蟈比較珍貴、價格高昂，牠們是體型較大、強壯有力的樣本；深黑、油亮的顏色，讓人聯想到黑色的鐵皮，配上閃閃發光的松石綠的翅膀；形成強烈的對比。其鳴聲大而低沉。按價格來說綠蟈蟈比鐵蟈蟈在排名上略遜一籌，但是一種顏色近似綠玉石的蟈蟈除外，牠的價格就高了！在灰暗、陰沉、無趣、無色的冬天，只要看見這個翠綠的蟈蟈，就能帶給您愉悦。綠蟈蟈一般比黑蟈蟈個頭小，翅膀也比較薄，叫聲也比較高和尖銳。（8）咂嘴，大概 3 公分長，所以比鐵蟈蟈小。特徵是，身型比較長，主要是綠色的，有時頭頂部和觸鬚為棕色或者粉紅色；向上呈顯拱形的翅膀；觸鬚可以長達大約 5 公分。棲息地：草地，葉子當中。強而有力的歌唱者；多來自山東省。給予三連拍的、也就是咂一咂一咂一咂的聲音，這個中國的“砸”字，非常的形象的點擊聲，開始時慢，越來越快，快要到結尾時，又慢了下來：天氣越熱，聲音越高，鳴唱中間停頓的時間也越縮短；在秋天，鳴聲的數量與高度會減少。”點擊舌頭者“，夏天時，把蟈蟈的籠子掛在屋簷下，冬天畜養在葫蘆中。

吸引俄國遊客和美國總統的地方

在松樹、柏樹、和雪松深棕色的樹幹和深綠色的針葉之間，海水在閃閃發光。松樹的樹幹傾斜的長著，樹底被矮樹叢覆蓋著，溫馨的藥草、香草植物，灰色的岩石，裸露黑棕色的地表，在陽光穿越中玩著太陽黑子的遊戲。樹的枝葉在風中搖曳，蒼白黯淡的顏色主控著風景。黯淡的紅屋頂，淺棕色的海灘，灰色的大海，延伸到一望無際、朦朧的藍色天際。不是義大利第勒尼安海 Thyrrhenische Meer 的生硬顏色，而是溫柔和順的亞得里亞海色調。房間露臺的前面有一處粉紅色水泥砌的院界，有兩位攤販在做生意。一位賣水果，另外一位賣用不同顏色塑膠繩編織成的吊床。賣水果的喝啤酒，把喝過的空啤酒瓶放在推車旁的磚牆上。下午三點已經有六個空瓶子了。小販從早上九點鐘開始，每小時喝一瓶哈爾濱啤酒，他還賣蘋果、粉紅色的桃子和杏、綠色的橘子、大粒深藍紫色的李子、小粒翠綠色的葡萄、大粒深紫色的葡萄，還有裝在紙袋裡的粉紅色芒果、金黃色的泰國香蕉。旁邊那位賣吊床的，把一張吊床綁在兩棵樹之間，躺在上面，邋鞦韆似的在睡午覺，頂上還有一把張開的陽傘遮蔽陽光製造陰涼。好一幅田園詩篇。

房子外有台階可穿過松樹林，通向沿海道路到海灘，位於更上面「觀滄海飯店」的客人也使用這條小路去海灘。早上去海灘，中午回來，下午再去海灘晚上再回來。定時的來來往往，特別是賣水果的因此獲利。賣吊床的就沒有那麼多生意，因為海灘上幾乎沒有樹，露臺無法直接連通，只能穿過松樹林中的臺階下海灘。

我看到一個皮膚曬成古銅色的俄國人，手上玩弄著一粒芒果，他穿著一件藍色的夾克，上面是金色的鈕釦，白色亞麻褲子，白色鞋子，一頂皺巴巴的船長帽。我見他轉過身來，單片眼鏡緊緊夾在眼瞼與顴骨之間，因為怕眼鏡掉下來，緊緊夾住，於是臉變了形，變得相當猙獰。當他發現我在看他時，立刻把手放在繡著金色海錨的帽沿上，打了個招呼。他的旁邊有位金髮飄逸、美麗優雅的女郎，依偎在他身邊。蟋蟀開始牠們 50 秒鐘的音樂會，他用粉紅色百元大鈔，買了紅黃色水果，當蟋蟀休息，只剩下蟬鳴時，他用一種騎士彎腰鞠躬的方式將水果遞給女子，兩人共同向下走向海灘，彷彿有艘帆船在等著他

窗外臨海樹林前的水果攤和吊床小販

們。

我們住的賓館俄國人很多，為了他們，每天中午都是自助餐。曬成古銅色的金髮美女，抽著鼻涕的小孩們，眉毛拔了然後重新畫上、頭髮上插著太陽眼鏡、嘴上塗著口紅的肥胖女人。男人像美國人一樣戴著棒球帽，在吃飯的時候也不脫掉。他們來自於西伯利亞，先飛到天津，從天津再搭巴士到北戴河。這些俄國人來自新西伯利亞（Novosibirsk）、伊爾庫茨克（Irkutsk），或是海參崴（俄名，符拉迪沃斯托克 Vladivostok），這裡比到歐洲旅遊要便宜的多。

在樹籬與樹林之間的交叉路口，到處都看到「歡迎」的石膏塑像：熊貓、梅花鹿、白羽黑頸的蒼鷺、羊與羊寶寶、有黑點的大白菇……，很像德國家庭花園中的花園小矮人一樣。客房的設計裝潢很統一，每個房間外有一個陽臺，陽臺上有兩張帶扶手的籐椅，中間有個小茶几。

14 號樓，有兩個俄國女人隔著牆各自坐在露臺上。分隔牆是用不透明的玻璃磚搭建的。兩人都翹著二郎腿，都向海邊望著、都抽著香菸。右邊的籐椅，也就是她們左邊的籐椅是空的，讓我聯想到美國畫家愛德華．霍普 Edward Hopper 的那幅「海邊的伴侶」。

在一個公告欄上用中文（紅色）和英文（藍色）寫著鄧小平的一句話：「有些人不知道下雨的時候去游泳是很舒服的，海水很溫暖。」下面有小布希 George W. Bush 的一句話「北戴河的空氣太棒了，我在北京會咳嗽，但是到『北戴河』就好了。」老布希與小布希不是第一個到此度假的美國總統。胡佛 Herbert Hoover（1929 年經濟大蕭條時期的美國總統），他是 1899 年第一個發現「北戴河」的總統級人物，當時胡佛是墨林公司（Bewick，Moreing &

Co.）倫敦礦業開採的代表，負責中國業務。胡佛和這家公司當年乘義和團動亂；內外勾結、一紙合同、以蛇吞象的手法，把開平煤礦順利易主給了墨林，所獲得的資金，拿去開發秦皇島港口。胡佛當時的任務是維護墨林公司的利益。這可說是對滿清王朝最後的投機掠奪。對於這個曾經擁有四大發明：指南針、火藥、紙張、印刷術的中國人，他一點也不放在眼裡，他說「中國人缺少機械本能」。

其實這並不是他的故事，而是一個德國人德璀琳 Gustav Detring 的，他是天津的海關稅務總管，大清海關的第二把交椅。他對中國政治的影響，有時候還超過赫德。他也一樣夏天會帶著家人到「北戴河」度假。他在胡佛之前就已經將開平煤礦公司佔為己有了。但是對他來說這塊肉太大，吞不下去，反而因此喪失了職位與名譽。

德璀琳 Detring 其人其事

古斯塔夫・德璀琳 Gustav Detring 是在德國、萊茵河左岸的亞琛市 Aachen 長大，父親是位公證人（代書），他在這城市的天主教高中畢業，是學校少有的基督新教學生。初中畢業後，為了逃避兵役前往比利時的布魯塞爾，在一家絲綢商那兒當學徒，赫德曾經描述他是「一位個頭大、圓臉、好心腸的傢伙」。

德璀琳善於交際、反應快，雖然身軀壯碩卻也愛好運動，是德國布魯塞爾體操俱樂部的會長。有雄心壯志，當時就已經是親英派的「哈英族」。1865 年他認識一位英國人，經他介紹結識了赫德倫敦的私人秘書金登幹 Campbell，他的任務之一就是「為清廷海關稅務司在歐洲選擇適合的人選」。

一開始，赫德對他的看法並不一定是正面的：他給金登幹的信中，表達了對這位德國候選人的要求：「明智、溫和的傢夥、不是愛發脾氣、好鬥、魯莽的人----“。德璀琳。真正的、一級的德國北方人：謹記！」。他還在信中批評德璀琳，說他口齒不清；發 s 與 z 兩個聲音，像在吹哨子！而這兩個音在中文常用，很重要。」赫德擔心他可能會因此讓人聽不懂。

這個是沒來由的擔心，德璀琳後來很快的一口中國話說得與赫德一樣好，甚至有過之無不及（赫德的中國話一輩子也去除不了南方人腔調和愛爾蘭口音），德璀琳的中國話是有效的「口齒不清」，那是因為一個個頭大的人說話時別人會更加注意聆聽。一年之後，赫德修正了他的看法，說德璀琳「非常的敏感與友好，他的內在超過我的想像」。

德璀琳在 1875 年成為煙台海關總管。煙台是山東的一個海港，也是他生涯中的第一個跳板。他在煙台認識了李鴻章。李鴻章是當時大清最有勢力與影響力的人，是直隸的第二號人物，北京位於直隸的中心位置。李鴻章這位大清的重臣，行政處所在天津。他喜歡德璀琳，建議赫德將他調到天津，赫德照辦了，因為海關的事務、彼此間的關係，對大家都有好處。德璀琳調動職務後，在赫德一次煙台訪查中，愛好音樂的赫德，認識到了德璀琳的好客，並且十分讚賞德璀琳的夫人伊夫琳 Evelyne，這位來自維也納、才華橫溢的鋼琴家，特別喜好華格納的音樂。赫德的日記曾寫道：「晚餐後，德璀琳夫人彈奏華格納的著名歌劇，德璀琳對歌劇故事做了生動的講解。」

赫德在煙台期間沒有一天不是與她一起騎馬，或是一起散步的。

圓滑、有智慧的李鴻章是當時決定中國的外交與內政事務的第一把手，和當時其他高官一樣，因為形勢所迫或是必須，都各自擁有自己的人馬資源、顧問、專家。這些人可以隨時見到他，並且可以和他同桌用膳。這是一種私人的行政人員團體，不是對政務機關，只對此政務官員個人負責，由他個人支付和支援。可稱之為家臣、貼身、他們的晉級、升遷、來去，完全依賴和得利於李鴻章的影響力，他們事後也會以忠誠為回報，是一種相互的信任的業務關係。

德璀琳很快的就成為這個幕僚（或者幕府）隨從中的一員，需要「腦力激盪」「頭腦風暴」會議，德璀琳總是定期受邀，特別是涉及到西方的專業知識，這時經常會在李鴻章的官邸開會，從晚上開到天亮，整夜的會議，特別是需要預先決定從外國引進新發明（蒸氣船運輸、鐵路、開礦）的時候。

有關軍事以及外交方面的問題，德璀琳的意見也很有分量。有時有關外交的特殊事件，李鴻章也會向他諮詢，他是一個極佳的中間人，如果必要，任何時間都可以馬上會到面。中國政府聽他的、相信他，他成了中國政府的耳朵，這個事實變得眾所周知。在外國使節團中，大家都覺得德璀琳將是赫德的繼承者。當赫德知道這事時，他的反應一如既往的平靜，因為他知道德璀琳不可能真正的對他造成威脅。提供建議是一回事，成為總監察又是另外一回事。德璀琳還不夠「優越超群」，依然是個布魯塞爾絲綢店的夥計罷了。

赫德讓他繼續留在天津是因為他覺得德璀琳是為中國做事，「我因此才讓他留在李鴻章旁邊，如果他不是為中國做事的

直隸總督李鴻章

話，我不可能會留這樣一個人，還是個德國人，在天津、那麼靠近權力，那麼有影響力！」

不論如何，對德璀琳來說路是陡峭的，不久他被選為天津英國市政諮詢的主席，即便是對一個親英國的德國人來說也是一個難得的榮耀，而且還在任超過十年。他是天津俱樂部的總主席、騎馬俱樂部的會長等等，留著凡戴克式的山羊鬍子，鼻子上戴著夾鼻眼鏡，與他碩壯的身形相得益彰，他把自己化身為標準的運動員模樣。

德璀琳對天津的貢獻和影響，歷歷可數：在他的庇護之下，白河被截彎取直，讓海岸蒸氣船舶可以航行，他興建了第一條碎石道路、第一個歐洲式的市政廳（戈登堂 Gordon Hall）就在「亞士都 Astor House Hotel」飯店對面，填土石、將濕地變乾地後，種樹栽花建成「維多利亞公園 Victoria Park」（華人禁止進入）、興建了一所博文書院，也是天津最早的一份中文報紙《中國時報》的共同發行人，興建賽馬場；就建在他的「霧之國 Nibelheim」邊上，那裡成了重要的社交活動中心，他的夫人是這個城市宮廷式社交的女皇。

保羅金 Paul King，德璀琳的助手、同時也是其夫人的愛慕者之一，他說：「一位魅力與美麗兼具的女人，她與她一群美麗的女兒（一共五位）被她戲稱為『小猴子』，在天津社交圈擁有完全屬於她自己的特權和尊貴地位。」

德璀琳家的這五隻「小猴子」，全都有音樂天賦，喜愛運動，同時是社交高手。一位嫁給了前德國軍事顧問、礦業大亨漢納根 Constantin von Hanneken，另一位嫁給了納森 W. S. Nathan 少校、開灤礦務局總經理（他是香港總督的兄弟）。其他的三位女婿：一位是美國的銀行家，另一位是英國駐華使館武官，最後一位是美國使館的醫師。

對他的助手保羅金 Paul King，赫德在 1881 年 11 月 4 日有一段描述 他「聰明，任勞任怨，但是對工作有些健忘，做事匆忙草率，--- 他由於婚姻；幾乎和父母不來往；---- 我聽說；她幾乎無法在客廳接待客人，因為實在拿不出手。」

一個成功的故事：不論是個人還是職業方面，天津的古斯塔夫 Gustav 被稱為古斯塔夫大帝，天津的第一條礫石路，就以他的姓名為路名「德璀琳路」。慈禧太后慶賀六十歲生日時，德璀琳升了官，達到了中國最高層的官員之列，這可從他穿的朝服看出等級：頭頂的帽頂珠是紅寶石，

天津戈登堂（Gorden Hall）

朝服上前後胸繡著仙鶴，腰帶的扣子是玉石的。這對一個外國人來說是非常特殊非凡的榮譽，之前只有赫德得到過如此的賞賜。

他的優點，如前面說到的，熱情好熱鬧，喜歡社交活動，是德國俗話中所說的「弄子裡的漢斯蒸氣機 Hans Dampf in allen Gassen」表示他在各方面都充滿活力、像個推動器或火車頭。赫德對他的結論是：「他確實能夠與李鴻章（以一個大寫的 L 代表李鴻章）來往愉快，李本人喜歡他這個人，把他當德國人看待，他個人的「嗜好」也很政治——他期望與中國人交往、認識，比期待與其他任何人交往的意願要高和廣泛。」

德璀琳是個有個性的德國人，身體壯碩，是個夢想家，愛好音樂，浪漫、多愁善感，但是也熱衷於政治，是個很少有的混合體。德國在那時享有很高的聲譽，而德璀琳剛好就是這個德國能幹代表的化身。因為德璀琳表現出來的能力，也對赫德推展工作有好處。赫德也敬佩他在政治方面的才能，在 1883 年 8 月 2 日給金登幹的信上他寫道：「有人告訴我，德璀琳對李鴻章說『應該聽我的建議』，但是要將事情交給另外的人去辦。」還寫道：「德璀琳確實工作得不錯，我感謝他。而這自然也提升了他個人聲望以及影響力，對此，我一點也不嫉妒。」

18

追夢的德璀琳 Gustav Detring

德璀琳的個人照片不多，有一張照片看起來真像德國著名旅遊作家卡爾梅 Karl May 的翻版。而卡爾梅 Karl May 也被認為是文學界中的逃避主義者；不願面對現實的夢想家。他們兩人剛好都出生在 1842 年。他的這張照片是用兩隻玉石大象做成的相框框著，放在他書房中最顯貴的位置。他在天津的家：獸皮鋪在地板上、鹿角掛在牆上、獵槍放在櫃中……讓人想到卡爾梅在德國東部拉得波利Radebeul的家。

但是對德璀琳來說總覺得有些什麼不對勁：第一，當德璀琳擔負起李鴻章的眾多任務的代理人時，到底要怎麼和自己的本職、繁雜的海關事務相容並顧呢？而且他還是英國市政委員會的主席，同時還擁有其他許多榮譽頭銜，單就時間來說已經不可能，利益衝突就更不必多言了。答案是：他閃避了他的海關總管的職務。

他的高級助理、也是他夫人的愛慕者之一的保羅金 Paul King 說：「我的老闆對中國的政治比對他自己辦公室的事有興趣。我馬上會接手全權負責，他的授權模式和對我的信賴，正是他這個人的個性寫照……『你應該是副局長，但是你不是，可是我把你當成是，所以，只要你的決定合乎常理與赫德的一致，我不會干擾你的。』」[24]

果不其然，由於德璀琳疏於職守，除了出錯不可能有別的結果。在 10 年 1 次的中國「條約開商埠」的報告；這是赫德統治管理他那龐大的國際猛獁象業務的工

德璀琳的秘書保羅金 Paul King

具，庫存狀況，和公開的財務比對。前文提到他再度任用那位拉丁文老師帕棱 Palen，和這個報告有密切的關係。在 1882 年到 1892 年的 10 年報告中，唯獨少了天津這個中國重要的港口，也是其中最重要的工作中的一章，當然是德璀琳的錯，但這對工作和總稅務司赫德本人來說，都是很丟臉的事。有關下一階段的「十年總結報告」，德璀琳口齒不清；說不清楚這幾個字的發音不要緊；只怕他再度重演報告空缺的戲碼。帕棱過去曾在上海寫過「十年總結報告書」的，這一次被派去執行撰寫報告，成了他的工作內容。這裡也解開了為何赫德再度任用帕棱的謎團。他再度的提供這個年青人機會；不只是同情以及對年輕人如父親般的關愛，赫德比別人看的遠；總是往前多看了十步。

德璀琳還有一些不對勁的地方。他是一個很情緒化的人，有時開朗、很豁達，有時正好相反，這個並不重要，重要的是他作為天津海關稅務總管，這個工作對他來說並不適合，因為他脫離現實、太空中樓閣、太天馬行空了。有人就稱呼他「做夢的德璀琳」。他在天津的家，叫 Nibelheim，很像華格納歌劇中阿布萊西 Alberich 帝國的莊園，裡面藏著「尼布龍根」的寶藏，守護者阿布萊西國王是個侏儒，他有個魔力帽，只要戴上這個帽子就能隱身不見。德璀琳也是一樣，一般來說很害羞，不太願意被拍照，好像戴著一頂魔力帽。在帽子的下面藏著的是賣絲綢的小夥計。

魔力帽是把雙刃劍，在它的偽裝保護下，人們也失去了看到自己的能力。德璀琳最大的缺點是他與現實之間不平衡的病態關係。隨著李鴻章影響力的減少，他與李鴻章可以說是相互的、彼此的顧問關係越來越清楚、明顯。

何凱因 Heyking，這位德國公使有一篇寫給德國外交部的報告：「這一天德璀琳有關與中國的關係的事情；看法如此的幼稚，猶如小孩子的幻想，讓人產生困惑；不禁要問這個人是不是真的在中國已經待了 30 年！腦袋有問題？他瘋了嗎？他的頂頭上司赫德如此說他「總是太樂觀，他燒的土磚塊裡頭沒有麥桿（連接）。此外赫德也用同樣的話來評價德璀琳與中國，在赫德眼裡是一樣的都是沒有添加麥稈的土磚，互不相關連，一碰就散。他們這麼說一點也不令人訝，如果說德璀琳沒有能力在生意中看到賺錢的機會，他就白白待在李鴻章身邊這麼多年！只要願意，他其實有很多發財的機會。到中國「收集掠奪戰

德璀琳天津的家

李鴻章

德璀琳的看法是：「一個沒有祖國的冒險家，他與德國的關係就好像是鴿子與鴿舍，隨性的進進出出，完全要看他的兵役與稅務是否正符合他自己的利益而定。」難聽的話、強硬的語言，這是德國人的特色。德國駐天津領事愛思瓦德博士 Dr. Eiswald，對德璀琳的地位非常嫉妒，還加油添醋的指責德璀琳非法的從武器買賣中獲得利益（這個不是事實）他的判決：「按照故鄉的看法，他是個應該被關進監獄的傢伙。」來自愛爾蘭的赫德對於德璀琳的評價比較順耳，他反對他們對德璀琳的指控：「他是個少有的、有特質、有個性的人物。」

德璀琳不是個壞人，儘管如此，他依然是個忘了自己應該擔負的責任，這個對世界陌生的唐吉珂德、看不起中國人、對生意一竅不通、一個倒楣蛋。

利品」，對德璀琳來說沒有那種讓其他西方人趨之若鶩的吸引力！他對於金錢沒有興趣，他的助手保羅金就說：「德璀琳沒有金錢概念，他太像唐吉珂德了。」他還有些不對勁的地方：三十年在中國的職業生涯，對中國人態度一直很傲慢，他看不起中國人。「是個沒有血的種族，既無法當朋友，也無法當敵人。」這是他對中國人的評價。相當難聽的話，如果是德國公使何凱因 Heyking 說的還差不多；何凱因是波羅地海的貴族，他到中國用盡所有的力量想要拓展德國的殖民地。而對他來說德璀琳這位中國的公務員卻要阻止他，他對

註釋

24 幾個月可以消失的不見人影，成了德璀琳的習慣，這讓赫德的忍耐度一再的達到了極限。1897 年 1 月 3 日給金登幹（Campbell）的信裡寫著：《德璀琳在天津，自從去年 5 月離開後，我從他那兒就連一個字的消息都沒有，我真的很好奇他的態度將會是什麼：我讓“笑氣”充滿我的“腰帶”，不管什麼樣的浪頭打來；將繼續漂浮。》1882 年 10 月 6 日：《德璀琳離開中國後就沒有寫信給我了，除了一次正式的要求總稅務司批准其接受“巴西的玫瑰勳章”。1905 年 4 月 24 日，金登幹寫給赫德的信：《德璀琳曾經到了巴黎、布魯塞爾和柏林，最後聽說到是在維也納。他沒有給任何人寫信，他的位址上是柏林的皇宮大飯店

（Kaiserhof）。（這 1875 年興建完成的皇宮大飯店，位於威廉廣場（Willhelmplatz），對面就是帝國總理府，當時在柏林是最好也最奢華的大飯店：德璀琳喜歡奢華的生活。

德璀琳的新夥伴張燕謀

現在來談開平煤礦的轉手徵收，涉及到這個事件的第三個人物：一位清朝高官、也是德璀琳的夥伴，名叫張燕謀，也叫張翼。這位大官是誰？德璀琳怎麼會與他有關係？

在九十年代中期、與日本的甲午戰爭失利之後，李鴻章開始走下坡路、在朝廷中失勢。[25] 德璀琳開始找另外新的關係。這一次，他要找的不再是父親級的人物如李鴻章 ---- 在此之間德璀琳認為自己已經夠位高權重 ---- 他要找一個夥伴，一個與他平起平坐同等地位的人。

他的選擇，就是鐵路與礦業的朝廷專員、一位朝廷大臣，能夠直達慈禧太后的天聽的人物。這個人擁有許多的頭銜；是清廷鐵路的總辦（關內外鐵路總公司）、直隸礦物督辦，工部侍郎、開平礦物局總辦。1895 年德璀琳收購了開平的股份。

其實德璀琳最初的意圖是希望透過張燕謀來幫他完成他的人生夢想：成立一個鐵路的監督委員會，由他德璀琳擔任此委員會的總管，如同赫德的海關總稅務司 I.G. 一樣，如果不成，當個礦產事務的老大也可以。

除了張燕謀這位鐵路和礦物朝廷大員外，還有其他什麼人能夠幫他拓展鋪平道路、實現這個美夢嗎？ ---- 德璀琳的許多的空中樓閣之一 ------。為什麼這個世界要幫他這個忙呢？

一個神秘人物，對於他的背景，少有人知道。曾經是醇親王的家臣，後來得到西太后的賞識一經過一次失敗的政變：西太后的兒子，同治皇帝（1862—1874）；因為年青以及沒有子嗣就死了，當時西太后就執行著垂簾聽政。皇帝死後，到底誰應該繼承大位？就在此時張燕謀帶來了他主子醇親王的小兒子到宮中；給西太后作為皇位繼承者一其實這是違背皇室繼承制度的，要知道這位繼承者與死去的同治皇帝是屬於同一輩的。但是當時權力掌握在西太後手裡，與權力相較，皇位繼承制度又算什麼！西太后看見的是繼續掌握鞏固自己的權力有了保障。這可真是天上掉下來的禮物。

這個小孩登基後就是光緒皇帝（1875—1908），張燕謀當然被加官晉爵。小官吏，大生涯。慈禧太后從那時起就一手遮天的護著他，賦予他重責大任的職務外，更加上種種的實惠的肥缺，他可不像德璀琳是一個不切實際的“夢想家”，而是個精通生意經的商人，懂得如何利用貪腐賺錢。張燕謀如何透過機會為自己牟利，與德璀琳相較就可以明顯看出兩者的不同，以北戴河為例：

他是朝廷所委任的開平煤礦大總管，來此地兼具研究勘探秦皇島海岸的任務；而北戴河也屬於秦皇島，及選擇建設開平煤礦運輸海港的地點。他認為北戴河海灣太小（那裡已經有外國人居住了）不足以容納大船，他選擇的地點是離北戴河幾公里遠的秦皇島。

小船、大船！張燕謀的下一步是讓一個代理人出面去購買北戴河的土地。他估計當海港建成後，外國人會蜂擁而至的前來購買土地。老謀深算的他；成功了！因為半個北戴河的土地都屬於他所有，張燕謀成為大富翁。[26]

註釋

25 一個時代的結束，當這位高齡的大人物李鴻章，在拳亂後後被降級，西太后派他前往世界各地去旅行，他也來到了聖彼得堡。貝莎克虜伯（Bertha Krupp），當時剛好也在那裡訪問，記得在聖彼得宮內的一個接待國宴上：當代表國家的人進入大廳時，樂隊就會吹奏該國的國歌。當李鴻章坐著輪椅被推進大廳時。樂隊鴉雀無聲。因為中國沒有國歌。整個大廳陷入一片寂靜，每個人都睜大眼看著這位老人，他在眾目睽睽之下，越來越感到不安，從輪椅中慢慢站了起來，擺了一個身段，開口大聲的唱了一段京劇 ---- 他自己就是國家的國歌。在德國，德璀琳是他的翻譯。

26 對德璀琳的女婿漢內根（Hanneken）來說，張燕謀不過就是個 ---- 頭頂光禿禿；帶假髮辮，一個零；（什麼都不是的人）一---- 但是，赫德對張非常喜歡，他的看法是：《他是中國最棒的人（1903 年 12 月 27 日給金登幹 Campbell 的信）。在另外一封，也記載著：《他真是一個不錯的人，異常聰明，能說會道善於言談（1905 年 3 月 5 日給金登幹 Campbell 的信）。》------ 這個評價，也可以用在德璀琳的評價上。

第三部

義和團動亂　聯軍佔領天津

開平煤礦被收購，當時全世界的眼光都集中在「北京外國使節團被義和團包圍」，時機再好不過了！張燕謀的辦公室在天津，西方與日本的軍隊這時候已經登陸，也已佔領了天津，但是都無法與北京使館取得聯繫，許多人都擔心北京是否已經發生慘劇、所有歐洲人已經被屠殺。而1857年在印度西坡 Sepoy 的起義，被殘殺的英國人的慘相還歷歷在目。「殺無赦」Pardon wird nicht gegeben 是德國遠征軍上船前往中國時，德國皇帝威廉一世 Wilhelm 所說的話。

天津在過去的幾個星期裡，其實已經是到處流血「無赦」了。城市在歇斯底里的氣氛中，任何中國官員，都被懷疑與義和團有關，懷疑他們圖謀對外國人不利。張燕謀的家也被搜查，在他的家發現了鴿子，直接的反應：那是信鴿，是為張燕謀向北京義和團通風報信的、告訴他們外國的救援部隊的情況。這個指控，在第一時間，很難解釋清楚，因為張燕謀身為朝廷要員，是必定會與宮中聯絡的。只是那些並不是信鴿，而是張燕謀養的寶貝「群鴿」，特別昂貴，叫做「滿天飛元寶」，當時在北方是常見的一種景象。飼主用心尋找、挑選、且用非常特別的法子訓練、培育種鴿，還要與隔壁鄰居的鴿群較量、戰鬥。飼主在特定的鴿子尾羽綁上「鴿哨」，飛的時候會發出響聲，像是一群飛行的戰鬥樂隊。戰鬥的目標是將敵對陣營的鴿群，通過旋轉、擺動、側翼攻擊，衝撞去擾亂對方的陣容。為了區分敵我，鴿群選擇了不同顏色的羽毛，一群如果是紅綠色的、另外一群可能是紫色的。另外每個鴿群也有不同的「哨聲」。鴿群的主人，站在下方，舉著一根帶著錦旗的長桿，指揮著他的戰士，這情況讓人聯想到北京使館區被義和團包圍，而義和團的指揮棒握在朝廷手中。[27]

註釋

27 鴿子的訓練，需要三個月左右的時間，有下列步驟：（1）認房：為了讓鴿子能夠在鴿籠中住下來，首先要防止鴿子飛走，要讓牠們飛不動就得在翅膀上做文章。有兩種方法：剪掉牠兩邊翅膀上三到四根的主要翎子，後果是鴿子只能如母雞一樣的搧動著翅膀跳躍著前進，不再能逃跑。這個方法多使用在珍貴、有價值的鴿子身上。另外的一個方法：是用針線把鴿子翅膀上主要的第一個和第二個翎子中間縫起來；用同樣的法子縫住第三個，最後把他們捆綁纏繞在一起。這樣的鴿子，看起來也不是那麼可怕。(2) 上房：中間階段的訓練。讓鴿子熟悉、信任所居住的環境。挑選一個天高氣爽、輕鬆愉悅的好天，早餐過後，幫著把這些搖搖晃晃的鴿子移到房子的屋頂上，用條長繩綁住鴿子，再用長竹竿小心翼翼的趕著鴿子上屋脊，讓牠安安靜靜的、看著、記住周邊環境與左鄰右舍屋頂上的瓦，有三到四種不同的顏色的釉面屋頂瓦，好與左鄰右舍的鴿子區別。但是不能是紅色的瓦，人們說鴿子懼怕紅色。(3) 相配：這個步驟是使一夫一妻制的鴿子，從此以後永遠定居下來的方式，如同飢餓一般，愛情也是一種本能驅動力，給人提供了利用鴿子的驅動力來控制訓練。(4) 飛遠：或者叫「走趟子」。把母鴿子綁在房子的屋頂上，然後拉開一定的距離，再把公鴿子丟向母鴿子的方向。「放飛」的距離離母鴿子越來越遠，直到將其丟入空中，沒有把母鴿子作為「墊子」，牠也能夠自動飛回來。這期間必須注意，不可以同時將公鴿子與母鴿子放飛。(5) 飛盤：也就是所謂的「繞圈飛」，將鴿子丟入空中，讓牠自由越飛越高。一段時間後，將其母鴿子捉出來，綁住她，不過這一次不是將牠放在屋頂上，而是綁在鴿籠打開的門上。當公鴿子發現母鴿子時，他就會停止飛行，而回到鴿籠來。飛盤會讓鴿子飛行時間持續拉長，而盤旋的半徑越來越大。幾天後，只要打開鴿舍的門，公鴿就會自動回巢。(6) 認竿：這是最後一步，將鴿子用一根長繩子綁在一根彩色有指揮旗的竹竿上，像一隻上面有個浮標的釣竿，指揮飛行方向的演練。幾天後就不再需要繩子，鴿子也會根據長竿的指揮飛行。到此訓練就結束了。

之後到了必須把訓練交給鴿子同伴們的時候了，因為只有這樣，才能夠學會如何與另外的一群鴿子戰鬥交鋒。這是一種有聲響的遊戲。把哨子帶了進來，大概是這樣。在中間四根尾翎的根部，縫上哨子座，一個扣環，將哨子的吹嘴對著前方。用一條很細長的繩子，穿過哨子底部的一個小孔，固定在尾巴中間的扣環上，可以避免哨子在飛行中脫落，就算是在野蠻的撞擊中也能避免脫落。兩個鴿群在戰鬥時，透過其主人長竿的指揮，會讓人禁不住的停下腳步來觀賞。

七蕩七決，靠近、拉開距離，重新聚集、向下俯衝、向上攀升，掉頭、盤旋，不斷的有新的方向，往下俯衝、弧形切入……，遊戲般玩耍挑逗。只見一群成了先鋒，另一群形成了後衛，還有一隻飛起成為偵察，第三群組成為儲備的援兵，相當引人入勝！加上鴿哨音和隨著飛行動作快慢發出的各種不同聲音，俯衝的聲音與往上飛的聲音不一樣。遠方的細語聲會逐漸因為靠近兒忽然變成咆哮，如雷鳴般的、衝擊噪音，單一的聲響，然後又再度合而為一，這叫「摔盤兒」，混合起來彷彿交響樂，直到隊形往下潛，越來越大的噪音，突然之間又沒了聲響…此時真是無聲勝有聲！過了一會兒又忽然齊聲響了起來，然後又靜下來，因為聲音被房子的院牆擋著，一下子又傳來了聲響，大聲、膨脹上揚，卻被從上揚飛行的敵方強有力的側翼的攻擊淹沒，直到過了一會兒又聽見隔離失去的聲音，鴿群大戰其中的一群，成功的在漩渦中將敵營的盤飛突破；敵對的一方被分隔，觀戰的一眼就可以看出，不僅是因為羽毛顏色不一樣，而是從牠失去方向、困惑的停在屋頂上或是停在勝利鴿群的棚前看得出來。

一個士兵，當被單獨遺留在敵方的陣營中時，勝利的鴿群也不會去管牠。這是指揮官的事，他也許會用弩、用撲網或是用飼料。弩是用硬木和彎曲的竹子或者牛角製造，射箭者透過一個瞄準器找尋他的目標然後按下。受過訓練的射手會射中目標一翅膀或胸部。如前所說，目的不過是要讓受害者短時間內的無法行動，十次有九次是這麼做的。拉網有一定的重量，因為網是由粗的竹條編製成的。所以這樣捕捉需要穩、準、伶俐的快手技能，特別是當受害者站在屋頂的前簷才能使用。鴿子如果站在鴿籠門口，或在那裡走來走去，可以打開鴿棚的門，丟些高粱米或是豆子，稱之為「撒食」。被逮捕的鴿子可以被贖回，要不就是彼此雙方直接進行交易，如果由於過度攻擊對手（大部份也是這個情況），就必須透過附近鴿市第三者來進行，贖回自己鴿子的工作也屬於遊戲的一部分。

有關開平煤礦的轉手

在天津德璀琳與張燕謀之間有關開平煤礦的事情，有好幾個版本，中方的版本一眼瞧去好像是強盜的手槍指在頭上，就當時在那種充滿仇恨和尋求報復的氣氛籠罩下，這個版本不是沒有可能。

按照這個版本的說法是；礦業總管大人在其夫人與小妾們的痛苦叫聲中，被英國的士兵帶走，關進了在英國巴特菲爾德及施懷雅貿易公司 Butterfield & Swire 的辦公室裡。

我們必須設身處地的把自己變成張燕謀，在當時情況下他怎麼做才能求生，才能從洋鬼子的手中解套？他是清廷的三品大員（排名級別三品，藍色階級，頭頂藍寶石，朝服上繡著孔雀，腰帶扣子是黃金打造的），陷在洋鬼子手中，被關在一間臭烘烘的監牢裡，洋鬼子只想報復，不想聽太多的道理。房間外面是巡邏的士兵，每兩個鐘頭換班一次。法律的判決明天就要執行，結果如何？不論什麼國家，在軍隊後方進行間諜活動的結果就是死刑。他想到他的鴿子，能夠再見到牠們嗎？

正惶惶不知所措時，突然狀況有了戲劇性的變化，他聽到腳步聲慢慢走近…，張燕謀仔細聽著，不只是守衛士兵沉重的、皮靴的步聲，還有老百姓輕軟的腳步聲，門開了，德璀琳進來了，門在他身後關上了。他是一個人來的，不需要翻譯。他口齒不清、詞彙有限、短暫的對話中建議（中方的版本）全權委託德璀琳為開平煤礦代理人，允許開平煤礦（包括秦皇島海港）轉讓給英國墨林公司 Bewick, Moreing & Co.，轉讓的目的是為了保護開平礦業。在拳亂平息後，毫無疑問的，作為敵人的財產會落入外國人的手中，好滿足他們對義和團對他們造成的迫害和損失的報復和補償。蘇俄的軍隊，據德璀琳所知，已經佔領了開平周圍地區。危險的是開平可能就要被沒收「徵用」。他戴上了夾鼻眼鏡，情況緊急，非常緊急！德璀琳繼續說：「從中國本身的利益來看，只有透過這個信託，才能保護清廷繼續擁有這麼大儲量的煤礦。」有些話德璀琳沒說，但是張燕謀也心知肚明，如果他同意了，他就馬上自由，因為德璀琳是「天津王」；如果他不同意，那他就完蛋了！於是他點頭，這種狀況下是無法長時間考慮的。德璀琳從公事包裡拿出早已準備好的授權書（包括公司股份與利益）讓他過目，他點完頭，德璀琳立刻敲了一下門，門立刻打開，一位顯然經過指示的中尉遞給他幾張文件。簽署完後，德璀琳德帶著張燕謀走出來，外頭已經有馬車等著送他回家。

第二天，張燕謀的兩位手下也在授權書上簽了名：一位是唐紹儀，後來的共和國的總理，另外一位是周學熙，未來的財政部長。第三個證人就是漢納根，德璀琳的女婿，他與德璀琳一樣，購買了開平的股票。

背後的主事者胡佛

迅速決定是為了不讓開平成為蘇俄的戰利品。德璀琳將開平的事隨後交給了背後的主事者胡佛；他們事前從頭到尾都一起討論過，而且已經談定了。他負責將開平公司透過英國墨林公司在英國登記註冊，並且負責籌集經費繼續開發。

胡佛馬上搭船到倫敦，立刻成立了一個「中國工程與礦業公司」，這個公司計畫發行一百萬張股票，籌資一百萬英鎊。原來的公司拿到 37 萬 5 千的股份，德璀琳和張燕謀各得 5 萬股，剩下的 57 萬 5 千股；推向市場，而墨林公司負責籌募一百萬英鎊新的營運資金。

1901 年 1 月胡佛回到了天津，他已經是墨林公司的合夥人，此次回來是為了讓張燕謀簽署一份法律上密不通風、滴水不漏、有法定效力的文件。同時附帶在這一份「移交約」，張燕謀為了要確保權利，在張燕謀的強力要求下也簽了一個「備忘錄」作為「副約」，約中明白規定「墨林公司，必須追加保證，有關財物以及管理方面的事，必須透過中國政府以及舊有的持股人共同成立的『中國董事會』來審議」。這個「中國董事會」必須包括德璀琳與張燕謀在內。按照規定，兩位剛從新的公司各自獲得 5 萬股份，而張燕謀還必須是此公司高薪聘請的終身職的「駐華督辦」。

這個「備忘錄」後來也只是一張白紙，「中國董事會」從來沒有成立過。而開平煤礦和其相關企業，包括其所有的資產（礦區、挖礦權、不動產、船舶、鐵道、港口設施等等），全數落入英國公司的手中。

張燕謀在條約簽訂後，只是大略的對清廷報告了一下，成立了一個「中英共同企業」。在那個兵荒馬亂的時代，他的報告根本沒人注意。

紙包不住火　在英國的訴訟

一句中國的老話：紙包不住火。有件離奇事件，使北京當局注意到這個產權轉移事件。1902 年 11 月，一位中國總監，在西太后生日時，在礦區升起了清廷的龍旗，而胡佛馬上讓人把旗拿下來。第二天，來了一隊中國士兵，是中國總監提醒招來的，在礦區又把清廷的龍旗升了上去。

這件事傳到了袁世凱的耳朵裡，他是中國新強人、李鴻章的後繼者，他不僅是直隸的副總督，而且是擁有新式裝備、受過新式訓練軍隊的總司令。他讓張燕謀來給他做報告，聽後怒不可抑！下令張燕謀親自去倫敦狀告英國公司，打官司，把委託轉讓的開平煤礦要回來還給中國[28]。

官司 1905 年 1 月份在倫敦舉行，引起轟動，吸引了當地公眾的注意，其中的原因並不僅僅是因為張燕謀穿著滿清的朝服出場：頭頂朝帽上是藍寶石，朝服上繡著孔雀的補子，腰帶扣是黃金打造的，好像是黑白電影中，出現了顏色。

開庭了，張燕謀是主控方，德璀琳陪同他到倫敦，是雙方對峙時一再被偵查訊問的證人。簡單的說：主控方帶來了證明，認為墨林公司造成礦產公司以及舊有股東們過高的損失。雖然十萬英鎊透過電匯入了天津的銀行戶頭，但是在第二天被胡佛又匯了回去。產生的 50 萬英鎊新債務，要讓企業以及金融市場承擔。57 萬的 5 千新股票，一半落入墨林公司債權人手中，算為債務的擔保品。

但是所有這一切都無關緊要。法庭給予控方的判決是，因為控訴的不是要針對

袁世凱

損害賠償，而是對原有老產業的賠償、歸還產權，於是判定乙方墨林必須將「備忘錄」內的要求條件付諸實踐，其他新成立的企業繼續存在。法庭考慮對胡佛提出不忠與欺詐刑事訴訟。然而這個訴訟並沒有發生，因為張燕謀忽視了（原因不難理解），他沒有在規定的時間內提出申訴[29]。

這個判決沒有真正的執行。英國的法院的理由是「在中國的土地上沒有執行權」，但是，如果中國當局按判決執行，就可以得到英國殿下的認可。

袁世凱，從西方的正義中覺醒過來，選擇了另外的做法，讓開平煤礦回到中國人的手中。1907 年，他立即在旁邊成立了第二家煤礦企業「北洋灤州官礦」公司，目的是與對手競爭，使其放棄挖煤。一場價格戰開始了，因為新的礦務局財力上無法與英國人相比，長話短說，該發生的還是發生了。英國又把這間新成立的礦務局併吞了。張燕謀在此事件中扮演著一個不透明的角色，為此獲得一百萬兩的白銀，對外說是為了補償 1901 年接收開平煤礦所導致的損失。德璀琳這一次，空手而回。因為他已經沒有牌可打了。

註釋

28 1903 年 3 月 22 日赫德給金登幹的信中：「袁世凱把張燕謀與德璀琳將煤礦轉讓給胡佛與墨林公司的事放在心上。清廷下召書，命令張燕謀去取回財產，否則，『後果自負』。」赫德，對產權轉讓的確切情況並不瞭解，判斷有誤，這時候他還在支持他的人德璀琳：「在最複雜困難的情況下，德璀琳採取的行動是最好的，但是，現在那些困難都已經消失，才來找他毛病。」

29 金登干 Campbell 是赫德的親信，目睹了整個訴訟過程。為什麼控方不同時提出有利於自己、要求損害賠償的控訴？這對他和許多其他人一樣，是個謎！這是理所當然、顯而易見的事！金登幹在 1905 年 5 月 19 日給赫德的信說：「我聽見律師們的談話；他們說有關張燕謀的案子，『從一開始就錯了。』唯一可以解釋的理由是，如果張燕謀提出賠償的訴訟，而不是轉讓重組的訴訟，有可能會將他與德璀琳糾結在整個轉讓事件中的經濟利益和身份很明顯的暴露出來。」有許多人認為整個審判從一開始就是個鬧劇，原告（張燕謀），證人（德璀琳）與被告（胡佛和墨林公司之間事前都已經商量好了的，就連赫德也認為如此。1905 年 2 月 5 日的信中：「我懷疑這個調查能夠問出什麼全部的真相，沒有其他，只有真相」。或者，他們彼此都害怕會引出更多不利的事實，所以才簡單的讓案子繼續進行自圓其說。讓我們來問一個虛擬的問題：張燕謀對德璀琳提起法律訴訟了嗎？德璀琳對胡佛採取法律行動了嗎？胡佛對墨林公司採取法律訴訟了嗎？有位控方律師曾經建議提出賠償要求的訴求，而他在德璀琳的主動授意下被解除委託。1905 年 2 月 3 日 Campbell 的信：「為了這樣那樣的理由，我不知道是為什麼，德璀琳說是『一種專業的禮儀，基爾 Mr. Gill 先生退出這個案子』。他其實是張最強有力的法律顧問，在交叉問訊中，表現得比被告一方墨林公司的律師伊薩克 Mr. Rufus Issac 更為優秀。如果張輸掉了這場官司，只能怪準備得不夠仔細和管理不當。為什麼德璀琳把他們的律師解職了呢？參與者絕對不願意透露，賭注太大了。」

「天津王」古斯塔夫 Gustav 謝幕

德璀琳在轉讓過程中所獲得的五萬股的股票，到哪裡去了呢？這個礦業公司在當時的中國是獲利最豐的企業之一，而且再繼續維繫個幾十年不成問題！那麼他把這些股票怎麼了？他把股票賣了，做為籌集到英國去參加打官司的費用。他這樣做的動機是什麼呢？他急需證明自己的無辜。他的立場呢？一個為中國工作、眼中只有中國的福祉，一心一意、只為中國的人。他的想法單純天真卻毫無策略，沒有能起作用。在倫敦的交叉質詢中，他必須承認，除了天津海關稅務機構的薪水外，從 1900 年開始，他在開平還收取墨林公司大量現金，這是公然違反海關公職人員法。德璀琳被迫辭職[30]，他也沒有其他理由再繼續待下去了。因為袁世凱將開平煤礦的問題歸罪於他，並且拒絕與他繼續合作。赫德在 11 月 19 日給金登幹 Campbell 的信：「袁世凱要德璀琳的英鎊，還要他身上的肉！他也不要德璀琳回天津。」

1907 年 12 月 17 日斧頭砍下來了。赫德說：「我告訴德璀琳不會再派他去天津任職，他的反應很平靜，表示完全理解，認為把他再安置到袁世凱的身邊；『對總稅務司來說也不合政治考量。』」

被稱為「古斯塔夫大帝」的德璀琳從王座上跌了下來，之後的日子開始隱居，1913 年逝世，比卡爾麥 Karl May 晚一年，張燕謀也同年去世。德璀琳的過世，使他重新成為公眾話題，天津《中國時報》的訃聞上說：「他對天津的貢獻，是無法估計的。天津的許多公共設施以及天津人的生活，他都全力投入和付出。」

或者用保羅金、這位曾經是德璀琳海關稅務的秘書的話說，「天津早就該為德璀琳設尊雕像了」。但是並沒有。

德國天津的領事拍了張簡短的電報給柏林，「1896 年李鴻章到德國訪問時，受到德皇威廉一世 Wilhelm 的接見，『古斯塔夫大王』擔任翻譯。如今海關稅務司總管德璀琳在 1 月 4 日去世。請將這個訊息轉呈給國王陛下。」

註釋

30 赫德 1905 年 4 月 16 日給金登幹的信：《---- 都一樣，我早就該知道他是公司的支付代理。我應該反對的。但是我從來不知道，直到法庭那一天 ----》；一個星期後 4 月 23 日：《我怕；我必須要在他們再度（指的是德璀琳，張燕謀）出現前；做一些不合他們意的事。至今還沒有天津的十年報告和在 1900----；我給他（德璀琳）寫過信；特別說了；他不需要提及任何生意（開平煤礦和張毅）方面的聯繫；1901 年又一次提及他應該小心；他的跑馬花銷已經引起人們的議論；說他除了海關的薪水外還有額外的收入 ---- 德璀琳除了沒當回事兒外；也沒有預備十年的報告；這原本是應該 仔細辦理的事。我真的不願意這時候在我們的關係上火上澆油，但是別的必須要考慮事的在指引著我。》

海上夜空的天燈

晚上在露臺上，小小的、發亮的中國紅色小燈籠 ---- 天燈，在夜空中航行著。

天燈：上方是球形、下方留有開口的燈籠，用固態酒精或是蠟為燃料。在開口的下方點燃蠟燭或燃料，點著後產生的熱空氣使燈籠升空。燃料燒完，天燈就會慢慢的落入海中。讓人意亂神迷的景象。如果風往陸地吹，天燈常常會掉入樹林裡相當危險，後來被禁止了。

在露臺的前面豎立著塑膠做的松樹，塑膠樹上站著塑膠海鷗，上面纏繞著霓虹燈，隨著設定的時間閃爍、明滅，看起來像是活的、會動的。我的眼光看向天花板的燈，上面滿佈著蚊子，飛蛾，還有其他的夜行昆蟲。

風送來了卡拉 OK 斷斷續續的歌聲，水面上漂浮著一艘遊動餐廳船，上下晃動、發出咕嘟咕嘟的聲響。

週末的北戴河

第二天早晨，我是夢中被驚醒的：我夢見了德璀琳，卻被地獄般刺耳的尖叫聲吵醒。兩個工人在一片草地上除草，一位工人將引擎綁在背上，戴著棒球帽、還有護目鏡，如同掃描地雷似的掃著地面，他手抓著有旋轉刀片的切割機，能夠把雜草從根剷除。第二個工人相對年紀較大、穿著藍色的工作服；頭頂著鴨舌帽，用一個耙子，將割下來的雜草集中到一起。兩個人，一個鋤草、一個耙草，兩人的臉形如同一個模子刻的。父與子，這是個家庭產業。

餐廳前面的院裡，放上了桌子、長凳子、陽傘，客人可以在戶外吃早餐。週末有燒烤、明蝦、比目魚、羊肉串、豬里脊、雞翅膀、血蛤、奶油塗抹著的玉米、新鮮的螃蟹，平日只有小孩與婦女在外面吃。小孩子決定了每天的行程。早餐之後，大家幾乎都去海灘，小孩子白天玩累了，晚上就可以早一點上床睡覺。週末父親們來了之後，本來小孩的世界就變成了大人的世界。在北京的大使館及公司的辦公室，星期五中午過後就提早收工，早到還可以趕搭上往「北戴河」的火車。晚上大家坐在露臺上飲酒作樂，吃早上才從海灘買來的、讓旅館的廚師加工過的螃蟹（據說，可提高性能力），一般是用蒸的，搭上薑汁和黑醋蘸料。[31]

一群準備前往海濱浴場的客人們，從客房的走廊對著我走來。男人們穿著黑色的泳褲、塑膠拖鞋、潛水鏡埋入頭髮裡、肩膀上掛著浴巾，他們的泳褲看起來是飯店提供的，泳褲拉過肚臍，大概為了保護肚子不受寒。走在最後面的那個人的皮膚蒼白，和黑色泳褲對比之下，更顯得石灰般的蒼白。女人們在陽傘下走著，她們到了海灘才換衣服，這些女性矜持又有規矩，給人的印像似乎沒有性別。到了海灘，把陽傘插入沙中，躲進陽傘的陰影下。

曬成古銅色的俄國人，穿著三角的游泳褲，從另外一邊走向海灘，男人手裡都拎著一瓶啤酒。一大早就喝酒，這有點大膽，因為柔軟溫暖的空氣，新陳代謝的功能慢慢就會顯現出來，也不怕尿急！婦女們的皮膚都很粗糙，佈滿粗大的毛孔，滿頭蓬鬆密實、染成金色的頭髮，穿著比基尼，粗壯有力的白色大腿、腳踏著厚根兒的涼鞋。

進入賓館的圍牆上，張貼著藍色的營建公司的廣告，提供下列服務：整地、清

理下水道、地毯、空調、排煙道，還有油漆，刷白，疏浚坑道，去除油污，大型垃圾運載。附上了電話號碼。一通電話服務就到。另外貼著一張公告，要大家注意大掃除運動，每個家庭有義務內外保持清潔，要照著「奧林匹克精神」行事。附近的秦皇島正在舉行奧林匹克足球淘汰賽。

賓館與西海灘路交會的地方，有一西式飯店和附屬的麵包店「起士林 Kiessling」，一直到今天店名沒改，天津「起士林飯店」的分店，在世紀初，由一位德國蛋糕師阿爾伯特．起士林 Albert Wilhelm Kiessling 創建的。

註釋

31 使用薑是因為螃蟹屬大寒之物，而薑是「熱的」。還有第二種作法，如果要遠足或是在海灘上野餐，為了保持不壞，可以將螃蟹放入鍋中，倒入鹹水至淹沒螃蟹，放上少許花椒，然後把水燒開了煮。

有關起士林的故事

有關起士林 Kiessling 的故事存在著兩個版本。其中之一是說他曾經是宮廷的糕點師，後來服務於德國軍隊成為廚師，1900 年隨德國遠征軍到中國「降服」義和團。然後，他發現自己對中國的愛，就留了下來。朋友介紹他到袁世凱那裡當主廚。袁世凱這位強人住在天津附近，當時是直隸的「副大帝」，北京就位於直隸的中間。袁世凱與大部份中國人一樣，厭惡西餐！但是因為常常有許多的外國客人要招待，不得不允許餐桌上放些洋人家鄉的食品。當袁世凱被調往北京朝廷後，「起士林」在天津就開了家糕點店，這就是後來的「起士林餐廳」的前身，不久這個名字很快就風靡全中國了。

另外一個版本是：他是國際蒸汽輪船上的廚師，全世界到處遊走，在世紀交替之際到了香港，在香港一家德國餐廳工作。但是在那裡做為廚師賺不了多少錢，有位德國外交官建議他到天津去開餐廳。天津的外國人饑腸轆轆，對於西餐充滿期盼，有很大的需求。起士林聽從了他的建議。漢納根這位自己的同胞、煤礦坑的擁有者，給他錢投資。

哪一個版本才是正確的？起士林看到了市場商機。逐漸富有的天津是中國北方的上海，吸引了人們的注意。不是每個外國人都喜歡中國菜，特別是那些不太會說中國話的老外，遇到點菜時就一個頭兩個大！大概在 1913 年前後，工作人員已經增加到達 130 人之多。第一次世界大戰後，起士林的一個好友巴德 Bader、也是一位糕點師，加入了他的生意，成了他的夥伴，從此餐廳改名為「起士林和巴德」「Kiessling & Bader」。這裡成為了西方人士社交中心，特別是在夏天，在屋頂花園有樂隊伴奏，可以跳舞到凌晨。

「當您經過天津，
　　別錯過，
來我們的咖啡廳和
　　屋頂花園，
你將會聽到美好的音樂
　　和享受晚宴與跳舞。

起士林和巴德 Kiessling & Bader，
伍德威爾森大街 Woodrow Wilson St.，
　　天津。」

天津在二十年代也是躲避戰爭的避難

所，是從中歐來的逃難者和蘇俄移民的聚集地，這些人是娛樂音樂的貢獻者。三十年代蜂擁而至中國的是德國與奧地利的猶太人。

在復活節前，糕點店會展示上面滿是如雪的白色糖霜的、很大的俄羅斯大教堂模型蛋糕，教堂的洋蔥頂上立著三巴叉十字架，對失去家鄉的白俄羅斯小孩來說具有莫大的吸引力，他們在玻璃櫥窗前、把鼻子都壓扁了的、貼在櫥窗上瞧。每天早上，中國夥計在後面的房子，用長把的鏟子鏟著小麵包與辮子麵包推進熱烘烘的烤爐中，這些麵包都是按照猶太人傳統配方揉的。

日本的城市司令部，一個特別的機構[32]，在偷襲珍珠港後，發佈嚴格的夜晚保持黑暗的戒嚴令，但是「起士林」得到了特別許可，屋頂上的燈光在戰爭期間，也從來沒有熄滅過。一直到別人也慢慢的開始不遵守了，這才執行夜晚保持黑暗的命令。

二次大戰後，起士林被迫將餐廳自己的股權轉讓出去，雖然餐廳還繼續營業，但是已經失去了原來成立時的靈魂。起士林最後離開中國，是因為共產黨得勢後天津的公司被改成了「起士林食品工廠」。起士林回到德國，1955 年窮困潦倒而死。

天津的起士林

起士林的「北戴河分店」從 5 月底開到 9 月初。當地幾乎所有的餐廳、賓館都到「起士林」購買美食：烘焙麵包、西點、霜淇淋等，這裡絕對不缺客人。

人們來此待上一個鐘頭，對熟識的人點點頭，聊聊天。右邊是蓮花池，開著美麗的粉紅色小花，蜻蜓飛著，左邊有咕咕叫的鴿子，上演著北戴河的外國風情，看人也被人看。神氣活現洋味兒十足、頭戴巴拿馬帽[33]、手持「文明手杖」的閒逛者，遊手好閒、手中搖晃著鳥籠的中國人，上了年紀有雙小腳的中國婦女、丫鬟從旁攙扶著、瘸瘸拐拐、姍姍而行，外交使節、海關雇員、公司的職員，他們穿著亞麻料子的西裝、戴著黃色草帽。我看到一個手拿一把黑傘的中國紳士、一個被白俄羅斯保鏢包圍著的軍閥、一個禿頭阿媽手中抱著個小孩、一群高大的女孩兒穿著小百摺裙、一個穿著水手服的小男孩手上抱著個塑膠動物，還有一個頭上綁著粉紅色蝴蝶結、穿著白色衣裙的小女孩，一個穿著寬大的家居服的姨太太，兩個穿著紅色的僧服、手持祈禱轉輪的蒙古喇嘛，一個日本軍官穿著紅棕色的皮靴、佩著他那磨得發亮的軍刀，一個擔著扁擔的小販，兩個英國女人穿著帶帽的斗蓬與提著沙灘箱子，一個傳教士拿著望遠鏡和一本觀鳥類指

著名同陞和帽莊的草帽廣告

南，還有一個大腹便便雙下巴的德國人，牽著一隻臘腸狗……。

起士林已經是位大人物了，是德國社區的頂樑柱。他在北戴河長街另外一邊的斜對面，為他自己和家庭蓋了一棟夏日別墅，今天的鐵路療養院，地址是 17 號。

註釋

32 關於「起士林和巴德」(Kiessling & Bader)，喬治說：「人們因為在那裡有『站立的小提琴師』，你可以點曲子，音樂師可以到你的桌前為你演奏，加上咖啡與蛋糕，可以待上幾小時。當然他們也提供含酒精類的飲料，但是到那裡去的理由不是因為酒類。這家咖啡店的名聲那麼好，好到許多中國的蛋糕店都以起士林命名。」

33 在中國，巴拿馬帽，在清代末年有一段短暫的時間很流行，曾經是留洋回國的學生以及打撞球的人的必需品，時尚、歪歪的戴在頭上，手中玩著根象牙手杖，洋氣又瀟灑。這種帽子是以巴拿馬草（Carludovica palmata）的嫩葉編織成的，類似棕櫚樹，沒有樹幹，只生長在潮濕與多陰的熱帶美洲。在中國南部嘗試過種植，沒有成功。喬治說：「最好的帽子，是在午夜與清晨七點鐘以前採收的葉子，因為葉桿在白天的高溫之下容易變脆，編織時容易碎裂。」喬治還說，草帽不是來自巴拿馬，而是來自厄瓜多爾的馬納比省，在中國代理此草帽的是經過登記於哈瓦那的「巴拿馬帽公司」。

街道名稱與分佈

咖啡店有小白陶罐裝的酸奶，這是俄羅斯的特色食品。加上肉桂粉糖、淺紅色的野生漿果，用黑麵包沾著吃。小陶罐形狀像灰色鼓肚的小甕，上面沒有蓋子，只有薄薄一層紙緊緊的包著，人們用吸管插進去吸，就能吸出那微酸的、柔軟、涼爽的酸奶，可以同時解飢又解渴。

一列噴紅漆的平頂車隊，五輛車一模一樣，從「西長街」慢慢往下開，車上有紅色的廣告牌，寫著「草原鐵騎刮刀」，下面有兩把帶有裝飾的彎刀，還有蒙古的電話號碼。

天津起士林門前景色

找到「新華書店分店」，這個遍佈全中國的國營連鎖書局，我進去買了一份本地地圖。全中國都一樣，只有一個版本，地圖只包括了從戴河入海口的西南方和西北部的蓮蓬山。東南只到金山嘴和東北部的鴿子窩與鷹角岩。海灘延伸總長約 10 公里，海灘路（散步道）分割為西段、中段、東段，往北離著幾百公尺距離，有一條寬廣的、長長的大道叫經路，過去稱為中央路，或者叫 C 路，是這個地方的主要公路，分為西半部與東半部。向下是前往海灘步道的通路。另外的一邊往山丘去，過去叫日落之丘 sunset hill。往海灘去的道路，牌子顯示「保」字，保護；往山丘上

在西長街上偶遇「草原鐵騎刮刀」宣傳車。

去的所有牌子都寫著「安」，安全。兩邊的字合起來唸就是「保安」，意思是「保護公共安全與秩序」。

關於地圖還需補充一下。地圖上一大堆像魚群一樣，標示著不僅僅是街名還包括了療養院、保健中心、賓館、休憩所、培訓中心、兵營、政府機關、公園、旅社、商場等，但是西部的蓮蓬山與東部的金山嘴例外，那裡的街道與單位都沒有名稱，地圖上的田野，看起來好像香蕉上的斑點，禁止進入的區域有「不許穿越」的標示。

如果去計算這些禁止進入的區域，包括有名稱的單位，你會驚訝的發現一個事實：與「解放」前不同，這裡大部分的區域對大眾是不開放的。從地圖上你是一點看不出來的，只有當你被障礙物擋住的時候才會知道。

德國府與義大利《雙尖樓》的風流韻事

我開始了我的郊遊；從海灘路的西頭（以前是海關稅務司的領域），沿著蓮蓬山周圍散步。在第一次大戰以前，如同名錄指南（Directory）所說的，這裡是德國人的領域，德國人在中國的一塊故鄉，地圖標記的是公使官邸，這是北戴河地圖上標的第一座建築。住址是西經路 49 號，中文稱為「德國府」，兩棟比鄰面向海灘步道的半木製房子，是北戴河現存最老的房子。是穆默・馮・施瓦岑施泰因 Mumm von Schwarzenstein（香檳王國的一個分支）在 1902 年委託興建的，他是 1900 年被殺害的德國公使克林德 Ketteler 的後繼者，這種建築從此成為潮流，在夏天的北戴河也開始了外交活動。

德國府

第一次世界大戰後，義大利人也到了聯峰山蓋起房子，有兩座巨大角樓的三層樓大別墅，二樓有寬敞的露臺。這個「雙尖樓」於 20 年代末期，見證了一段風流韻事：年輕的外交官齊亞諾伯爵 Graf Galeazzo Ciano，與華麗絲・辛普森夫人

辛普森夫人

雙尖樓

辛普森夫人第二任丈夫

辛普森夫人初嫁時，17 歲

Mrs. Wallis Simpson，她的第一任先生生 Earl Winfield Spencer，是一位飛行員、也是美國使館武官，很喜歡喝酒，已經有過兩次緊急迫降、飛機腹部著陸事故。這位傾國傾城的女士是男士們致命殺手，個性強勢，根據美國外交部的機密報告，曾有一次在香港旅行時，到一家中國妓院，學了男女之間的「親密寶鑒」，或可說是《荒淫寶鑑》。整個事件，傳聞說是因為不斷的墮胎失敗，而導致了無法懷孕；最終齊亞諾伯爵在 1930 年娶了墨索里尼的最心愛的掌上明珠埃達 Hedda，這對夫妻在北戴河度的蜜月。而辛普森夫人呢？在她二嫁二離後遇到英國國王愛德華八世，對方不愛江山愛美人，為了她放棄了王位。

外交人才施肇基 Alfred Sze 與顧維鈞 Wellington Koo

北戴河有一段時間也是中國高級外交官的遊樂場，其中的兩位是施肇基與顧維鈞，他們兩位都頭角崢嶸，屬於外交界的特別人物。兩人都在北戴河有房子，兩人也都就讀於同一所英語學校上海聖約翰大學；此外，兩位都還是在青少年時候到了美國，施肇基 16 歲，顧維鈞 15 歲。兩人都從美國大學畢業，兩人比其他外交部長更能主導中國外交的命運。兩位工作地點在倫敦或華盛頓，當時世界上最重要的外交戰場，兩位在世界外交圈中擁有自己的地位。

很少人知道，這兩位人物與唐紹儀、中國外交之父、第一位共和國總理有聯姻關係。唐紹儀，曾擔任過做鴉片買賣、有錢有勢的英國大貿易商怡和洋行 Jardine Matheson 的買辦。幾百萬的錢財流入口袋，他們用這個財富，創立起了自己的公司帝國，涉及保險業、貿易商、航運、銀行，誰在他手下工作，誰就吃喝不愁了。

唐紹儀（和他的家人也經常到北戴河作客）是在 1874 年 12 歲時被大清朝送到美國的第三批留學生之一。他最後在紐約的哥倫比亞大學讀「文學藝術」未完，就因清廷留學政策改變，於 1881 年 19 歲時回到中國，到天津稅務衙門工作。這個衙門不屬於赫德管轄，在這個衙門工作時，他被派往朝鮮，在那裡遇到了以總督身份代表中國政府的袁世凱，兩個人成了好朋

唐紹儀

友。1895 年，唐紹儀回到了天津，為了幫助袁世凱建立的新的軍隊，1900 年他成為天津海關道的領導。

這段時間，許多事情都似乎在黑暗中，聽說張燕謀與他有親戚關係，又聽說他與胡佛住在同一條街上，還聽說他們兩人是好朋友。「毋庸置疑的是唐紹儀與開平煤礦的事件有關連」，他的簽名出現在張燕謀所提的「授權轉讓委託書」上，透過這個模式，讓德璀琳幫忙把原本是唐紹儀的一個叔叔所開的礦業公司，轉讓給了胡佛。

唐紹儀的職業生涯在 1906 年之後是外務部右侍郎、鐵路督辦、郵傳部左侍郎、奉天巡撫、郵傳部尚書。1912 年，袁世凱任命他為中華民國第一任總理，三個月後，因為權責問題與袁世凱起了衝突，辭職而去，移居上海，錢財充裕，成了金星人壽保險公司的主席。

1919 年清廷在上海商討南北合的問題，他是南方代表團的領軍人物。談判以失敗告終，從此退隱。直到 1930 年又活耀於政治圈，與國民黨的左翼領導者汪精衛共同陣線對付蔣介石。但是他拒絕擔任任何公職，因為此時的他本身的事業就已經是個「衙門」了。

他和許多中國的政治人物一樣，骨子裡是個審美家。他收集瓷器，1916 年 5 月 21 日紐約時報對他有一段公開的採訪報

唐紹儀

施肇基

導：「唐紹儀帶領我們經過大廳，進入一些展示著他精美瓷器收藏的小房間。這可能是中國私人收藏品中最好的，有宋瓷、明瓷、月光、牛血，令人驚奇的桃花吹，藍、白瓷，都被安排在四周靠牆的架子上，每一件物品都配置在有黑色柚木雕刻支架、粉紅色緞面的填充盒中。他用他一個行家、偉大的政治家手指撫摸每一個物件，一個在中國政治上毫不妥協的理想主義者的形象突然不見了。他小心翼翼的放下一個大型冰綠色的花瓶，上面是海上仙女圖，被神奇的龍環繞著，象徵帝王的五爪龍，爪中抓著珍貴的大真珠。『這是我最喜歡的一件』，他告訴我們說『非常稀有，我這幾年委託人找遍了全國，就為了想找到另外的那一隻配對。』」

對於瓷器收藏的愛好，最終送了他的命：30年代末期日本入侵中國，他們嘗試說服唐紹儀，利用這位曾經的總理來成立親日的政府。這位「絕不妥協的理想主義者」（紐約時報的用詞）似乎並不厭惡拒絕這個的建議，蔣介石聽到這事後，給他的情報頭子一個命令——把他除了。

日本人把賭注下在他身上，唐紹儀受到層層的監視和保護。如何接近他呢？瓷器！唐紹儀的致命弱點。蔣介石的情報人員有管道能夠拿到從北京裝船運往南方的皇室儲藏的寶物，殺手挑出一件特別精美的瓷器花瓶，放在一個大的、用粉紅色緞子鋪墊的、裡面有夾層的木盒中，其中藏著一把鋒利的斧子、砍肉刀。透過一位經常可以自由出入他家的瓷器商，告知得到了一個稀世珍寶，是皇室收藏的瓷器花瓶，只願意給他瞧，也只有他一個人可以看看。一種不正當、不合法的途徑來的，唐紹儀上勾了。他不假思索的就約見了這人，保鏢開門將刺客引入到唐紹儀的起居室。在他們的要求下將門關上並且鎖住。其中一人打開盒子將瓷器花瓶放置在桌上，唐紹儀坐在沙發上，醉心的觀賞著這只花瓶。當他完全沉醉其中用、手指尖去觸摸時，其中一個刺客從盒子中拿出砍肉刀……，一位觀賞家最美麗的生活，不美的結束了。刺客刀起頭落，砍下了唐紹儀的頭顱。兇手逃脫，也拿走了花瓶。

施肇基中國的信使和大使，在倫敦和華盛頓之間來回交換工作地方，娶了唐紹儀的一個姪女唐鈺華，她的生父唐傑臣1904年去世，曾經是李鴻章鍾愛的門生，也是當時開平煤礦的創始人之一。

31

外交官施肇基抗瘟疫　滿洲瘟疫不僅只是醫學問題，也是政治問題

施肇基的朋友叫他「艾爾」AL。他在北戴河擁有兩棟別墅，其中一棟在西海灘路的 6 號，就在海關稅務司隔壁，另一棟在西經路 52 號，靠近聯峰山，在德國公使住家附近。

施肇基的父親，是一個江蘇茶商，在所有富裕商人群中他很特殊；他曾經考上清廷的科舉，卻放棄了仕途選擇從商。1877 年，他的兒子出生後，幼年就得了腳氣病，必須到上海治療。病好了之後就留在上海親戚家中，之後被錄取進入了說英語的聖約翰大學就讀。他的目標是從事外交事務，家庭的關係幫他入了行。1893 年，他陪伴著中國大使楊儒到美國華盛頓，當翻譯的同時繼續深造。這位大使楊儒是家庭的好友，同時也是西班牙與秘魯的中國代表 ---- 顯示中國是位居世界中心的帝國 ---- 對當時中國的世界觀而言，美國還是屬於西班牙的。

施肇基就讀於華盛頓的中央高中，由清廷提供的獎學金，1897 年畢業，同年他申請到了康乃爾大學的文學研究學院就讀。1899 年，因為他的導師楊儒被調任特使（負責蘇俄，奧匈帝國及荷蘭），施肇基也就順便的被派往聖彼得堡，他接觸的第一個外交事件項目，就是參與「中國與蘇俄之間邊界問題」的談判。

1900 年義和團事件爆發，他回到美國，繼續就讀於康乃爾大學。兩年後獲得文學碩士學位。

回到中國後，第一份差事是擔任湖南湖北的洋務文案。他的頂頭上司就是當時位高權重的湖廣總督張之洞。施肇基第一件重要任務是陪伴康乃爾大學政治科學系主任金肯斯 J. W. Jenks 教授在中國做學術研究旅行。這位學者是許多清廷聘請的西方著名學者顧問之一，目的是幫助中國提出貨幣改革的評鑑。(他建議使用黃金做為貨幣單位；沒有被採用)。

施肇基第二個任務是：陪伴官方獎學金的留學生搭船到美國讀書，並且陪伴一個國家代表團去考察歐洲與美國的憲法比較的調查研究。他伶俐又可以信賴，在完成這次任務後，讓北京清廷皇家當局對他褒獎有加。1905 年與唐紹儀的侄女唐鈺華結婚。1906 年，從按西方模式新成立的大清皇家學院畢業，成為法政科進士。受到唐紹儀的提拔，任命於郵傳局，鐵道司與外交部。

1911 年蒙古肺鼠疫

1908 年施肇基的大兒子施思明（譜名：耿元）出生，1909 年生了女兒施蘊珍（後來大家都叫她「妹妹」）。有張家庭照，老爸施肇基瘦瘦的臉龐、如同風帆的大耳朵、上嘴唇留著薄薄的小鬍子、膝蓋上坐著小女兒「妹妹」。

1911 年，他與另外一位劍橋畢業生伍連德，共同領導一個委員會，去對抗在滿洲爆發的瘟疫。1911 年滿洲鼠疫傳到了山海關，這個位於北戴河北邊不過幾公里遠的城市，萬里長城當年就是預防瘟疫的一道警戒線。為什麼委派一位外交人才去對抗瘟疫呢？因為清廷非常擔心日本和蘇俄會藉此機會挑起事端。五年前這兩個強國就已經在滿洲地方打過一仗了，這次怕他們可能會利用瘟疫以保護生活在滿洲的僑民作為藉口出兵，佔領中國東北。換句話說，瘟疫不僅只是醫學的問題，也是政治的問題[34]。

土撥鼠這類囓齒類傳染的瘟疫不是淋巴腺性鼠疫，而是更危險的肺鼠疫。是從最北方沿著鐵路線傳播到都市與鄉鎮。新年快到了，大家都希望回家過年。牲口拉車一輛接著一輛，車上的苦力們一個挨擠著一個，如同沙丁魚罐頭，許多天的回家之路提供了最理想的傳染機會。

瘟疫的第一個受害者是來自山東的捕獸人，他們與蒙古的專業獵人不同，蒙古獵人看見了死了的動物屍體，會小心翼翼繞著走，避之唯恐不及。而囓齒類土撥鼠的毛皮，在歐洲與美國，成為紫貂皮的替代品，價格很高。

這場瘟疫大約六萬多人感染，只有 3 人活下來。從傳染到死亡只需 48 小時。當時常看到有人在街上，突然跌跌撞撞、搖擺、然後倒下、死了。1911 年 2 月 17 日的北華捷報 North China Herald：「如果能夠允許醫師給病人注射大劑量的嗎啡，讓受苦者從此進入長眠，這對於病人來說會是一種慈悲，對大眾而言絕對是好事。」

雖然剛成為兩個小孩的父親，施肇基這位外交官，對於被派到東北去對抗瘟疫的危險任務，並沒有逃避。（中國政府針對

抗滿洲鼠疫的英雄人物伍連德
（Dr. Wu Lien-teh 1879-1960）

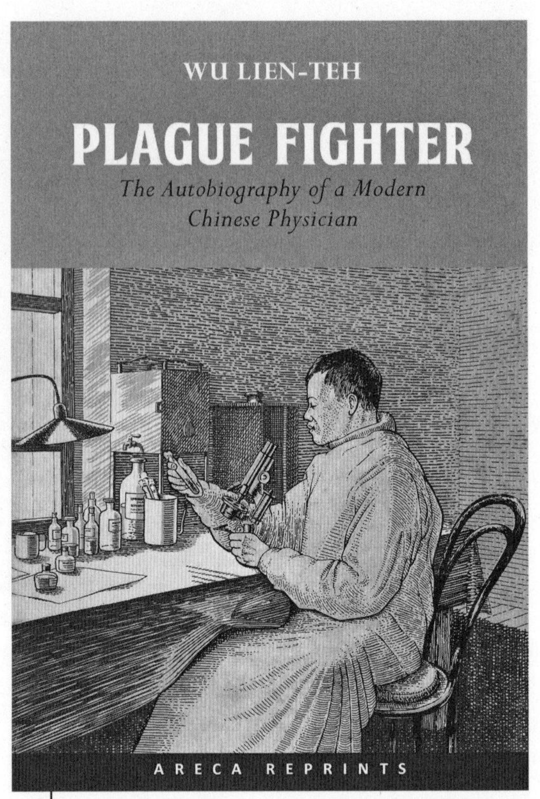

伍連德抗疫戰士：一位現代中國醫生的自傳

每一位被派遣擔任任務的成員，保了一萬銀元的險（一個銀元重量大約相當於一盎司）。

法拉爾博士 Dr. R. Farrar，是位西方瘟疫控制委員會的成員說：「我們去檢查一間老的菸草工廠，苦力們住宿的地方，我們發現有六個人坐在大約四尺見方的炕上。他們沒有什麼抱怨的、也看不出來有什麼特別的病，但是聽見有一人在咳嗽，我建議他應該要吐一口痰到一張紙上，他吐出血來，我們也讓其他人吐看看，他們所有的人都吐出血來。第二天黃昏前，六個人全部死了。」

抗瘟疫編組的成員每個人都穿著連身、帶帽、白色的隔離衣服（白色在中國是死亡的顏色）、厚厚的保護眼鏡、紗布面具，臉與嘴巴都遮住了（是如今口罩的前身），他們彷彿是陰間來的判官。到處都有被凍得僵硬的屍體，常常需要一整天的時間才會有清潔人員用繩子和掛勾來拖走屍體。在寒冬零下 30 度、地已經被凍得堅硬無比，要想掩埋屍體？根本就不可能！

從火車上開始例行檢查：檢疫隔離、得病的個別分隔、隔離所有懷疑的物件與接觸者、一家一家的搜查。

在中國舉行了第一次集體火化。當地的老百姓非常害怕這種大量收斂和焚燒屍體，他們把屍體藏在炕裡或者屋頂下。二月初在山海關（隔離中國與滿洲的大門），約兩千多名苦力想要逃到南邊的「北戴河」。這群可能肇事的苦力，被政府軍隊給鎮壓下來了。而這也是大清帝國最後一次、打敗了敵人的軍事行動。

註釋

34 北華捷報 1911 年 1 月 20 日的報導：「來自聖彼得堡的建議，內閣討論瘟疫在滿洲蔓延的狀況，並且責成外交部部長山智諾夫 M. Sanzonoff，進一步與中國及其他國家政府協商，願意勘查、組織、並且派遣科學遠征隊來滿洲。」北華捷報在 1911 年 2 月 17 日又刊登了第二個相關的消息：「蘇俄人使用強大的火車頭，拉著滿車廂的槍械、來福槍以及其他戰爭需要的彈藥出發開往東方，在夜晚秘密將武器卸下。」

社交名人才施肇基 Alfred Sze

疫情逐漸被控制住了，施肇基被派去華盛頓當大使，不巧，清王朝的滅亡阻礙了他的上任。他的岳父唐紹儀、第一任中華民國的總理，在 1912 年讓他出來擔任交通及財政總長，進入內閣。當唐紹儀因與袁世凱衝突而隱退後，施肇基也藉口「身體原因」提出辭呈。在他「康復」後，被任命為總統府大禮官。這一年他的二兒子施聰元出生，一年之後又迎來了女兒施瑞珍。

1914 年施肇基出任駐英公使。住在倫敦泊特蘭 Portland Place 49 號。一戰結束後，他是中方參加巴黎和談的五位代表之一。巴黎和談以一個醜聞終結，中國是唯一的一個拒絕簽署合約的國家。理由是，西方的軸心國為了讓中國參戰站在他們一邊，承諾把德國租借的青島歸還給中國，而日本一開始就屬於軸心國，在開戰之初就已經以武力佔據了青島。在巴黎的會議中，他們發現促使日本歸還青島根本不可能，因為日本對列強表示與中華民國曾經有秘密協議，同時威脅不參加國際同盟，對於到手的戰利品不願意放棄。

1921 年施肇基被派往美國華盛頓擔任駐美公使。1923 年，總理張紹曾任命他為外交部長，這裡有個插曲；他發現自己無法融入軍閥的圈圈，四個月後就又回到美國去擔任公使。

在倫敦的時候，又生了個女兒，到了美國華盛頓後再添了個女兒：一共兩個兒子四個女兒。從最大的兒子到最小的女兒中間差了 16 年。

這位曾經的愛爾 Al，此時已經成了「大都會的沙龍之獅」、世界級的社交名人、所有活動的焦點，「Alfred Sze 是最佳主持人，以其一貫的機智、詼諧、幽默言語，介紹演說者。」媒體對他的評論大概就是這樣。在美國華盛頓打撲克牌，就像從前在倫敦打橋牌一樣，他都是人們喜歡的牌友。宴會中，他習慣性是位戰戰兢兢十分小心的主人、紳士、一個有魅力的人，任何場合他都占盡上風。

在美國華盛頓，他屬於胡佛私人朋友那個小圈子。

當胡佛要競選美國總統前，他在開平煤礦的事件被對手拿來攻擊，整個形勢看起來，胡佛好像會因為這個事件退出總統競選，是施肇基，把他從爛泥中救了出來。他聯繫了他的岳父、在美國也是有名望、受人尊重的「老政治家」唐紹儀，在 1928 年 4 月 30 日接受了《時代雜誌 Time Magzine》的專訪：「在那 18 個月中，胡佛與開平煤礦的關係是：一開始是工程師，後來是經理。他將原來的不成功的『開平』變為成功，胡佛先生在中國留下的記錄是乾淨的，而且在很多事情上是了不起的。我的看法是『胡佛先生從中國帶回家的，遠遠少於他理所當然應該得到的』。」

接著出現一個幾乎是不可思議的故事，這讓胡佛與開平煤礦的醜聞一次性的、完全的被遺忘了：「我非常的感謝胡佛先生在拳亂中的英勇作為，那時候他就住天津我的家那條街對面，有一天，有一大群義和團的人，用炸彈攻擊我們家，殺了些人，包括我太太和第四個女兒。胡佛先生不顧自己生命的危險衝了過來，拯救我們離開了那正在燃燒的房子。」

記者這樣報導：「唐紹儀也可以增加總結的細節部份；說胡佛用自己的大衣包裹住一個中國小寶寶，和她一起從房中衝了出來。她長大後，成為顧維鈞的太太。」

1929 年施肇基再度被派到英國倫敦擔任公使，一直工作到 1932 年。

施肇基有一張照片當時流傳到全世界。人們至今還能在歷史照片集錦（《20 世紀文檔紀要》、《世界歷史照片》等）中看得到。這張照片顯示他在倫敦（或是華盛頓？）遞交到任國書：一頂滿是羽毛的海軍上將帽，一件半長的大氅和上面配著寬的鈕釦的大衣，在大氅下面露出一個俗稱「弒父者」硬高領，下面環繞著一條美麗的領帶。整套衣裝好像是專門為他量身訂製的，很容易被當成是位西方國家的大使。他戴著圓形牛角眼鏡，臉變胖變圓了，過去的小鬍子早已不見了。他身後站著彼此緊緊靠在一起，好像在害怕什麼似的兩個女兒，看不出來到底誰大誰小，看不出哪位是曾經坐在他膝上的大女兒。兩人都穿著小毛皮大衣，硬底小高跟鞋，當時流行款的花盆形帽子。她們左邊的手上有一隻小錢包，右邊的手腕上掛著一個柔軟料子做的手提包，兩個人看起來相互緊緊的靠在一起。

施肇基每次在這兩個的大都市互換工作時，都會讓他一部份的小孩留在原地。學校比父母的家更重要，英語是她們的第一語言。施思明，他的大兒子一直留在英國。後來在劍橋大學就讀化學與醫學，是

施肇基與夫人唐鈺華

「世界衛生組織」的共同創始人之一。

妹妹，這位大女兒在上海，成為流行時尚設計師夏帕瑞麗 Schiaparelli 的模特兒，畫家，演員和作家。最後成為世界知名的美國服裝界女設計師 Irene Sharaff 的終生伴侶。妹妹參加了許多電影服裝設計工作，包括《花都舞影》、《國王與我》、《西城故事》、《埃及豔后》、《靈欲春宵》等。是否她的父親也以她為榮？他從來沒有對外說過。

1932 年施肇基第二次被派往華盛頓擔任公使。聯邦參議員埃弗里特．迪克森 Everett M. Dirksen 談到他的一場演講時說：「這是一場極佳的演講，能夠使用如此道地洋基語言形式。施部長似乎讓他自己從中國那種抑揚頓挫的演說方式抽離出來。我們問他到底從哪學會的語言和表達方式？事實上他在這裡上過華盛頓的中央高中，所以當他再度以大使身份回到這裡，就好像是回家一樣。」

西方國家在中國的使節團，學習蘇聯的模式，全數改成大使，而中國駐外使節也相同的改變了頭銜。施肇基 Alfred Sze 成為中華民國第一任駐美大使。這也是他事業的頂峰[35]。

1937 年他退休回到中國。一生中共兩次代表中國出使西方最重要的英、美兩大國。國際外交史的紀錄上，能超過他的只有他的連襟顧維鈞了，而顧還曾經擔任過駐法國巴黎的大使。

施肇基回到上海，寫了一本有關他早年外交生活的書《民國首任駐美大使：施肇基早年回憶錄》，以及擔任志願者去瘟疫地區參與防治瘟疫的工作，但是中國對他來說卻越來越陌生。1941 年，他以「中國國防物資委員會副主席」的身份領隊再度去華盛頓，戰爭結束後就留在那裡成為聯合國籌備大會的成員。他最後的職務是「國際復興開發銀行」International Bank for Reconstruction and Development 的顧問。

1954 年腦溢血，造成半身不遂，他恢復到自己可以再行動，但是記憶力的喪失無法恢復。1958 年當他 81 歲、忘記了一切時，在華盛頓去世。

註釋

35 1935 年 12 月，《亞洲雜誌 Asia Magazine》卡洛肯伍氏 Carrol Kenworthy 有一段文章這樣描述他，開始時如同好萊塢的電影劇本，「午夜兩點，在華盛頓的一條僻靜的街道，黑色的轎車，黑人司機，在一座老大廈外邊的街道邊打瞌睡，這裡是美國首都的大都會俱樂部所在。柔和的燈光照著台階，照亮了大門口與兩邊的邊道。大門打開，半打高個子、戴著高禮帽的人，走下來，來到車邊，戴上手套，說著晚安，『玩得不錯，Alfred。』『謝謝，Frank。』『我們星期四再來，如何？』『大家晚安。』沉重的引擎聲咆哮，車門轟然的關閉，而這就是另外一場中國大使施肇基撲克牌聚會的結束。」

到底他是怎樣的人

到底他是怎樣的人，在他的女兒妹妹寫的兒時記憶《哭聲的回音 Echo of a Cry》間接的回答了這個問題：「熱情的我們總在追求一種歸屬感，歸屬於某個地方，但同時我們又經常想要逃離。我們伸出雙手想要抓住些什麼，如果碰巧也抓住了，但我們常常發現那根本不是我們所想要的！我們總是不斷的迷失和尋找。那是哭聲的回音；那是希望尋求溫暖與安全的哭聲。而這少年的幻想，總是被成年人的理性所覆蓋，可我們依然繼續追尋。」

可以從父親們身上認識他們的小孩，也可以從小孩身上認識他們的父親。妹妹童年的頻繁遷徙，來來去去，也正是她父親施肇基生活的一面鏡子。早年她與家人住在北京與天津的家，受到很好的關愛與保護。第一次的離別是在 1914 年去倫敦，小孩子開始有了位英國管家和語言老師。搬進在波特蘭廣場 Portland Place 的大房子裡，他們玩海戰遊戲：管家的大鞋子當成戰艦，較小的、狹窄的父親的鞋子當成驅逐艦，母親特別小的拖鞋是潛水艇……。

他們的父親思想進步有頭腦，要讓女兒們與兒子們一樣受同等的教育。妹妹六歲就被送進寄宿學校，她的父母送她去搭火車。這是她人生中的第二次大別離：「我的心好像被大的重物推擠，兩行眼淚從臉上流下來。到底為了什麼？我要去哪兒？何時回來？我會回來嗎？我心深處所有的一切，在絕望中崩潰。」

但是妹妹去住宿學校後不久、很快的就融入新的環境，有了新的朋友。而且用英文表達已經不再是問題，反而是中文。她向父母報告學校情形時，與母親說中文，與父親只說英文：「我嘗試用中文訴說在學校的事情，說得亂七八糟！大家都聽不懂，無法了解。」顯然，兩個世界無法溝通。

學校生活的最精彩的是演戲。妹妹發現自己對戲劇表演的熱情。在《阿拉丁與神燈》中，她演了一個角色：「請吩咐我，主人阿拉丁！你的油燈能力無限，我是你的奴隸。」

妹妹的假日並不是在家中度過，而是和管家在蘇格蘭。父母親與孩子們的聯繫，靠的是父親的書信，信是「親愛的大家」開頭。信是大家共同的回應。有一天父親來了一封「給大家」傳閱的信；「親愛的大家 Dear All」，國家派我到華盛頓任職，而且已經在去華盛頓的路上。妹妹與她的兩個小妹，應該先在英國繼續學業，畢業後，才能隨後到美國…」。父親大人指定一個以嚴厲、狂熱出名的基督教貴格會 Quaker 家庭做她的監護人。這個家庭在英國南部 Sussex 經營著一個托兒所，叫大苗圃。

一個致命的選擇，這個家庭的祖母、祖父、姨媽喬、姑媽艾瑪、亞瑟舅舅全是宗教狂熱分子。聖經語錄掛滿整個屋子，有的用大型字母雕刻出來、有的畫在或是燒燙在木板上、鑲在相框裡。飯前飯後都要先讀聖經，禱告的時候必須跪在地板上。禮拜天只准讀聖經。平常除了其他的工作外，妹妹還要幫山羊擠羊奶，她非常痛恨這個工作。姑媽艾瑪告誡她：「就算是小事情也要虔誠。」

有一天，妹妹遇到一群路過的吉普賽人。她決定去跟他們說：「我可以跟你們走嗎？」「為什麼？」「我喜歡。我可以把腳踏車給你們。」當他們的馬車穿過村子時，這個村子突然之間變得不一樣了：「我在山頂上，看到整個鄉村，這個景象雖然從前也常常看，但是今天特別的綠意盎然和美麗動人。」一個完全不同的世界、一個沒有禁忌的世界、一種自由的感覺抓住了她，「我們看見路旁有隻雞正在啄食，同夥的吉普賽人一把捉住。後來我們就把牠吃了。」幾天後，員警把她這棵苗帶回了「苗圃」。老祖母說：「你這個不聽話的小女孩，上樓去禱告，求上帝原諒妳。」

終於她的父母把她接到華盛頓去了。第一次經驗：「在火車的餐車上用餐，有刀叉和其他的用具。服務生是我們第一次見過的黑人。那位為我們服務的人說話很和藹溫柔，說起話來美麗動聽，低沉的聲音有如潺潺流水」。到美國後，她還是上寄宿學校，「與英國學校有差異，適應起來很痛苦。」到美國後，與父母的接觸變得比較親近了些。她幫助父親整理桌子，爸爸討厭把東西丟進字紙簍。有時陪著母親去那個「At Homes」美國女士的社交聚會：「這些女人，為了要看起來年輕，不論是瘦長如刀削的臉，或是圓的像梅子布丁臉，她們的臉頰上抹著發亮的腮紅，他們的雙手靜脈凸起戴著閃爍耀眼的珠寶，放射著貪婪的光芒，緊緊抓住葡萄酒杯。女士們的脖子都有歲月的青筋，掛著不可或缺的珍珠項鍊、滾來滾去…，醜！醜！愚蠢的女人們！」

一個她憎恨的世界、她父母的世界。

「妹妹」所著《哭聲的回音》書中自畫的插圖

「妹妹」所著《哭聲的回音》書中自畫的插圖

她決定去讀藝術與繪畫，她的父親反對，家庭中的衝突開始了，議論了許多次後才達成妥協，先要在大學（衛斯理學院 Wellesley）畢業，然後去才去上藝術學校。「這是個協議；對我猶如當頭一棒，爸爸好像在簽署國際文件，爸爸簽了名，上面還附有一條紅絲帶及蠟封。」在衛斯理學院的第二年，爸爸又重新調回倫敦。一家人又分離了，這期間妹妹已經習慣了分離。

幾年後，曾經與她的母親一同回過中國一次。為的是慶祝父親姑媽的 100 歲生日。家中的人要求對壽星行叩頭禮，她自己也很驚訝的發現，竟然沒有任何厭惡的感覺。「我在那裡，急著想要做得正確，好奇的想要經歷全部的儀式，感覺到在長輩的生日之時要表示敬意，在這個情況下，不僅是合適的，也是一種表示快樂的態度，棒極了！其重要性在於在團體裡維繫一種連續性，和對於彼此相互之間的尊重及責任，我很高興回來中國。但是也很高興曾經離開過。」

她的父親並沒有同行，不僅在孩子們的人生中缺席，也在親戚的人生中缺席，包括他自家的兄弟。他生命中的另一個謎團：在他的自傳中，雖然應該有交待，但是在他的自傳中從來沒有提到這個謎。

施肇基的同父異母兄弟各有專才

施肇基的弟弟施肇祥 Thomas Sze，1880 年出生，也是康乃爾大學畢業，回國後在國家鐵道行政管理工程部門擔任技術工作，後來被委任為開灤礦務局的總經理代理。[36]

老二是亨利施 Henry Sze，同樣畢業於康乃爾大學，在德國發展，並且開始了他的電影演員生涯，曾經在下列的影片中演出《世界女王》、《柏林選帝侯 Kurfürstendamm 大街》、《亞洲的鼓聲》。他在《亞洲的太陽》中擔任主角。在電影海報上看出他的臉和施肇基有點像，他坐在一個藤圈椅裡、西式穿著，雙手交疊，右嘴角紋向下，右眼向上提，一副傲慢不羈的樣子。照片旁邊用德文流利的書寫著：「人永遠不可以對人生承諾得太多，也就不會失望太大。」這正是他的座右銘、他真實的想法。在與康拉德．維德 Konrad Veidt 合作過最後的一部電影後，也就永遠從銀幕上消失了。

這個亨利施是施肇基同父異母的半個兄弟。他多次被人問起與魯道夫施 Rudolph Sze 的親戚關係，魯道夫與施肇基一樣，也是華盛頓中央中學的學生，學術上魯道夫一個又一個的連續獲得過很多的獎項，1910 年還獲得著名的賓西法尼亞大學的全額獎學金。同時他還是個西洋棋的天才高手，不停的贏得錦標賽。他曾經同時先後兩次贏過當時的世界冠軍伊曼紐．拉斯克 Emanuel Lasker。紐約時報曾經報導說，「這個人前途不可限量」。1914 年，他中斷學業回到中國。什麼事情讓他中斷學業，直到今天還是個謎。兩年之後，他又回到美國，在賓州定居，從此完全不再碰觸西洋棋，從舞臺上消失了，好像已經把他的人生角色表演完了。

很多人都說，魯道夫是阿弗萊德 Alfred 的另外一個小的「半兄弟」。湯瑪斯是位技術官僚科技人才，魯道夫是個西洋棋棋手，亨利是位演員。Alfred 作為一個外交官，將這些兄弟們的才能都融合一體，顯現在他一個人身上。這種才能後來傳給他的大女兒，另外一個遺傳給了他的長子。

註釋

36 施肇祥 Thomas Sze 在《北京通商行名人錄：1922》（The Peking Who's Who：1922）中紀錄是工程師，郵傳部技術專家，住址：17，賽場路

Race Course Road，天津。1880 年 4 月 2 日出生於浙江省。國籍：中國。隴海鐵路的顧問，中國鐵路技術協會秘書長，負責中國政府鐵路標準和鐵路車廂等運行有關的設備。1905 年美國紐約康乃爾大學畢業，是位碩士工程師。京奉鐵路和津浦鐵路的總工程師，巴拿馬國際展覽會期間在美國是中國商務代表會專員；汴洛鐵路局局長，交通部鐵路局技術服務部首席工程師，交通部發動機傳輸部門助理總監，開灤煤礦總經理，制革廠總經理，中國北方電力製造公司駐京總裁，《中美工程師協會財務總監》。勳章：獲得嘉禾 4 級勳章，英美中商業俱樂部會員。

第四部

張學良故居

從海灘步道望去，能看到後面樹林遮掩的別墅輪廓，那是張學良住過的地方。張學良、人稱「少帥」，為了區分他與其父親「大帥」張作霖。「大帥」是原滿洲的統治者，於1928年被日本人暗殺，少帥繼承父業。如果沒有張學良的話，中國與世界的歷史都會改寫。1930年，他在北戴河決定與蔣介石結盟，將東北歸他管轄。這個決定讓日本有機會在一年之後入侵東北，成立傀儡政權。

1936年，西安事變，張學良在西安扣壓了蔣介石。那時候蔣介石的主要敵人是共產黨而非日本人，他強迫蔣介石聯合共產黨，成立共同戰線去抗日。如果不是因為他，如果沒有西安事變這件事，當時被當成「土匪」的共產黨就會被消滅掉，也就不會有「人民共和國」，我們會活在另外的一個世界。毛澤東這個名字，如果有的話，最多也只是在歷史的插曲中。

張學良住過的這棟洋房建於1925年，由奧地利建築師蓋苓Geyling設計，今天還矗立在那兒：一棟兩層樓的花崗岩建築，兩翼有兩個露天的樓梯。透過一條長廊與隔壁的房子相連。這棟房子有一個很的大的花園，人工堆砌的太湖石假山、石窟，這個花園是這棟別墅唯一的中國式景觀[37]。

這棟洋房見證了張學良與趙四小姐的浪漫愛情故事，是現代中國許多小說、戲劇、電影的題材，在台灣也曾被流行文學取材，這棟別墅一直是北戴河的景點紀念碑。

少帥張學良在北戴河住過的別墅

註釋

37 章瑞亭，別墅的主人，原本是軍服、風帆、帳棚、毯子等的進口商。主要的客戶是駐防在中國的德國軍隊。第一次世界大戰爆發後，少了德國客戶，從歐洲進口軍用物資被封鎖，他便成立了自己的工廠，結果事業興隆，因為每一位互相防備、爭鬥、新舊替換的軍閥都不停地需要新的、不一樣的制服，而章瑞亭做生意的秘訣是，「讓顧客變成夥伴也能賺錢」。喬治的父親就是其中一位客戶及夥伴，另外一個最大的客戶就是滿洲的大軍閥張作霖。

初次見面香山飯店

愛情羅曼史從「少帥」悲劇性的喪子之痛開始。

1929 年 7 月，張學良在北京開三巨頭會議：蔣介石（國民黨的領導）、閻錫山（北京軍閥）以及他。三個中國當時最強的軍閥，每個人都偷偷的在尋求與另外一方結盟，以掐住對手的喉嚨。當時可以算出的只有三種局面，但是事實上不止，因為當時有許多小軍閥各自獨立，與其他小軍閥結盟，大家都在玩你方唱罷我登場的權利遊戲。

會議結束後，張學良正預備啟程回瀋陽，專列火車都已經準備出發，他突然收到夫人于鳳至的電報，說他們的大兒子死了。一年前是他父親，現在他又失去最心愛的兒子。張學良極力想讓自己聽隨從的勸回瀋陽去，剛上火車，他就又陷入深深的沮喪之中。他的副官建議他不要回去了，免得觸景生情，瀋陽只會讓他更難過，建議他和夫人于鳳至到北戴河住幾天，讓大海來療傷，張學良同意了。

趙四小姐，有三個姊姊，她的本名叫趙綺霞，又名趙一荻，她在哥哥和姊姊陪同下，也都在北戴河。對「少帥」來說，她是舊識，1927 年春天兩人在北京已經見過面。地點是北京西山趙小姐父親趙慶華的「香山飯店」，趙慶華曾經擔任過交通部次長，現在是天津到浦口的津浦鐵路局局長。浦口是位於長江北邊的口岸，南京前一站。

「香山飯店」是當時北京社交名流出入的地方，「少帥」是其中最閃亮的明星，他是個喜歡運動的花花公子，瀟灑、反傳統，自己開著飛機帶朋友兜風，是北京、天津地區社交名流的女兒們仰慕追星的對象。

飯店內有一個舞廳與網球場，少帥總

三巨頭，左起閻錫山、蔣介石、張學良。

北戴河的摩登美女

是被大群人包圍、簇擁著，也總是重複著同樣的節目：下午打網球，之後與賓客一起用晚餐，然後晚上是通宵達旦。

「少帥」與趙四小姐的初次見面，如小報新聞所報導的。有一天晚上，舞廳裡又擠滿了人，外面傳來槍聲，每個人面面相覷，空氣凝住了（西山是臭名昭彰的強盜窩，後來是共產黨的遊擊隊據點，是有錢人的惡夢，怕被綁架、劫持）。音樂和聊天聲戛然而止，女士們把男伴抓得緊緊的，尖聲大叫，客人從桌邊跳起來，偏偏有那麼一個冒失鬼剛好撞到了電燈開關，舞廳頓時陷入一片黑暗中，更讓秩序大亂。在一片混亂中，突然聽到「少帥」平靜、清亮的聲音「開燈！」，當大廳的燈紛紛再度亮起後，少帥將他的舞伴交給一個副官，讓人給他一支手槍，推開面對庭院的窗戶，他旁邊那個穿著西服的保鏢，拿出一把布朗寧小手槍，舉起，將槍口指著屋頂，好像在給自己壯膽。

少帥罵道：「別開玩笑！外面有我的護衛，沒有人可以闖進來。」

不一會兒，大門開了，一個護衛走進大廳，舉手敬了個軍禮，大廳裡死一般的寂靜。「報告，沒有強盜，」他說：「是不小心槍枝走火。」

虛驚一場，大廳裡的人們都喘了一口氣，樂隊開始沙沙作響的翻動樂譜，舞客們拍手，侍應生快速的來往穿梭起來。

趙四小姐也在大廳中，看到「少帥」的風采，印象深刻。「少帥」也發現了大廳中的她，發現這位小姐是少有的冷靜。

她走近他，他還一直站在窗邊，手裡仍握著手槍。

「您不害怕嗎？」他問。

「為何？」她諷刺的回答：「不是說，沒有人能通過您的護衛進得來嗎？」

張學良把手槍放下，抬起頭來，然後笑了，他詢問她的芳名。

「原來是店主的女兒，我為什麼之前沒見過您？」

「大概是因為您被太多人圍繞著吧。」

「讓我們來彌補一下。」他說著，就領著趙四小姐走向舞池。[38]

她當時才 15 歲，張學良的年齡幾乎是她的兩倍。樂隊重新開始演奏約翰史特勞斯的華爾滋圓舞曲。

註釋

38 八卦新聞上張學良和趙四小姐的對話是這樣說的：

張學良：「你剛才一點也不害怕嗎？」

「因為有您和您的護衛隊呀！」張學良想起剛才自己說過的話，不禁仰天大笑。笑過之後，張學良請問姑娘芳名。

「我叫趙一荻，家父是趙慶華。」

原來是香山飯店主人的千金。張學良問：「以前我怎麼沒見過你？」

「也許是您周圍的人太多了。」

「好，那我現在就補償我以前的過失，請四小姐跳舞。」

北戴河重逢 17 歲的趙四小姐

在北戴河他鄉遇故知，他們重逢。一起海邊漫步、一起看電影、打小高爾夫球、搭船出海、租驢子騎、打網球……，張學良甚至帶著四小姐登上專門為保護他的安全而停泊在海邊的兩艘軍艦。

晚上有晚上的節目。他們拿著手電筒，穿著沙灘裝；寬鬆的褲子，緊身的上衣，先是沿著海灘散步。之後到露臺上，隨著留聲機播放上海最新熱門的流行音樂起舞。薩克斯風手吹著羅曼蒂克的樂曲，伴隨著叮叮噹噹的東方元素，女客們穿著晚禮服、巴黎進口的套裝，或者是軍隊的制服，配上紅棕色的馬靴，剪著像男人式的短髮。夜晚成為白晝，日夜顛倒。小快步、慢四拍輪流上陣，大夥兒跳得不亦樂乎。

張學良，自己吸大菸，也教會了四小姐如何吸鴉片。[39]

天津的八卦報紙《北洋畫報》刊登了趙四小姐的照片，性感挑逗的穿著，充滿活力、氣質十足。她頭戴著一頂夏天的大遮陽帽，充滿自信的把帽簷向上翻著，碩大的帽子幾乎碰到肩膀，遮住了一隻眼睛。嘴唇塗著口紅，是當時流行的橘紅色。另外一張照片，她坐在沙灘上，穿著件連身的泳衣，肩膀部份開得很深，美國著名公司 Jantzen 的產品，好萊塢最新流行的樣式。

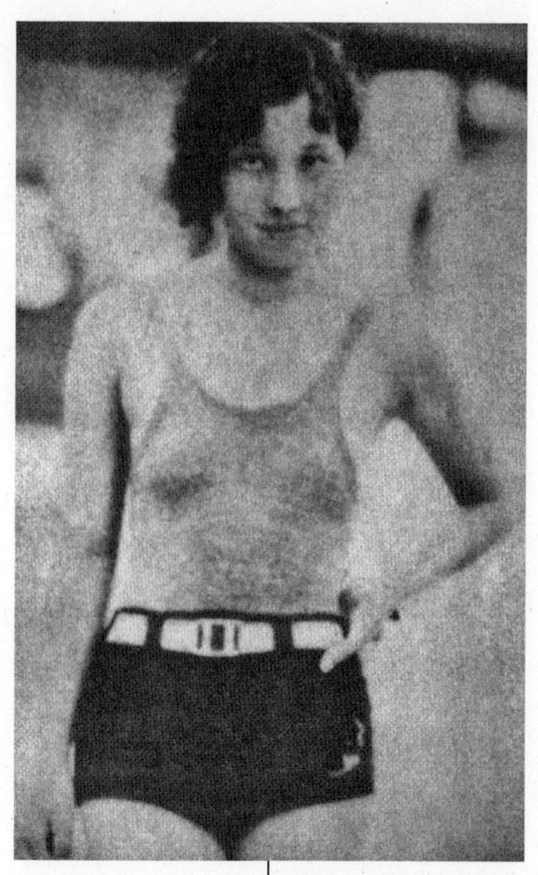

民國初年最潮的泳裝。

北戴河別墅有著層層的屏障。

1912 年 5 月出生於香港的趙四剛滿 17 歲，正是反叛家庭的年紀，不想知道什麼傳統、規範，自己要過自己的人生，什麼都願意嘗試。她離開家庭，跟隨「少帥」去了奉天（瀋陽）。她的父親趙慶華，來自特別古老保守的官宦之家，百年來一直忠心耿耿的服侍著朝廷。他在報紙上刊登了一則啟事：「四女綺霞，不知去向，查照家祠規條第十九條及二十二條，應行消除其名，嗣後，因此發生任何情事，概不負責，此啟。」[40]

趙四的父親是個心腸柔軟、深思熟慮的男人，有一張友好、親切善良的臉，充滿愛與理解。這位被儒家傳統道德觀束縛著的父親，在啟事刊登後，他所能做的就是辭掉公職從此隱退，離開了人們的視線。

在奉天，張學良張開雙臂歡迎趙四，「少帥」的原配夫人于鳳至也接納了趙四。于鳳至受古典教育薰陶，知書達禮，是位有魅力的窈窕淑女。八卦新聞描述她「像朵在雨後綻放的蓮花」，報導附的照片中，她穿著無袖的黑色旗袍，戴著白色的珍珠項鍊，頭髮緊緊的向後梳理，被她的小孩眾星捧月的圍繞著，在她的前面有個花盆，她是中國最常被拍攝的女子。旗袍剪裁得宜、開衩特別高、立領，戴著水滴狀的耳環，她的穿著打扮是全中國女人模仿的對象。

對她的岳父張作霖大帥來說，這個女人不只是因為美貌讓他印象深刻，更深刻的印象是她天生的聰敏、智慧。「大帥」的人生哲學是，女人越聰明，男人就越強。男人與女人就像弓與箭，男人是箭，女人是弓。彈性和彎曲性不夠，箭就射不到目標，或者在到達目標前就掉在地上了。

張學良對於他的婚姻，開始時是風暴式反對，可是他父親的話猶如泰山，他說了算。張學良結婚時才 15 歲，于鳳至大他 3 歲，他一直稱呼夫人為「大姐」。

當時天津的八卦媒體上傳述過這樣一個故事：有一次于鳳至在北戴河騎小毛驢出遊，毛驢看到海，竟以小跑步的朝著人行步道跑上去了，這違反了地方交通法規。員警將她攔住，她驚魂未定的下了驢子，立刻道歉，不只是馬上付了罰款，還給執行的員警額外十個銀元作為獎勵，因對方能夠一視同仁的善盡執法之責。這事在中國很令人注意，像這樣階級的女人，十個中有九人根本就會置之不理的繼續騎，第十個在這種情況下也許會處理一下，但是也只是交給陪同的下人或是隨從去處置，如此而已。

于鳳至不同於十個女人，她是另外的一個。趙四小姐於她，她的態度是，要是為此鬧得家庭失和世人皆知，才是最讓張學良受不了的事。于鳳至接受趙四小姐，視她如同是期待了很久才出現的一位小妹妹。

註釋

39 張學良剛開始時只是抽鴉片菸。後來上了癮，當他自己想要戒掉鴉片時，為了緩解毒癮的症狀，醫師給他開了嗎啡。結果又造成了新的惡習依賴。

40 原本的公告聲明如下：四女綺霞，不知去向。查照家祠規條二十二條，應行消除其名。嗣後，因此發生任何情事，概不負責，此啟。

對外開放的聯峰山公園

爬滿常春藤的牆，有好幾公里長，把蓮蓬山與海灘路隔離開來。一路上都是紅色的花、蒼綠的柏樹、和多年生的灌木叢，好像教徒遊行隊伍才經過的花牆。大約有上千的洋房，在人民共和國成立之初，就在等待著新主人入住，剛開始時，洋房遠遠超過人們的需求（對於共產黨的勝利，沒有人比他們自己更吃驚）。

蓮蓬山上的蓮花山公園是唯一對外開放的部分，進口處立了一個牌子，上面寫著：面積 400 公頃，最高海拔 153 公尺，有三百多種不同的樹木（中國松、柏樹、雪松、橡樹、刺槐、銀杏等），公園是 1919 年朱啟鈐指導規劃，他是當時中華民國的副總理。

「螻公」朱啟鈐拆去北京舊城第一塊磚的人

「螻公」，是朱啟鈐在朋友圈內的稱號，在他當北京市長時，把北京城牆敲開了個口，經過這個口，建設了街道和鋪設鐵道。在此之前，北京城的城門如童話故事般的每天晚上關閉。

北京城牆上被敲下的第一塊磚，就是他用銀色的小鏟子給撬開的，鏟子的把手50公分長，是桃花心木做的，用一個銀色的絲帶纏繞著[41]。這個高雅、象徵性的動作，是要表達自己是如何小心、周祥的處理文化遺產「北京城」的。他本人的嗜好就是中國古典建築藝術，對北京來說，他就像巴黎著名建築師豪斯曼 Haussmann 之於巴黎。後來朱啟鈐也把皇帝以前的花園開放給了公眾[42]。

當朱啟鈐用小鏟子把牆磚移開的時候，他也許還不知道，同時，他也放下了他的前半生：1871年出生於河南的他，父親已亡故，由中規中矩、嚴守儒家傳統的祖父扶養長大。學成之後，他的姨父瞿鴻禨，當時任四川省學政，後來成為清廷的大學士、軍機大臣，將朱啟鈐納入其羽翼，幫他捐了一個官。[43]

朱啟鈐的第一個職位，是在新成立的京師大學堂，當譯學館監督。第二個職位是蒙古墾務督辦，再來就是京師外城巡警廳廳丞，然後1909年成為津浦鐵路（天津到浦口）的總辦。[44]

註釋

41 銀帶子上刻著：「內務總長朱啟鈐奉大總統袁世凱命令修改正陽門於民國三年六月十六日用此器拆去舊城第一磚，俾交通永便。」

42 譬如位於市中心的社稷壇，變成了中央公園，按照我的朋友喬治的說法：在20年代，這裡是清吟小班的女士們最愛去的地方，（清吟小班就是高級妓女戶，喬治稱之為唱歌學校），這些女生在那兒上完廁所、吃完早餐，就「兜圈子」，也就是女士們的化妝、服飾與珠寶的展示之地，最後聚集地

聯峰山公園

是茶館或是咖啡館，成為一種時尚和看頭。其中最受歡迎、也是最貴的、就是「消遣 Pastime」了，那兒有西式餐點、霜淇淋聖代。男性的訪客到此一遊，為的是要「親眼目睹」這些女士，好決定選擇其中一位。決定了是誰後，找來她的代理人，慎重的詢問她的芳名、身份、屬於哪個編制，例如蒔花館、蘭香院、松竹館、群芳館、鳳鳴院、警覺寺、泉香班、瀟湘館、興順館等等。

43 捐官，類似在企業裡買下一個領導階層的位置，在十九世紀的中國越來越普遍。因為鴉片戰爭、太平天國叛亂、旱災與洪水，這些天災人禍使得國庫空虛。買賣官位不失是個補充國庫的方法。剛開始時只是買個虛榮的頭銜，所謂的「捐銜」，頂戴花翎、朝服補子、腰帶扣，讓捐官的光宗耀祖。這種做法不久就從虛位變成了實位，錢包豐富的有錢人可以買下「實官」，例如買個知縣，這是地方行政的柱石，甚至可以買到更高的、直屬省級下一級的職位如知府，或是知州。捐官人資格、聲望並不重要。捐出去的錢財，有一部份流到了中間牽線官員的手中。到底錢如何到了他們的口袋？透過一種間接的、類似銀行的方式，也就是透過金銀首飾店，今天還是叫「金店」。不是每個「金店」都可以論價談買賣官銜的，必須與內務府的大內、也就是紫禁城總管或者是宗人府、皇家事務處有關係。那些有此種特殊投資關係的被稱為「公金店」，沒有這種關係的叫「母金店」。在清王朝末期，就連規規矩矩的官員想要快速的升官，也必須成為金店的客戶，因為他們能保證：（1）分發：什麼位置。一般的官吏透過抽籤決定，像一個賭場的輪盤，碰運氣。一個新委任的官員，有可能運氣不好，被派到邊遠省份或地區。如果有金店撐腰，他就可以選擇想去的省城。（2）和空缺的職位有關；馬上可以上任，不必因為沒有空缺等太長的時間，他有補缺的優先權。（3）捐銜：對那些愛面子的人，趁高官家裡有慶典，以送禮的形式到高官家裡祝賀。一般的官員想要升官，也可以由此途徑進行。

44 總長 628 英里的鐵路，1912 年開通，是中國最重要、最賺錢的一條鐵路線。這是德國與英國合資經營的企業：德國負責北方的建設（從天津往南到山東的邊界），英國人負責南段的工程（包括跨越黃河 1000 公尺長的大橋）。南端最後一站是浦口，旅客在此處通過渡輪，可以越過楊子江到達南京。南京位於河的對岸，有一條南京一上海鐵路可以到達上海。有三個等級的車廂：（1）快車，只有頭等和二等車廂有餐車與臥鋪，後面的車廂，是三等的，提供給隨行僕人搭乘。乘坐時間約為 25 小時。（2）郵便車，分一二三等，行程時間約 30 小時。（3）客車（地方段），由一個地方到另外一個地方。

朱啟鈐的北戴河情緣

朱啟鈐的下半生，以當時外在紛紛擾擾動蕩的狀況來說，依然和他前半生一樣中規中矩、按步就班。民國成立後，他首先當上了交通總長、北京市市長、內務總長、代理總理。那是一個動蕩不安的年代，沒有任何人對自己的仕途有把握。朱啟鈐對攝影有特殊的偏好，很愛照相。大官的肖像照，穿著燕尾服，戴著大禮帽，白手套，綁腿，薄薄的小鬍子，禮服上別著各種勳章、肩章、飄帶、絲繩（被人們戲稱為猴子的秋千），各種的官服配件，羽毛 叢、火腿褲，海象鬍鬚，雙手學歐洲的禮儀或彎曲、或交叉的放在軍刀手柄上，好像不是在眼下的中國，而是在壹齣戲劇中。

袁世凱

當袁世凱、這位第一任的中國大總統意圖要恢復帝制（也是一齣戲）時，朱啟鈐這位原本的民國人，又擔任起袁大總統登基大典籌備處處長，籌備委員會的辦公室設在紫禁城一進大門的主席臺上，台上掛著籌備處的牌子，今天那裡掛著毛澤東

天安門

的肖像。北京的基爾魯夫百貨公司提供了大典所需的設備：地毯、厚厚軟墊、帶扶手的皇上寶座、三個皇后的后冠。他們還協助試裝彩排、演說詞默記背誦，皇帝的新衣是天主教神父式的長袍、邊緣飾以貂皮，仿神父脖子上的那圈硬領、寬大的袖子、配上土耳其式帽子和頭飾，一個不中不西、不倫不類的混合式的皇帝新衣。

袁世凱的皇帝夢碎。在他死後，朱啟鈐被新上來的當權者通緝，對當時的政治人物而言，這種命運是司空見慣的。他有得是其他賺錢的路子：不只是有先見之明，先把錢放到安全的地方，又有個資本雄厚的投資公司，提供他收入可觀的肥缺，出事前更有高人指點，朱啟鈐躲到天津國際租界去，在那裡中國的法律是鞭長莫及的。終於等到了 1918 年，通緝令取消，他把精力放在自己的財富和家人的生活上。他先買下一位德國鐵路工程師的房子，這位工程師與其他的德國人一樣，在中國對德宣戰後，必須離開中國回德國去。這棟房子位於市中心，是德國人最初聚居的地方，如今他們離開了，他就在蓮蓬山買了一塊地，蓋了一棟美麗、低調的建築，取個名字叫「蠡天小築」，是借用春秋時代越國大臣范蠡滅吳後棄官歸隱、從商而去的典故。這棟房子的東南方蓋了個歐式涼亭，沒有磚圍牆，屋頂是華麗的屋瓦。地址是公園路 8 號（這個街名今天已經不存在了）。

這位骨子裡對建築充滿激情的人，同時又去幫忙他的軍閥好友段芝貴蓋別墅（公園路 7 號的洋房）。後來這位軍閥嫌房子太小，朱啟鈐就把它東邊的房子買了下來，作為自己與家人起居用，隨後又蓋了三棟給他的孩子（公園路 1 號、4 號，和 5 號）。

這還不夠，朱啟鈐當年是交通總長，擁有交通銀行的股份，還是董監事之一。銀行有錢，加上好友的建議，他裝設了西式的浴室與廁所，他還擁有了自己的發電機，這才是最舒適的保障。他把這兩棟建築作為銀行貴客的招待所，這兩棟建築最後成了朱啟鈐的財產，蓮蓬山就成為朱啟鈐夏日的別墅。一個傳統的、有文化底蘊

徐世昌

的官員，對於保存歷史文物有極大的興趣（可以說是中國文人的樂趣），他蒐集明朝的文物，朱啟鈐最為驕傲和津津樂道的是：他擁有張三豐這位著名的中國傳奇、浪漫的、功夫人物的畫像。他蓮花山的鄰居，美國的大顧問、報紙發行人、藝術品收藏家、福開森 John Calvin Ferguson 曾經出價 3 萬美金想要購買（這個價錢當時可以買很多房產和別墅），朱啟鈐仍然無法割愛。至於對鄉村的熱愛，讓他寫了許多中國古詩，收集在《蠖園文存》（「蠖園」是他在天津的家的名稱）、《芋香錄詩》等，都是對有關這個世界和人生的、哲學性的沉思。

建築工程與營建藝術也是他的最愛。1919 年，他在南京圖書館找到一份被認為早已失傳的李誡的《營造法式》手抄本，他加上新的註釋，並且自己掏錢出版。這件事讓他終生引以為傲。

朱啟鈐是個天生自然、本性善良、有學識、有教養的公子哥，也是瀟灑的男人，細心精明又開朗，他本身是動力的源頭，能影響他周圍的人。他有一種中國式的聰明圓滑、輕鬆開朗，絕對不是垂頭喪氣、怕事族類。他是一位彬彬有禮、親切友善、令人感到舒服的人。他中等身材，高聳的前額，沉重的眼皮和眼袋，豐厚的嘴唇，配上很長的人中（中國面相學認為這是貴人面相，有福氣的象徵）[45]。一雙深思熟慮的眼睛，下巴微微的後縮，上唇蓄著濃密、活潑的鬍子，不像他的大多數同事們那樣留著垂頭喪氣的兩撇小鬍子。他有細長的手指，經常夾著一支雪茄。他長著張充滿人性和聰明的臉，在考慮自己利益的同時，抽上一大口雪茄，也同時讓他同夥們的利益不被忽視，這也是他生命中所遵循的規矩。

他從政治上抽離，不只是為了要悠閒度日，而是因為他要有更多的時間照顧自己的生意。他大部分的資本投資在張燕謀（過去德璀琳的合夥人）中興煤礦公司以及其附屬貨運公司、中興輪船公司，他們負責把煤炭用船運到上海、香港和日本。而擁有煤礦股份的業主，是當時民國一些最有權有勢的人物，除了兩位下臺的大總統

朱啟鈐

徐世昌與黎元洪之外，還有就是滿洲的統治者張作霖，安徽的上級督軍倪嗣沖，京師警察廳總監吳炳湘（當時北京兩萬員警的頭頭，號稱「北京的富歇」。富歇 Joseph Fouché 曾經是拿破崙手下，法國著名的警政部長，位高權重，行事殘忍）。

朱啟鈐並沒有完全脫離公共事務，只是越來越著重於地方的共同福祉。1918 年與他的鄰居們成立了蓮花山公益會，一個自我管理的組織，目的是要讓地方街道、公共建築以及公共設施有一個現代的風貌，相對於西方的石嶺會 Rocky Point、東山會 East Cliff Association 對等的公益團體，他們遇事勇敢站出來，對北戴河的影響力越來越大。

另外兩個外國人自我管理的協會還有「廟灣會 Temple Bay Association」、「燈塔會 Light House Association」，四個協會合起來成立了「北戴河總會」。他們徵收稅款，實質上在發揮、行使員警維持秩序的作用。

註釋

45 ”人中一寸，百年壽齡“喬治說的。朱啟鈐活到了 93 歲。

蓋苓 Rolf Geyling 在北戴河鋪路、修橋，引進德國式秩序

大概於此同時，北戴河潛入了另外的一個被戰爭撕裂的人物：奧地利人蓋苓 Rolf Geyling。他從西伯利亞的戰俘營，冒九死一生的危險潛入北戴河。蓋林是一個著名的教堂玻璃畫家的後代，但是他對這種神聖的宗教藝術缺乏興趣，並且決定不再續承家業，改去學建築與土木工程。通過國家考試後，他在維也納工作了兩年，設計了售票亭、候車站、書報亭和車站大廳等。結婚後，遷居到羅馬尼亞首都，他岳父在那裡經營一家建設公司。蓋林在那個時代、在那裡創設了領先時代的了水泥預拌成形的工廠。

1914 年他被徵召從軍，當了砲兵，1915 年就被俄羅斯軍隊俘虜，發送到西伯利亞的戰俘營。為了不浪費光陰，蓋林利用被俘虜的時間講授建築課程，他是位有活力、有幹勁、有行動力的人，絕對不會將雙手放在膝蓋上無所事事、浪費生命。他也利用一部份時間素描，並且透過瑞典的紅十字會送回到奧地利老家。1918 年，他被移送到海參威集中營，他接受了營地司令的要求，處理擴大集中營的建設，開始建設所有歸到他手上的工作：浴室、餐廳、廚房，還包括一所醫院。他的工作使他名聲遠播，很快連營區之外的人也請他幫忙，然後是符拉迪大教堂的附樓修建，接著又是私人建築商找他等等，他的生意越來越興旺，有一位集中營區的主管，因為蓋苓為他建了一棟住宅樓，1920 年幫助他用假證件逃到了中國。

蓋苓找到了朱啟鈐，希望能夠發揮他的專長。朱啟鈐發現蓋苓不僅僅是位建築師，他還是在公共工程上有實際經驗的工程師。一個已經沉底消亡的清朝的中國官員，發現喜歡上了眼前這位正在下沉的、雙君主制的奧匈帝國的工程師。

北戴河最主要的災難，是不受管制的亂搭亂蓋！房子都蓋到海灘邊上了，已經威脅到整個區域，北戴河的房子蓋得亂七八糟，將會變得十分擁擠。朱啟鈐透過他的關係設法補救，找了「山海關」的主管（山海關屬於北戴河），此人過去是他任內政部長時的下屬，他名叫周嘉琛（是周恩來的親戚），由於他的出面，朱啟鈐讓今後所有建設項目必須提交申請、必須經由地方員警單位批准後才能進行。任何造成交通不便、危害公共秩序與安全、侵犯左鄰右舍權益、破壞景觀的都被禁止，在臨

共廁所、醫院以及後來的蓮花山公園。朱啟鈐熱愛大自然，把精力投入到這個區域的植栽、造林，他還特別建了一個園圃（德國人所謂的樹木學校）。

對於樹木，朱啟鈐有特別的個人愛好。有次他八歲的孫子在一棵小樹上玩蹺蹺板，被他逮到，被罰跪在樹前請求樹的原諒。樹木對朱啟鈐來說是與人及動物一樣有生命的，也是可以「教育」的，在他的花園裡；他會在樹的枝條上墜上石頭；來讓樹枝往特定的方向生長。

慢慢的顯現出了秩序。這是德國式的秩序，包括門牌號碼，路的左邊是偶數、右邊是奇數，這是蓋苓的建議。

近海灘處也都強加禁建命令。除此之外，所有土地徵用；均以所規劃的道路建設與公共設施為優先。這個法令對全區的中國與外國的地主們都適用。重要的事情還包括修建紮實、堅固的道路、街道。當時騾子拉的車輪子外面包裹著金屬，經過的道路都會被碾壓出一道道的溝渠。現存的道路，坑坑窪窪，在雨後會變成水坑密佈、一片泥濘。蓋苓讓道路透過簡易的鋪設：利用三層經過緊緊擠壓的礫石，兩邊有分開的水渠作為引流排水道。這些自動排水的街道包括海灘的散步道、西經與東經路，還有草廠路。然後就是橋梁、排水溝渠、下水道、騎馬道、安全的游泳區、公

朱啟鈐與金魚

30年代時，有傳言朱啟鈐將要再度成為北京市市長。1931年10月11日的《北洋畫報》上刊登著他的一張照片，是少帥張學良進軍北京後一個月所拍攝的。照片呈現朱啟鈐在自己家的花園中，腿上坐著孫子；含飴弄孫與世無爭的樣子。照片底下寫著「朱啟鈐先生將要接任北京市長，與他最小的孫子」，他拒絕了這個職位，一個聰明的決定。時局越來越混亂，越來越接近戰爭邊緣，第二次世界大戰的陰影已經籠罩下來。

在日本人佔領期間，朱啟鈐拒絕了「新主」日本人公職的任命與合作的邀請。他用一個非常中國式的「托病隱居」假裝臥病的方式拒絕，也就是以一種文明方式來逃避，讓雙方都保留住了面子，不過，他的輪船繼續往日本運送煤碳。

在北戴河倖存下來的他，在這段時間繼續寫詩、含飴弄孫和飼養金魚。

養金魚對許多中國人來說，是個吸引人的嗜好。為了要照顧好牠們，他需要十分關注牠們的活動，讓不同種類的金魚進行交配，形成新的品種，這很簡單。因為金魚是體外受精，雌性的金魚遊過水草，將魚卵撒抹在水草上，雄性的金魚跟隨而至，放出他們的精液使之受精，卵子和精液會合在一起，就行了，然後就有了驚人的結果！金魚往往生出奇奇怪怪的小魚兒，蠖公朱啟鈐看得特別有趣，如凸出來的大眼睛，靜靜的開、合著的厚嘴唇（在歐洲稱之為哈布斯堡的嘴唇 Habsburger lippen）。有些沒有尾巴與魚鰭，身後拖著有如薄紗般的透明尾翼，而那薄紗比身軀還要長兩倍。金魚大部份的時間鬆弛的掛在那裡，或是懶洋洋的緊貼水面，或是躺在水底，張著如喘氣般的嘴、像個黑洞向你迫近。[46]

金魚缸大部份是圓形或是橢圓形的，材料有用厚實的木頭製成，或者是由陶土燒成的大水缸，但絕對不能使用瓷器或是玻璃。水至清則無魚，生命需要髒東西才能生存，在光滑、乾淨的容器中是不可能的。土製的缸或桶符合這個要求。這與養花的花桶不同，舊的或者已經使用過的、有沉積的、長了苔蘚和水草的最好，在添水的時候，只沖洗上層表面。如果是新的木桶，那麼就必須把它先浸在水中，直到表面長出一層青苔。

當國共兩黨內戰再起，朱啟鈐舉家遷往上海，在此時中興煤礦的總部也設立於上海。1950 年他已經 78 歲高齡，接受了周恩來建設新中國的召喚，前往北京。他的第一項任務是，把當年中興輪船公司為了躲避共產黨而拋錨、停靠在香港的八艘蒸汽船召回中國。他重要的明代藝術文物收藏，也都免費贈送給了「新中國」。時代改變了，藝術品也失去了價值。朱啟鈐 90 歲生日那天，當時中華人民共和國的總理周恩來為他慶生，舉辦了一個宴會，周恩來是過去秦皇島那位首長的遠房侄子。1964 年、文化大革命爆發前的幾個月，朱啟鈐去世了。

朱啟鈐，一個經歷了清王朝、軍閥時代、國民黨蔣介石、日本人、共產黨的人物，不論何時，即便是他隨風使舵、更改旗幟，他依然是個把朋友當成朋友的人，這可能也是中國人長壽的秘訣。

註釋

46 在北京，他們叫雙眼凸出的（有點像望眼鏡）的金魚為「龍睛魚」。最美麗的龍睛魚來自山東：牠們的眼睛像荸薺般、晃動突出在前面，如果在邊上的部位稍微平展的叫做為「算盤子眼」或「牛子眼」。如果僅僅只有突出的眼睛，沒有平坦的眼瞼，這是二級次品，最常見的品種有：（1）紅龍睛魚，最理想的是全身都是紅色的。背鰭與尾翼不能有白色的邊緣，腹部也不可以有白色的班點。這類完美的樣本，就連有職業專家飼養的和特別監督照顧的北京「中央公園」的水塘中都很難看到。要知道「中央公園」不只是清音小班的女士們愛去的地方，更是北京城金魚愛好者們聚集的聖地。（2）「花紅龍睛魚」：與名稱有些不符，這種魚身上只允許有紅與白兩種顏色，而色塊出現的位置，有一定的形狀、大小、數量和秩序的要求。譬如「四塊玉」指四個朱紅色的太陽，出現在全白的魚身上。同樣的白色魚身的「十二紅」，是在嘴唇的上方與下方有紅斑，眼睛周圍有紅色的圈，紅色的前鰭與後鰭，紅色的背脊，尾上三片紅色的火焰。（3）「墨龍睛魚」：如同紅龍睛魚一樣，最好是一個顏色，如果背鰭與尾鰭上有白色的條紋，就會降低其身價。最昂貴的魚與眼睛有關；叫「絨球」，不是觸鬚，而是圓形體。買這種高價的魚必須非常小心。賣魚的老手常常會將幼齡的、次等的「花紅龍睛魚」混在其中（所有的金魚出生時都是黑色的），如果飼養者把牠們放在「老水」，一種黑色、模糊、混濁、長期在日光下暴曬的湯水，然後把養魚木桶盡可能放在黑暗、不見陽光的地方，經過三四年，魚都長的差不多有半米長了，依然保持著原始的黑色不會變色。要如何識破此等詭計呢？注意看金魚的腹部。如果有一條黃色的線，那就是偽裝的花紅龍睛魚。真正的墨龍睛魚的腹部是純黑色的。（4）藍龍睛魚。是所有金魚中最敏感的和皮膚最薄的，如果水質有什麼不對（太硬，照射陽光的時間太長或者太短），顏色當時就會改變。排名最高的是藍色的魚身上有深紅色的斑點，稱之為「虎皮藍」，白色的腹部為「喜鵲藍」。這種魚非常難養育，一般的金魚店是很少能夠看到的。在北京金魚養殖戶中最出名的藍金魚繁殖專家人稱「藍魚蒲」，是一個為了愛好獻出生命的悲劇人物。他為了捕捉水蟲（金魚的食物），溺死在湖中。（5）紫龍睛魚：最昂貴的是頭部戴著紫毛絨團帽子。與一般金魚不同的是，牠沒有突出的眼睛，但是有特別大的頭和兩條尾翼。紫龍睛與紫帽子是雜交的最好選擇。（6）鴨蛋魚，或者簡稱蛋魚。短、圓、矮胖如同鴨蛋，身型如同其名，沒有背鰭與極短的尾翼讓牠的形象更突出。受歡迎的「絨球蛋魚」，戴著灰色、紅色或是藍色不同的絨球帽子；還有從這一類種繁殖出來的「五花蛋」。頭部、鰓為朱紅色，閃閃發光的銀色身體是「紅頭魚」，而頭特別大的「虎頭魚」絨球傾斜的、離得很遠的位於前額邊。代表蛋魚典型的進一步發展的是「鳳尾」，有很長的尾巴。(7）望天魚。眼睛長在額頭上；這也是牠名字的由來。多數是灰和紅色的變種，也是圓球形，短尾，是從上海引進的幼魚，因為北方沒有人懂得如何繁殖。(8)「翻鰓魚」與「兜眼魚」，稀少而古怪的品種，是義和團事件後，從國外來到中國的。很難繁殖，行家也不願嘗試。看起來魚鰓猶如遠離的耳朵，眼睛好像氣球、被吹起來的小口袋。

聯峰山公園

聯峰山公園，其實不是中國傳統的公園，沒有人造的山丘、涼亭、寶塔、小橋流水、小徑、小河，也沒有彎彎曲曲的小路、柳暗花明的新景觀。這個「聯峰山公園」不太傳統，它是多種野生樹木的混合林，被高的草叢、灌木叢、蕨類植物和野花覆蓋。那些藍色的、長得像鈴鐺的桔梗，夏天會被小孩摘了賣給遊客，結果都給摘光了，有陣子幾乎都找不到。

淺紅色、細長葉的石竹，早晨綻放黃花的馬齒莧，黃色草本的龍牙草，治療咳嗽的藍色遠志，陽光充足的地方就能生長的野生錦葵，還有黃色的馬蘭，北戴河有各種的馬蘭花，有些是從蒙古傳來的。公園的岩石上，長著多肉的、紅色葉片的景天。

小路的兩旁長滿了燈心草，種子會黏到散步人的鞋子、衣服、褲子上，讓你幫忙傳播種子。我看見一間被遺棄的灰色小磚屋前，車前草開著花，整片地長滿了小黃花（德國人稱之為黃油花），還有滿地的蒲公英，不像歐洲那種黃色花朵，而是較深的金橘色。其中還長著紫羅蘭與灌木叢，叢上面長著猩紅色與黑紫色的漿果。

時不時的有高牆出沒；牆後面有些建築；高牆阻擋住了陌生人好奇的眼光。圍牆挺長著，有些地方上面還加裝有綠色的鐵絲電網，一個拐彎，圍牆不見了，一會兒又再次出現在眼前，好像提醒你要記住它的存在。最後搞得你不清楚到底自己是在前面還是後面、是在裡面還是在外面，是被關起來，還是被放出來？

森林的顏色，是灰色和綠色陰影中夾雜著漿果紅、紫色花朵、陶土紅、向日葵黃、松樹藍、在空地上耀瞎眼的一塊陽光白。許多的樹木被風吹的歪向海的方向；被吹彎了身子、扭曲了腰。

有隻喜鵲從一根樹枝跳到另一根樹枝，喜鵲的胸脯是白色的，翅膀的顏色與歐洲的不同，不是閃爍著綠色而是藍色的光。

森林裡充滿著鳥的叫聲，各種的聲音，呼嘯聲、喧鬧聲、尖叫聲、吱吱、咯咯、啪嗒、卡啦、刺耳的呱呱叫聲（難道是孔雀？）…，總會有新的、奇怪的聲音出現，就像在一個特大的鳥籠中。[47]

註釋

47 聯峰山上觀察到的鳥類有林鷸、長趾濱鷸、棕眉山岩鷚、戴勝，北紅尾鴝、雲雀、鳳頭麥雞、禿鼻烏鴉、紅肋藍尾鴝、長尾雀、褐柳鶯、斑鳩、白眉姬鶲、白眉地鶇、極北柳鶯、黃腰柳鶯、東方大葦鶯、小黃鶯、環頸雉、髮冠卷尾、繡眼鳥、灰頭麥雞、鵲鴒、家燕、灰山椒鳥、黑卷尾、蒼鷺、鸕鶿、白琵鷺、綬帶、太平鳥、小太平鳥（朱連雀）……等等。

蓮花山的派系人物

在聯峰山離海邊遠一點，可以避開潮濕，山上住著五位「蠖公」朱啟鈐的友人。每一座房子之間都有一段距離，但是離得也不很遠（所謂的不遠不近），讓主人們可以方便的彼此拜訪。每一個人都有其政治地位，也因此擁有了權力與財富。他們都曾經是袁世凱的政黨人士，每個人在當時都是中國權力核心人物：一個是倖存者（朱啟鈐）、一個儒家的大家長、一個軍閥、一個賭徒、一個財閥，一個美國官員（表面上成為中國官員，但是骨子裡依然是美國人）。

有關「派系」或者「關係」這個話題再說兩句。派系、關係，這些至今依然是中國人生活的一部份，幾乎是官場結構的一部分，某種程度上來說，是他們個人的骨氣和命脈，在這些官員性格中烙上了印。雖然各自過著他們自己的生活，但他們四肢互相牽連、彼此捆綁、相互依存。這種關係網中外皆然，透過彼此的調換，來掌握有利的形勢。像鶴在編隊飛行中一樣，經常變換隊形，一會兒是這隻、一會兒又換成另外一隻當領頭鳥，人類社會的關係網絡如出一轍，包含對困難中人的保護與幫助。他們不是法定組織的共同結構體，不過更人性化。他們的世界並不封閉、僵硬，也不吝嗇，在中國，這種關係就是一切，一切都可取而代之，也取代了國家，使得國家的制度變成多餘，通常有人稱之為腐敗，因為他們彼此緊密相連。在當時的情況下，他們這群人仇視法條約束，他們不像西方法治國家，用法律來治理國家，西方很少見這種拉幫結社的關係，結果往往令西方人無法瞭解。中文中幾乎找不到合適的字詞來表達它的意思，最多只能說是「系（繫）」，原本的意思是「圍繞在脖子上的繩子」，外國人很難進入這個圈子。不同的語言、教育、文化，不會打麻將…，都是一個個很難跨越的欄杆（當然還是有例外）。

一個建築界大佬（朱啟鈐），一個財團的老大，一個大軍閥，一個大財閥，一個教聖人書的教育界大佬，這些人組成了「蓮花山派系」。所有的網路中朱啟鈐的網路最為密實。[48]

註釋

48 他的關係脈絡及其重要的成員，分成三個部分說明。

（1）地產所有人網絡。

在蓮花山上的別墅業主除了朱啟鈐外，還有梁士詒、曹汝霖兩位。

梁士詒（1869～1933），是民國時期以不擇手段達到目的的「馬基維利主義（Machiavellianism）」踐行者、袁世凱的幕後決策重要人物及「交通系」的領袖。他的事業開始於清廷的翰林院編修，是清廷最高文學與官僚行政機構的聖殿，傳統意義上是一種最高階層的官僚提拔、製造學府。為了得到袁世凱的提拔與寵信，以袁世凱之名撰寫了《袁世凱兵術》。1907 年，他成為郵政與鐵道部門的提調。1908 年升為交通銀行的領導，民國成立後，袁世凱任命他為總統府秘書長（相當於「二總統」），兼任交通銀行總裁，而這是梁士詒真正的權力根基。所有與交通事務有關的脈絡都集中到他手裡，包括鐵路、船運、郵政和電報，交通部是如此龐大，是其他各大部總合的五倍。他坐在那裡就如同蜘蛛網上的那隻蜘蛛。他長得也像蜘蛛一樣，圓而肥，有個怪異向前伸的腦袋，一張寬闊的臉，唇上留著稀稀疏疏的小鬍子，嘴角處下垂，是個失敗的八字鬍。在他的下嘴唇處長了一顆棕紫色、芸豆大小的疣子。左手總是向下垂著，右手藏在那個向前傾倒的軀體後面，一個擁有權勢和一切的人。他極為富有，1911 年，有人估算過他的財富，大約有一千三百萬英鎊。袁世凱死後，他以叛國罪被通緝，和朱啟鈐一樣，事先得知消息，逃到了香港（他出身於廣東，香港可以說是在家門口）。徐世昌在 1918 年赦免了他與其他的君主主義官員。他回到了北京，重新擔任交通銀行的總裁。1921 年，曾經短暫的擔任過國務總理，1927 年與蔣介石搞得不愉快，再度移居香港。

曹汝霖（1877～1966），親日派，接替了梁士詒成為交通幫的頭頭。他出身上海，最初在漢陽鐵路學堂學習，然後到日本留學，四年後回國，服務於清廷的外務部，1911 年，升任為副大臣，在袁世凱當總統時，依然保有原來的職位，擔任外交部次長。1916 年成為交通總長、交通銀行總經理。1918 年，任財政總長，他是民國時期最臭名昭彰的政治人物之一。秘密的與日本人勾結簽署協議。世界大戰之初，他將主權屬於中國、被德國人佔有的膠州灣出賣給了日本，以致於在戰爭結束後，日本以有這個協議為由，拒絕將侵佔的領土歸還給中國，造成的後果就是 1919 年的 5 月 4 日、學生們發起了所謂的「五四運動」，迫使其退位。在這個抗議過程中，曹汝霖在北京的房子被放火燒了，但是他還繼續保有許多董監事的位置，例如，井陘正豐煤礦公司的總裁（這個原來由德璀琳與其女婿漢尼肯參與其中的公司）。在二次大戰期間，他與日本人狼狽為奸。

（2）中興煤礦公司網絡。

這裡相關的人有五位，徐世昌、黎元洪、張作霖、倪嗣沖、吳炳湘。

中興煤礦公司的股份擁有者是**徐世昌**（1855～1939），他是清廷當年北京廷試的科舉狀元，翰林編譯，國家科考必考的、傳統的八股文大師。這是另外一種不同的文學體裁，這方面他登峰造極。要想在八股文領域中脱穎而出，任何人要寫這種押韻文體，除了對周圍的一切有敏鋭的感覺外，還需要有熟練的技巧，必須要能夠在有限的字數、格式限制下，把抽象藝術表達在嚴格的、具體限制的、排列格式中，是每一個行政人員與官僚的必備條件。他的職業生涯包括 1906 年兵部左侍郎，然後任東三省總督、郵傳部尚書、津浦鐵路督辦大臣。民國成立後，1914 年，因為是袁世凱的「換帖」，他坐上了國務卿之職，一年後就退位了。原因是袁世凱想要登基當皇帝。但是兩人並沒有因此決裂，徐世昌仍舊是袁世凱「嵩山

四友」之一。袁世凱死後，1918 年各懷鬼胎的軍閥們同意他出任大總統。這是最好的妥協和選擇，因為他本身不是軍閥，這對大家都沒威脅。他當了四年的大總統，在北洋軍閥時期，是在位最久的。如同其他的政治人物一樣（比如唐紹儀），他把自己定位為超凡脫俗的文學家與藝術家。他的偶像是蘇東坡；一個宋朝著名的文學家、藝術家和官員，同時是一位詩人、書法家、畫家。徐世昌的書法筆觸瘦勁，剛勁有力，自成一體，他也模仿蘇東坡畫扇面，充滿詩意的山水畫。在手勢和面部表情上，徐世昌是一位典型的、傳統的、古代（眉聽目語）官員，用眉毛聽、用眼睛說話，在正式場合中他過分的舉止有時幾乎是在自我諷刺，手指的動作讓人想起了鬥蟋蟀！他上下快速擺動著雙手，長袖飛舞，踏著架子十足、搖晃著的腳步，不停的控制自己的形象。他有一雙模糊不清、猶如水鳥有層薄膜的眼睛，即便他穿著歐式服飾，也會令袖子遠遠長過他的雙手。

黎元洪（1864 ～ 1928），曾兩度擔任中華民國大總統。1894 年中日甲午戰爭爆發時他是巡洋艦上的工程師，艦被日本人在旅順港擊沉。他不會游泳，本能的緊緊抓住救生背心漂浮在海上、吞進了海水、害怕著鯊魚。幾小時之後，他被一股洋流沖上了岸。這次的可怕經驗，給他留下了難以癒合的戰爭創傷，他放棄了海軍戰艦的軍旅生涯，投效以有新思維及新主張著稱的湖廣總督張之洞麾下，作為要塞工事專家和軍事改革幕僚，很快就獲得好評。在國民革命爆發的時候，他人在漢口，是新軍的統帥（這個按西方方式訓練，並擁有西式裝備的軍隊），漢口也是革命起義的中心。腹中沒有軍事知識的革命份子，逼迫他改換旗幟。一個投敵者？有人形容他是被人從床下拖出來的，就因為他不願意背叛朝廷，他的腿露在床外面，不肯就範，但最後還是就範了，而且此後還頗有成就。

1912 年孫中山在南京創立了民國，黎元洪被任命為臨時政府的副總統及鄂軍都督。袁世凱這位新的舊強人，為了讓黎元洪進一步投靠自己，與他結成兒女親家。但他並沒有因此改變態度，一直與袁世凱保持距離。

1916 年袁世凱死後，他又回鍋成為大總統，開始通緝搜索當時支援、鼓動袁世凱恢復帝制的那些人，例如朱啟鈐等。一年後，他被迫下臺，因為他對當時有勢力的軍閥們對德宣戰的要求持反對意見，他的後繼者是徐世昌。1922 年，黎元洪返回天津，軍閥們推舉他取代徐世昌，他又成為徐世昌的後繼者，真是你方唱罷我登場。黎元洪有個方方正正、短茬的刺頭，留著兩撇像水牛角的鬍子，就像是德國一次大戰後首任總統興登堡的翻版，而他也以此為傲，年紀越大還越像，英公使約翰喬登曾經說他：「對所有事情和所有人，他都沒有自己的堅持、想法和意見。」也因為他對德國的偏愛而恨他。第二次下臺後，黎元洪只專心致力於自己的事業，至少參與了 45 家的企業（包括 17 家銀行、6 家礦業和中國最大南洋兄弟菸草公司）。

張作霖（張學良的父親），曾是偏遠遼寧省的強盜，後來搖身一變成為滿洲地區最有權勢的軍閥。年輕的時候張作霖幫忙養馬，那時候與馬有關的人，大部份都是強盜和土匪。一般說他們是「草莽英雄」，在義和團事件發生期間，滿洲治安也是無法無天，當地的朝廷官員廣泛招募「英雄好漢」，張作霖自告奮勇的成為保安隊隊長，其實就是一夥土匪，以收取保護費來維繫地方的安全。這亂世買賣做得是風生水起、生意興隆，不停的有人來投靠，他的團隊也日益壯大。當義和團亂事件平息，社會又恢復秩序後，他和他的人馬被「招安」，納入了正規軍隊中，就是把當地的土匪，收編歸國家管理。這是中國傳統的做法；對造反、為亂地方的土匪既往不咎，讓他們歸順朝廷、聽命於朝廷。（那個盜墓的孫殿英也是得益於此）。張作霖獲得「管帶」頭銜，接受到的命令是將為亂地方的、著名的蒙古強盜陶克陶胡團夥清除。他殺的殺、抓的抓，成功的完成了這項任務，得到清廷的認可，也為他與家人帶來了榮譽和好處。他的兒子張學良，從兒時就穿戴五品官員服飾（頭上頂戴的是水晶珠，身著繡著雉雞圖案的補子，腰帶扣子是金子打造的）。

讓張作霖能夠上得了檯面的是趙爾巽，這位大清最後的東三省都督，個子矮小、為人做事溫和、敏感細心，留著白色山羊鬍，他也是當地、唯一的一個張作霖尊敬的官員。他是如何把張作霖扶上馬鞍的？傳說 1911 年國民革命開始在滿洲萌芽，張作霖為軍隊去領軍餉，到了奉天（現在的瀋陽）、滿洲的首要城市，一如往常，他去找都督趙爾巽。都督對他說他明天要死、要自殺。張作霖看著他問：「要自我了結？」都督點頭，說奉天當地駐軍統領（藍天蔚）帶領他的軍隊投靠了革命黨，準備明天將他這位朝廷命官、都督大人，在革命黨公開召開的會議上推舉他為會議主席。這是個邪惡的計畫，因為這個城市的指揮官清楚地知道趙這個人是皇上的忠實僕人，絕對不會變節，如此令其顏面盡失的後果，沒有別的選擇，只有自我了斷一途，也就為這個駐軍頭頭的仕途清除了障礙、開通了道路。都督對張作霖說他最後的一晚將與其最疼愛的小姨太太一起度過。也就是說他將不可避免在最後一宵努力為自己留下個兒子（他只有女兒）。第二天的集會，地方官員都出現了，張作霖也在其中。大家都在交頭接耳、喃喃低語的期待著什麼，此時被他的手下官員慫恿、圍繞著的駐軍頭領站了起來，提出動議，要趙爾巽擔任革命會議的主席，現場響起一片鼓掌聲，顯然要透過鼓掌迫其就範。誰贊成？誰不贊成？張作霖站了起來，從衣服袋中抽出他的毛瑟手槍（這種手槍便於隨身攜帶，德國人稱之為「好友毛瑟」），拍在面前的桌上，然後說，「我反對！」一片死寂，「我願意交朋友，」然後張作霖指著手槍，「這個可是不願意。」集會散了。趙爾巽的姨太太真的在九個月後生了個兒子。趙任命這個從前的土匪頭子張作霖為「國民保安會」的指揮官，從此平步青雲，為他的仕途打開了無人可擋的晉升之門。

幾年後，張作霖所管理的滿洲變成了獨立王國。張作霖個子矮小、禿頂、貓一樣稜角分明的頭，眼睛因為吸食鴉片變得混濁，下垂的小鬍子，歡樂狡猾的臉龐，外國人一見就能喜歡上他。他冬天頭上頂著一頂東北帶護耳的毛氈帽子，他讓兩邊的護耳隨意的向上翹著（有如戲劇中官員的帽翅？），身上披一件很長、很寬的、幾乎長到地上的斗篷。手上只缺一支口比較寬、朝外翻如花瓣的、從前面裝彈藥的槍，否則就是格林童話中的標準強盜頭子了。根據他兒子的說法，他最喜歡吃的東西是蠶蛹和臭鴨蛋，這點，他的兒子是無法忍受的。

倪嗣沖（1868～1924）安徽的軍閥與軍事頭領，曾經參加過多次北京的殿試，都名落孫山，他的父親是袁世凱的幕僚之一，幫他捐了個官，在山東當個知縣，當時正逢山東地方義和團為亂。倪嗣沖用殘忍的手段，將他管轄地區的義和團平定，也因此得到了袁世凱的欣賞，而這時袁世凱正是山東的總督，強烈反對義和團運動。1902 年袁世凱就任直隸總督，就把他調到身邊，並且任命他為自己所創立的新軍的營務處處長，這是他日後輝煌事業的跳板，一路做到布政使（三品朝官，標誌是頭頂藍寶石、孔雀補子朝服、金子打造的腰帶扣）。1908 年光緒與西太后先後過世後（先是皇帝去世，同一天慈禧太后過世），一個奇怪的巧合，至今仍是個謎，稚齡新皇帝醇親王免去了袁世凱所有的職務。袁世凱回歸故里，對外則說是為了治療腳疾。他的門生倪嗣沖也成為權力轉換的犧牲品被趕出了辦公室，取消了他所有的頭銜，永不錄用。（他在滿洲地方的所得，遠遠超出了他的應得）。

袁世凱，不論是飛黃騰達在職或者不得意在野，對其跟隨者從不放棄，當然也沒有忘記倪嗣沖。民國成立，袁世凱任命倪嗣沖為安徽都督。貧困的年代，一點也不影響倪嗣沖的搜刮掠奪，他增加了三十多種稅收，沒收銀元，發行流通無用、無價值的公債。搜刮來的錢財，扣除進他自己腰包的以外，他用來還了欠袁世凱的人情債，全數存在天津的日本銀行，袁世凱為了感激他對他稱帝計畫的支持，任命他為一等公爵。

他的靠山袁世凱死後，他在安徽還沒有結束，開始時不受影響，直到皖系軍閥被直系軍閥驅離北京，他才卸下職位，退居天津。他在天津最少擁有三棟豪宅，一棟在義大利管轄區，兩棟在英國管轄區。布萊恩．鮑爾 Brian Power、那位海關官員的兒子，有一次到他家做客，在他的回憶錄：到達天堂之路 ---- 天津《The Ford of Heaven》（皮特歐文 Peter Owen 出版社，倫敦，1984 出版）中對他的房子和設備有如下描寫：「磚砌的庭院中有許多的花盆，進門大廳是由紫色的瓷磚砌的，靠牆處放置著烏木椅，屋頂上掛著垂著長長絲穗兒的燈籠。第一進是西式的客廳，所有的傢俱都是歐式的，桌子上和櫃子上放著裝了框的照片。壁爐的兩側是鋼琴與留聲機。另外一邊的玻璃櫥櫃裡頭擠滿了象牙雕刻的人物。」不僅一切設施是歐洲式，飲食也是，他回憶說：「一個老僕將薄荷奶油甜酒倒滿酒杯。同樣的異國風情的，還包括庭院中的遊行儀式。一個高大的人戴著黑色的瓜皮帽走在前頭。他手持像十字架的木製框架，鈴聲響起。在他後面，跟著成雙的、有十二個少女穿著閃亮的粉紅色長袍，扣子一直扣到脖子，她們似乎戴著白色面具，當她們用那小小的腳挪步靠近時，我看到了她們臉上浮著厚厚的一層白粉，臉頰上的紅點是畫上去的。原來我眼下看到的不是基督教受難的遊行儀式，而是倪嗣沖姨太太們舉步去午餐。領頭的從前是個太監，敲鐘是為了提醒男僕人們迴避，不要偷瞄。」

吳炳湘（1874～1930），軍閥中的警政老大，安徽人，上過帝制時期的軍事學校，曾任山東巡警道統領。袁世凱在 1913 年任命他為北京「京師警察廳總監」與「總統府秘密偵探處主任」。身為兩萬員警與幹員的頭子，他屬於北京最有權力的人之一，他也被袁世凱聘為一等公爵。吳炳湘在位約八年，之前是朱啟鈐的職位，在那個時代可不是件容易的事，一不小心就會掉腦袋的。皖系失利後，他從員警頭子的位置退下，1925 年短暫的被任命為安徽省長。

（3）屬於朱啟鈐的土地所有權人網絡。

這裡相關的人有六位，梁士詒、王克敏、許世英、張弧、趙爾巽、周自齊。

梁士詒是朱啟鈐在北戴河創立的「北戴河公益會」一位重要的成員，前面已經提到了，他是中國的馬基維利，對於權力的運用登峰造極。

王克敏（1876～1945），從日本學成後，首先在外交部任職，1917 年是中國銀行的總裁和財政總長。他兩頰凹陷、球形鼻子，穿著花背心，戴黑色的太陽眼鏡，一隻大雪茄在手，翹個二郎腿，在熟人中喜歡講最新的傳聞，最擅長輕薄的笑話，是八卦新聞的傳播者。日本人佔領期間，與日本佔領軍合作，1945 年，在監獄自殺。

許世英（1873～1964），袁世凱的門生，帝制期間是刑部的第一號官員，後來到美國與歐洲學習（參加了第八屆國際獄政改革會議），隨後被任命為山西的提法使。民國成立後任司法總長與內務總長、交通總長、省長（福建、安徽），最後任內閣總理（1925 年）。他的個子不高、蓄有上翹八字鬍，在正式場合會穿著大氅、硬高領衫、戴高聳的禮帽。1917 年，他指示建築到奉天的主要火車站的鐵路線時，將「北戴河站」與「北戴河海灘」相連。

張弧（1875～1937）通過省城科舉考試的舉人，天津鹽運使，民國時期任鹽務籌備處處長、財政次長，1920 年幣製局總裁，1921 年入閣任財政總長。

趙爾巽（1844～1927），因與與張作霖的因緣，曾任東三省都督。此前任甘肅、新疆、安徽和陝西按察使，及任甘肅、新疆、山西的布政使、山西與湖南巡撫、戶部尚書、湖廣總督。他屬於袁世凱的密友、親密的同伴，是嵩山四友之一，是位受舊社會、傳統教育的大清官員。民國成立後，官方在他的領導下，彙編滿清歷史。他在外面的風評不錯，當時的總稅務司赫德之流形容他「真是位在位的巡撫大人，在他手下工作，應該是很不錯，這位就是著名的學者和政府大員趙爾巽，一位全國著名的翰林，我的第一印象是『和藹可親』，在世界任何一個國家，他都絕對是個最知書達理的紳士，他很大度，對遠遠低於他官階的人和手下，從不遲疑的、慷慨的幫助他們。專員與我被傳喚去見他，僕人把我的名片送進去，他馬上接見了我們，也沒有舉起杯來把茶杯放在嘴邊（通常這是暗示比他職位低的人該是離開的時候了）。我們那次的會見時間之長，超過了我們的預期。」

周自齊（1869～1923）是新的官員與政治人物典型代表。畢業於紐約哥倫比亞大學，1896 年是中國駐華盛頓公使的隨員、紐約領事、古巴代辦，1906 年大地震時期的舊金山領事和華盛頓代辦。民國成立後任清華學堂監督（清華大學前身）、山東都督兼民政長、交通總長、財政總長、農商總長、代理陸軍部總長、中國銀行總裁。他支持袁世凱稱帝的計畫，在袁死後，如朱啟鈐和梁士詒一樣被通緝、逃到日本。1918 年解除通緝後，他的職業生涯是幣製局督辦，並再次任財政總長，1922 年 5 月當了 10 天的代理國務總理，擁有交通銀行的股份，大家說他是大錢推手，英國的鐵路貸款被他轉匯到美國，換成美金後，再轉到英國換成英鎊，獲得的利益，放到自己口袋中。在朱啟鈐的團體照中，不論是坐著還是站著；他總是在朱的旁邊：就是那位小眼睛、胖嘟嘟的、戴著個懷錶，拿著根散步小手杖和頭頂高禮帽的。兩人彼此是很好的朋友。1922年他離開政治圈後，就到了美國的好萊塢；去瞭解電影工業。回到中國後成立了孔雀電影製片公司，但是在第一部電影還未上映前就去世了。

德高望重周學熙　北戴河別墅「趣園」

周學熙，他是蓮花山這群人中德高望重的長者，他的別墅叫「趣園」，位於蓮花山東邊山腳下，介於兩條河沖積成的高聳之處。外牆是堅固的花崗石，窗戶是中國式木雕花格，上面佈滿了中國特有的、傳統的裝飾木雕。窗子的綠色配合柱子的紅色，彼此顯得十分和諧，綠色與紅色是中國建築的基本色調。別墅隱藏在樹林後面，周圍被中國式庭院圍繞，裡面有涼亭、散步小徑、書房、假山，假山中有石窟、曲徑。庭院中間還有蓮花池，池塘內養著金魚，金魚池中有一石船，這個花園的樣板出自「網師園」，是過去朝廷大官在富裕的蘇州城的退隱避難之所。

蘇州園林在全中國都很有名，因為它提供了一個自然、優雅、清淨的世界，從自然（樹木、水、岩石等）與時間（四季變遷，早上、傍晚、夜晚，每天都不一樣），一定程度上昇華了外面的世界，變得更崇高、更和諧。在花園裡，人的行動，在固定的時間，有其固定的動作。吃飯、閒暇、打坐、深思、做愛和睡覺，可說是各有各的時間表。

周學熙對「奇石」情有獨鍾，用裝飾石材妝點著他的花園。許多中國有錢人有著與他一樣的嗜好，不少的人還因此身敗名裂，其中包括宋朝的一位皇帝。[49]

最特別的美麗的石頭來自太湖，是凝灰質，源於鬆散大塊的石灰岩，特別是來自湖底，經過長時間的洗禮、沖刷和長年風霜雪雨，幻化成奇異的形狀。石頭上呈現出了許多深淺不一的深洞、淺洞、圓洞、大洞、小洞，色調接近白色和藍色，也有的接近青綠色。大自然的鬼斧神工，將石頭切割、雕塑成了特殊型態，坑坑窪窪、皺折處處，或者是瘦骨嶙峋、洞口穿透，它們的身價就越高。對周學熙來說，石頭伴隨著他的一生。石頭具有人的特質，也幫助他走出困境。他得意描述這些石頭，對其中的一塊說「癡，癡妙」，對另外一塊他則說「瘦，瘦妙」。

這位頗具影響力的周大人（1866～1947），代表中國北方的一個權貴家族，也是工業化的開山鼻祖。與其鄰居朱啟鈐一樣，曾經是清廷高官，在民國時期擔任過部長，後來退隱離開政治圈，只經營私人的生意，成為企業家和家族的大家長、文化藝術活動的贊助人與慈善家。他充滿活力，卻同時又是個鬱鬱寡歡的人，此種非比尋常的混合體，在中國並不少見，但是在歐洲人中卻是極少，他們不是這樣，就是那樣，很少有兩位一體的。周學熙也與朱啟鈐一樣，終其一生都在寫詩（這也是中國人消除憂鬱的方式）。

周學熙死前預作對聯自輓，寫的是：「平生萬事低摧，塵海已消前業盡。今日一心歸去，太空不礙白雲飛。」

註釋

49 徽宗；宋朝（960--1279）醉心書畫的皇帝，就是因為他不停地追尋、運輸成噸的奇石前往都城開封，皇船總是佔用了大運河的航道；使得其他的船隻無法通過、航行。引的民怨沸騰，起而反抗。

第五部

周學熙進入開平煤礦

周學熙的出身背景，與他的鄰居朱啟鈐類似。他的父親周馥曾經是李鴻章麾下寵信，擔任過許多重要的官職如兩江總督、兩廣總督，這在當時是中國最有權勢與影響力的兩個官職。他期待他的兒子也能夠與他一樣進入仕途，但事與願違，周學熙科舉不順，在北京考試時多次名落孫山，後來完全失去了再參加科考的興趣。29 歲那年他決定走自己的道路，不只是因為屢試不中的挫折讓他有此決定，而且他覺得當時的科舉取士制度是國家衰亡的主因，周學熙對此不存任何幻想，清楚的知道科舉正在通向死胡同，是死路一條。

按照中國的古老傳統，「裙帶關係」是提攜後進、照顧親人的捷徑。作為父親的會利用家庭的金錢與影響力，盡可能的幫助兒子開創事業。就算當兒子的選擇與他的願望相違背，作父親的依然要盡其所能的幫助，這是他作為父親的的責任。

1894 年 8 月，周馥坐下來寫了一封信給張燕謀（張翼），這位開平煤礦的朝廷大管事、總辦，而張燕謀也是周的第七個兒子周學淵的岳父，是家族的親戚。信中說周學熙帶著錢票和 2 萬兩的銀票，希望張燕謀看在親戚的份上，幫周學熙在開平煤礦找個小差事（小差事？這是中國官員的謙虛說法）。

周學熙靠著他的幫助，購買了開平煤礦的股份和一份工作，1898 年被任命為經理。他的第一項任務就是陪同中國的海關委員會到北戴河，給「國際夏日度假勝地」北戴河劃定界線。這也是他第一次到訪北戴河。委員會的人坐在轎子裡被人抬著，沿著雜草叢生、幾乎沒有樹木的海岸查看著。

最後劃定的界限為，戴河以東至金山嘴沿海向內三里，以及往東北至秦皇島對面。

開平不僅只是礦區，也包含了一系列的附帶產業，其中有一家，叫「啟新洋灰公司」，它就如開平煤礦本身一樣，是中國的第一家水泥生產公司，由唐杰臣協助開辦的，他過去是背景強大、資產雄厚的英國怡和貿易公司的買辦。

洋灰公司不賺錢，原因是原材料要從遙遠的廣東省運送過來，造成成本過高。周學熙這位公司負責的經理，委託礦場的德國總工程師漢斯．昆德 Hans Kunde 在附近、按照他的知識，全權尋找、探測是否有適用的礦源。結果非常成功，最重要的是縮短運送的路途、節省時間、降低成本，洋灰公司很快的就賺錢了。在義和團事件發生時，「啟新洋灰」因為屬於開平煤礦，照理是應該會被德璀琳、胡佛和他們的同謀給吞併。為什麼沒被吞併？原因就在於漢斯・昆德把原始的證明檔與所有權證藏在保險的地方，不肯交給新的老闆。

周學熙是個性情中人，在他的《自敘年譜》中寫了一段褒獎漢斯・昆德的話，他說，「昆德將啟新的全部原始檔與所有權的證明，拿去藏了起來。英國人想盡辦法想要拿到這些檔案，這樣他們可以說啟新是開平礦業的附屬產業，把啟新也納入囊中。昆德堅決不配合，他說，『這個工廠屬於中國，不能落入外人手中』，這是他的原話。後來昆德將所有的檔案交給了我，因為有他的幫助，才能讓啟新回到我們手中，能夠重新啟動、重新站起來。如果昆德當時沒有收藏起來這些檔，或者為攫取他個人的私利而與英國人合謀，那麼啟新就成了開平的一部分。啟新沒有遭遇開平同樣的命運，未蹈（開平）覆轍，昆德之功不可沒！可惜在歐洲戰爭期間，昆德被遣送回國，昆德後來再度回來，要建廠生產磁鐵，卻以失敗告終。令人十分惋惜和悲痛的是一他為此自殺了。德國人有很強的個性，重視大原則，信守承諾。昆德就是具有這樣特質的人。我怕後人不知此事、無從考證，特此記下，告知後來的人們。」[50]

註釋

50 周學熙這段話的原文是以文言文記述的，如下：「幸技師德人昆德者，攜出保存。英人百計向之索取，以為副業，彼堅不付與，謂『此乃中國產業，不能相授。』仍獻之于余。始得據以交涉收回，重行舉辦。使昆德者當日不攜出或私授英人，則此產早與礦產同入開平掌握中矣。所以未蹈覆轍者，昆德之功不可沒。惜呼此人既於首次歐戰被遣回國，及重來啟新辦理磁廠失敗。竟自戕以殞，可勝嘆哉。德國人個性極強，守信用，識大體，為其民族之優點，昆德有焉。余恐此軼事後之人無從考悉，特表而出之，以告來茲。」

周學熙與開平煤礦的恩怨情仇

在開平礦業醜聞爆發、解體後，周學熙頗具影響力的總督父親，讓他的兒子進入袁世凱的麾下。袁世凱在 1903 年送周學熙去日本讀了幾個月的書，然後把他送上了快速提升之路，開始了他的官宦生涯：天津道台、鹽運使（這個在中國是油水豐富的所謂「肥差」）、按察使（省裡最高的法官）。

工業專案越來越成為他工作和活動的重點。第一個當然就是重新啟動沒有被英國人吞併的啟新洋灰公司（後來成為周學熙公司帝國的基石）。1906 年，他讓啟新私有化。他用的方式，至今仍然是國企變成私企、中國第二次現代化常見的模式。

第一步，將企業轉換成為股份制公司，一半的股份是給了所謂的政府當局或者機關的官股，另外一半是自由買賣的商股。只有官府的國庫需要付錢，私人不必。企業賺了錢，所有的股東同樣得利，包括私有股東。如果企業沒賺錢或是虧損，由國家負責貼補差額，私人股東可以不必承擔。第二步，如果企業賺了錢有盈餘，私有的股東按股份可以分得紅利，並且有機會以合適的開盤價來收購官股，這是第三步，也是最後的一步，原本官方的或是半官方的企業，變成了百分之百的私人股份制企業。這個方式很有效，因為官方與私方的關鍵人物，都是相同的人，一方是政客們和高官們，另一方是私人投資者的董事、經理們，這種「自己人的生意」就是靠著壟斷、有利可圖的專賣、免稅和其他的特權來實現。透過與國家其他地區的親戚和其他友人的企業來擴大業務。

客觀的條件如提供報價與詢價、用戶、現有的基礎設施等等，在創始的初期（如今也一樣），只扮演著一個不重要的角色。公司老闆有能力去獲得、創造所需要的條件（例如經由國家大的建設專案的公開的訂單），結果產生了一種休眠的、受到國家保護的、自給自足的、保證一定賺錢的企業。一個屬於自己的世界，猶如被高牆包圍著的蘇州花園（周學熙的「網師園」），至今為止，這是中國公司的強項、同時也是弱點之所在！[51]

回到啟新這個水泥公司，除了周學熙，新的大股東是袁世凱，他負責稅務（有特權），又擁有國家商務部門的商船，運輸省錢，這樣明顯的優越條件，別的水泥公司不具備。

個人擁有股份的王錫彤（1865～1938），被任命為企業的領導（只有股份擁有者才可能被考慮擔任公司的經營者、掌握公司駕駛盤，至今都是中國資本主義的基本原則）。對西方人來說，這是個不尋常的人事決定。王錫彤，過去是位以詩作出名的詩人，不是企業家、商人或是經營管理專業人才；但是，正確的人、在正確的位置上。他充滿噴發能量，同時將精神形式化，把詩人作詩時嚴守的格式、紀律和想像力融合其中，這樣的能力就算是對商人也有好處。透過巧妙的併購（如在湖北與上海的水泥廠），沒有幾年，他讓公司成為獨霸中國最大的水泥公司，他自己也成為「中國水泥大王」，他們的這個群體有時提供了全國百分之九十的水泥需求。[52]

周學熙的下一個項目是在直隸成立國家銀元局，他按照西方的方式，建立了鑄造銀元與銅元的工廠。在此前，至少在銀元方面，還是在使用鞋子狀的銀錠（中國人叫「元寶」），以及從元寶上敲擊下來的碎銀子來做為流通的貨幣[53]。鑄造的銀元與銅元的出現，對中國來說是一次幣制改革，也是中國邁向現代化重要的一步。

周學熙破紀錄的、只用70天就打造出第一枚硬幣，授權給他的袁世凱更高興，從一萬兩的純銀打造出了一萬四千兩的大銀元，也就是多出了40%（謎底揭曉，混鑄進了銅）。

開平煤礦的移轉，對周學熙來說是個心頭之恨，雖然說是當時的環境特殊，他也不能說是完全無辜，上面終究有他的簽字「授權張燕謀全權處理」，張燕謀才能將開平煤礦移轉給德璀琳。讓周學熙更痛苦的是，充滿對英國公司的怨恨，他建議袁世凱就在開平旁邊，重新開設一家新的煤礦公司，給英國公司「挖坑」，先挖煤礦石、埋葬英國人的煤礦公司。說到做到，灤州礦物公司成立，照前面提到的股份公司的模式，官股一半，民股一半，口號是「以灤受開」。

雖然袁世凱這位主要受益者有著所有的優勢，也盡其所能的來幫助支援這個企業，但是一切枉然，沒有用。英國人不只是財力豐富，而且擁有專業知識。1912年，兩家公司融合在一起，成為開灤礦物局，英國人保有經營主導權。中方的股份所有人包括周學熙、王錫彤，還有「老蛾子」朱啟鈐也購得股份。他們有了監督、同意與否決的權利，除此之外，袁克定（袁世凱的大公子）成為他們的代表。

這是個很糟糕的選擇，因為袁克定從始至終根本就沒有去工廠看過一眼，他只管領他的薪水3000銀元，這錢原來是提供生意需要而支付的。

周學熙在民國建國前，最後的專案就是「北京的水管網路工程」[54]。當局估計需要三年才能完成，周學熙只用了22個月，為此他獲得「創造者」的美名。

註釋

51 整個的過程如前所述「至今不變」，如同周學熙所說的「重蹈覆轍」。產生的投資公司成為被參與的機構，介於國家（由它的幹部代表們）與私人（同樣的幹部們）間。也就是國家的參與者，與私人的管理者皆是同一夥人，在民國時期，國家的資產，首先國家的資金、土地資產投入到這個企業，然後從企業流進私人股東的口袋。這國家幹部和工作人員，利用他們在國家的特殊地位，增加額外的創業資助來壟斷市場、獲得税務減免和其他的特權，拉幫結派，利益被私有化，虧損及負債由國家負擔，從半個國營企業變成私人企業。

52 周學熙的啟新脈絡和他的大股東除了有袁世凱、袁世凱的六兒子袁克桓，還有張鎮芳、李士偉、盧木齋等人，說明於下。

張鎮芳（1863～1933），他是袁世凱的表弟，是位典型的野心人士，進士出身，做過長盧鹽運使、天津道台、袁世凱的內閣大臣、直隸都督，他創辦鹽業銀行，一個鹽的壟斷銀行，他是創辦人兼總經理。他支持袁世凱恢復帝制，袁世凱去世後，他又投靠張勳搞復辟，失敗被捕判刑，一年之後保外就醫出獄，從此只專注經營自己的私人事業。

李士偉（1863～1927），新型的野心家，在日本求學，1906 年回國後任新成立的北京師範學堂教授，也是朱啟鈐那時任職的地方，他同時也擔任由德璀琳女婿漢納根 Hanneken 所建立的井陘礦務公司的經理。民國建立後，他成為農商部礦政顧問，1915 年任中國銀行總裁，1921 年曾短暫擔任財政總長五個月。

盧木齋（1856～1948），一個窮苦老師的兒子，在所有股東中最令人費解與離奇的人物。他的生涯發展是，1883 年在李鴻章創立的天津武備學堂擔任數學老師，之後任河北贊皇、南宮等知縣。1900 年任內蒙古的貿易中心多倫諾爾廳（Dolonor）主席，幾年後從那兒回來已經是位大富豪。他的下一個官職為直隸提學使。他從蒙古帶回來的財富，投資在工業、工廠和購買天津的貧民窟，清理後出租。一種可以賺錢的營生，俗稱「吃瓦片」。民國成立後，從官職退下來開始創辦學校（其中一間在北戴河），透過他個人的捐款，設立大學圖書館（如南開大學）、捐贈研究所及其設備（其中捐了一個數學研究所給北京大學）。他是個教育家、慈善家、房地產大亨、貧民窟之王，在北戴河擁有五棟別墅。地址：康樂路 26 號到 30 號，還有一座家廟在東波路 1 號。他極其受人尊敬，92 歲時壽終正寢。他把所有的財富信託，作為非營利性的基金。至於他在多倫諾爾如何獲得財富，至今仍是個謎。

孫多森（1867～1919），中國麵粉大王，出身於安徽的官宦人家。他的祖父輩的孫家鼐是狀元郎，創立了京師大學堂（北京大學的前身）。家族與周學熙是姻親關係，也與另外的一個頗具影響力的安徽大家族；李鴻章家族有親戚關係。李鴻章是孫多森母親的舅舅，他的家族顯赫不一般，相信新時代將到來，他也反對傳統科舉，決定選擇不同的道路。未來的世界屬於工業、商業以及貿易，十年寒窗科舉取士，只為當官的年代過去了。其父親孫傳樾（南京洋務局總辦）過世後，他 1897 年到上海，1898 年開設了中國第一家用機械磨麵粉的阜豐麵粉公司，他的麵粉在整個中國迅速成為知名品牌。周學熙知道他需要一位可靠的幫手，1906年請他到天津作為自己的左右手。

53 切割銀子是最常被抱怨的麻煩事，因為夾碎銀條或元寶，需要不停的、來回的秤重。官方當局遭到抱怨不是完全沒有理由的，因為官員一部分的薪資和補貼獎勵由碎銀子來支付的。切割銀子要利用夾剪。夾剪有長的、狹窄的柄，所以也叫仙鶴腿。夾碎銀錠、銀條需要很大的力氣、技巧和練習，這是自成一派的特殊職業，也可以讓「行走切割銀子的人」來家裡、辦公室或是官廳服務。他們真的是特技演員，穿著極短的夾克，這是他們的一種專業服裝、打扮。整個切割的過程叫「欠身一坐」，這種切割形式的參考資料，喬治曾經為我表演過一次。切銀者坐在板凳上，左手拿著需要切割的銀條或是元寶，將其放入張開的夾剪中，右手抓住夾子把，歪斜著抬起身子，將固定在板子上的夾剪把手位置，推到屁股底下，如被線繩牽動著的木偶人，雙腳向上舞動著彈跳，忽然使出全身的力氣，再一屁股跌坐在板凳上，很值得一看的表演。根據喬治的說法，特別短的夾克是為了避免被懷疑於切割時私藏銀兩，喬治說這種私藏事並不少見。當委託人正好奇的注視著「吃片子」舞動著雙手雙腳時，他們不會發現，一小塊的銀子已經不知不覺被夾在特製的縫隙中。這種事先預備好的鉗子，有個有趣的名稱叫「老虎剪」。

民國建立初年已經有了銀元，而銀元也是挺麻煩的，就是每次的交易前必須秤重。一個收銀員對較低成色或是成分不足的銀元，很容易從聲音上辨別，而銀條和碎銀子就很難如此判斷。專家們只要把摞在一起的一沓子銀元，從這一隻手鬆開滑到另外一隻手上，聽其聲音就馬上可以知道其中是否有個成色不好的。開店的交易時，老闆會把銀元丟在櫃臺上，聽其聲音，很少會上當受騙。有些收銀員，可以把銀元平衡在指尖上，然後敲擊另外的一個銀元，聽其聲音，如果是真的，它會發出猶如回音棒般的、清脆、震顫的聲音。元寶就無法如此辨識了。

54 北京飲用水供應問題很多。少數的水源幾乎全都集中在北京城的東邊，有一句俗話「東城渴不死，西城餓不死」。新式的水井裝有抽水機，稱之為「洋井」，在當時還是很少見的。很少數的井是井壁砌磚的深井，大多數只是在地上挖掘了個淺淺坑的豎井。因為這些豎井不很深，這些井裡的水，有一種令人不舒服的苦味兒，讓舌頭發麻。北京的人習慣這種苦水，滿洲人家庭對此特別賞識，其中有一個特別的原因。每一個季度，除了薪水外，他們從朝廷那裡還能領到實物：稻米，可是舊的稻米存糧已經變成黃褐色（新的白米只提供給大官），那種苦澀的、含塵量高的苦水，可以掩蓋住那陳舊米的黴味。烹煮肉類和蔬菜，這苦水就不適合了，這時候至少需要用北京的「二性子」：一種水，既是苦的也是甜的，也可以說不是苦的也不是甜的。煮來泡茶就必須用甜水，用二性子煮茶，即便是窮光蛋也不願意。甜水井在北京很稀少，不僅要挖得夠深，而且還要找對位置，最好是在那個傳說中北京無處不在的神秘地脈附近。兩個最出名的井是「上龍」和「下龍」，最珍貴的水源是在玉泉山，就在頤和園旁的山丘頂上。按照皇帝的旨意，在山上立一個碑，上面寫著「天下第一泉」。按照喬治的說法，那裡的水只給皇帝泡茶用，每天吱吱嘎嘎作響的運水車把水運送到紫禁城。水車，天一亮，城門一開，第一個允許進入城中的車輛。這裝著水的巨大容器，上面蓋著繡著龍的帆布（毛澤東在成立了中華人民共和國後，在玉泉山給自己和政治局的委員蓋起了別墅，與北戴河蓮蓬山上的別墅群一樣，都成為空屋。玉泉山的山泉，如今已經被封了。

接手銀行和財政

袁世凱是民國第一任總統，他兩次任命周學熙為財政總長，這是令人驚訝的選擇，因為那時候周學熙還不是袁世凱的圈內人。

故事的前身是這樣的。在滿清末年，清廷開始成立了中央鈔票銀行，也就是「皇家」或是「大清」銀行，近乎經濟的自來水網路，取代過去一直以來沿用的井水經濟。但是到底是如何運作、怎麼樣繼續進行？是這個新成立政府的大問題。原因是其資金來自於官方與私有兩部分，各占一半，也就是熟知的「官股」和「民股」。有關政府部分也就是官股方面，那是很清楚沒有什麼問題。可是私有資金部分呢？沒收嗎？剛開始的時候，政府對於銀行中流通的、這個不少於500萬「貿易份額」的「民股」，幾乎是一無所知，完全不清楚，更不確定這部分應該如何運作、處理。而對那些持股的人中，有些是中國頗具影響力、富有的、豪門家族、大人物。他們對一個徵用的幽靈來到了眼前，開始感到恐慌，組成了一個利益共同體，派遣代表去南京（民國成立之初的臨時首都），去見臨時大總統孫中山先生，請求不要徵用，而是保有大清銀行的私人股份，再將其轉入中國銀行。孫中山正處在錢荒的壓力下，急需一個可以信賴、可以正常運作的銀行，他同意了這個作法。袁世凱，民國的第一任總統，舉棋不定，他的財政總長熊希齡，建議銀行國有化。這是一個最乾淨的解決方案，阻止官股與民股不清不楚的綁在一起，因為這只會造成不良後果，最後他妥協的建議將民股的部份轉成儲蓄，這個建議遇到了強力反對。

五百萬的官股資金已經用罄，他的反對者說銀行現在只靠著這五百萬的民股在支持。如果將民股轉換成儲蓄，那麼銀行就沒有資本了，銀行沒有信用無法擔保，反過來說不只是與鈔票銀行的本質相左，也還會造成儲蓄本身信用的危機。

利益團體見了袁世凱，他們提議送給袁世凱民股配額，袁世凱被說服，熊希齡被換掉，周學熙（利益團體的傳聲筒）上臺，被任命為財政總長。他上台的第一步，宣佈制定了包括三十條條款的銀行基本法，確定了銀行原有的身份。成立一個股份制的銀行、資本額為6千萬銀元，分成60萬股，官股與民股各占一半。沒有更恰當的詞來形容，民國就這樣半官半私的誕生了。周學熙採取的下一個步驟，是將所有大清銀行原有的工作人員、行員留任；讓在國外讀過書的年輕人從旁協助，提醒聰明的年輕人，從舊有的職員身上學習他們的經驗以及操守，這是為了適應配合新的銀行結構做了調整，以適合國家改革的情況。他並且成立一個銀行學院，雇用外國專家，分行的數目從 3 家增加到 19 家，他任命各個地方政治上的重要人物成為領導。銀行本來的組成只有三部份：發展推廣，管理證件，發行票據，採用的是日本模式。但是銀行庫存依然是空的。1914 年 4 月周學熙與當時的國務院總理簽署了金額為 2 萬 5 千萬英鎊的借貸協議。借貸的對象是五個國家的銀行家財團（英國、法國、德國、俄羅斯、日本）。利息是 5%。卻只有 2 萬 1 千萬英鎊到位。

信貸的條件，事實上已經將國家所有的財政的自主權，轉讓給了外國財團。整個國營銀行運作、貨幣與會計、審計，都在外國銀行團的監督之下，而鹽的專賣權成為貸款擔保（當時國家財政收入的重要來源），錢是用來支付中日戰爭和義和團事件的賠款，還有就是建立現代的陸軍和「資助」袁世凱的政治計畫、政策。

為何周學熙、這位原愛國者的名字出現在貸款協議中呢？因為他對袁世凱的忠誠。但事實上並非如此。幾個星期後，他就請辭了財政總長的職務，不到一年，袁世凱又再度請他出山回到他的內閣。他沒有辦法放棄他的專業知識、充滿活力的幹勁、和對企業的興趣蠢蠢欲動。周學熙再度出山，組建基本稅收，打開新的稅收來源、成立國家專賣部門，對菸草與酒類課稅，將稅務分配為地方與中央。這個創新的舉動，至今依然維持不變。他的綜合稅收產生了盈餘，本來是預備用在建設基礎項目上，但是後來節外生枝。袁世凱的皇帝夢開始發芽，阻礙了他原有的計畫。在袁世凱的背後，是他的大兒子袁克定，那位開灤煤礦公司、無所作為的董事，好像已經看到自己成為父親的繼承人、坐上龍椅，為了實現自己的太子夢，袁克定特別印刷了一份不存在的幽靈報紙，在報紙顯現出來的是「人民」期待、盼望他的父親登基為皇上而且支持其計畫。[55]

周學熙是少數反對、嘗試勸阻袁世凱當皇帝的人中之一。懷著皇帝夢的袁世凱堅持不為所動。兩人關係破裂，周學熙以生病為理由，再度辭官，回去寫他抑鬱的詩篇。

袁世凱沒有登上皇帝寶座。因為國內反對的聲浪太大，最後他自己也看到了實不可為。一年後，他死於腎衰竭。

註釋

55 袁克定，也可以說是喬治的舅舅，他是 32 個兄弟姐妹中的老大。孩提時期家中有德國家庭教師，能說流利的德文和英文，是在頂級的教育環境下成長出來的花花公子、遊手好閒的人。他是個馬癡，在北戴河擁有一座別墅，精心打造的豪華馬廄。他的馬的圈嚼子、口嚼子（馬勒）、腳蹬子全是純銀打造。1913 年騎馬時發生了一次嚴重的意外，從馬上摔了下來，使他終身成了瘸子。此後他有了一個外號「袁大瘸」，而且他的手被撕掉了

一大塊皮肉，後來傷口是長上了，但是留下了一塊醜陋的傷疤，這也是為什麼在正式場合裡，他總是帶著手套。騎馬意外後，他曾經到德國求醫，在柏林的時候受到德國皇帝威廉二世的接見。不經意的注意到威廉二世（英國維多利亞女王的大孫子）出生時，醫生接生時造成一隻扭曲畸形的手。回國後袁克定大聲鼓勵、呼喚、造勢要讓他的父親成為皇帝。他覺得只有皇帝才可以讓中國贏回以往合法的權利。

由燦爛歸於平淡

袁世凱死後，周學熙才又出現在公眾面前，與朱啟鈐一樣，不願意再回到官場，他已經存了足夠的資本，開始創建自己的企業。這是他生活轉折的決定，從他在北戴河建造房屋，就看出他改變的開始。民國五年（1916年），在他的《自敘年譜》中描述：「夏，赴北戴河避暑。該地屬臨榆縣，濱海多山，氣候清涼，但潮濕過甚。其時西人漸往避暑，余購地蓮峰山東麓，小築園林，題曰：趣園。嗣後每年夏季往居之。」[56]

那時候，他52歲。

在他成立的企業上，他採用了一貫的做法，一是官股，一是民股。公開的經費，一如既往，是經由他的人脈網絡。紡織工廠是一個開端，他購入最新式的機械以及雇用外國專家，當然完全不涉及政治也不可能。1919年民國的大總統徐世昌任命他為棉花工業監督機構的領導人，他成立中央棉花文化實驗基地，並且組織了一個全國性的棉花聯合會。

他的企業完全獨立於國家資本之外，在中國北部與中部取得了主導性的影響。十年後，事業有成，周氏實業集團中包括了紡織、煤礦、玻璃、陶瓷，最後的也是最關鍵的基石是「中國實業銀行」，擁有自己的紙幣流通權，用來建設道路、鐵路、河運。

周學熙這時候已經六十歲，正如孔子論語所說的耳順之年，能夠聽得進去真言。但是他不再只是讓孔子指引的信徒，他開始學佛法，生之死，死之生。在他的園中放置了一尊佛像雕塑。他留在北戴河的時間越來越長，在他的花園打坐和寫詩。他選擇了以古老文學「賦」的形式來表達；這是一種興起於漢朝、介於詩歌和散文之間的一種韻文，「賦」可說是通向散文之路的文體。下面舉一段他的詩〈趣園吟〉來體會一下他的情懷：

昔營小築東海上，倏乎寒暑已十更，
數椽茅屋雖云陋，千樹槐柳午蔭清，
問余胡為甘寂寞，自來幽趣無人爭，
放眼不觸塵埃障，側耳不接市井聲，
檻外凌波滄溟小，杯中倒影星辰傾。
君不見，
桃花源裡猶人耳，山川信美疑仙城。
淨土極樂對咫尺，唐虞未邈在平明。
松為妻兮鵲為子，風吟雨噪皆天成。
吁嗟乎！

莊生齊物乃剩語，韓子非達仍善鳴。
世間萬物空如洗，一室盎然萬古情。
我正逍遙望明月，始知土苴亦長生。

似一首輓歌，一個物質充分，自給自足，完全不需要依靠外在的人。他的詩中似乎更願意遺世獨立，充滿了愁緒與憂思。

1928 年開始了他生命的第三個階段「閉門謝客」。很勇敢、堅決的退出了燈紅酒綠紛擾的大千世界。這是儒家也是佛家推薦的生活方式，必須要有很強的個性與堅持才能做到。從那時開始，他只生活在家人的圈子裡，專注對孫子的教育。創辦了一所家庭學校，兒子周志俊繼承了父親的家業，管理他們在北戴河不少於 11 處的房產：草廠西路 15 ～ 19 號，西五路 1 號，西海灘路 25 和 41 號，鷹角路 28 ～ 30 號。草廠路上的 5 處房舍，是周學熙為他的五個孫女蓋的。連接成一排，彼此都很類似，沒有太大差異，至今還在。他自己在蓮花山的別墅「趣園」，在共產黨得勢後，成為解放軍的財產，房子被拆除，改建為度假村。能喚醒「趣園」記憶的只有那至今尚存的、高高的圍牆。那陪伴周學熙的美麗奇石「瘦妙、癡妙」，已然不妙的不見了蹤影。

註釋

56 周學熙的筆記中是這樣記錄的：民國五年。。。夏，赴北戴河避暑。該地屬臨榆縣，濱海多山，氣候清涼，但潮濕過甚。其時西人漸往避暑，餘購地蓮峰山東麓，小築園林，題曰：趣園。嗣後，每年夏季往居之。

奇形怪狀巧奪天工的石頭

聯峰山並不缺乏奇形怪狀的石頭，雖然不是坑坑窪窪的太湖石，但是也有許多形態怪異、周邊雜草叢生、長著蕨類的巨石。有些形似動物，例如「長壽龜」，一座有著沉重疲倦的眼皮、有稜有角、線條分明的頭部，和大張著的嘴巴的巨石。還有「金龜回首」，顧名思義，有清楚可見龜殼般半圓形的背殼，長長的滿是皺褶的脖子向後觀望。也有如日常生活用品的「棋盤石」，一塊平整四方形的石塊，四周有著寬寬的邊，石面上交叉著的是垂直與水平的線條。「鈕扣石」像是用布條編織、扭曲打結的鈕扣。另有鼓著肚子的「甕石」。還有一塊方形的石頭「試劍石」，中間有光滑的切面，傳說是曹操這位〈觀滄海〉的作者，想試試自己寶劍的鋒利程度砍出來的。「老人石」是一塊有稜有角的大石，有額頭、鼻子、眼睛、皺紋，一張薄薄的、沒有牙的、苦澀凹陷的大嘴。離老人石不遠處有「石人怒鬥」，以海浪為背景，兩個面對面、互相伸出的頭部，右邊的裂著嘴、氣得口沫橫飛。「羊聽濤石」，是隻羊蹲著，細長的頭型、長長的、豎著耳朵和閉著眼睛，彷彿在聽浪濤聲。另外一塊石頭叫「金蟾望海」，一隻石頭龜，有著腫脹的大脖子、扁平的頭骨、突出的眼球和裂開的大嘴，嘴裡還有彷彿隨時會快速彈出、等著抓住蒼蠅後吞噬的舌頭，栩栩如生，是老天的傑作。

石人怒鬥，栩栩如生。

靠拉皮條上位的段芝貴

如果朱啟鈐代表的是生存家，周學熙就是中國的愛國者，那麼段芝貴（1869～1925）這位軍閥，就是中間人與協調者。段芝貴來自安徽合肥，曾經在袁世凱的麾下，官拜湖廣都督、東北三省滿洲統領。袁世凱死後，新強人段祺瑞是段芝貴的親戚，任命他為相當於部長級的中國陸軍總長。

朱啟鈐，如前所述，曾經在北戴河幫助段芝貴興建他的第一所別墅，後來因為他嫌太小，賣回給了朱啟鈐。作為陸軍總長，段芝貴身邊總是圍繞著隨從、副官和副官的助手們、勤務兵，他們也必須要有居所。此外，還因為他的姨太太們彼此之間的關係不好，需要各自的空間。因此，這個軍閥在舊建築的西南邊買下了一大片空地，1918 年由德國建築師偉德里西（Weiderich）加蓋了兩棟房子。

雙層樓的主建築有 21 間房間，靠西北處，給他的隨從與副官們附帶蓋了一棟，住址是西經路 68 號。這棟建築周圍的圍牆吸引了不少人注意，不久就成為北戴河的新看點，所謂的「段家的牆」。原因是其他的圍牆都比較低矮，可以看得到裡面，段家的牆足足有一人高，牆的下半部是花岡岩石塊，上半部是長條的水泥板，上面還蓋著深紅色的大紅瓦。太漂亮了！對當地的人來說，還從來沒有見過這麼美麗的牆。

段芝貴畢業於北洋武備學堂，之後到日本去繼續學習。回國之後，他捐了個官，買一個「候補同知」，然後進入袁世凱的新軍，成為教官。用元帥的尺度來衡量的話，他不具備傑出的能力與技能，但是他有個專長，懂得如何討好，也就是拍馬屁，沒有人能夠超越他，他的升遷來自於幫人拉皮條。

當時，袁世凱任用李鴻章麾下的一位門生阮忠樞擔任軍事監督，袁世凱覺得這是個人才，說他是「才長心細，學博識優」。他和段芝貴兩個人都來自合肥，孩提時就相識。他們都想要利用袁世凱開啟更好的仕途，使自己更上一層樓。機會很快的就來了。

袁世凱是個牡丹花下死、做鬼也風流的花心人物，當時正被天津的一個「班子」裡的一位妓女迷得暈頭轉向[57]。她的名字叫柳三兒，當時是譽滿天津的花魁。彎彎的眉毛、長長的睫毛、烏黑的大眼睛，一張如出水白蓮的小臉蛋。不管穿著的是紅色綢緞斗篷或是藍色真絲旗袍，也不論是秀髮高盤、或是簡單的髮髻，只要看她一眼就令人心花怒放。袁世凱想納其為妾，卻遇到阻礙。作為大清的朝廷命官，是不可以納妓女為妾的，只能暗通款曲。這只是個實際問題，此外還有另外的一個問題，那就是袁世凱已經有了一位夫人和兩位姨太太。他的第一號夫人對他繼續納妾沒有意見，但是二老婆與三老婆都是母老虎，他們為了保護自己的地位，會口咬爪撕、不擇手段，可能會發生很不愉快的事，袁世凱想著都會肝顫膽寒。他不只是好女色出名，也是出了名的怕老婆。

怎麼辦？阮忠樞，這位才長心細者，在此發揮了他的作用；他將此事與他的好友段芝貴商量，結果戰略出爐。段芝貴在巷子裡覓得一處房院，花了心思綁上飄飄彩帶、高高掛上大紅燈籠，裝潢得像辦喜事的樣子。然後他匿名的去找老鴇談柳三兒贖身的價碼，就說自己有位富有的親戚想要討小老婆。老鴇正手頭困窘，原則同意商量，先決條件是柳三兒自己願意。阮忠樞事前已經私下告知柳三兒，說定了是袁世凱要為她贖身，柳三兒也同意了。第二天段芝貴帶了錢去，並且用轎子把柳三兒帶到了她的新家。

正當袁世凱晚上又出現在班子裡，想和柳三兒共度幾小時的美好時光時，悲痛萬分的得知柳已經於當天上午被人帶走去當小老婆，永遠離開了班子。第二天袁世凱還在為失去柳三兒之事耿耿於懷、悶悶不樂，心細的天才趁機上場，出現在老闆面前。他告訴袁世凱說，「發現了一位新姑娘，她的美色與柳三兒不相上下」，袁世凱心不甘情不願的同意見面。轎子停在那個被裝點得喜氣洋洋的房前。袁世凱好奇的走了進去，裡頭點著的是結婚用的大紅蠟燭，新房中迎面而來的是柳三兒。一切的痛苦思念全都飛到了九霄雲外。袁世凱覺得自己太幸福了，當晚就讓柳三兒成為了四姨太。

段芝貴與阮忠樞在婚書上簽名蓋章，

德國工程師偉德里希 WEIDRICH 為段芝貴設計的別墅

這就是北戴河知名的「段家的牆」。

一張清裝女子圖：當時天津的風塵女子。

兩人不只是得到了他們付出去的錢，當然還得到了更多的賞賜。

註釋

57 天津人稱高級妓院為「班子」。藝術家、商人、政客、軍人會聚集於此喝茶聊天、講八卦、打麻將、用餐、耍詐、施展詭計…，當然也為了談情說愛、尋花問柳。「班子」在侯家后的區域，是個很窄的巷子，在天津老城區北部離運河不遠處，都是多層建築，內部有天井與迴旋樓梯，大門口掛著一排橢圓形、乳白色的雪花燈籠照亮，上面高掛著猩紅的招牌書寫著妓院的名字。大門的兩個門扇上都有方形銅板，上面用黑漆寫著「一等」，紅色與綠色的絲條垂掛在大門的兩邊。世紀之初，「先生」的花名、也就是藝名還會掛在燈籠上，或是大門的旁邊。那時候的女士被稱為先生。為了維持「班子」賺錢，一個班子至少需要有六至七名妓女，其中要有一至兩名的「名妓」或「紅妓」。這些紅妓住在坐北朝南的南廂房，占主要位置，裝飾得特別金碧輝煌，大張的宴會桌，另有四方形打麻將的牌桌，上面放著菸盒的圓形抽菸桌、梳妝台、高腳的躺椅、巨大花瓷瓶，此外，牆上掛著、桌上放著、靠牆立著的滴滴答答響不停、搖晃著鐘擺的大鐘。進口的黃銅床或者是鐵木所製的床，刺繡的窗簾、床帳，絲或綢緞的羽絨被與枕頭，床邊小几上有給客人預備的鴉片菸斗，另有衣櫃、洗手盆架、茶具、鳥籠（裡面有鸚鵡）等等。

妓院的地板（蠟打得）光鮮亮麗猶如鏡子一般，當時還是奢侈品的電燈也出現在房間裡，那時候大家都形容電燈「比日光還亮」。牆壁上掛著房間女主人的大張彩色照片，旁邊掛的是名人專門為主人題的詩詞、書畫、墨寶和其他的裝飾品。在玻璃櫃中有其他的彩色小物件、擺設。窗簾和床帳、床上用品也會隨著季節變換而更換。名妓大部份來自中國南方，之所以出自江南的原因，不只是因為她們具有南方女性優雅、柔弱、迷人的特點，還包括她們在音樂、書畫和作詩填詞方面的才學修養，也就是具備琴棋書畫的技能。對那些來自天津或是山西省的北方大漢、大兵來說，是非常稀奇的。

我的老友喬治說：「進到一等『班子』，首先是『打茶圍』，或者叫『開盤』。一個盤子上面放著瓜子，人們喝茶嗑瓜子。其實這是一種固定的計價方式，按陪伴的時間來計算金錢。去拜訪班子的客人，想要與自己的『先生』聊天，叫『上盤子』。時間大約一小時，以當時來說是一個銀元。吝嗇的客人，如果只放一個銀元，會被輕蔑的稱呼為『膏藥』；這種一般稱之為「狗皮膏藥」的東西，是中國人活血止痛用的貼布，貼在皮膚上後取下來時，需要經受很大的痛苦。用力往下撕，連汗毛都一起被拔下來。而「毛」也正是中國錢幣的小單位，因此妓女以「膏藥」形容連幾個銅板也不捨得給的吝嗇之人。這些受歡迎的妓女，一天可以開十盤，換言之，可以收到二十銀元，相當於當時一個工人一個月的工資，或一位老師半個月的工資。

去「班子」走動是公開的社交活動，沒有什麼丟臉或要隱姓埋名的。「來客啦！」伙計響亮的聲音呼叫著，同時畢恭畢敬彎著腰、招呼著進來的客人。「茶壺」常是提溜著茶壺的小夥計，他會先問：「老爺們有熟人沒有？」客人搖頭的話，他就會對內傳呼：「看廳」。之後一個接一個的女子自負的走過客人前面，「茶壺」在一旁唱著花名「金小寶」、「李靜蘭」、「林黛玉」、「紅姑娘」、「金小梅」…，花名被唱出時，這些女子要抓住機會表現自己最佳的一面，這也是義務。只有名妓可以不必如此。如果有人問起名妓，小夥計會回答說「不在家」，因為只能透過熟門熟路的、共同朋友的介紹，方有可能見到名妓廬山真面目。

選擇好了，所有的人就到那個被選中妓女的閨房內喝茶、吃水果、吸菸、嗑瓜子、聊天。如果是多位訪客，女子會先問：「哪位老爺招呼？」團體中有一位點頭，那麼他就扮演「客人」的角色，其他的人就只是「朋友」，於是兩人成雙、目的達到，開始為此兩人「鑲邊」。角色分配妥當、權力與義務關係已定，「朋友」從此以後在別的情況下也不再允許與此人開盤。要是嚴重違反規矩的，違反者被稱之為「割靴腰子」。只有一種情況例外，除非這位客人同意「借用」。

接著，妓女從盒中拿出香菸來，按次序一支一支的遞給客人的朋友。每遞一支，就詢問朋友的名諱，最後才遞香菸給選中她的那位「客人」。這就好像這個人是「主人」，而她是「主婦」、也就是女主人。女人表現出她最可愛的一面，來招呼主人的客人，把主人的朋友也變成自己的朋友，而不是如「冰桶」或者「松香架子」呆呆地杵在那兒。

第一次見面，都使用些禮貌性的短語聊天，沒有任何約束力就結束了。只有在再次見面、也就是「回頭」時才會發生關係。也許會是在當天，最遲應該在第二天就有回頭的機會。客人如果不回頭，對女子來說是很丟面子的事，在某些場合中會被奚落、嘲弄。如果回頭了，一而再、再而三的就成為「熟客」。嗑瓜子聊天就會變成情話綿綿。如果他來訪時女子正在房中接待另外的一位仰慕者，「茶壺小二」會領他到一個空的房間，女子便會來往穿梭於兩者之間，而兩個尋芳客必須接受、互讓。

從賺錢的角度來看，「開盤」的茶、瓜子等等，兩個銀元，還算是可以，但並無利可圖。但是菸就不一樣了，那可是進錢的源頭，因為菸一定要有名的、好的如「小砲台」，特別是當一群人無所顧忌的瞎聊胡扯，快樂時間越延越長，就沒有什麼好賺的了；菸是一支接一支的抽，才有賺頭。

另外，打麻將可是中國的國粹，人們最喜歡的娛樂，幾乎沒有另外一種娛樂能超過它。打麻將的人，每一局輸贏後，贏了錢的人都會抽頭或是打賞。有時候客人一高興一次就給上百的銀元。為了避免打斷牌興，班子的人會自己主動免費提供牌飯酒席，這才是真正的收入來源。顧客會用班子的特別邀請卡，邀請來經過特別挑選的客人，一桌八到十人，在民國初年，一桌花費 52 個銀元，價格是個好飯店的二十倍。氣氛和所吃的東西都極盡奢侈，當然少不了魚翅、燕窩、鮑魚。吃的時候使用銀製的餐具以及江西的瓷器（冬天用錫盤）。餐點由特別的大師父們準備，一般規則是雙台或者雙雙台，十或是二十台也是常有的事，不稀奇。這樣的情況，就會超過千元銀元，這大概是一個中上等家庭的所有財產。

「上車」與「下車」在妓院另有他意。春節、龍舟節（端午陰曆五月初五）、中秋節（陰曆八月十五），因應傳統習俗，顧客必須對他寵愛的女子有特別的表示。節前拜望這是「上車」，節後拜望叫做「下車」，這節期「開盤」價格是平時的兩倍。如果是特別愛面子的顧客，在這個時候，就會邀約他的熟朋友來參加遊戲和宴會。

在班子裡，只有當客人與女子熟悉到一定的程度之後，才會「住局」過夜，不只是要開很多盤，還要在其居處辦置酒席、舉辦宴會、打麻將。

最昂貴的當然就是與名妓過夜。順序是先出毛巾，在酒席盛宴開始前，夏天用冰涼的，冬天用滾燙的軟絨毛巾給客人擦拭臉部、手部，姑娘給每一位客人遞毛巾，為了表達對她恩客的情感，遞給的是特別貴重、繡花的毛巾。其次叫探房，隨後第二個酒宴，跟第一個不一樣的地方，是在姑娘所在的妓院自己的房間內舉行，是一種定情的協議。接著還有第三步擺房，意思是這位顧客掏錢給整個房間的設施（傢俱、床、床上用品、窗簾等等）全部換新。

如果姑娘不是名妓又不是什麼「小先生」等級的，最後進入真正「嫖」的花費只需要 12 個銀元。事實上相對於真正支付在擺房、宴請等的巨額帳單而言，這個主要「成事」的花費很小。但是對尋芳客和姑娘來說，整個情況相對的維持一定的規矩，不能隨便。對班子裡所有的「小先生」都得一視同仁。絕對禁止在大白天「成事」，他們叫「吃狗食」，是違反禮節、有傷風化。

在二等妓女戶「茶室」，就不像班子裡有那麼多的規矩和限制。初次典禮如下。一盤瓜子與食物，就由附近的專門餐廳訂送，一晚上的夜渡資要六個銀元。三等級或者四等妓女戶，就可以開門見山按小時計費。時間到了茶房小二會敲門說：「幾號先生，您的時間已到。」這個過程叫「關門」，價錢大概是十個燒餅錢。價錢在早上要便宜一半。

「住清倌」意思是，班子裡分為「渾」與「清」兩種姑娘。「清」的又稱「小先生」，班子裡的「媽媽」如眼珠子般保護著，把她們當成誘餌，專門釣那些願意出高價又有錢的客人。對她們的「開苞」，有許多障礙要超越，好像與名妓過夜一樣。除了所費不貲的禮物（首飾、衣服、皮草等）外，還有就是多次的擺宴與「結婚喜宴」。客人需要負責為姑娘製備所有的個人用品（包括三季的衣服）、房內的傢俱和擺設（傢俱、床上用品、牆上裝飾、櫥櫃）等。一切具備、時間到了，會如同正式嫁娶般的，「點大紅蠟燭」，蠟燭上裝飾著龍鳳，在閃爍的、忽隱忽現的蠟燭光中，新郎為新娘「破瓜」。一般來說，這位「新郎」有三夜的時間和新娘在一起。價錢上最少要比「大先生」貴兩倍。如果「新郎」第三夜以後，沒有回來，新娘會穿上一天的喪服、焚燒紙錢。

這種事也可以滿足男方要求、多加價錢，讓開苞在男子家中進行。「小先生」被妓院的僕人用背的方式，把她背送到客人處。「出局」是那時候的陪伴服務，也叫「外盤子」，或者稱為「叫條子」。意思是點名讓姑娘到家去，或者到餐廳、戲院、澡堂去陪伴，提供這種娛樂服務的地方特別預備了一種所謂的「局票」，客人只需在「局票」上寫要找的姑娘或是「先生」的花名，一個僕役就會將這個局票送到。在清朝時的名妓，會像大官出巡一樣，坐著內裡藍色的軟轎，被抬到局票上寫的住址，隨行的還有一位抱著琴的樂師，為的是在飯局中伴奏，他可以賺取一、兩個銀元和一些銅板。不時地姑娘會服侍招待客人，她一般是側身橫坐在客人的後面，除非是非常熟的客人才會一起坐在桌子旁。最有賺頭的是被召喚到有錢人的公館去，那裡賭的輸贏很大，贏家隨後會手很鬆，打賞也就很高。

段芝貴馬屁功夫到家

袁世凱從柳三兒這事開始對段芝貴另眼相看。半個月不到的時間，如同德國陸軍的口令一般「立正！踏步！齊步走！」（當時在中國所謂的現代化軍隊，是用德語喊出口令的），段芝貴從一個不起眼的副官，變成了袁世凱的正式貼身大員。

他不以此為滿足，當袁世凱要稱帝時，他為此還獲得了個叫「乾殿下」的外號，謠言開始傳播，段芝貴每天跪著，早請安、晚稟報的伺候著他的主子，終於有一天被主子問到「人們只跪父母，我又不是你的父親，為何跪我？」段芝貴回答說：「生我者父母，培養我的卻是大人您呀！若不嫌棄，請視我為養子。」說完，立刻三跪九叩，連呼「乾爹」，然後面向柳三兒呼「乾娘」。[58] 因為不見反對，從此他就稱袁世凱為父親，而袁世凱雖然有一打以上的小孩，也不表意見，默默的接受。

朱啟鈐有兩張段芝貴的照片。一般的想法認為軍閥就是光禿禿的頭、圓滾滾的雙頰、粗糙的皮膚、上翹的八字鬍、高高的顴骨、狡猾的眼睛、殘酷的嘴巴⋯，段芝貴一點都不符合。他個子矮小，有著圓圓柔和的臉，像個作夢的孩子。

先說第一張照片。這是在照相館拍的，段芝貴穿著大清國的制服，站在一個紙板牆前擺個姿勢，紙板上畫著松樹，中間是涼亭（妓女的照片也常出現這種紙板），在他的正後方有一平臺，上面有盆水仙花，這是中國新年應景的花卉。他眼睛看向遠方，右手戴著白手套插在腰上，左手放在配劍的把手上。制服是按普魯士的樣式剪裁，是德國軍事顧問留下的影

響，但是有著寬闊的袖子，袖口用金線、銀線編織縫繡著很寬的、糾纏的立體盤花，盤花裝飾幾乎延伸到了肩膀上。頭上戴著的是圓形的中國貝雷帽，短短的軍人式小緊辮藏在後頭，好像已經知道不久後就不能再留了（長辮子在打鬥時很容易被對方抓住，扯倒在地，例如鴉片戰爭時，英國人常將中國俘虜的辮子打成結，拴在一起）。[59]

註釋

58 以當時的背景，如果用章回小説體來描寫，將更具有想像的空間。如下：「吾聞人子對父母才朝夕請安，吾非汝父，何必如此？」「生我者父母，培植我者公也，公若不嫌，請即收吾為兒。」説罷，又是三拜下跪，口呼袁為「乾爹」，呼柳三兒為「乾娘」。

59 軍事辮或是小緊辮，是武裝匪徒辮子的變種。也稱之為「武匪派辮子」。按照大清的律法，每一個中國人，除了和尚之外，都要留辮子，前額頭必須理乾淨。這是滿清（1644～1911）立國第一年時開始的規定。小男孩從他們孩童時代就開始留所謂的「王八辮兒」，一縷頭髮編成一個小辮子，用紅繩兒或是綠繩兒裝飾著、捆繞著，綁了那麼一個上翹的小辮子。到了 5、6 歲的時候，頭的中間留了一叢頭髮，等到頭髮長到了一定的長度，就編成一條小辮子。

髮辮還真不是一個簡單的髮辮，它又被分為官派辮子和匪派辮子。官派辮子指先刮掉三分之二的頭髮、只留頭皮部分。隨著年齡漸長，中間的髮叢，逐漸全部茂密或是稀疏的長長，就平躺在頭上小小瓜皮帽底下，不太能看出來。辮子的末梢用所謂的「辮簾子」來裝飾，這是由三股黑色的絲帶編成，末梢耷拉著「辮穗子」。一直耷拉到屁股的位置。

另一種辮子是土派辮子或是匪派辮子，又分為文、武兩派。文派的辮子根是完全的、鬆散的編著，辮稍直墜至膝蓋部位。有個特別粗、長的辮穗子，普通是錦緞的；所謂的燈籠錦或是蛇皮錦。辮穗子要比官穗子長，而且辮子用頭油塗抹，抹得光亮耀眼。頭頂部分和臉上用鵝油塗抹，講究的可以有 5 條辮穗子組成，這是在民國初年從女人的頭髮樣式演變過來的。武派的辮子演變成了「小惡霸（軍人辮）」，是喜歡吹牛説大話到處顯擺的人，好打架愛惹事生非的無賴、流氓（該上絞架的）喜歡留的。相當的短，大約 40 公分左右，從辮子稍開始就硬邦邦的、而根部就像石頭般的堅硬。沒有辮穗的辮子，稱之為「蠍子尾緊小辮」，因為辮子中編了一根可以隨意彎曲的鐵絲，像毒蠍子要攻擊時、翹起來的尾部一樣的向上撅著，弄得像黑社會老大的一樣的派頭。

按喬治的説法還需要以下配件，前面鞋頭翹起來的鞋子，在普通老百姓的口中叫「螳螂肚鞋子」，因為其形如長長伸出的螳螂身軀，還應該有鼻煙壺，還要不停的吸聞鼻煙，在鼻孔底下要形成「蝴蝶」形印跡，這可以追溯到義和團「亂黨」。

段芝貴故技重施麻煩接踵而至

段芝貴拉皮條的天分，他又發揮了第二次。這次結果成了政治醜聞，使得他的政治生涯倒退了幾年。

故事是這樣的，從編年史上發現，1906 年，西太后要讓滿洲、這塊他們祖先的發源地，如全國其它區域一樣劃分、建省。政府派委員會處理將省界確定，委員會的帶頭人是慶親王的兒子載振，一個花花公子，還有那時候的兵部左侍郎徐世昌。慶親王的兒子大權在握，他是御前大臣、侍衛大臣、農工商部尚書。這個委員會動身前往滿洲，來到天津，見了袁世凱，是因為西太后委託袁世凱推薦滿洲省長的人選。

段芝貴，除了是袁世凱、他乾爹的隨從外，現下還是天津南城的員警頭子，而這南城正是天津花街柳巷之所在，由他負責照顧接待這一群貴客。知道親王之子的名聲、喜好，有一個晚上他就邀請了楊翠喜，一個著名的京劇名伶、歌者，與段芝貴約定好了，要讓親王之子神魂顛倒。說到做到，根據原先的計畫、有效的配方再複製一次。段芝貴給了戲班大把的銀子，把楊翠喜贖了出來，在派遣的委員會回程再經過天津車站時，將楊翠喜送上，讓親王之子歡天喜地，楊翠喜成了他的新寵。

這個拜訪至此很成功，袁世凱所建議省長的名冊也被帶到北京，經由花花親王的父親慶親王送達慈禧太后手中，並且得到確認。由徐世昌擔任東三省總督（他也是後來的民國大總統），遼寧省省長由唐紹儀擔任（在開平煤礦權力轉讓給德璀琳的授權書上簽過名者），直隸省長由著名的書法家朱家寶擔任。最北方的黑龍江省長由段芝貴擔任。這四個位居要津的人選

楊翠喜

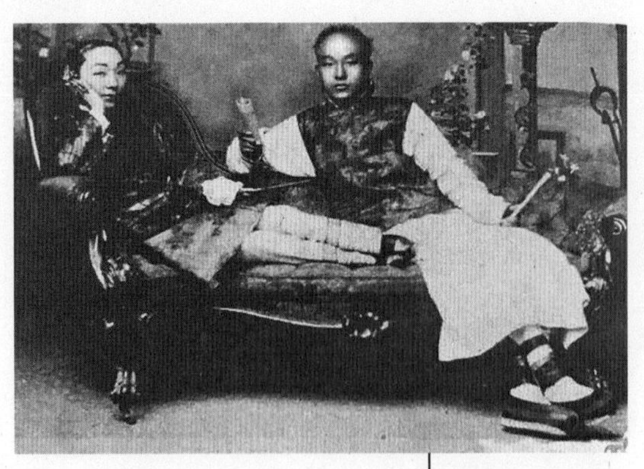

楊翠喜和戴振

都是袁世凱百分之百的親密黨羽。

然而對段芝貴的安排最後卻有了變動。在他還沒有上任前，因為御史大夫趙啟霖調查，指控段芝貴為牟取大位而進行的無恥詭計，揭露他為達目的不擇手段，經過買賣、轉讓名伶，將其贈與親王之子，對親王之子而言也是重大的犯罪。

西太后下達旨意，段芝貴退居替補行列。太后委託醇親王，光緒的生父，著手調查這件事，調查的結果將決定段芝貴的命運。

袁世凱與慶親王花了幾個禮拜的時間，費了九牛二虎之力，在幕後操作、協調，讓「夤緣求進」事件變為「不實指控」，刪除了以前的調查令。

為了掩蓋事實，袁世凱讓楊翠喜回天津，透過他自己的表兄弟張鎮芳（後來鹽業銀行的總裁），將她交由鹽商王益孫保管。這個人對調查委員會作出偽證，說涉案的女伶早在指控時間之前，就已經是他家的女傭了。醇親王為了避免讓自己的親戚慶親王獲罪，也預期會有這樣的回答，就表示滿意，不再繼續追究調查下去了。

洗白其實也沒有那麼容易，在調查官的後面是有權有勢的軍機大臣瞿鴻禨，此人是前面提到過的朱啟鈐的伯叔父，也是袁世凱的死敵。段芝貴獲得二級的無罪開釋，但是其他的疑點依然存在，他自此無緣於黑龍江省長之位，更有甚者，他被剝奪了其他所有一切的官職。

為帝制唱讚歌

袁世凱當然不會忘記他的乾兒子。當他當上民國的大總統後，他任命段芝貴為內蒙古八旗察哈爾督統，後來又晉升為第一軍軍長，湖廣都督，最後成為北方三省的奉天將軍。

段芝貴的第二張照片，是民國成立後穿著日本式軍裝制服拍的。他胸前掛滿著勳章。不再有垂釣式的吊繩股、飄帶、金屬絲編織飾物、刺繡、盤扭、胸章、穗子、流蘇，但是戴著手套的左手與第一張照片一樣的放在劍上，輕快講究的小鬍子，顯出一種嘲諷的意味。只有眼神不變，睜大眼睛看向空無。

段芝貴的人生頂點，在 1915 年袁世凱意圖恢復帝制、要自己當皇帝時。段芝貴號召全國各省的軍隊司令集會，表達支持效忠之意。他自己穿戴著日本式的軍服，當眾表示，最優先的任務就是要讓中國再度強大起來，不要成為外國列強權力遊戲的籌碼，他認為一個立憲的民國政體只會使中國更分裂、更弱化，主張一個強而有力的領導者是必要的，所以只有國王或者皇帝才有可能讓中國強盛起來，他並表示，恢復帝制，還受到了外國希望看見中國強大起來的勢力的支持；說完，他從口袋中拿出了一篇古德諾（Frank Johnson Goodnow）教授的文章〈共和與君主論〉。

古德諾是一位具有聲望的憲法律師，執教於哥倫比亞大學，他和夫人來到中國，本是要來協助民國政府制定憲法。但他公布了個完全相反的結果，說中國不適合民主，反而君主是必要的。在他的文章中說，中國人民還不夠成熟到可以民主的地步，「中國與美國的情況不一樣，是不

可能將一個系統，從一個國家移植到另外的一個國家」。

段芝貴戲劇性的、最後大聲疾呼：「如皇制不成，死不再生。」

他將兩份事先預備好的聲明給大家傳閱，一份是「贊成民國」，一份是「贊成帝制」。沒有一個人在第一份聲明上簽字。

中國沒有恢復帝制。歷史的巨輪無法倒轉，但在此後的三十年，戰爭不斷，一直到共產黨獲得政權才結束。剛開始的戰爭是國家解體，南北分裂為二，南部是由國民黨孫中山先生領導的政權。北方是由不同的、不停地更迭的軍閥所領導，按照其領導人的省份命名，最初有三個，親日本的安徽系（皖系），這也是段芝貴所屬的一系。直隸為直系，包括北京。還有就是奉系，奉天也就是今天的瀋陽，滿洲的首府。

第六部

三個軍閥派系的四位主要人物

三個軍閥派系分別是皖系、直系、奉系。

（1）皖系（安徽系），領袖人物是段祺瑞（1865～1936）。

段祺瑞是段芝貴的侄子。段祺瑞在早先一年通過天津武備學堂的聯考，在砲兵、地形學、製圖學上都是當年的最優者。與其他的五個畢業生，在1889年被送往柏林軍事戰爭學院留學一年，接著在德國愛森（Essen）的克虜伯（Krupp）公司實習半年。他非常喜愛下圍棋，圍棋是個比西洋棋更需要戰術與戰略性思考的遊戲。從1895年開始，袁世凱在新軍的這個領域對段祺瑞委以重任，他也越來越被器重，地位越來越重要。1905至1906年，他使用德國模式，在秋季舉行的軍事演習中，統領「北軍」對抗「南軍」。

國民革命之初，段祺瑞站在袁世凱這一邊。1912年，袁世凱任命他為陸軍總長，一年後成為代理國務總理。從1916年開始，他任國務總理，改變了聯盟的角色。

（2）直系，與皖系對立，領袖是軍閥曹錕（1862～1938）與吳佩孚（1874～1939）。

曹錕成為大軍閥，情節像童話故事。他出身於天津附近的一個小農村，十個小孩中，他排老三。父親是造船工，他的收入與父愛難以平衡，要拉拔孩子長大有困難，但是他極盡所能的讓自己的孩子讀幾年的書。16歲時曹錕已經是有經驗的、背著布料走街串巷的小販。整包的布料扛在背上，因為太窮買不起推車，挨家挨戶叫

段祺瑞

賣。賺到的一點錢，就拿來買酒。醉了，倒地而睡，只要地上有個席子就行。不只一次在他醉臥中成為小偷下手的對象，他也無所謂、從容接受，繼續暢快的痛飲。他的別名叫「曹三傻子」。有一次他背著布料包，來到保定城；這個位於北京南方、直隸省會的城門口，守衛拿他逗樂子尋開心，不讓他進城，這成了他生命的轉捩點。不讓他進城？曹錕又憤怒又羞愧，覺得這是奇恥大辱，發誓要報仇。

他與袁世凱的一個舅舅的遠房結拜兄弟，彼此有點血緣關係，都姓曹。透過這位結拜兄弟和袁世凱搭上了關係。袁世凱對於自己的氏族、宗親，總是樂於幫忙，對他自己有種忠誠感，他喜歡曹錕，送他去就讀天津的武備學堂。

曹錕，快樂、機智、和藹有趣，骨子裡有點滑稽、幽默，在打麻將的時候常讓對手感到恐懼，對於工作與危險毫不回避，不只對位居其上者、對於下屬也都一視同仁。他把工作當成助人為樂，對於下屬，作他們的輔導員與助手，他把他們當作同等的人看待。曹三傻子因此從小隊長做到警備指揮官、師長。袁世凱，這位一直用一隻手罩著他的人過世後，曹錕已經是直隸的督軍了。

他的駐守地點就是保定，現在的他，光頭、蓄著大鬍子，而保定就是當年他在城門前受辱的地方。現在保定在他統治之下，他是王者歸來。

曹錕最大的嗜好是京劇，在他六十大壽的時候，用幾乎是王室的價格一千銀元邀請來了「中國的卡羅素」梅蘭芳與他的班子，為他們打造劇場，並且連唱一個星期，宴請招待了全中國來的客人。當時報紙全面記載了一個偶發事件。有一個砲兵單位，因為幾個月都沒有領到薪餉，叛變，從城牆上炮轟正在上演京劇表演的場地。曹錕當機立斷迅速的解決事端，將滋事的頭目當天就砍了頭，掛在城牆門上。

吳佩孚是第一位出現在《時報雜誌》（Time Magazine）封面的中國將軍。[60] 他原本選擇走文官體系，他內心深處，全是中國古典書籍，讀書讀到半夜三更，每個人都認為他會有很好的仕途，全家以他為榮，但是命運並不如此操作。他才通過了

吳佩孚

三次科考的第一關考試，卻因為觸怒了當地的官員，將其名字從名單中刪除，還讓無賴追捕他。吳佩孚逃到了北京，變成了算命先生。這個算命的替別人指點迷津，而他自己卻沒有了未來，科舉取士、光宗耀祖的道路被阻了。後來他到了天津，參加了軍事學校武備學堂的入學考試。畢業後，他加入袁世凱的「新軍」行列。

為了爭奪滿洲地區的霸權，1904 年日俄戰爭爆發，他請假，自動請求加入日本間諜的行列。裝扮成一個商人，偵探蘇俄軍隊的位置。這是非常危險的事，如果被俄國人捉到，那就沒命了。他的勇氣、教育和足智多謀，得到曹錕的賞識和保護。幾年後，從過去能通陰陽鬼神的算命仙到間諜，現在變成了權傾一時的軍閥。民國成立後，他統治了河南、山東、湖北、湖南幾個華中省分。主要駐守在河南的洛陽。一直保持著對曹錕的忠心耿耿。

一個文化人，有著亮如鏡子的光頭，他會寫詩、畫山水畫，人們稱他為「儒將」，他以此為傲，就像他對軍隊的紀律一樣，他喜歡讓他的軍隊戴著閃亮的頭盔遊行，劊子手大踏步的走在隊伍旁，手舉著官方的正式大刀，而吳佩孚自己則站在房子的屋頂上指揮。

（3）奉系，領導人張作霖，這個時候是滿洲無可爭議的統治者。

張作霖

註釋

60 羅德尼．吉伯特（Rodney Gilbert）是《北洋日報》的記者，1922 年 9 月在《亞洲雜誌》這樣描繪他的：「吳佩孚，個子矮小、很輕、小手小腳，但是像釘子一樣堅硬，像貓一樣敏捷。他的頭型狹窄有型、柔和琥珀色的眼睛、輕微彎曲的鷹鉤鼻…，這些在日本和中國都是貴人的長相。他在軍中，可以說是最謙卑的，也可以說是最沒有留下什麼特殊好印象的中國軍官。中國人不論什麼情況下特別敏銳、天生的具有戲劇性，只要有機會，都會想方設法引人注目，任何一個人在吳佩孚的位置上，一定會讓自己看起來是個大軍閥、征服者。但吳佩孚並不那樣，他待人處事自然得像個孩子，超出一般的謙虛，特別的羞澀和與眾不同。與人交談時，他多數時間低著頭，低聲細語，聲音有些古怪。」

辮帥張勳保皇行動

三大派系，三方遊戲，每一個派系都期待與另一派系合作。1917 年，保皇黨的張勳（1854 ～ 1923），像小丑一樣的也上了船。張勳人稱「辮帥」，因為他禁止他的軍隊剪掉辮子，他自己也還留著一條。

張勳曾經是牧童、放羊的少年，在義和團動亂的時候，曾擔任過西太后的扈從，之後到了山東，在袁世凱的麾下，也正因為他對皇帝的忠心耿耿，在國民革命爆發時，袁世凱任命他為兩江總督，管理江西、江蘇、安徽。因為他有鴉片癮，也被稱為「雙槍將」（抽鴉片的菸斗，民間稱之為「煙槍」，真槍與煙槍，所謂的雙槍）。

軍閥間的戰爭開始了。1917 年 5 月 30 日，他帶領部隊進入北京，並且佔據了火車站、郵政總局和其他的公共建築。第二天早晨，他身穿宮廷禮服，找到了 12 歲、滿清最後的皇帝溥儀，向這位新的舊皇帝完全自願、主導的叩頭行大禮。用大筆一劃，當時的民國六年，變成了宣統九年。

困惑的溥儀在他的回憶錄中有下列的描述：「他穿著薄絲的長袍馬褂，臉色紅潤，濃重的眉毛，他很肥胖。看見他那短脖子，讓我想起了過去宮中掌廚的太監（除了鬍子），我仔細瞧了一下，看他是否還留著辮子，真的，他還留著，花白灰色的一條辮子。全北京，忽然一下子到處飄揚著大清五色龍旗，大部份是臨時用紙與漿糊糊的。大街上，許多人又穿起了舊時的衣裳，好像他們剛從棺材中爬出來。」

和袁世凱的登基大典一樣，是世紀大笑話。幾乎所有的外國使節都覺得可笑，只有德國人除外。因為張勳承諾德國人，如果恢復了大清帝國，中國將不參加世界大戰，作為回報，德國人答應提供給他武器與金錢。

「辮帥」的政變，讓舉國譁然。段祺瑞與正在天津的段芝貴，開始發起「討逆軍」，甚至讓飛機去轟炸紫禁城，中國有史以來的第一次空襲。溥儀在他的回憶錄中記載著：「太監們擁簇著我到養心殿，----每個人都躺在他們的臥房內，並且將竹簾放下。一顆炸彈落在承恩門附近，---- 第三顆落在宮殿西宮的大道上，可怕的丟到了一群正聚在一起賭博的太監們中間，好在沒有爆炸。」

政變失敗了。莫里循（過去是記者）寫給他北戴河的妻子信中說道：「你從來沒有聽過這麼可怕的打鬥聲，門外有幾千人在打鬥，只有一個人受了一點小傷。」

張勳6月12日到荷蘭大使館尋求政治庇護。黎元洪這位大總統，在政變時逃到日本使館，之後就被解職了，因為人們懷疑他與張勳是同謀（這件事到最後也沒有弄清楚），徐世昌成為他的繼任者，段祺瑞再度成為內閣總理，他的近親段芝貴因為討伐「辮帥」有功，被任命為陸軍總長以及京畿衛戍總司令[61]，但是段芝貴的日子已經不多了。

1920年的夏天，段芝貴在北戴河那棟有著美麗圍牆的洋房都沒完全蓋好，皖系開始了與奉系、直系聯合軍隊的戰爭。段芝貴帶領皖系的部隊應戰，這個專門精通拉皮條的傢伙被打敗了。他學黎元洪的做法，也逃到日本使館，然後跑到天津的國際租界。

辮帥張勳

1925年段芝貴死在天津。他在北戴河的洋房，現在對他來說又太大了，遺贈給了一位日本朋友，而這位日本人後來又將它送給了天津日本居留民團。第二次世界大戰結束後，日本戰敗，段芝貴的洋房和圍牆成為中國的財產。圍牆至今還存在，成為公園許多圍牆之一。

註釋

61「辮帥」後來被赦免，免於追責。傳說張勳手上留有一手，能夠證明徐世昌曾經許諾支持他的復辟行動，交換的條件是，新皇帝登基後保障他的任用。就連他這位新國家的總統，其實心中、骨子裡依然是君主制。

林彪故居

順著小徑來到一條乾枯的灌溉水渠，水渠的對面，有座高牆，上面插著尖銳的碎玻璃，離圍牆大約 100 公尺處，有一綠色的警衛室，然後經過一間爬滿牽牛花的茅屋前，轉個彎，就見到一座橋，橋後有個大鐵門，鐵門下面有輪子、上面有尖刺如長矛，可以來回推動。鐵門的軌道已經鏽蝕了，為了安全起見，大門上還掛著大鎖。左邊豎立著一根高高的旗竿，右邊有個空空的白色告示牌。從橋的這一邊，可以看見一些建築物的屋頂，這裡曾經是林彪的住所，就在聯峰山蓮花石旁，建有防空導彈，掩體防空壕一直延伸出去、有半座山那麼高。在小丘上立著一座半被樹林遮住了的方形角塔，上面有長長窄小的窗戶。這是他守衛居住的地方。在 1971 年 9 月 13 日，林彪反對毛澤東的「政變」，就是從此地起飛逃亡。公園入口處的牌子寫著：「這個事件震動了全世界」。

我看見兩個人站在橋上說話，一個人指著牆問說：「林彪到底在這裡幹了什麼事？」另外的人聳聳肩膀：「大概在此休養吧，還能幹啥？」我停下來注意聽，第一個人停了一會兒：「今天我們不能夠寫有關岳飛與秦檜的事，但是還可以說說，一百年後，大概也就會被遺忘了。」另外那人：「一百年？」

是與非、對與錯，在中國不僅是透過抽象的語言來表達，也透過歷史人物表達。岳飛，一位盡忠報國的宋朝將軍，代表正確的一方，秦檜，一位背叛的宰相，代表錯的一方。前面那個人所說的也是表示：「今天我們不能寫有關對與錯的事，只能說說，而且大概也不能說太久了。」大門、守衛室、車道、山丘、角塔，寂寞孤獨的被遺棄在那裡。

一隻鳥尖銳的叫聲，劃破長空，有如急煞車的聲音。

林彪聯峰山居所區域之一角

「財神」王郅隆

聯峰山上還有一位聲名狼藉、臭名昭著的賭徒，王郅隆，一位臉頰凹陷、一臉憔悴的長相，綽號「財神」。他出生於1888年，「8」字在中國因發音和「發」近似，所以有發財、走運和擁有很多的財富之意，屬吉兆。

王郅隆是一個擺渡船夫的兒子，出生在天津附近的一個小村莊裡，他在五個兒子中排行中間。家裡很窮困，王郅隆年輕時就下滿洲在一家糧店找到了工作，當個小夥計。他勤奮、好學、節省、精通麻將，認為賭博就是人生、人生就是賭博。等到他存夠了錢，就回到直隸，在唐山開了一家雜貨店，經營批發與零售的買賣。生意很好，他就拿賺來的錢，在天津又開了間木材商行。真是運氣繼續、財神當道，那時候天主教正在市內蓋一座大教堂，他在打麻將時認識了位營建商，一位中國天主教徒。營建商為了還欠他的賭債，讓他成了木材的提供商。用賺來的錢，他在天津又再開了一家米、麵、雜糧店。

賭博是王郅隆一直不變的嗜好，而賭運也一直眷顧著他。在天津的南城，在一家「班子」（高級妓女戶）的應酬中他認識了倪嗣沖——袁世凱營務處的處長（前面我們已經提到這個人與朱啟鈐和中興煤礦的關係）。那時不巧倪嗣沖把應該發給軍隊當月的薪餉給輸掉了（班子也是賭場），可以想像那是一種怎麼樣的高度絕望狀況。侵佔糧餉，當時是要被判處死刑的。王郅隆，雖然與倪不熟，卻動了善心，對倪說：「我替你繼續玩下去。」他坐到了倪的位置上後，一如既往財神果然降臨，把倪輸掉的錢又都贏了回來，救了後來成為軍閥的倪嗣沖一條命。他的這一義舉，讓兩個人從此建立起終身不變的情誼和職場的合作關係（在中國就是這麼回事）。

民國成立後，如前面已經提到，倪嗣沖被袁世凱任命為安徽的督軍。倪就任命王郅隆為北京後路局總辦。他的工作就是到財政部去提領糧餉，然後轉到安徽。經倪嗣沖同意，錢簽收後，王郅隆把錢放在銀行，然後分期付款的匯入安徽，保留一定的資金流動，成立了流動資金，讓他可以用來投機、投資到黃金和貨幣獲利。

就只是動動手指而已。等到倪嗣沖成

為安徽省長，稅金收入、無抵押的紙幣收入和國債，兩人串聯共同協力將金錢投資在火柴廠、鹽業公司和礦業開採。

在中國要獲得政治權力就必須要有錢，1916 年，王郅隆買下了天津發行量最大的報紙《大公報》，從此《大公報》成為當時安徽皖系在北方的喉舌。

設立「金城銀行」是下一步，透過官股來投資，王郅隆成為董事會的總董，很快的使「金城銀行」在中國的北方和華中地方成為銀行界的頂尖，與其他三家具有影響力的銀行：中國銀行、交通銀行、鹽業銀行旗鼓相當。利用銀行的幫忙，王郅隆在天津又開設了裕元紗廠，有 25000 紡錘，成為中國北方最大的棉花紡織工廠[62]。這個工廠今天仍舊存在，就是現今的天津棉紡二廠；當時在廠區內設有一座王郅隆紀念碑，如今已遷建。

財神王郅隆的別墅；他曾經是大公報的擁有者和天津裕元紗廠的創建者，

註釋

62 王郅隆的關係網有兩大方面。(1) 金城銀行。和王有關係的股份擁有者有四位。吳鼎昌，聯峰山別墅所有者之一，屬於公益會的會員，是王郅隆的牌友群中一員，經常一起玩麻將。任振采，交通銀行總經理，屬於朱啟鈐設立之聯峰山客房的擁有者、聯營企業的管理者，也是朱啟鈐設立的中興礦業公司的夥伴。股份所有人之一，還包括大股東倪嗣沖在內。周作民（1884～1955），金城銀行總經理，也是聯峰山公益會成員，出生于江蘇，1906 年考取官費留學去日本讀書。民國成立後，在南京臨時政府任財政部庫藏司科長一職，1912 年成為財政部的司長，梁士詒的門生在 1915 年助其升任為交通銀行總行的稽核課主任，這成了他日後生涯的跳板。(2) 裕元紗廠。股東們都是王的老友、舊識。倪嗣沖安徽軍閥、天津後宮主人，老蛾子朱啟鈐，軍閥段芝貴，王克敏（公益會成員，中國銀行總裁，好幾任的財政部長），段祺瑞（軍閥、總統、安徽幫首領），曹汝霖（朱啟鈐聯峰山客房的擁有者、聯營企業成員）。

賭博、生意和政治，三位一體

賭博，生意和政治，在中國是三位一體。1918年，王郅隆這個皖系的羽翼，成為北京參議會議員，北洋政府財政總長。但他內心還是個雜貨商，他最後的政績是拖延江西與浙江的大米運到日本，因為這一年，日本剛好發生嚴重的稻米歉收。

1920年皖系軍閥敗給了直系，王郅隆就回到天津，夏天他北戴河玩麻將度日。麻將是麻將，生意是生意，這裡缺少了政治權力，所有的一切都像是建在沙灘上。1923年，為了再度獲得政治權力，王郅隆乘船去了日本，目的是找朋友和盟友籌錢組建軍隊，好把直系軍閥再次從馬鞍上拉下來。他在日本的信用依然很好，但是這一次，他沒有受到幸運之神的眷顧，雖然一開始看起來依然是對他有利，第二天、也就是1923年的9月1日，要簽署貸款數百萬的合同之日，日本發生了關東大地震，東京與橫濱地區死亡人數超過十四萬。而「財神」王郅隆也是其中一員。他的結局悲慘，塌落的瓦礫使他身首異處。人們曾經試著尋找他，最後只能放棄，他被震下來的瓦礫給砸死了。

他的死訊如一顆炸彈，在皖系炸開了花，天意？他的遺體，確切的說，就是剩下的部分被運回天津，因為沒有頭（按照老規矩不能從大門進入），人們只能把他從牆上抬進去。

這些失勢的皖系軍閥們，在喪禮上送了無數的花圈和輓聯。其中一幅充滿智慧的輓聯：「覆巢之下，焉有完卵」「城門失火，殃及池魚」，倒落下來的鳥巢中，那裡還有完整的鳥蛋？城門著火了，用池水救火，池中的魚也就跟著完蛋了！意思是，他的不幸，也影響到別的人了。

1923年9月1日日本關東大地震

朱氏塋地

小路繼續引導著我，經過林彪的居所，來到了朱啟鈐與其家人的墓園。「蠖公」給自己和他的夫人設計的墓，是按照中國南方、他們老家的習俗樣式，至於他的後代，就按照西方的樣式。墓園入口處（在離他的別墅不遠的南邊），看到一個篆書刻著的墓碑，上有「朱氏塋地」四個大字。旁邊由黑色磨光的石塊砌成。東邊有條道引向主墳，周圍鋪設著紫紅色燒製的花磚，這是朱啟鈐花了很多的錢，讓開灤礦業燒製成的。在雙棺墓前，有著灰藍色空心磚台，是琴的共鳴音箱，這個琴有七道弦，按照中國南方古禮，由此護送亡者，這個塊磚，稱為琴磚，敲擊和拍打它時，會發出低沉的聲音。在每個琴磚前面，有形狀像鼓的石凳。

整個區域種植著稀有、昂貴的樹木，例如從日本進口的偃松（一種低矮、平平生長的松科植物，又名爬地松），以及燕尾松、落葉松、馬尾松和臺灣刺柏。

朱啟鈐子孫的墓在西邊。最上面是留給他的兩個兒子和媳婦，下面是給孫子的；全都是西式的、平的、重石板，和立式的石碑。

這塊墓地在蓮花山，曾經是人們喜歡郊遊的地方，在文化大革命的時候，成了犧牲品。紅衛兵打爛了供桌與香爐，摧毀了燃燒紙錢的爐屋、墓碑、路兩旁的欄杆路、回音琴座，又擊碎牆上的琉璃磚，把昂貴的紫紅色地磚挖了出來，砍掉珍貴的樹木。然後是「開棺揚屍」：將屍體拉出來暴露于原野，讓骨屑隨風飛散。但是，墳墓紋風不動的固守著棺木。為何能固若金湯不為所動？為了防盜墓賊的挖掘，由石灰、黏土、沙子製成砂漿，混合水，額外加入擠壓出的糯米湯或是江米汁，凝固石化後堅固如水泥，這是他朱啟鈐在讓人拆掉部分北京城牆時發現的。

墓園的入口處現在是北邊，不再是在南邊了。有一位用手撕出人像和用剪刀剪像的人坐在椅子上。掛著個相框，裡面是他的幾個藝術樣品，穿著婚紗的新婚夫婦的剪影、有著長指甲的緬甸廟宇舞女、撐著洋傘的女人、母親和小孩、頭頂光圈的佛像、有著茂密鬍鬚的朱啟鈐等。

整個墳墓區，在最近這幾年變得更差，因為要想恢復而整修了。在墓園進口的前面，有一條小路，引到一個圓形大廳，裡面有朱啟鈐的半身像，還立著兩個紀念碑，有個稻草覆蓋的小亭子，下面題著「小憩草亭」。低廉的彩色水泥取代了過去那紫紅色瓷磚與翡翠綠的琉璃磚瓦。新墓碑重新豎立，變成了「繼室朱母于夫人墓」。還有一句寫的是「朱啟鈐先生衣冠塚」，表示墳墓是空的。

空的？

這裡是他的第二位夫人于寶珊（1927年、50歲時過世）墳塋所在，朱啟鈐生前願望就想安葬在她旁邊。而他的第一任夫人、陳光璣早逝，與他育有一兒一女。

周恩來許諾會按他的最後希望和要求去辦，為什麼沒有實踐呢？附近的那個「朱家墳簡介」看板上，間接的給出了答案：「朱啟鈐，1963年按照周恩來總理的指示，在北京英雄公墓火化」。文化大革命的陰影已經形成，提前壓了下來，這一類封建式的葬禮再也不可能發生了。

南面的圍牆，豎立著一道崁入式的生鐵門，有條縫隙，從縫隙中可以看到「蠖公」的住宅。可以看出沒有人居住，窗戶用綠色的橫桿鎖住，一隻蝴蝶飛過，穿過了大門，消失不見了。

我在回程的時候，經過他後代的墳

塋。有一座墓沒有遭到紅衛兵的破壞，它的石板上刻著花朵，好似有什麼人把花放在上面，彷彿這些花石化了。朱啟鈐所種的銀杏樹的葉子飄落到了上面。在它前面高高的草叢中，有個藍色的破爛的籃子裡有新鮮的花。歐洲式的墳與墓碑。

在最上方西邊的一個角落，埋著的是朱的第七個女兒朱浦筠。她在十七歲的時候因為腦膜炎過世，是個未出嫁的女子，一般女兒去世後屬於夫家的，是不會埋在家族墓地的。她的墓碑上寫著，中華民國十九年（也就是 1930 年）八月「朱浦筠女士之墓」。

朱啟鈐有十個女兒，這可是不小的負擔。女兒出嫁的時候，按規矩嫁妝必須包括四季衣服，金、銀首飾，傢俱和家庭日常用品，連雞毛撣子都包括在內。他們婚後出生的子女，也必須給予資助。從生意的角度來看，女兒不是好的投資，所謂「嫁出去的女兒，潑出去的水」，大概就是這個意思。

朱家的女兒，當然是地方渴望迎娶的對象，也是《北洋畫報》八卦新聞爭相報導的內容。朱湄筠，他的第五個女兒，懶洋洋的、隨隨便便的、躺在滿是花朵的沙發椅子上，成為封面照片。1930 年 4 月，她嫁給了朱光沐，張學良的祕書。在奉天的婚禮上，張學良是證婚人，這成了那個時期的熱門新聞。《北洋畫報》用了整板來報導（1930 年 4 月 29 日）。

隨著時間流轉，朱啟鈐與張學良兩家

之間的關係越來越密切。朱洛筠，他的第六個女兒，1933 年嫁給了張學良的弟弟張學銘；他曾任天津市長兼警察局長。1929 年，兩人在北戴河認識的。

在墳墓的前面，有那麼一個石頭，我彎下腰把它翻過來，好奇的想知道石頭下面又濕又黑的，有怎麼樣的生命？我看見一隻蚰蜒、中國人叫「錢串子」的爬了出來，試著逃走。

梁士詒的別墅易手，成了「吳家樓」

金錢在中國，與戰爭相較，是惡性循環的罪魁禍首。有錢的人，想要權力；有權力的人，需要錢。需要錢的人，會喪失權力，然後也會失去金錢。而錢是這一切的始作俑者，這也就是吳鼎昌的命運。

王郅隆在聯峰山的洋房，已經是非常的壯觀了，但是與吳鼎昌相比，簡直是小巫見大巫。這房子原本是那位有權有勢、袁世凱總統府的秘書長梁仕詒的別墅，後來以「吳家樓」知名北戴河，據說，那是吳鼎昌玩麻將贏來的。梁士詒的兒子梁燕蓀，有一年夏天邀請吳鼎昌到北戴河作客，為了消磨時間，他們每一天都大手筆的下高額賭注，等到夏日結束時，開始結算輸贏，發現吳鼎昌贏了共計十萬銀元。梁燕孫這位主人聳聳肩膀說：「開支票麻煩，我就把這棟別墅給你算了罷！」

那棟別墅是德國建築師偉德里西（Weiderich）設計的，今天依然還聳立在那兒，很像一棟城堡，幾乎完全是花崗石建造的，德國特有的建築形式，建在高出地面許多的地窖基礎上，有個很寬的弓型的露臺、向北延伸，通向第二層樓。建築物的尾端有個尖尖的八角屋頂，這就是「吳家樓」，在當地如同「段家牆」一樣出名。這是客人居住處，也是遊戲沙龍，使這個整體建築成為一個吸引人的據點。大門面向南，對著海，每一個天際，都有不同的遠景。

聯峰山的住戶，幾乎都曾經是袁世凱身邊的要員，只有吳鼎昌在留學日本時，與孫中山相識，關係很近，並且是孫中山創建的同盟會的會員。他與其他的革命份子不一樣，沒有參與密謀圖反的活動。機會主義者？神秘客？也可以說他是個獨行俠，經常把自己關在門後（不是很中國的習慣），把自己埋在書堆裡，或練習書法，他的特長是用小楷寫書信。

吳鼎昌在結束東京高等商業學校後，1910年回到北京。在啟程之前，照他自己的說法，他去見了孫中山，並且表明自己是國際經濟學者，希望投身到銀行體系，孫中山馬上就懂了，也表示理解。回國後對外而言，似乎他與同盟會之間分道揚鑣了。

德國建築偉德里希（Weiderich）為梁仕詒設計的別墅；現以”吳家樓“著稱。

回到北京後，他被授予商科進士的頭銜。透過家庭的關係，在大清銀行當個科長。經過一段培訓後，就被調派到江西當監督，在江西，他經歷了革命與中華民國的誕生。

從「條陳專家」到「造幣廠總裁」的吳鼎昌

看似與同盟會分道揚鑣的吳鼎昌，又開始接觸同盟會的成員了。有充分預備的他，在同盟會的圈子中知名度攀升，也正好填補了當時急需人才的空檔。他的特長是將備忘錄、以小楷寫成準確的條列，呈遞給上級機關。不久，人家就叫他「條陳專家」。到了 1913 年，他成了造幣廠總裁。他的第一個行動，就是將八字鬍的袁世凱像壓到銀元上鑄成貨幣，就是民間說的「袁大頭」，比之前的孫中山、「孫小頭」大一點。

這是最初民國財政措施的第一步，前面說到過，大清銀行如何轉變成為中國銀行的過程。吳鼎昌，成立委員會元老之一，應該參與了新法規的制定。因為與經濟部長周學熙意見不一（後來他倆成為蓮花山的鄰居），有衝突後，他放棄了中國銀行的職位，專心鑄幣。

退出中國銀行，對吳鼎昌來說是個挫敗和打擊，他開始運作他的關係，想要重新立足、東山再起。梁士詒，是他的麻將牌友，把他介紹給袁世凱。袁世凱說他「腦後見腮」。吳鼎昌運氣不佳；有個鼓鼓的腮幫子，在中國的面相上認為「腦後見腮」代表虛偽、狡猾、自私、叛逆，袁世凱還認為他「說話帶雌音」（娘娘腔，意思是吳鼎昌的聲調很高），這種人不可信賴。其實，真正的原因是，袁世凱知道吳鼎昌是同盟會的，知道他與他的對手孫中山的關係。

雖然沒有得到袁世凱的支持，吳鼎昌還是支持袁世凱恢復帝制。在朱啟鈐領導的「大典籌備處」擔任出納官。

袁世凱死後，新強人段祺瑞任命他為中國銀行總裁。1917 年 5 月經過他聯峰山鄰居王郅隆的關係，他加入了金城銀行。同一年，也是在王郅隆的推薦下，他擔任了鹽業銀行的領導人、管理人。（張鎮芳，袁世凱的侄子，也是周學熙啟新水泥公司的股東，因為捲入「辮帥」張勳的失敗政變醜聞而暫時被解職。）

中國銀行、金城銀行及鹽業銀行，三家銀行在一個人手中。1918 年，在曹汝霖之下，吳鼎昌成為第二號人物，擔任財政部次長，並全年保有「國家鑄幣廠」總裁的職位，這個位子，有很多「油水」，都在他手中脫脂。此外，這也是一個有利可圖的職位，銅來自於日本，吳鼎昌讓人去日本購買，因而他私人也獲得一部分傭金。保守估計，他每年在鑄幣的收入，總計約是一到兩百萬銀元。[63]

不只是買銅，財政部次長也是一個肥得流油的職位。一個例子，整個中國到處都在禁止鴉片煙，到了上海，這裡原本是最大的市場和轉換交易之地，也應該在這裡有大規模的相應行動。本來上百箱的鴉片應該要被焚毀，但是卻沒有真正的執行，因為兩個負責上海地方的軍事強人，來了個移花接木，把利益給分了。結果造成貿易商開始憤怒吶喊，上北京提起訴訟控告政府。

那兩個軍事首領屬於皖系。段祺瑞是他們的頭頭，自然袒護著他們，透過偽造的檔案將事情大事化小，小事化了。為了要把事情徹底解決，需要負責此事的財政部長曹汝霖的簽名，段祺瑞以 80 萬銀元把他買通。而擔任財政部次長的吳鼎昌也牽扯其中，也需要他的簽名；他也是一隻老狐狸，總能找到新的藉口，直到曹汝霖給他開出了一張 20 萬銀元的支票，他才簽了字。

對吳鼎昌來說，政治與生意，是一個硬幣的兩面。1919 年，南北雙方陣營在上海就統一之事開始進行磋商。這個時候，重新出山的朱啟鈐帶領北方代表團體來參加會議，這也是他人生最後一次大型的政治活動。吳鼎昌以朱啟鈐顧問的身分陪伴在側，而他過去同盟會的革命同志，坐在談判桌的另一邊。南方談判代表由唐紹儀領軍，過去他曾經擔任過袁世凱的國務院總理，於此同時也轉換邊了。

那時候的一張群體合照，大約二十多人，穿著中國的長袍馬褂。朱啟鈐站在中間，你一眼就會注意到，他右手習慣的拿著一隻雪茄，吳鼎昌站在他的後面，這個腦後見腮的人，不太引人注目。

其實，人們忽視他是不公平的。因為主導整個會談的，並不是手拿雪茄、站在前面的朱啟鈐，而是這位有著胖胖臉頰、腦後見腮的傢伙。南方人士從一開始就絕對的準備妥協，但是在北京的強人段祺瑞並不以為然。段祺瑞的首選是用軍事力量來解決，所以他在找藉口，把南方拉入戰爭。吳鼎昌得到了指示，而朱啟鈐對要橫生枝節製造衝突並不知情。吳鼎昌成功的完成了任務，讓會談無疾而終。

段祺瑞的計畫並沒有得逞，談判破裂的幾個月之後，他的安徽軍閥被直系與奉系打敗了。戰爭勝利的一方，把吳鼎昌從他的官位上趕下臺（財政部次長、鑄幣局

局長等），但是在他的蓮花山鄰居朱啟鈐的保薦、庇護下，新任大總統徐世昌，仍然讓他擔任鹽業銀行的總裁。

喬治（策少真）說：「你想一下，你交了一位新的女朋友，她想要買衣服、鞋子、首飾等等的東西，想從你這裡拿200銀元，而你又不能夠拒絕，以一個銀元的重量超過 40 公克來計算，也就是說你得拖著十公斤的銀元去你女朋友那兒…。」

清廷末年，周學熙為直隸創建一個國家鑄幣廠，按照西方的模式來鑄造銀元與銅元。舊的銅錢，中間四方形的孔，能夠用繩子把銅錢穿成一串，依然還在廣泛流通。民國成立後，開始全國啟動推廣，是件越來越急迫的工作。實在是因為東部地區，不明原因的銅錢變得稀缺，如同傳染病一樣，首先是沿著黃河的河港向內地延伸，發生得那麼突然，使得政府措手不及，無從處理和應對，緊接著就是鬧飢荒，上千上萬的人成了受害者。解開謎底。原來是日本人，他們發現了中國銅錢所含的金屬成分，遠遠超出其面值，於是開始瘋狂的大量收購，帆船來回於黃河兩岸，每個地方都停靠，然後用銀元來買銅錢。最後從上海將搜買來的戰利品用船送回日本，融化後提煉其中的貴重金屬鋅、錫、銀子和金子。將貴重金屬留下，把剩下的銅用以通脹、發戰爭財的價格賣到中國去。

註釋

63 有關「銅」必須要特別說明一下。銅原本曾經是中國百姓使用的銅錢的基本材料。中國在清朝末期與民國初期被掠奪、被掏空、被列強巧取強奪，中國的公務官員們也跳進掠奪的長河中。

銅錢，有史以來就是中國人商業小買賣的基礎貨幣，直到滿清的中期，它都是由一種複雜的合金（內中包含紫銅、青銅、黃銅，還包括鋅、錫、銀，甚至金），經過千年還在通用。最大宗與最堅實的是康熙（1662～1722）與乾隆（1735～1796）時期鑄造的。之後材質越來越差，直到咸豐（1851～1861）時期，由於鴉片戰爭、太平天國之亂，銅產量急遽下降，只能暫時以鐵來代替鑄造所謂的鐵錢。然而鐵錢非常容易生鏽，由於鏽蝕造成難於辨認，很快就被人遺忘。

銅錢在中國一直是流通的貨幣，因為銅的稀缺不足，以及它的貨幣回收價值，一直以來成為通貨膨脹的門檻，缺點就是交易沉重，每一次交易都必須要花費數小時來清點錢幣。在中國偏遠的西部，也只認銅錢，其他的法子根本不被接受，是需要馬車來運送錢幣，包括用銀元支付也是很沉重的業務！

吳鼎昌是民國最有權力的金融家與銀行管理專家

因為失去了財政部次長、鑄幣局局長等的職位，趁著空檔，吳鼎昌就專心致力於經營自己的事業，他的舞臺重心移轉到了北戴河的別墅。就在此時，突然又來了一個政治任務。1921 年 7 月，他陪伴朱啟鈐去巴黎。朱啟鈐代表徐世昌大總統，去接受巴黎大學的榮譽博士學位。同時，吳鼎昌還有一項秘密的任務，中國政府要向法國銀行貸款 3 億法郎，其中 2 億是要用來拯救陷入危機的「中法實業銀行」，另外的 7500 萬給中國政府，2500 萬是給代理機構和中間人的佣金（包括吳鼎昌）。這個借貸的擔保，是由周學熙所設定「中國政府國家菸草與酒精專賣」，以其印花稅為依據。中國政府並聲明，給予法國公司購買投資標的特許。

外國錢對吳鼎昌來說還不夠，他還想要自己印鈔票。為了實踐這個計畫，他成立了一個名為「北四行集團」的財團，除了鹽業銀行，再加上其他三個在北中國操作的銀行如大陸銀行、金城銀行、中南銀行。最後的這個中南銀行是國外中國人的資金所投資設立的，擁有發行鈔票特權。但是必須要快，因為原來鹽業銀行的主子張鎮芳，在皖系倒臺之後，得到了滿洲強人張作霖與安徽省主席倪嗣沖的強力支持，想要利用機會將鹽業銀行物歸原主。為了要再搶先一步，在吳鼎昌主導下，又成了「四行儲蓄會」。當時的儲蓄銀行業務在上海，他們也擁有發行鈔票的許可證。他們的業物範圍包括儲蓄、發行政府債券、國債、為政府專案和支出提供資金，猶如國家的儲蓄所，擁有所有可能的特權，很快就成為中國最舉足輕重的財政機構，逼得他們的兩個法國對手萬國儲蓄會、中法儲蓄會，快要破產了。吳鼎昌，現在是民國時期最有權力的金融家與銀行管理專家，他在摩拳擦掌，要報復法國銀行 3 億法郎苛刻的借貸條件[64]。

註釋

64 吳鼎昌的四家銀行脈絡，包括成員胡筆江、談荔孫、周作民，介紹如下。

胡筆江（1881 ～ 1938），他是民國時期最有影響力的銀行家之一，他也在北戴河有棟別墅。如同那一位「吃屋頂瓦片」的盧木齋，集三種性格於一身。首先是一個精於算計的生意人、激情的玩家、富於同情心的慈善家。他用自己的財富、資源去建堤防、學校、醫院。

胡筆江年輕時曾在錢鋪當過學徒，當時的中國幾乎到處都是錢鋪。錢鋪的主要業務是把銀元換成為銅錢，或是把銅錢換成銀元。這不是簡單的生意，因為每一次交易，都相當複雜；計算重量的標準、交換的匯率等等，這真是日後要成為銀行家最好的先修課程。首先，雙方必須要在重量單位上達成一致意見，因為當時有各種不同的重量標準（上海兩、天津兩、海關兩），每一種不同的標準，都有自己不同的秤子。例如那不可思議的、精細的戥子，可以計算到分，大概是 0.3 克。（這是中國宋朝景德年間的發明。戥子也可用在鬥蟋蟀大賽之前，用來秤蟋蟀的體重。）下一個問題就是銀元的成色，要看它是來自什麼地方；不同的地方，成分也不盡相同，這個也涉及到很繁瑣的計算。然後是銀元與銅錢交換的匯率，因為每天匯率都在變動，雙方必須同意才行。因交易數額和類型而有高有低、忽高忽低搖擺不定。是銀元換銅錢、還是銅錢換銀元，是那類的交易，都要弄清楚。

也不知道是什麼時候開始，這位做事有條理、認真和能夠權衡輕重的胡筆江，認識了李鴻章的一個兒子，李的兒子再把他介紹給了梁士詒。這位梁先生提供給了胡筆江到交通銀行北京分行上班的機會，1918 年他成為分行的經理。1921 年在天津到浦口的藍色特快車上，他認識了一位黃弈住先生，這是位來自印尼的華僑，也是糖業大亨。兩人一見如故十分投緣，於是約定共同去開設中南銀行。糖業大亨將任銀行董事長，胡筆江任總經理。

胡筆江的結局是一場悲劇。1938 年 8 月 24 日，從香港飛往重慶途中，客機被日本狩獵戰鬥機給打了下來（原本他是想要搭前一天的飛機的），機組人員與乘客全部都死了。（所謂陰錯陽差；一個不幸的情況，卻救了另外的一位頗富影響力的名人的性命。原來日本人情報機構得到風聲，說孫中山的兒子孫科、民國最重要的政要，將要搭乘這一班飛機前往重慶。只是孫科改變了旅行計畫，改搭提早一小時起飛的班機，避過了這場空難）。

談荔孫（1880 ～ 1933），大陸銀行創辦人，與吳鼎昌同為日本東京高等商業學校的畢業生，從日本回來後，也在大清銀行找到職位。1918 年任中國銀行北京分行的行長。得到直系軍閥馮國璋的經濟支持，在天津成立大陸銀行，成為總經理。1933 年死於日本腦炎。

周作民（1884 ～ 1955），是金城銀行的創辦人之一兼總經理。

沉迷於政治的吳鼎昌

吳鼎昌轉過身來，又開始了與政治事務有關的業務。他知道獲得政治權力的方法之一，就是透過媒體控制公眾的意見，媒體是個影響力很大的工具，遠遠超過了過去的「條陳專家」，那不過是他當年職場的敲門磚。1924年，他開始在上海發行的《國聞周報》中，以筆名撰寫經濟政治專欄。一年之後，他和張季鸞、胡政之合組「新記公司」，從王景珩（在日本地震中喪生的王郅隆的兒子）手中買下《大公報》。他的辦報座右銘是：「不黨、不賣、不私、不盲」，他自己原則是「大事管管，小事放手」，與生活中大事化小，小事化了的規則正好相反。他的第三條原則是，用人不疑，疑人不用；這資本主義的思維與列寧主義的「信任是好，控制更好」的原則亦相違背。

1930年，在政治新聞報導上表現頗為出色的一位《大公報》的記者徐鑄成，從天津搭上開往上海的藍色特快車，預備報導一系列的政治新聞。當他在二等車廂，正在等待火車開動之際，忽然一位報社的職員氣急敗壞的在出現在他面前，將他的行李一把拿過去，並且以同樣急促的口氣說：「吳發行人在這班火車上，希望你能夠與他聊聊。」沒有徵得他的同意，那人邊說著邊拿起他的行李，帶著他跑向漆成藍色沙龍級的臥鋪車廂。那是經過特別裝飾的、供兩人使用的車廂，地上鋪著地毯，有專用的廁所與盥洗室。價位是正常頭等車廂的三倍。

當徐鑄成還在觀賞著周圍；正發呆時，吳鼎昌已經迎向他說：「快，把你的車票給他，讓他去給你換票。」然後吳鼎昌指著兩張沙發說：「讓我們來共同消磨這段開到上海的時光。」

這個在1938年成為《文匯報》總主筆而一舉成名的記者，日後回憶說，「所有的時間我們都在談話，吳鼎昌說話像女人一樣尖聲尖氣、帶著四川口音，可是聽他講話的確是一種享受。他通曉中國文學與歷史，能夠背誦散文與詩詞，對於倫理、政治與哲學的認識，就如對京劇、明朝的瓷器、唐詩、宋詞，還有書法樣樣精通，他的用字遣詞自信、精準，總能擊中正確的音符！一個中國的紳士，腐敗的、可以賄賂、狡猾、控制人，但是也受過高等教育、有魅力的、風趣、愉快、舒適的態度與熱愛生活。」徐鑄成描述，「他一根接一根不停的抽著香菸，抽的是一種最昂貴的

於 1934 年興建完成的國際飯店，如今已成中國全國重點文物保護單位。

英國牌子，而且總是只抽到一半，就按熄了。他很早就去睡覺，也很早起床。（從天津到浦口需要兩天兩夜）用餐是西式的，而且直接送到包廂來。」

吳鼎昌是打麻將能手，早就名聲在外。「我習慣觀察對手，」他對徐鑄成說：「看看他到底有什麼牌。真正的行家打牌都是亂插的，不熟練的、糟糕的牌手，會自動的、習慣性的把牌按一定的順序排列。只要記性好、仔細觀察，可以不難發現對手的身體語言、面部表情和動作來作分析。譬如，他如何用手指去撫摸麻將牌、或是翻來覆去的轉動手中的麻將牌，最終把牌翻開放在前面，這些動作都代表一種語言。」吳鼎昌接著解說：「好的玩家可以從他的眼神就能看出來。右眼記錄了自己麻將牌，左眼紀錄著對手牌友打放出來在桌面上的牌，以及其面部表情。他的雙眼則集中精力去記憶還未開出的、可以選擇的牌。一旦決定了，一個訓練有素的玩家，會表現在手指的動作上。他們不會直接去用手抽牌，而是如磁鐵般的將牌吸引到自己的手上。」

在他的包廂裡他描述的最精彩的部份：「有這麼一位差勁女玩家，這位穿著講究的女士，上牙齒咬著下嘴唇，那緊張的面容、眼睛不安的左顧右盼，左手緊抓著一張牌。還缺一張？（忘了就捏在她的左手中）右手急切的伸出去抓另外一張牌，還沒有到達之前手指已經張開了，手碰到了其中另外一個牌友的手，趕忙縮回來，袖子不僅掃倒了自己的那行牌，一聲『喲！』也掃倒了隔壁的牌。」

1934 年，吳鼎昌在上海的南京西路投資興建完成「國際飯店」Park Hotel，一座表現 20 世紀 30 年代國際最流行的裝飾藝術風格的殿堂、線條簡明、顏色豔麗；奢華的頂級飯店，張學良曾經下榻於此。有二十二層，是當時亞洲最高的樓，面對著賽馬場，是上海外國人聚集朝聖之地。在第十四層有花園，花園的屋頂可以開啟或閉合，作為舞廳使用。是匈牙利建築師鄔達克 Laszlo Hudec 所設計，雖然今天大街的兩邊新蓋了無數的、兩倍於它的面積的稱之為玻璃宮殿的建築；至今它依然還聳立雄霸在南京西路上。

吳鼎昌在國際飯店的頂樓，擁有自己專用的辦公室，上海就在他的腳下，他還是一如既往的沉迷於政治。

香港是他的最後歸宿

他的影響力不小。

1935年，蔣介石任命他為實業部部長，要做好這件事，吳鼎昌首先辭去《大公報》發行人，但是依然保留股份以及董事會的職位。

1937年，中國與日本的戰爭正式開打，蔣介石將政府遷到武漢，從那裡又遷到重慶。吳鼎昌因為與日本人的關係匪淺，於是被外放到貴州。

1945年戰爭結束前，蔣介石將他召回到重慶，任命他為中央設計局秘書長，一個沒有實權的閒差，但是卻必須要時時警惕，以免觸怒蔣介石，惹得他不愉快。1948年他被任命為總統府秘書長，一個純粹的蔣介石代理人，這是一個更需要小心謹慎的位置，正是伴君如伴虎呀！

雖然表面上已辭去《大公報》的職務，但報紙一直正式的還是屬於吳鼎昌所有。有一次他的報紙的接任者問他，為什麼他還要繼續，他誠實的回答說：「我不敢辭職，蔣介石一翻臉，可以把我的財產統統扣留。」然後他停了一下說：「我…上了蔣介石的賊船，不能輕易下去了。」

一直到蔣介石帶著快沉的船轉向台灣，他才成功的離開；他以最快的速度把餘下的財產換成錢，1949年逃到香港。

勝利了的共產黨，把他放在主要戰犯名單上第17位，名單上一共有43個名字，蔣介石是第一號。

徐鑄成，這位曾經陪伴他一路坐火車到南京的記者，在1950年到了香港，為的是要接管上海一家報紙。而這個時候，一位共產黨的經濟委員會首長也到香港，目的是要將財產轉回中國，並且尋找吳鼎昌。他對徐鑄成說：「問問他（指吳鼎昌）看看，願不願意回中國。」徐鑄成問：「他不是已經被宣佈成為戰犯了嗎，為何還要他回中國呢？」主事者說：「他如肯回去，還是有作用的，具體問題我們會安排。」

徐鑄成已經找到了吳鼎昌的住址，有一天他散步經過一條到處是殯葬業者的街道時，發現在一家店前，人們正在往外抬一個很大的花圈，花圈上的字條寫著「吳鼎昌先生千古」。吳鼎昌前些時候死了。

花籃的贈送者叫吳鐵城，蔣介石身邊的工作人員，吳鐵城是吳鼎昌在北戴河時的老朋友了，之前曾經是孫中山的顧問，廣州公安局局長、上海市市長，1948年的外交部部長，共產黨主要戰犯名單上的第14號人物。他於1953年在台北病逝。

廟宇與市集

離朱啟鈐墓園只有幾步路的地方，有一個觀音寺，廟前有好多的小商鋪和雜耍攤。在中國，祭拜與買賣兩位一體，廟宇與市集在中國也是結合在一塊兒的。在廟口，你可以坐在椅子上，用氣槍打氣球，也可以花小錢用幾個竹製圓圈去套玩具和瓷器塑像，還可以買棉花糖、栗子、冰糖葫蘆，磕著瓜子零食邊走邊玩。五香瓜子的五香是花椒、大料（八角）、桂皮、丁香、茴香，也有五香水煮的花生、蠶豆。

市集的攤位上可以買到各式各樣的東西。

也可以買到小本紅色的《毛語錄》，賣家打開一本，一張金色的、看起來像信用卡的牌子夾在其中，裡頭有一個護身符，可以保佑人長命百歲。香客也可以買印有毛澤東與林彪肖像的盤子，一個是圓圓豐潤像佛的臉，下巴有顆疣子，另外一個憔悴的、猶如苦行僧的臉上，長著兩道毛毛蟲似的眉毛。兩個人像靠在一起，好像漫畫裡的雙人組合，制服與軍帽都是綠色的，衣領上的領章是紅色的（這是中國房子的顏色）。

在市集裡也可以購買裝在小竹筐中、或是在芥末黃色的葫蘆裡的蟋蟀，一種用來聽叫聲，另一種用來鬥蟋蟀。蟋蟀屬於中國人的四種嗜好（花，鳥，魚，蟲）之一[65]

註釋

65 有關欣賞蟋蟀叫聲或者觀看蟋蟀打鬥，表現出中國人思維的特殊性，特別是以人為本、為中心的世界觀。下面的註釋是我在北京編字典的時，那位已經退休了的中國教授、我們的顧問告訴我的。他有顆大頭，尖銳的牙齒，皺皮滿滿的脖子，很長的腿，這長相與蟋蟀沒有什麼不同，而他在年輕時曾熱衷於玩蟋蟀。他告訴我，會唱的蟋蟀是油葫蘆，或者叫棺材頭、金鐘、金鈴。他們吱吱的鳴唱聲音來自於牠前翅膀下面，有一根橫向、緊繃、強而有力的靜脈經絡，快速的與在他下面的後翅膀摩擦而發出的聲音。只有雄性會發出鳴聲，雌性則啞然無聲。通常來說，牠們的聲調從來都不相同，而總是在改變著次數；時間長短、聲音大小和音色，這一切和周圍的環境、季節、每天的時間、溫度、濕度、光照條件，還有就是牠的年紀有關。歐洲人會覺得這蟲鳴聲是聲音大、單調、尖銳，沒有人能夠分辨其差別。
除了蟋蟀外，在中國北方還有其他可以鳴唱的昆蟲如螽斯，除此而外，在中國值得一提的是蟈蟈兒與咂嘴。他們的叫聲來自雄性左翅膀上方那個如同小提琴的弓（中文叫音銼），一個能發出尖銳聲音的「刺耳脈」在一塊柔軟、嬌嫩光滑的皮膚的位置，所謂的發聲鏡片去摩擦下方，右邊翅膀的表面。（回想一下，蟋蟀不是使用左邊的翅膀，放在右邊翅膀上，而是前翅膀，去摩擦後面的翅膀。）
現在來討論分類（為了讓大家再回想一下）。（1）**開叫、初叫、旺叫、老叫**。**開叫**，是蟋蟀才剛剛性成熟，翅膀在這個時候還虛弱與疲軟，所以這時的叫聲較低沉而且短暫。這時候溫度是必要的條件，否則會造成寒膀，也就是會影響音質與鳴唱的次數。附近如果有雌性同類，會加速其性成熟的速度。初叫，此時翅膀已經比較硬，所以聲音比較響亮，高昂，長久，並且次數較多，牠們的發展期約需要一個月。音色在這時候越來越悅耳。選擇或者買賣，大概就是在這個時期。旺叫，是蟋蟀達到的藝術的最高峰，大概有兩個月的時間，也幾乎是他生命週期的一半，溫度的變化或是冷風，不再會對牠有影響。老叫：隨著越來越疲倦的翅膀，一日一日的次數與音量遞減，音色也變得不佳，沙啞、不清、不和諧的雜音開始混入，在其生命結束前，只剩下意志，但是快沒體力了，一個悲慘、痛苦、沉默的謝幕，讓他的主人沉默的、心中充滿了悲傷。（2）**快膀、慢膀、橫調、豎調、軒兒**。快膀的翅膀震動頻率較高，慢膀的翅膀震動頻率較低。蟋蟀（蝗蟲）即便是同一類型，常常也有差別。快膀的翅膀較短較小，慢膀的翅膀較寬也較大。慢膀一般聲音低沉厚重，被認為是舒服、動聽。一般來說，快膀讓人覺得太急促和尖高。溫度也對牠們鳴叫的速度有影響，如果比較暖和，牠的翅膀也就動得比較快。年紀大時，老化會讓頻率降低，有兩種好奇的、描述聲音的特色的叫法，「水準」和「垂直」，來自中國兩種吹奏的樂器，一是橫放在嘴上的笛子，另外的一個是垂直吹奏的簫。笛子的聲音向上升，可以這樣解釋「向下」或是「垂直」，向上，表現得特別的清脆明亮，而簫是垂直向下吹奏，避開了「橫置」或是「水準」使得聲音低沉。基本上，就是快（清脆和明亮）與慢（低沉）的不同。鼾兒，在北京人兒認為是一種鼻音，這是北京話無所不在的、摯愛的、尾音「兒」的特色，到處都可以出現、聽得到的「愛稱」。這個音是這個城市的優雅表現形式，特別是京劇表演者與大官們講究的、身分表現，這語言入耳猶如山谷回音。這個轉動音，很難學得會，要不就是從孩童時天生就會的，不然就學不會。不是簡單用鼻孔出氣發音就行了，決定性在於一種低沉的、像貓發出的呼嚕聲，如大提琴般的低音，旋律般的上揚與下降的變動著，讓説話如同唱歌一樣。這一類鼾叫的蟋蟀，是屬於慢速的歌唱家，價值非凡。(3) 熱叫和寒叫，晝叫和夜叫。以蟈蟈為例，特別喜歡在溫度高的時候鳴叫，也就是白天的時候，所以熱叫者也是「晝叫者」。

蟋蟀則剛好相反，喜歡比較涼爽的溫度，也就是「夜叫者」。從這一方面來區分，蟈蟈是陽蟲，而蟋蟀是陰蟲（注：中國人把陰陽用在哲學、醫學等等上，兩者在大自然中如兩極相對、原則相反，卻又相互依存，所謂的相生相剋。陽代表男性、光明、正面。陰代表女性、黑暗、負面。）這種分類的實際運用，溫度與光線這兩個決定性的因素，可以人工來操控，結果就是「夜叫」的，可以白天叫，而「晝叫」的可以在夜裡叫。也就是説將「夜叫者」在大白天放置在陰涼黑暗處，會讓這個「夜叫者」晝夜顛倒，反之亦然。(4) 揣叫與墩叫：原本不是鳴唱者的分類，而是擁有者的狀況。如果蟋蟀是放在家中，就是「墩叫」。主人用葫蘆把牠裝著，帶在身上，蟋蟀很快的就習慣這不斷的擺動，這就是「揣叫」。(5) 自叫與誘叫：自叫是自己自發的發出聲音來，就算沒有其他的陪伴亦然。而「金鐘」就不同，金鐘如果沒有雌蟲作為伴侶，是不出聲的，這時就需要「誘叫」。不愛叫的、保持沉默的，或者懶懶散散、叫聲無精打采的，這時候人們就常常會利用雌性的蟋蟀來「誘叫」，或者是利用雄性來引發。

蟈蟈就以此著稱的好例子，只要兩隻雄性的、觸角相碰在一起，馬上就開始叫起來，好像在大自然中的原野一般，一旦有一隻蟋蟀開始叫，馬上就像有個合唱團，此起彼落的加入大和聲中。一些刺激也可以從牠的主人發出，有些蟋蟀已經被牠的主人完全控制住了，只要撫摸一下葫蘆，就會讓牠開唱。(6)「本叫」與「藥叫」，一對最離奇的類別。本叫的意思是自己原有的、天然的叫聲，而藥叫的意思是在蟋蟀的翅膀上點藥，讓其聲音發生改變。這種做法有一個傳説，可以回溯到一個宮中太監，有一次在北京的夏宮頤和園去溜一隻皇帝特別喜歡的蟋蟀，當他正站在松樹下時，從樹上滴下一滴松脂、經過籠子的縫隙掉到了這只蟋蟀的翅膀上，突然就沒有聲音了。一個從來沒有聽説過的失誤，是要被嚴厲懲罰的。忐忑不安的太監，帶著籠子回去見皇帝，當他五體投地的撲倒在地、預備認罪請求皇帝饒命之際，突然聽到叫聲。蟈蟈？皇帝也如同著魔一樣的傾聽。太監抬起頭來，皇帝好像中了咒語、繼續著迷的聽著。唱鳴的聲音好像從來沒有聽過，聲調比從前深沉、圓潤，也更甜美、溫馨。皇帝拿起籠子，放在耳朵旁仔細聽著，然後微笑了。這當然是傳説，但是一個如同安徒生童話般美麗的傳説。其實使用「藥音」，是個很古老的法子，大概從漢朝（紀元前 202 年～紀元後 220 年）就已經開始用了。譬如笙和竽、簧，為提高音高與音色的固定音調，就用一種蜂臘、松香和硃砂或是銀朱的混合物，滴點在弦上。從這個手藝到「藥叫」，只是簡單的、小小的一步移轉到鳴唱蟋蟀身上，經過了這樣的程式，也很有經驗的造成蟋蟀聲音的改變。其實秘密並不是什麼藥物的配方，當然希望看起來好像是什麼秘方，真正的原因不過是透過這個點藥控制的過程，翅膀的重量增加，也就使得翅膀振動的頻率減少，其結果就是先前是快速的、高昂的、尖鋭的聲音，突然變得低沉、飽滿、緩慢，其實結果不只是來自於「鏡片」增厚同時翅膀變強。

在滿清時代，還有人曾經實驗使用銅末，希望能夠借助它聽到金屬回音，但是似乎沒有成功。過程大概如下，人們將混合的藥末放置在火焰上加熱，等待其凝結。然後用手指夾住撐開蟈蟈的兩條後腿，使用一個前面有個可以伸縮的線圈的、V 字形、正確角度的、叉子形的工具，展開牠的翅膀。最後使用一隻特別的鋼制的筆，其筆尖頭上有一粒小金屬珠、放置在火焰上，然後將這粒小珠沾進剛才加熱融化、並且正要凝固的「藥」中，然後把它輕輕抹在翅膀上。至於説是抹在哪一隻？抹多少？抹在何處？前翅膀？後翅膀？上面？還是下面？或是兩隻都抹？有熟悉此道的專業聲音大夫，確切知道要用多少藥，以及用於何處，才能夠達到特殊的聲音效果。這方面的知識，當然需要熟知蟈蟈的種類，長年的經驗是不可少的。

現在來說說戰鬥蟋蟀（鬥蟋，或者叫蟈蟈）的分類。(1) 重嚙口。一上場馬上就立刻會去攻擊對手，有如鬥牛犬般咬住對方後就不鬆口，直到對手的六隻腳都挺直了為止。如果是兩隻重嚙口相遇（這種情況很少發生），最後的結果就是兩者均將陣亡戰場。(2) 智嚙口，也叫快嚙口。牠一開始時只是轉悠、好像膽怯找機會逃生的樣子，其實是在靜靜觀察，等待對手放鬆、開始攻擊時，看準時機，突然快如閃電般攻其不備。(3) 奇巧嚙口。先注意觀察對手的弱點，如果發現了，就會利用它的觸鬚虛晃一招，同時舉起後腿踢出。對手如果防禦，正好露出破綻，牠就會忽然一口咬住對手最敏感、柔軟的部位如脖子、大腿根、肚腹。這招正應對了孫子兵法中的聲東擊西。(4) 穩嚙口。剛開始，無法確認該屬於哪一種類型。牠靜候著對手的攻擊，然後狠狠的給對手一記致命的撕咬，讓對手嚇破了膽，不敢再做第二次攻擊，於是此時再進行攻擊，就輕而易舉的旗開得勝。

好大的聚寶盆

第七部

說書：林彪叛逃

我繼續前行，陪伴我的是此起彼伏的蟲鳴聲。油葫蘆？攤位上賣著林彪政變的錄影帶，螢幕上看到一個穿著長袍的人，手裡拿著響板，說著林彪叛逃的故事。中國說書人過去在茶館裡或登臺演出，說歷史、說故事的方式都差不多，坐在桌前，桌上放著一把扇子和一根木條，這就是傳統說故事人的道具。

這根木頭稱之為「醒木」，有些類似拍賣會場用來「成交」的那種拍賣槌，或者在中國衙門裡官員審判案件判決時用的驚堂木。

至於扇子，看情況有各種不同的作用，有時候是刀、矛，有時候是橋、房子、樑柱、樓台，或者是一間房間等等。

我好奇的站住了，林彪逃離毛澤東，曾幾何時，這個事件已經變成了傳奇。

林立果、林彪的兒子，小名「老虎」（是位花花公子），我看見螢幕上說書人以高傲不可一世的表情來表現老虎，正在告訴林立衡，他的妹妹、暱稱「豆豆」，告訴她第二天要逃亡…。「豆豆」（說書人抬高聲調，變成她的角色）把消息傳給了她信任的貼身保鏢，因為她懷疑她母親，認為是母親要陷害她父親的陰謀。這位軍官打電話給周恩來（說書人用他的食指，做出一種撥動電話號碼轉盤的動作，然後他把中間的三個手指圈起來，大拇指像是一個聽筒放在耳邊，而翹著的小手指猶如話筒，放在嘴邊）。

醒木敲下，通話結束。林彪得知電話的事兒（扇子開始撲撲的搧動），恐慌開始。毛澤東要關閉機場，加強了一般飛機的禁飛令。再等一天，似乎太過危險，就在當天晚上，林彪他們決定離開，只留下「豆豆」聽天由命了。「老虎」打電話給機場，讓人把機組人員從床上叫起來。大元帥的座駕是輛紅旗轎車；開在前面，林彪與夫人葉群坐在汽車的後座，「老虎」坐在司機旁邊。警衛跳上吉普車緊隨其後、開始追逐，輪胎急速運轉，吱吱作響聲傳遍當地，好像好萊塢電影中瘋狂的追逐的場景。

正午十二點，鐘樓響起了「東方紅」的歌曲（說書人唱著）：

東方紅，太陽升，
中國出了個毛澤東，
他為人民謀幸福，
呼兒咳呀，

他是人民的大救星。…

接著是十二聲鐘響（醒木也呆板的敲擊了十二下）。

「老虎」搖下車窗，用他的布朗寧（扇子）手槍對準追來的車輛開槍。槍聲大作，子彈飛來飛去，一輛吉普車翻了（用手腕把扇子翻轉了一個圈），另外一輛落後[66]。

紅旗車內一片寂靜，每一個人都陷入各自的思考中。林彪夫人葉群在哭泣（說書人用手比劃著拭淚），林彪打開窗戶，他覺得吸不到空氣快要窒息，海濤聲陣陣，空氣中依然還存有夏日白天的溫暖，月亮從撕裂的雲層中露了出來，樹木拋下蒼白的影子。

機場上的三叉戟飛機正在加油，紅旗車開上了移動的台階。除了機長外，只有三位機械人員，副機師與領航員都還在睡覺。

已經沒有時間去叫醒他們了，第一輛尾隨追逐的吉普車已經接近跑道。中斷加油，飛機開始發動。飛機倒退時撞到加油車（醒木再度開始敲響），在這個緊急時刻沒有人注意到飛機起飛了，追逐者慢了一步（扇子收了起來）。

飛機沒有加滿油。最多只夠兩個小時的燃料，「也許不到兩小時」，機師說著，無奈的向後看（說書人這時好像坐在駕駛座上，回頭舉起雙臂無奈的說道）。按照「老虎」的指示，為了不被雷達發現，必須低飛的話，只可以飛一個半小時。往南飛去廣東找林彪的忠誠部屬是不可能的。上海是第二個安全避風港，也一樣是太遠、太危險，飛機即便飛得到，也有可能被打下來。

毛澤東從周恩來那裡得到消息，並沒有想要走這一步，他說：「不要去制止飛行」。這是他的決定。（說書人用毛澤東的鄉音說「天要下雨，娘要嫁人，都是沒法子的事」。）

「老虎」說（此時說書人又換了角色），飛往蘇聯，除此之外沒有其他的可能了。老虎坐到了駕駛員旁邊、副機師的位置上。

為了欺騙追逐者，飛機假裝是要飛往上海（扇子現在打開好像是那架飛機），然後在天津附近急轉彎朝西北飛去。

在快要到蒙古時，汽油快用完了。機師回頭說：「迫降。」林彪脫下他的鞋子、脫掉手錶，拿到耳邊聽著。（說書人開始數秒，然後忽然停止，響板敲擊的聲音漸強，緊隨著用響木沉重的、最後的、呆板的敲打在桌上。）銀幕上閃動著白花花的線條，還有刺耳的雜音。

註釋

66 站在原地，讓我腦子想到的是，在中國任何和政治有關係的事，總是與自己周圍的人脫不了關係，所以貼身警衛的角色相當重要。他們不只是要忠誠，而且對於他所保護者的生命，像是無條件的保護，這和意識形態無關，只有忠貞和隨時可以犧牲，所以選侍衛以親戚為首選。從前也選用外國人，一位英國籍、被稱之為「獨臂將軍」

沙敦 One arm Sutton，曾經是張作霖親近的軍事顧問。「雙槍將」馬坤原名莫里斯．柯恩 Morris Cohen，來自倫敦東區的猶太人，是孫逸仙的保鏢，他的中文名字「馬坤」據稱是宋慶齡所起。斯滕內斯 Stennes，出身德國駐華軍事顧問團，深受蔣介石的欣賞。他們的好處是，不會說中文，也就不知內情，自然無從出賣。對於他們的政治對手來說，也就失去了興趣。叛徒的下場很慘，只要引起懷疑就足夠了。

當時任林彪警衛班長的李文普，此人與林彪一起工作了 17 年，但他在與林彪等人一起上紅旗座駕開往機場途中，聽到林彪問林立果待會飛蘇聯的伊爾庫茨克機場要多長時間，而不是去大連，心中當下明白這是叛逃，他想到家中的妻小，於是從車上跳下，雖被林立果開槍打傷手臂，但他也是當晚唯一對著林彪座車開了三槍的人，由於林彪的車是防彈的，所以沒有影響。

林彪的貼身保鏢，應該是拼死保護他的，居然能在頃刻之間變節，成了對方聽話的小白兔。只能有一個目標：追捕被保護的物件，不計一切後果和代價。

觀音寺和福開森（John Calvin Ferguson）別墅

過了市集，從一個深長的拱門進入廟裡，廟內供奉著一尊觀音，旁邊斜靠著一輛摩托車、一輛掛著黃色牌照的摩托車。

廟前面有一個主殿與位於側翼的兩個副殿，標準的中國傳統廟宇。飛簷是雕刻的，用鮮豔色彩繪畫的屋簷，所謂的雕梁畫棟。大紅柱子、綠色窗戶，廟前有個較矮的香爐，裡面全是在悶燒著的香。主殿中，在一輛雀巢霜淇淋車後面有第二尊觀音像，像前面站著位光頭方丈，披著件黃

這個六角形的石板平臺，就是「三眼井」所在。

袍。門上掛著個相框，鑲在裡的是他和一位訪客的合影，一位著名傳奇京劇演唱者的兒子，臉部已經被陽光曬褪了色，「不久前去世了，」方丈說，我點點頭，所有的報紙上都有報導。我把一張鈔票折了一下，塞進捐獻箱。他給我比劃了一個祝福的十字，我雙手合十，向他鞠了一躬。

小路往上越來越窄，然後消失在茂密的草叢中。忽然現出了座圍牆，這裡到處都是圍牆。小路也如牆一樣，忽隱忽現，走著走著，遇到了條瀝青路，一邊有一石階，可通到一個六角形的石板平臺，中間留有三個圓形的洞，這是福開森 John Calvin Ferguson 說的「三眼井」的地方。我從洞口往下看，這個三眼井底已經被砌起來，裡頭已經乾了，像個垃圾堆，長滿雜草，還有各種顏色的塑膠袋、香菸盒…。

為了要解決水的問題，福開森與他的前任甘霖 Candlin 不同，不是用聖經上提到的建蓄水池集雨水的方式，而是直接挖井。他一生信守的原則是「天助自助者」。原來與此比鄰、屬於一體的房子，是北戴河最老的房子之一；可惜已經蕩然無存，只剩下了上面那塊黃昏時他用來欣賞黃海日落的古怪巨石，依然聳立在那裡[67]。

註釋

67 福開森和其他的中國鄰居一樣，在北戴河擁有不只一棟別墅。他的另外一棟別墅登記在他太太名下。

住址：（如指南上所示）Ferguson，Mrs. John C. 2A Road, R Point.---7 月、8 月

南京「匯文書院」創建人福開森其人其事

福開森在中國和兩所大學的創建有關，還是一家對中國有影響力報社的老闆，做過政府高級顧問，是傑出的藝術史學家、收藏家、慈善家等，是北戴河外國巨石會的成員，中國公益會的董事長。

福開森 1866 年出生於加拿大，自幼移居美國，父親是衛理公會的牧師，他在波士頓大學學的是文學研究。1886 年畢業後進入衛理公會任神職人員，結婚後，以傳教士的身分前往中國。

他屬於 1870 年開始廣為流傳的、將基督教義的福音當成為社會福音的美以美會（衛理公會的一個教派），也就是說，傳教士不僅只是對人傳道、關切其靈魂，也要透過基督教的機構對社區進行改革。

福開森一家人到了中國，只帶著最基本的生活必需品，首先來到鎮江，這個朝廷大運河邊的古老城市。安定下來後，福開森開始學習中文，兩年後搬到了南京，他所屬的教會給了他一個任務：讓他去那裡開辦一所學院：匯文書院，就是後來的南京大學的前身。從 1888 年到 1897 年，他在那裡擔任院長，這個書院是中國的第一個西式高等學府。

學校是三層樓的建築，是福開森自己設計的，稱為鐘樓，南京那時候只有一層樓的建築，所以這鐘樓就鶴立雞群了。要說學院在當時沒有人知道，如果你說去「三層樓洋行」，人力車伕沒有一個不知道的。隨後他又建了講堂大樓、教堂、學生宿舍和一間醫院，還有一個博物館。

那是段很困難的年代，經常爆發對外國人的憎恨，引發了他夫人的抑鬱症與被迫害狂想症，一輩子都無法去除。他的丈夫只注意他對神的感召，忽略了她的需求，她一共生了七個小孩。

當時的北京，有人倡議去除科舉制度，盛宣懷這位中國現代化的開拓者，開始注意到了南京的學院和福開森[68]。1897 年，他任命福開森為上海南洋公學的監院，也就是交通大學的前身，至今仍舊是中國一所著名的大學。與南京大學不同之處，它不是外國而是純粹中國人開辦的學府。盛宣懷給予福開森慷慨大方全面的經濟資助，他也就從此退出傳教士的工作，成為清朝的命官。他的任務，除了引進西方技術和自然科學的科系外，還有就是培養中國的教授們，將中國的知識份子聚集到自己的周圍。

盛宣懷

張之洞

五年之後，福開森把他的位置讓給了中國人。盛宣懷從一開始就看中、並且珍惜敬重福開森的能力，後來繼續邀請他參與政治事務。在他的委託下，1901 年讓福開森去美國談判鐵路契約。他利用這個機會回波士頓大學完成了他的博士學位，他的論文題目是〈儒家在宋朝的復興〉，之後又接著與日本談判。他的貴人繼續把他推薦給了湖廣總督、改革派的張之洞[69]。兩個人都是有權有勢的大人物，也懂得如何使用他們的胳臂。福開森在上海接任了中國新成立的鐵路管理部顧問的職位，而當盛宣懷被任命為郵傳大臣時，又再度找他去北京任顧問，他從地方官員成為了中央大員。

1910 年中原大旱，作為「華洋義賑會」會長，他籌募了超過一百萬美元的賑災款。為了感謝他，清廷授予他二品頂戴官銜（帽頂珠為紅珊瑚，朝服上是鶴繡補子，玉製腰帶）。福開森現在從外表來看也是朝廷命官了，一位擔任清朝官員的美國人。

註釋

68 盛宣懷，外號「盛電報」，屬於李鴻章麾下，新政的發言人。他創建了中國第一個輪船航運企業輪船招商局，引進電報系統，建設鐵路系統也是起源於他。他是中國現代化的先驅，也是後來造成災難的始作俑者。中國的大眾運輸與大眾傳播，與世界不同，不是將一個如此龐大的國家統合，反而是將其撕裂了。1900 年的義和團事件爆發，盛宣懷指示「不要將朝廷尋求支持義和團的命令透過電報傳達出去」。在他的操縱下，南部與東部的總督們，聯合起來成立了所謂的「東南互保」，去鎮壓各個自己管轄區的義和團，中央命令的失敗，造就了後來軍閥割據、中國四分五裂的局面。

69 張之洞，是一位有著特殊任務的大官員，特別是在武器裝備與礦業開採兩方面，與曾國藩、李鴻章、左宗棠共列晚清四大名臣。是所有總督中最反對西化的，但同時也是雇用最多西洋顧問、專家的人。

買下《新聞報》，成為政壇不倒翁

一年後，帝制結束，朝廷命官也沒了，民國開始。福開森的地位並沒有因為革命而受到影響。相反的，他不僅在袁世凱當大總統時擔任總統的資政，後來的黎元洪、段祺瑞、馮國璋和徐世昌等人也繼續任用他。1921 年中國政府正式派他為代表出席華盛頓裁軍會議。

中國政府到底為什麼對他言聽計從？是其他的人不行嗎？

1899 年，他在英國駐上海的領事館看到一則消息，中國報社《新聞報》要出售。這是 1893 年英國紡織工程師丹福士 A.W. Danforth 所創辦的，如今面臨破產。福開森買下這個報紙，並且將人員留下，把一群有才能、忠心耿耿的中國人聚集在自己周圍，包括從他自己創辦的學院畢業的優秀學生。報紙從他的手中開始發展，這是清朝末年唯一屬於外國人辦的媒體，在中國成為最有影響力與最受歡迎的喉舌組織。在商業上，福開森有不錯的運氣，為了要贏得重要客戶的廣告，他將報紙的股份以相當有利的條件轉讓給國家的領導企業，但是他也事先考慮到絕對不讓超過百分之三十的股份落入外人手裡。報紙的座右銘是「無黨無偏」，為了保持獨立，他將報紙在上海國際租借登記註冊。而他在政界的顧問職位仍然持續[70]。這個時候他賺的錢很多，他把錢用在了他熱愛的中國藝術品上。他的文物收藏如瓷器、銅器、字畫等，專家都給予高度的評價。在他的故鄉美國，他是優秀傑出的東亞專家學者，其聲望讓他成為終身的「紐約大都會博物館」董事會的成員。

註釋

70 報紙，相對的來說，算是便宜，先不說必須投入的資本和日常的開銷，於此同時，福開森在麻塞諸塞州牛頓市購置了第二個住所，而且他的七個小孩（四男三女）在美國的教育，也需要一筆不小的開銷。福開森哪裡來的錢？從家裡？不可能，他的父親是一位沒有額外收入的牧師，所以，可以想像的答案是，他的第一贊助人，現在人俗稱的「金主」，就是盛宣懷。
盛宣懷，電報大王，中國現代化的推動者，也是「一手官印，一手算盤，亦官亦商，左右逢源」的人（此評出自於李鴻章）。
當時在清末很有影響力的一份英文報紙《北華捷報》North-China Herald，於 1911 年 10 月 7 日連發兩則報導，說郵傳部部長盛宣懷遭夏監察官提出八項指控彈劾，包括可怕的傲慢、無限制的亂發脾氣、自我膨脹等，這個備忘錄被擱置。幾天後，出現第二篇；是位馬監督上書朝廷；譴責盛宣懷貪婪、殘忍和壓榨；造成了人民起而革命。要求予以快速嚴懲。第三篇報導於 11 月 4 日刊出，內容變得無關痛癢：《昨天天津來的電報説盛宣懷已經離港的資訊有誤。來電説；他並沒有離開，很可能會搭中國商人號蒸汽船（一個由他成立組建的公司）去上海，還説他「在漢陽損失了價值三、四百萬銀元」。人們會不由自主的再重看一遍：在革命的前夕，“損失”這麼大，任何人都會知道，大清帝國最後是如何被掏空。

福開森的文物收藏與鑑定

福開森是位有兩種面貌的人，他是雙魚座。下面的故事，說的是他私人文物收藏者的一面，故事是和清朝早期的一個瓷花瓶有關。

瓷瓶來自著名的郎窯，也就是那時江西巡撫郎廷極親自監製的，也因此才稱之為「郎」，這個窯只燒了六年，留在世上的成品非常稀少，價格自然不菲。為了能夠瞭解這個故事，需要了解一下中國瓷器的歷史。

有關紅色瓷器花瓶的製造，開始於明朝（1368～1644），高峰期在清朝（1644～1912），郎窯燒的紅顏色是一種溫和、飽滿、紅寶石的色澤，並且有光滑的表面下顯出開裂的紋路，謂之開片。這一層光面是來自於銅做基礎的介面，一層又一層的多次塗抹噴上，但是只燒一次。產生的結果就是相對厚實的、光滑的釉料表面，這是真品的特色。第二個特色就是釉色光滑、透明有紋理的質感。第三種特殊的地方是釉面本身，釉在烘烤時開始向下流動，結果是開口處以及頸部的釉會比較薄，越往下顏色越深，幾乎成為黑色。最上面的瓶口邊緣是白色的，也就是俗稱的「燈草邊」。底下在瓶底部份，有密封的擋板，目的是不讓釉料流下去、造成花瓶黏貼在支撐上，「郎不流」變成一種口訣。而瓶底的密封導致溫度較低，讓瓶底暴露在較少的熱量下，使得釉料呈現乳狀、或是淺淺的翠綠色調。在不尋常的狀態下，也會出現飽滿的蘋果綠色。但是一般來說，郎瓷的底部是一種米湯底（奶油狀、乳狀與淺綠色）。

福開森經常在北京的琉璃廠出沒，這裡是都城古董文物買賣中心，商家也會到他家去，因為可以從他那兒得到好處。他是尊貴的客戶，不像其他人一樣討價還價，而且是當場付款，被稱為活財神。慷慨的另外一面是，如果欺騙了他，也就只有一次，以後別想再和他做生意了。商人們都知道這個底線，也都會注意。

民國的第一年，有一位著名的古董商叫楊伯衡，在北京開了一家「博韞齋」，福開森去逛時，楊展示了個郎瓷花瓶給他看。福開森認得這是郎瓷，但是不知道要如何分類，因為這個花瓶有很不尋常的長頸，很小的開口，球形的鼓肚，以及短小的印章。是一支油錘壺，賣家介紹說。福開森問是否為真品，楊伯衡點頭：「按我的判斷，這是真品。」福開森著迷於瓷瓶的火紅色與其型態，就按要價付了 2000 元大洋買下了。

幾天後，有一位前朝宮廷裡來的尊貴客人到訪，他也是瓷器的愛好者和行家。他欣賞了這個瓷瓶後評論說：「米湯底，燈草邊，是郎瓷所特有，但是這支，底是蘋果綠，而且它的底邊這方面特色不顯著，我認為這是贋品。」

福開森第二天就去找楊伯衡，對他大發脾氣。楊伯衡是有誠信和聲望的，把瓷器收回，並且回了以下的話說：「您相信過我，當時我對您說這是真品。今天您來，告訴我說這是假的。我們眼力不一樣，最好就是買賣退回。」福開森把錢收下，在要打開店門離開時，突然好像忘記了什麼轉回頭對著楊伯衡的臉咆哮：「請你不要再進我家大門！」，用力的把門在身後關上。

不久之後，楊伯衡從西太后曾經的梳頭太監「梳頭劉」那裡得到了一對宋朝的、極其罕見的「雞心杯」。消息如野火燎原般傳遍了北京的收藏圈。福開森也聽到了消息，心癢難耐，最後終於忍不住，又去了楊伯衡的店鋪。楊伯衡對於上一次的侮辱，不動聲色，對待他仍舊一如往常的彬彬有禮。他給福開森看雞心杯，福開森愛不釋手，最後問價錢了，楊伯衡微笑的說：「這杯子我還要留一段時間，仔細鑑定鑑定，別再賣出贋品！」這個回復是個藉口，這時候福開森應該走人了，但是他的渴望佔了上風，說：「鑑定後，請您把杯子送到我家。」

楊伯衡仍然繼續微笑著說：「您的話我記住了。」福開森當然知道這句話是什麼意思。第二天，福開森去找北京古董界的第一把手，楊伯衡曾經跟他學藝，是楊的師傅。他聽完福開森對整個過程的描述後說：「郎瓷幾乎不能仿製。」接著他說：「底部會有不同的顏色，乳白色、米湯色之外，也有蘋果綠色的，有時候還是紅色的，如果釉料停在底部的話（垂足），是偶爾會發生的。有些瓷瓶，燈草邊也幾乎不明顯，楊伯衡是對的。」

福開森作為文物收藏是號人物，對於文物的評鑑和歷史也很在行。他曾經出版過：中國藝術概要（Outlines of Chinese Art, 1919）、中國畫（Chinese Painting, 1927）、各個朝代的著名瓷器（Noted

Porcelains of Succesive Dyasties, 1931）、著名的銅器名冊（Catalogue of Recorded Bronzes）等書籍，中國的批評家說他的作品是標價用的。他是唯一的一位、中國政府認定的、故宮博物院文物鑑定委員會委員中的外國人。

鬆散的結合與一觸即發的戰爭

福開森如何在危險的時代自處？下面的故事或許能夠說明一些。

1920 年之後，皖系被驅離北京，直系吳佩孚與曹錕和奉系的張作霖合作，佔據北京以及整個中國北部，而張作霖現下沒有其他的事情讓他滿意可做，於是開始準備對直系開戰。

1922 年戰鬥開始。長話短說，張作霖這邊的結果是傷亡損失二萬人，跑掉一萬人，俘虜四萬。在北戴河附近也有戰役，但是當地不受干擾的安全度過。這裡是和平之島與快樂所在[71]。

停戰的協議，由英國領事倡議，是在北戴河附近巡航的英國戰艦上簽署的，張作霖將撤退到長城外。

那是個脆弱的停戰協定，張作霖在養精蓄銳，預備著下一次的戰役。他不斷的聘請外國採購專家，還增加建立了空軍，一共 120 架德國、法國、義大利製的飛機。他的兒子張學良，學會了開飛機，也成為空軍中隊指揮官。1924 年夏天，把一批新買的法國的水上飛機，運送到北戴河，在位於北戴河東邊赤土山上的飛機跑道做測試。1924 年 9 月時機成熟了，張作霖重新帶著他的軍隊往南進攻。吳佩孚、直系的老大，當時的權力正處於顛峰狀態，先前的恩人曹錕，剛被「選上」了大總統。面對奉系的挑戰，他們動用武裝部隊對抗。全世界都認為直系很快的會取勝，因為前一次就打敗過張作霖。

但是情況卻出人預料。當吳佩孚還正向張作霖進軍途中，其屬下領隊的馮玉祥背叛了，佔領了北京公署，切斷道路，並且活捉了大總統曹錕。日本人視反日的吳佩孚如眼中釘肉中刺，透過張作霖用五十萬銀元為誘餌，收買了馮玉祥，造成吳佩孚背後被捅了一刀 ---- 馮倒戈了。

馮玉祥是一位結實粗壯的大漢，比他的對手們高出一個頭。百姓出身的傑出領導頭頭，外表看起不像將軍，像個員警。他開始的時候是“副兵”，這個等級的兵；沒有薪金，只有飯吃與一件大衣。馮玉祥通過他自己的紀律、耐力與鐵一般的意志，一步步的往上爬。隨後的革命，讓他水到渠成。革命爆發時，他還只是個管帶，一年之後就是山西省的督軍。

1912 年他受洗成為基督徒，從那時候起被稱為「基督將軍」。他的軍隊有著鐵一般嚴格的紀律，在他皈依基督後，也都必須受洗。而受洗的儀式，就是用水管

被稱為「基督將軍」、以倒戈出名的馮玉祥。

沖。(一個古怪的人，體內流淌著類似小丑的性格，每天早晨學習兩個小時英語。為了不受打擾，在房間門口掛著個牌子上面寫著「馮玉祥死了」，學習結束後，再把牌子翻過來「馮玉祥活著」。他的部隊裡面有位軍官，名叫鄧小平（後來加入共產黨）。當吳佩孚得知馮玉祥倒戈時，正在天津，他就調轉軍隊，要將這個叛徒趕出北京。由於吳佩孚調動軍隊，一會兒前進，一會兒後退的，這是軍隊指揮的兵家大忌，張作霖乘機進攻其側翼，將吳的軍隊一分為二隔離開來。

註釋

71 根據《北華捷報 North-China Herald》1922 年 6 月 17 日的報導，「北戴河自從被發現是個度假休閒的所在後，從來不曾如此歡樂過。雖然訊息來往被限制，但是最少每天有一輛同盟的火車從天津帶來了補給品以及訪客。居民們幾乎看不到士兵，而且也從來沒有遇到過危險，當奉系的軍隊撤退的時候，曾經考慮過；為避免不可預測的情況發生，最好要求一些保護。同時英國軍艦寇里格 H.M.S. Curleg 被派往北戴河巡航。這個區域都非常的安寧和平，而吳佩孚就在北戴河車站外住紮。」

三位美國女士的購物之旅

福開森有一位有錢的賞識者華納太太 Mrs. Gertrude Bass Warner，她和兩位旅行的夥伴麗蓮和愛美莉一起打老遠從美國來，想要透過福開森，幫忙買點東方藝術品。

華納太太回憶：「我買了皇帝用的青花瓷餐具（藍色在中國是一種悲傷的色彩。皇帝使用這套餐具時，是為了表示對父親的思念）。我還買到一件稀有的深血紅色的瓷盤，還有白色配上深墨藍色底的薑罐，以及一些珠寶首飾，是數百年前在宮中貴婦們使用過的，還有一些古老的字畫。」

當這個採購團剛剛要圓滿結束時，就遇上了 1924 年的北京政變，軍隊在北京大街上搶劫。

華納太太與友人躲避進了位於使節區、有外國軍隊保護的六國飯店 Hotel de Wagon Lits。客人們多的睡到了浴室與走廊上，食物庫存開始短缺，天氣變冷，旅館不能供應暖氣。沒有人知道狀況會變成什麼樣子，每個人都聯想到義和團事件。為了讓這些搶劫的士兵恢復理性，勝利方軍閥將帶頭的劫掠者的頭砍了下來，血淋淋的頭顱，掛在電線桿上，斬首示眾以儆效尤。

一列由西方軍隊護送、從天津來的國際列車到達北京，要把被困在北京的外國人撤到天津安全的地方去。火車要經過戰鬥中的前線，火車是否能夠安全通過，還是個問題，很可能遭到襲擊。

三位女士決定冒險。因為美國輪船麥金利總統號（S.S. President McKinley）將於幾天後在天津開船，她們三人已經定好了返回美國的船位，時間急迫。福開森到旅館來勸說，試著讓她們改變主意。華納太太後來在船上寫了封信：「約翰（然後劃掉），福開森博士反對。他說，『你們也許可以到的了（天津），但是也可能又回來（這裡可以看到福開森的職業性習慣用語：you may, or you may not），因為火車沿線還在打仗。如果你們走不成又回來，那你們就回不了這個使館區的旅館了』。」

然後有一段表露出福開森無情的一面，他告訴華納太太：「我可以收留妳，但是妳的朋友呢？」我們能夠想像，在北京街上到處是殺人放火無法無天的亂象，這三位女士在異國他鄉、沒有男士陪伴。這邊的福開森卻又是個有權有勢、有影響力的人，他的家在喜鵲胡同3號，是個深宅大院，有一群僕人護衛著他。問題在這裡：如果最壞的事情發生了，情勢所迫，對福開森來講，收留華納太太還有她的兩位朋友，真的這麼難嗎？

華納太太覺得失望和被羞辱了，在她的信中不難理解；為什麼將最初的約翰這個名字刻意的、誇張的塗掉，而改用了稱呼「福開森博士」。

回到兩人見面時的對話，當福開森注意到對方奇怪、驚訝的反應時，解釋為何他拒絕其他人到他家去的原因。華納太太寫道，「北京缺乏食物與燃料，福開森改變了他們的生活方式，除了廚房以外，必要的時候，為了取暖他們不得不只用一個火。

三位堅決的美國女士搭上那列火車，沿途遭到了兩方面軍閥的槍彈射擊。

中國的司機拒絕在《砰，砰，砰，崩 --- 特》的槍聲中繼續前進，華納太太寫道。一位美國的隨行軍官接手當起了駕駛。「這列車上沒臥鋪，事實上是二等的硬座 ，沒有彈簧，由真皮包裹著，好像中間也沒有填充物。沒有暖氣，我們可以看到自己的呼吸。」

經過許多之字形的戰壕、防線工事、槍戰廝殺過的村落，愛美莉激動的叫道：「他們用機關槍在射擊我們！」---- 正常情況下，只需要幾個小時的路程，直到兩天後，火車才抵達了天津，真是一場惡夢。在天津火車站又有突發事件，恐怖可怕的場景再次重演。麗蓮先行去處理船務客戶服務的事，另外兩位女士留在車上照看著瓷器，接著寫道《吳佩孚的一位軍官；因為拒絕打仗，就在我剛到達時，在火車站被砍了頭，他的頭顱被挑在一根尖矛上示眾，火車站前本來就已經夠烏煙瘴氣的了-----》。

如果福開森沒有勸說阻止，而是讓她們去搭那列火車，他會願意陪伴她們去天津嗎？

還好，三位女士總算及時搭上了美國麥金利總統號郵輪。

上海有條街以他的名字命名

幾個月後，福開森給華納太太寫了封信：「您7月20的信寄來時，我們正在北戴河，在那裡我們待了超過兩個月，也享受了無比美的好時光。在我寫了給政府的報告後，我確切的知道，大概會有幾個月的時間，才會有決定性的回應，我這才能到北戴河去，反正如果有任何需要，我可以立刻回北京。幸運的是，沒有發生什麼事，我也享受了個長假。」

他是有理由享受個舒服的長假，他的工作非常傑出，是個能行動又有文筆的人物，他是傳教士、大學的創辦人、政治家、教育家、文物收藏家、藝術歷史學家、報社發行人。在上海有一條街曾經是用他的名字命名的，叫福開森路（現今的武康路），沒有其他的外國人能達到他這樣的水準。他有許多公開的功績與善名，華洋義賑會會長、紅十字會副會長，在清朝時他是二品頂戴、雙龍腰帶，到了民國時期他又得過嘉禾勳章（外國人認為奇怪、可笑的名字，他為了隱藏其字面意義，就採用了發音。”文虎“類同）。至於外國致贈給他的勳章還有法國榮譽騎士勳章、神聖寶物勳章（日本）、聖安娜勳章（蘇俄）等等。

人們彷彿還可以看到他站在北戴河別墅那塊被太陽曬得暖暖的、古怪的巨石上，眼睛望著黃海，想著他的工作。他的確有張適合勳章的臉，像球一樣圓，光禿的頭顱，頭皮上還有一些髮絲，稀疏的頭髮圍了一圈肉，突突的大耳朵，灰白色的鬍鬚，緊咬著的嘴唇，深深埋在眼窩裡的眼睛，一對濃濃的眉毛，配上堅定的表情。一個在中國生了根的人，沒有第二個外國人能有此機遇，不僅會先行預知未來的狀況，也知道如何去影響它。

但是他的好日子終有結束的一天。他從皇帝的二品大員被踢了下來，處在軍閥割據的亂局中，而他缺乏與軍閥交往的門道。

你方唱罷我登場　張宗昌和他的白俄僱傭軍

張作霖與馮玉祥，北京政變的勝利者分享戰利品。資源豐富的東北歸張作霖所有，而窮困的西北則歸馮玉祥所有。分配不公，種下了再度戰爭的種子。

張作霖在北京好像個皇帝，他的寶座兩側有兩隻老虎標本。1926 年，他與過去的敵手、現在再度壯大的吳佩孚聯手。而馮玉祥選擇與蔣介石結盟，當時蔣繼承了南方孫中山的位置，對北方要加盟的馮玉祥當然張開雙臂歡迎。

1928 年的政治情況是，孫中山建立的國民黨後來分裂成為左、右兩翼，在南方已經是最強大的力量。孫中山死後，蔣介石繼承，坐上了最高領導人的位置，代表右翼。他的計畫是統一中國，時機似乎成熟，已從南方推進到了上海。上海那時是中國經濟與財政的中心，他到上海後，準備清黨，就是清除黨裡的左翼（共產黨）。開始北伐時大約只有 10 萬人，而後來逐漸增加到 25 萬人。

當時與蔣介石打照面的軍閥孫傳芳（1885～1935），過去是吳佩孚的手下，此時身為浙江、江蘇、福建、安徽、江西的「五省聯帥」。

孫傳芳的姐姐，在父母過世後，為了讓自己的弟弟能夠有一個家，嫁給了山東的一位將軍，這位將軍對孫傳芳這個聰明的孩子很是喜歡，就讓他與他的兒子們一起受教育，讓他到保定陸軍學校學習，並且在畢業後送他到日本繼續深造。在日本時，他加入了孫中山的同盟會。1909 年，

1928年5月"北洋畫報"轉載之漫畫，顯現了英美對中國時局看法

他回到中國，在革命混亂之秋很快竄升。他常常面帶笑容，但據說是面善心狠，因此有「笑面虎」的別名。1924 年，吳佩孚任命孫傳芳為浙江的督軍，從此他步上飛黃騰達之路。而「奉天之虎」張作霖則與孫傳芳結盟，躲在背後，等待著蔣介石的下一步。

當時蔣介石的盟友有閻錫山和馮玉祥。

閻錫山（1883 ～ 1960），山西的軍閥，與孫傳芳一樣是日本軍校畢業回來的，也屬同盟會的成員。1912 年，他被袁世凱任命為山西都督，退出軍閥的體系。但玩弄「抓一個對付另一個」的手腕，對他來說是輕而易舉的，因為每一個軍閥都是他武器工廠的顧客。這個全國唯一生產武器的「太原兵工廠」就在閻錫山的管轄之下。這個工廠在北京有代表處，是德國建築公司「龍虎公司」（Basel & Frey），透過「禮和洋行」（Carlowitz & Co.）提供裝備建造的。擁有德國毛瑟手槍製造的許可證。當閻錫山發現一般公認蔣介石比他的對手都要強時，在 1927 年決定與蔣攜手同盟。在吳佩孚之後，閻錫山成為登上美國《時代雜誌》封面（1930 年 5 月）的中國第二位軍閥，照片底下寫著「中國的下任總統」。

馮玉祥，這位“基督將軍”同時也是「倒戈將軍」（他軍旅一生共有八次臨陣倒戈，故得此名）在 1928 年初歸附蔣介石，成為蔣指揮北伐之下的第二集團軍總司令。

這一年，蔣介石開始攻打孫傳芳。福開森說過，「在中國歷史上，還從來沒有南方的勢力擠走了北方的，相反的，都是來自北方的征服者淩駕於南方之上，在元

蔣中正夫妻倆與史迪威

"笑面虎"孫傳芳

閻錫山

白俄雇傭軍在前線

朝、明朝和清朝都是如此，為什麼這次會不同？」福開森當時看好孫傳芳，但是這次他弄錯了，事實正好相反，孫傳芳這位五省聯帥，輸掉了一個省又一個省。4月30日，被逼渡過黃河退回北方。

在此之間，孫傳芳投靠了張作霖，請求他幫忙，張作霖派去了張宗昌和他那讓人喪膽的「白俄雇傭騎兵團（Russky Cavalry）」；他們由從前的蘇俄軍人組成；包括曾經的海軍上將、將軍和鐵路總監、士兵等；勇猛而血腥。二戰盟軍中國戰區參謀長史迪威說「這是我見到過最勇敢的男子漢[72]」。

白俄僱傭兵團也統領了孫傳芳的鐵甲列車隊，流線型的外表顯現出德國設計風格，上面配有機關槍、軍艦燈、霧燈，經常在鐵道經過處來回的巡視，都市與鄉村的人見了這冒著煙氣的鐵甲車，在鐵道上，來來回回，驚悚至極，有人膽敢拆除鐵道、破壞鐵軌，阻止火車來往、前進，軍隊就會放火焚燒掉最近的那個村落、毫不留情的屠殺村民、十分血腥。可是就連這個鐵甲隊伍，也無法扭轉結局。

1928年6月3日，孫傳芳棄械而逃，他僅剩的軍隊在天津附近，而閻錫山正進軍北京。1928年6月4日，張作霖倒下了，這位唯一還有可能和南方勢均力敵的軍閥，被日本人設計，成為爆炸案的犧牲者。一輛要從北京到奉天的火車，---- 這是一列西太后當年專屬的沙龍車廂，有二十節，當年滿裝著戰利品與嬪妃們 ----，在就要到達奉天附近時被炸了。日本人要清除張作霖是因為張作霖拒絕了日本人在東北修建鐵路的權利，他也拒絕與日本人合作去對付蔣介石（爆炸案發生在少帥生日的

1925 年在山東，德國人新設計出來的“炮車”

為了避免冒煙，讓遠處的敵人容易發現”炮車”的位置，特別將煙囪出口朝下。

那一天，從此少帥也改了生日慶祝）。閻錫山，被蔣介石任命為北方總司令，進入了北京城。

張作霖的兒子張學良，看出對手強過自己，表面上承認了南京的蔣介石政府，心裏並不屈服，他的政權穩穩在手，每個人都在緊張地等待著少帥的下一步[73]。

註釋

72 史迪威在一次充滿冒險的戰場巡視時曾看到他們。在他的回憶錄中，留下了這樣的描述：「這些無家可歸的僱傭兵，穿著深綠色、近乎是黑色的制服，黃色的真皮高筒馬靴快要達到臀部。他們身上的武器裝備是，卡住在馬蹬子上飄著三角旗的長矛，鑲入木槍托、加長的毛瑟手槍（所謂的「同志毛瑟」），和中國的劊子手大刀，類似超大形的大砍刀，用帆布袋斜綁在肩膀上，背在背上。」

73 原本被福開森看好的笑面虎孫傳芳呢？他如喪家之犬，回到天津，為了要洗淨自己過去的血腥罪惡，就皈依了佛教，成為虔誠的信徒、俗家弟子，每個星期三與星期六到佛寺去念經、打坐和祈禱。在一次的念經中，那位預備好結束他性命的女人名叫施劍翹，出生於安徽桐城一個受人尊敬的好人家，孫傳芳處決了她父親，砍掉了他的頭，並且還將其頭顱挑掛在蚌埠火車站前。殘酷的景象，深深烙在他女兒的靈魂上，無法忘懷。一位美麗、光潔如瓷器般的女子（不少的中國女性具有這樣的特質），她們還具有英雄般的決心（趙四小姐就是另外的榜樣），為了報父仇，這個女兒首先接近孫傳芳的貼身衛士長。這人渴望擁有她，答應幫她安排，讓她接近孫傳芳，前提是她必須成為他的夫人。她嫁給他，但是這個男人是一個孬種，也是個酒鬼，總能找到新的藉口不斷的拖延。她為他生了兩個兒子，而他似乎也忘記了當初的承諾，她就堅決的離開他，要靠自己的力量去為父報仇。

為了不讓孫傳芳起疑，她與孫傳芳一樣禮佛成為俗家子弟，然後每個週三和週六跟隨孫傳芳念經祈禱，兩個月後。在她父親忌日那天，她尾隨孫傳芳進入道場，在孫傳芳下跪行禮時，掏出手槍對準他的耳朵連開三槍。孫傳芳倒地．當場斃命，施劍翹心願已了而自首。佛堂血案震驚社會，欲因孝行，得到了特赦。她的 " 手刃父仇經過 " 戰地驚鴻傳噩耗，閨中疑假複疑真。背娘偷問歸來使，懇叔潛移劫後身。被俘犧牲無公理，暴屍懸首滅人情。痛親誰識兒心苦，誓報父仇不顧身。【軍閥孫傳芳葬北京西山臥佛寺腳下。在墓園的入口牌樓上，在他被殺前不久，他讓人刻上了「壽安永奠」，好像已經知道自己來日不多了。三公尺寬、三十公尺長的石板路通往墓地，一個六角形花崗岩地基，一旁的那個鼓肚形的佛塔，由其夫人選擇的塔銘：「恪威上將軍孫公諱傳芳字馨遠暨元配張夫人墓碑」。孫傳芳墓至今仍在北京海澱區的北京植物園內，屬文物保護單位。】

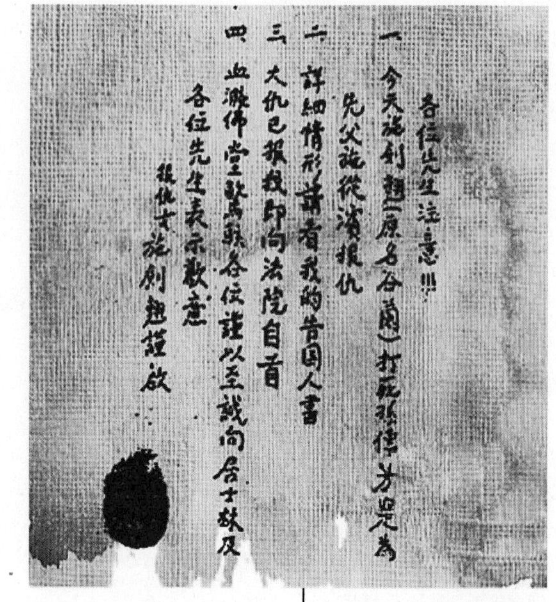
各位先生注意!!!
一 今天施劍翹(原名谷蘭)打死孫傳芳是為先父施從濱報仇
二 詳細情形請看我的告國人書
三 大仇已報我即向法院自首
四 血濺佛堂驚駭各位誠以至誠向居士林及各位先生表示歉意
報仇女施劍翹謹啟

施劍翹壓了手印的聲明

「衣帽自看」「莫談國事」

福開森人生第一次錯估了情勢。一個新的中國逐漸成型，福開森的勢力範圍被緊縮了，他的顧問與幕僚時代也成了過去。

1928 年，蔣介石在南京成立政府，中國統一。福開森出售報社，可以肯定的，隨著新元帥的到來，自由的媒體時代也將過去。另外的角度來看，一個外國人在中國擁有一個頗具影響力的報社已經過時，且不合時宜。福開森明白，如先前辦大學一樣，什麼時候該騰出位置離開、知所進退，正是他成功的秘訣。

1934 年，福開森將他的文物收藏如銅器、瓷器、甲骨文、書畫卷等等，贈送給了他所創建的南京大學，從此他回歸田園，專注私人生活，在北京的喜鵲胡同 3 號住家以及北戴河蓮峰山的別墅往返。他把時間用來逛茶館，那裡是職業說書人出沒的地方，他在茶館認真的聽著。這是他的新愛好，也讓人發現了他性格中讓人意外的一面，福開森是中國民俗小說以及童話的愛好者，他從一位中國大官員，變成了退休人員。他有一間經常去的茶館，茶館的牆上貼著紙條，上面寫著告誡客人的提示：「莫談國事」和「衣帽自看」。

說書人分兩場，白天場是下午 3 點到 6 點鐘，第二場是所謂的「燈晚」，從 8 點到 11 或是 12 點。說書人把他的「醒木」在桌上敲打著，店裡的夥計則呼喊著請大家安靜（壓言），客人舒服的臥在躺椅中，喝著茶、嗑著五香瓜子。福開森在很多他們說的故事中，發現了自己過去的經歷[74]。

註釋

74 量最大最長的是「長槍袍帶書」，譬如《三國演義》。在三國那時候的中國，與民初時有許多相似之處；都是一個大的朝代（漢朝、清朝）的結束，解體成了小州、小國，他們彼此常常結盟，或戰鬥、或較量，有俠義恩仇、有報仇雪恨，血腥戰役，故事裡有錯綜複雜的陰謀。說書的過程遵循著一定的模式。首先是對上場人物的描述，也就是「贊」一番；有多麼高大。如果是騎著馬，那麼馬頭部的顏色與形狀（例如紅銅錘），然後是身體的特徵、大小（聲音）。接著就是主角出場，頭盔、腰帶、髮夾、頭髮上的裝飾雉尾、狐狸皮的大衣等等。然後是戰馬，刀螂脖、竹簽耳的外貌形容一番，然後是精確的高度（從蹄子到背部）、長度（從頭部到尾部）、顏色（紅得發亮，好像女人臉上的胭脂）。顏色扮演著重要的角色，如果是反派，在中國是用黑色來代表，好像所有的黑都與他有關，衣服、盔甲、武器、戰馬、長槍等。（例如烏油盔鎧、皂色緞征袍、座下烏馬、手掌皂纓槍）。觀眾們喜歡聽陳腔濫調，刻板典型的故事一再重複，因為這樣不只是對於行動的過程，也包括故事中涉及到的英雄人物的個性都易於理解。甚至説書的人在説講用的詞，例如，當説書人在講到雙方交戰的時候，用語言描繪，或者用聲音表達快速奔跑中的戰馬，鼻孔中發出「呼呼呼」的鼻息聲，也都是一成不變的，其中還要展現出面部表情、手勢、姿勢和身段等。

第二大類題材是説「公案書」，而這也有很多傳統的範本，例如《包公案》、《兒女英雄傳》等等，這一類的內容都是好的戰勝壞的，正義一方戰勝邪惡的一方。説公案書就比第一類難度高很多，因為這裡講的是有關設計、案子，不僅僅只是人物講什麼，怎麼動作，也必須能夠表達出他們想什麼、感覺到什麼。為了讓聽眾能夠記住，説書者也會使用許多陳詞濫調，某些寓言會不斷的重複出現。譬如説，一個正直誠實的官員潛行視察，只有一個忠心僕人陪伴，勇往直前的到當地去挑戰地方惡霸或惡官。或者是皇帝的特使，到地方上將為非作歹、欺壓百姓、魚肉鄉民的狗官繩之以法。**毒藥**、坑洞在此都扮演著重要的角色，譬如這位皇帝特使，在藏銀條坑洞中半夜挖出整車的銀子來…，這樣的情節在故事中，成為節外生枝的「插敘」，目的是為了清楚的表現出英雄人物的本質與出身，讓觀眾驚喜，最重要的是，讓透過高潮迭起來拖延時間。知道如何讓主角陷入危機來引人入勝、扣人心弦，就如化妝舞會的假面具，把你帶入另外的世界來減輕或是緩解現實狀況的動盪造成的壓力。舉例來説，為了要辦案追緝罪犯的蹤跡，皇帝的特使偽裝成為商人，不斷的陷入險境，卻能靠自己的力量脱險，一直等到罪犯被捕後定罪，他才露出真面目 --- 犯罪不值得；早晚得還，似乎是天經地義、全世界都一樣。不是不報、時候未到，也總能在觀眾中引起共鳴，讓他們感到痛快、滿意，享受到這種愉悦。若是遇到情節簡單、老套不精彩的故事，説書的就會插入其他中國故事的篇章，來吸引聽眾：例如一個惡毒的官員偷了他同事的官印，把它蓋在發文上，欲嫁禍於人，卻又不小心的把自己的文章夾在其中發送給了自己的上司…或者是一個僕人將剛上任欲除暴安良的新官的官服給偷了，被發現時身著官服死在了衙門前面 --- 諸如此類。每一個主角都有一個強有力的對手，不是沒有贏的可能，而是贏得很曲折離奇，讓你猜不到結局，讓你同時陷入恐懼與希望的情緒中。恐懼讓你保持清醒，希望皇帝的特使可以發現那支進獻的香有毒，但是同時又恐懼這一位特使不明就裡、不小心點上了香。下一章節，擔心害怕那個忠心的僕人被雇來的殺手殺害，但是不是那隻黑色小鸚鵡，無意間見證了他們計畫謀殺的陰謀等等。

第三大類是「**神怪書**」，其內容一半涉及神鬼世界，一半是人類的世界；主要有兩部，一是《西遊記》，一是《濟公傳》。以《西遊記》為例，這部明朝的故事，重點人物是個和尚冒險前去印度取經，由兩個動物造型的妖怪陪伴，一個是不停抓耳撓腮的猴王孫悟空，另外就是豬八戒，常常喜歡用他手上的一支耙子欺負無辜的人。獨成一格的是”聊齋志異“；這本非常具有藝術性的、清朝初年蒲松齡收集的民間傳説故事；約 500 篇，彙集成書的文學創作；很有一批説書的人專門説”聊齋志異“；形成了一種特有的形式。這些故事有人、鬼、狐、仙；卻有著人性的弱點、內心的衝突，也因此能讓觀眾思考、成長。正因如此表演起來相當困難，「太文」觀眾不喜歡，「太俗」又會造成許多優雅典故喪失，説書人需要技能、專長和天分；如何拿捏的恰到好處就要看説書人的本事了。這也正是説書魅力之所在。

當時北京出名的説書人（根據喬治所説）有三位，雙厚坪、田嵐雲、潘誠立。

（1）雙厚坪。他出身滿族，對犯罪小説最在行，被稱之為「評書大王」。他的故事永遠説不完，總是能將最新發生的八卦新聞與社會閒話編進故事，這些取之不盡、用之不竭的道聽塗説，成為他源源不斷的資料來源；總能在關鍵時刻拋出；或引人入勝、或插科打諢；高潮迭起：所謂的”包袱“是也！加上他那生動的手勢、自由的解釋、重複比喻的“關鍵字”---- 經常他透過鼻子哼一聲，面上表情幾乎完全不變，自己就説出來了。如果是在談故事裡的盛宴，他會給參與的客人起別名，而名稱中都離不開酒，你就有機會在一位專家的引導下去參觀夜生活中酒醉的世界。大酒缸，黃酒館和巷子裡的小酒鋪形色各異。不同階段的酒醉，他能用小丑般的嚴肅方式來表達，然後，如何治療撒酒瘋的建議緊接其後説出，大家全都張大了眼睛關注著；他那鉅細靡遺的細節描述，讓觀眾忍俊不住捧腹大笑。在第二種客人身上，他會使用「色」，中文代表著性方面渴望的事物。帶你去逛逛窯子「清吟小班」。代表活力的「氣」是第三種稱呼，他把這個交給了相面先生。通過相面這個職業來描述，從這裡再延伸到算卦、批八字，奇門遁甲就只是一步之遙。

但是不是只有笑而已，說書人都知道，不斷只是逗笑觀眾也會變得無趣。故事裡常暗藏有機會說點別的，也讓別人可以學點新知識。例如葬禮是非常複雜和多樣化的，透過聽書，每個人都能從中學到些新知識。像是這位主持葬禮的人如何去區分佛教的和尚，道教的老道，還是喇嘛？何時要讓佛教的尼姑進場？如何念經（表演給你看）？一個和尚如何放燄口？用什麼樣的語言與態度對待來慰問的客人？如何陪伴棺木到外面去？參與追弔的客人，能夠陪伴往生者最後的旅程到多遠等等。

雙厚坪有愛開玩笑、喜歡給人取外號、別名也造成了他的宿命，他的說書生涯開始於講鬼故事，傳言某次說書他就禍從口出。他說到一個魔鬼的名字，剛說了一個字「定」，後面，喘口大氣，加上了個「子」字，這個「定子」是下等滿洲人用的行話，表達的是「屁股」之意。而他還不夠，同時繼續把自己耳朵拉長，去開書中也提到的臥佛的玩笑（佛祖有很長的大耳朵，代表長命百歲）。第二天他病得很嚴重，生命垂危。這難道是對他大不敬的懲罰？驚嚇之餘，他就許下誓言，那些無情不敬的話語從此不說了。但是他知道，他這輩子有好笑的話語到了舌尖嘴邊，真的很難讓他吞回去閉口不言，於是發下重誓，從今往後不再講鬼故事了。幾年後，在朋友鼓動慫恿下，忍不住又說了一次鬼故事。結果又生了同樣的病，而這一次非常嚴重，他的病沒有好轉，就離開人世了。

（2）田嵐雲。據說出身舊官吏，學識淵博，為人剛烈，頗有俠風，以說武俠故事在行。他是一個非常靈活的人，他的手勢與動作被評為刀槍架，美觀。有口皆碑的一段就是，他說的英雄如何騎著馬跳上宮中的圍牆上。只見他抬起左腿，好像要跳過桌子，用右手將扇子抛到空中，用左手去接住，同時右手將醒木敲打到桌子上，口中沒有停頓的繼續說著書，右手將醒木敲打在桌上，左腿也又回到原位。人們計算一下，一共有六個過程，同時間或是緊連著進行。

（3）潘誠立。他曾擔任北京評書研究會的會長，曾精研《精忠傳》五年，一開講就把聽書的張作霖迷倒了。潘誠立是一位高個頭、優雅的說書人，長長的臉，肌肉發達的身體，細長勻稱的手指。他經常穿著中國男士文雅古典的服裝，一頂黑色發亮的帽子戴在他那窄窄的頭上，一件熨燙平整的絲質長袍，高高的衣領，長長的袖子蓋過手面。冬天長袍裡襯著灰狐狸皮，一條很長的白色羊毛圍巾圍繞在頸部。他的特長是能夠非常藝術、技術的使用所謂的「扣子」（急速的中斷，在關鍵時刻來個休止、轉折）經常來個倒敘或是「倒插筆」。有時候一倒敘就好幾天，譬如，故事裡的英雄正舉起手中的斧頭砍向對方之際，他突然停住了，情節聽起來就如同夏日蟬鳴、鳴聲乍然而止，就在那一刻，頭一轉，一直到新的一個蟬鳴開始，也就是一個段落後，才再回到那把正在往下砍的斧頭的情節，結果不是砍向敵人，而是那匹馬，馬失前蹄往前一跌，蟬聲又起，又一個新的「扣子」出現。

營救張自忠將軍

1937 年，日本人進軍東北，同年八月，佔領了北京。

福開森呢？現在開始了他生活的第三個新篇章，是有關一個從北京逃往天津的事，倒是很適合成為說書人口中的故事。這個章節，福開森顯現出了另外一道光芒。

當時北京淪陷於日本人手中，一位國民黨軍隊的司令沒來得及退出，而日本人到處搜尋；要抓他，他就是張自忠（1940 年陣亡於湖北的中國將領。）。開始時他躲藏在「德國醫院 Deutschen Lazarett」的病房裡，這是個給中國富人看病的醫院[75]。這是暫時的、不得已的措施，因為這位知名的將軍，他的長相到哪裡都會被認出來，到處都有通緝捉拿他的告示，被捉拿是早晚的事，醫院也非久留之地。

去哪裡？外國人的家可能是最好的選擇。日本人當時還因為與西方有外交關係，不敢恣意妄為。張自忠將軍認識福開森，派遣他的副官去找他，福開森立刻表示願意收留張自忠將軍。第二天，張自忠將軍就到了福開森的家，偽裝成為一個學者，穿著長袍。但是喜鵲胡同也只能是暫時的停留之地，它位於東城區，一個十分安靜的區域（也許因為太安靜了，在大眾口中被稱為小墳地），最保險的就是到天津的國際租借區去。

張自忠將軍的副官冒險設法到了天津，安排如何讓張將軍能夠離開北京的喜鵲胡同。副官去找將軍商業上的一位好友、一位英國貿易公司的買辦，他是天津的西方外國商社的一員，和城裡的商人有良好的關係，並且觸角靈敏、消息靈通。有位英國商人甘先生，每個星期會開車來往天津與北京一趟，願意提供協助。

幾天後，9 月 3 日的清晨，張自忠穿著偽裝的工作服，從喜鵲胡同的房子出來。幾分鐘後，掛著義大利標誌的轎車停了下來。甘先生坐在駕駛座上，將軍坐在前面他的旁邊。黎明時分，曙光乍現，北京籠罩在霧氣蒼茫中。汽車慢慢接近了朝陽門，後面就是開始通往天津的公路。朝陽門有日本衛兵在站崗，汽車停下來，人與車都被從頭到尾檢查一番。日本衛士指著張自忠用日本腔的中文問：「他是幹什麼的？」

甘先生回答說：「我雇用的司機。」

「他為什麼不開車？」

「這距離天津還遠著呢，我自己也會開

北京當時的德國醫院名聲很好。

車，有精神才不會在路上出事。」

兩個人運氣不錯（將軍不會開車），日本人已經累了，就示意他們可以通過。

下一個檢查哨在通往通縣的入口處，會更嚴格，甘先生從經驗中知道，日本人在此會攔下所有的中國人，並且嚴格的盤問一番，如果沒有正當合法的理由，就會被遣送回去，或者逮捕。通縣由城牆圍繞著，從北京來此只有一個門可以經過，所有的汽車要往天津去，都必須通過這道門，過了這道門，就沒有阻礙了。

現在要靠福開森了，因為他通曉所有中國的後門，也同時是字面「後門」的意思！是說，這裡有間衛理公會的教堂，過去他曾經在此佈道過幾次。教堂就緊鄰城牆的一角，從城門是看不到的，城牆上有個後門通到教堂的後院，教堂前面的入口通往城中心，兩個門都足夠寬，可以讓汽車通過。福開森事先曾經打電話要求將門不要上鎖。

所有的一切都按照計畫進行，教堂的庭院是空的，出了城隨後的道路就自由了。三個小時之後，將軍安全了，因為天津的租借還在西方人手中。

註釋

75 喬治說，「德國醫院」是德國政府以庚子賠款興建的醫院，最早是陸軍醫院，後為教會性質的民間醫院（即今日的北京醫院）。雖然在規模上沒有北京協和醫學院（Peking Union Medical College，縮寫：PUMC。於 1917 年由美國洛克菲勒基金會捐資建立）來得大，但是有非常好的名聲，醫生都很認真。我有聽到外國人說，「我會去找我們的醫生」，他的意思是他去找英國的、法國的，或是美國的醫生，「因為我的病並不是很嚴重」。這個意思，代表當時他們是怎麼看待德國醫院的。德國醫院的護士們是基督教福音派（Evangelical Mission）的修女們。我還記得她們的名字，護理長叫安妮，還有叫朱莉 Julie 和潔茹 Gertrud 的兩位修女。

一個沒有中國的人生，難以忍受的謝幕

1941 年 12 月 7 日，日本人偷襲珍珠港，造成了 2 千多人的死亡，美國也正式捲入了世界大戰。日本人開始並沒有找福開森的麻煩，他們要忙其他的事情。1943 年 5 月以後，日本人才針對敵對國家的外國人開始拘留。而福開森也可以倖免，他與其他的西方老年平民一樣可以留在北京（有一位英國奇人巴恪思 Backhouse 爵士也在其中），先把他分配到英國領事館居住，不過他在中國的日子已經有限了。幾個月後，美國與日本達成交換戰俘協議，福開森和他的女兒（他的夫人已經去世）在交換的名單中。他從始至終抗議不從，但是沒有別的選擇，只能與其他的美國同胞一起上了回美國的船。他所有的文物收藏，書籍、字畫、瓷器、勳章、榮譽證書，就連他個人的素描等都必須放棄。

瑞典郵輪 Gripsholm 號經過上海、香港、非洲和巴西，航行了好幾個月，最後才到達紐約。轉了一圈，又回到了原地，完成一個圓。

六十年前福開森來到中國，一個陌生人，手邊只有必須的物品，現在他回到美國，又成了一個陌生人，手邊也只有最必要的東西。

他把他的靈魂留在了中國，兩年之後，二次大戰快結束前，心碎而死。

一個沒有中國的人生，不僅對福開森，對赫德、莫里循，以及許許多多的其他的外國人也一樣；生活變得難以忍受。

張自忠將軍 " 為國家民族死之決心海枯石爛決無半點改變 "

他的兒子鄧肯・福開森（Duncan Ferguson）的一生

只有那座水井能讓人回憶起福開森的房子，還有上方那個巨石，每當黃昏時，他在那裡看夕陽西下，目光看著黃海那一邊，陷入深沉的思考：《可能是，--- 也可能不是》。

向上的小路很窄，滿地的松果，松鼠們嗑下來的傑作，還有一些來自鳥類駭客。路的盡頭是荊棘樹叢，老樹椿和發育不良、扭曲的樹。我的頭被迎面一張幾乎看不見的蜘蛛網給罩住，當我停下腳步清理臉上的蜘蛛網時，聽到了啄木鳥咚咚咚的敲擊聲。再走幾百公尺，經過蘆葦、蕨類植物、苔蘚和大葉植物，來到了光亮的山丘。上面長滿著深紫色的海葵、白色的蓬子菜、黃色的雛菊、紅紫色的藿香薊、粉紅色的丁香、淺紫色的紫羅蘭，在它們之間有個中間有條裂縫的大石頭「望海石」三個紅色大字塗抹在上頭，有條蝮蛇正在上面做日光浴。位置足夠我們兩個的。

我坐的那個地方，可能過去福開森也坐過。從東邊吹來了烏雲，晦暗不定的光線上了山丘，空氣靜止不動，先前沒有注意到的蟋蟀尖叫聲，忽然叫到讓你耳聾。這種均勻的、持續的噪音，好像是從四面八方而來，那條小蛇這會兒不見了。

我閉上眼睛，想讓自己沉入到福開森的世界裡。

他在想什麼？想兒子？這讓他難以入眠吧。

鄧肯・福開森，1901 年 1 月 1 日出生在上海，幼年時在北京度過，一直由中國奶媽照顧，夏季他們會到北戴河度假。1907 年父親把他帶回美國麻省，托給親戚監護。鄧肯在大學主修英國文學以及雕塑，畢業後，因為遠處父親的關係的照顧和金主資助，幫他找到工作，在哈佛大學藝術學院獲得一個職位。他與曼麗結婚，後來因酗酒離婚。

福開森的這個兒子曾經在 1924 年企圖自殺，北京那時候正處於政治動盪之中，也就是華納太太與她的女伴們從北京搭火車逃往天津的前後。鄧肯被送進了療養院。從療養院出來後，他就一心一意專注在他的雕塑上。隨後他開始聲名遠播，跟隨而來的，是在布魯克林的博物館與紐約現代藝術館舉辦展覽。

北戴河聯峰山上的望海石。

1931年和鄧肯和第二位夫人愛麗絲結婚，四年後她離開他。鄧肯經過一段沮喪的日子，後來成為托洛斯基的國際工人組織的會員，加入社會工人黨。他又結第三次婚，太太名叫德米拉。女皇學院的藝術學院院長位置出缺，邀請鄧肯擔任，這也是他父親的關係，但是他拒絕了，卻去鋼鐵廠當車床工人。1944年他與太太到墨西哥去，因為政黨派他去那裡，照顧被謀殺的托洛斯基 Leo Trotzki 的寡婦娜塔莉亞。這時候他再度開始從事雕塑，製作了托洛斯基的石膏頭像。

1944年他和太太德米拉從墨西哥回到美國，往後幾年他們從事政黨的工作，擔任《國際社會主義者評論 International Socialist Review》刊物的發行人。後來德米拉也離開了他，他又再度陷入抑鬱、沮喪，之後與第四任夫人蘿拉結婚，試著把自己從抑鬱中解救出來。但是這段婚姻也沒有維持幾年。他又離婚與再婚，這次是與一位陶瓷藝術家，他又回歸到雕塑的世界。兩種努力都失敗了：婚姻以離婚結束，雕塑以心臟病發作中風而告終，他最後死在老人院。老人院的緯度與北戴河幾乎一樣，在寧靜的大海的彼岸。

所有他太太們的姓名，好像達許・漢密特 Samuel Dashiell Hammett 犯罪小說中的人名，而這個小說家在人生的下半段，也是加利福尼亞的左派抗議維權人士，以及憂鬱的酒鬼。

奧地利建築師蓋苓 Geyling

如同福開森的房子一樣消失的，還有建築師蓋苓的別墅。蓋苓實在是北戴河必須要感謝的人，1920 年他在蓮峰山上為自己設計的洋房，那裡是陽光普照、光線充足、一座完整的兩層樓建築。底樓採用的是花崗石，有一個朝南、方形的露臺和傾斜的支柱，裡面還有個石梯，通向由水泥搭建的二樓。水泥在當時的北戴河還是很不尋常的建築材料。樓上的陽臺向外延伸呈半圓形，同樣也朝向南方，裝有鐵圍欄。雖然這個設計的視野非常理想，但是在北戴河還是很少見，平的水泥屋頂一樣少見。前面陽臺的上面，有個如同汽車內的遮陽板、向下傾斜、可以收放的遮陽設施，既能夠享受陰涼也能夠引進陽光，同時還不會遮擋了視線。

引人注意的是，這棟建築的表面，完全沒有多餘的裝飾元素，如屋頂的雕刻廊柱、欄杆等的裝飾，這是一般在北戴河的洋房都有的所謂雕樑畫棟，這建築上都沒有。從遠處看房子形狀如同一條船的艦橋，露臺的橫向結構，可以看出蓋房子的人刻意的設計。坐在露臺上，滿眼藍色大海，猶如是坐在出遊的遊艇上。

蓋苓的別墅不是一座美麗的房子，但是目標很突出。鋼製的座椅清晰可見，而不是平常的、柳條編的扶手椅，鐵欄杆上掛著浴巾。

蓋苓後來在天津開設建築設計辦公室。勤奮、堅持不懈和充滿活力是他成功的保證。他把太太從維也納接了來，很快的就在全中國聲名鵲起。也多虧了朋友很多的朱啟鈐向朋友們推薦他的建築形式，得到很多的迴響。蓋苓；一位有學識的土木工程師；蓋房子時嚴格遵循著符合功能要求的形式，他也嘗試著融入中國的傳統建築哲學、美學；使之相結合，如在正方形的門中，加入中國元素的圓月形開口和山牆的利用。白色與黑色棋盤式圖案化的磁磚搭配，一種中國與歐洲建築藝術的混合體風格，一方面規規矩矩、方方正正、實事求是，另一方面是圓潤柔美、和諧。這種風格在他的北戴河房子上也顯現出來。

朋友間公開對他的肯定、認可、讚譽接踵而至，奧地利外交部在 1931 年任命他為建築顧問。他在中國的許多建築，成為標記歷史的建築。有一些建築如今被認定為文物保護單位。比如 1937 年在天津蓋的大樓「Heracles Mansions」（取自古斯塔夫・施瓦布 Gustav Schwab 所寫的《古希臘神話與傳說》中的大力士的名字），這是一座堅固的五層公寓，呈現 L 形的建築，簡潔而不失優雅的外觀，充滿韻律與流動感，聳立在天津的香港路上就好像是出自德國著名德紹建築設計院 Dessauer Bauhaus 之手。

韻律、流動，也是蓋苓私人生活的寫照。他是划船好手，年輕時得到過很多的獎盃。他的第一個設計是在維也納，是為他的划船俱樂部「諾曼人」設計的船塢。他在天津時最終成為國際划船俱樂部的會長，他還參加會員的有扶輪社、德國男聲合唱團（名譽會員），他也是「德國業餘表演劇團」的一員，曾經演過席勒的名劇「威廉・泰爾」（在當地德文報紙中有這樣的報導「在射蘋果那一幕得到如雷的掌聲」），這個角色也體現在他的身上，從照片上看，他有寬大的臉龐，堅定的眼神，粗狀的脖頸，粗硬的鬍子，完全是德國南部的質樸人物的模樣。在照片中，他穿得如同在老家時一樣，沒有衣領的羅登尼粗呢外套，即便長時間在中國，他是個仍然與故鄉保持聯繫的人。二次大戰後，因為蓋房子而認識很多重要的政治人物，透過這個關係，他幫助了很多奧地利同胞，協助那些因戰爭失去德國護照與身分的同胞，幫助他們得到新的身分證件。同樣的，在共產黨得勢之後，許多外國人忙著離開中國，蓋苓竭盡一切努力幫助他們，許多人包括美國人、英國人都將自己的房產託付給蓋苓，但這些都沒有用，因為後來全部都被沒收了[76]。

1920 年蓋苓在蓮峰山上為自己蓋的的”船屋“。

回程途中我又經過觀音寺每年的農曆七月十五日「中元普渡」，也就是飢魂餓鬼來到陽間的日子。中元節舉行「盂蘭盆會」，梵語的意思中「盂蘭」是死去的鬼魂因為在世所犯的罪行被「倒懸」，痛苦不堪，「盆」是「救器」，助他一臂之力。延伸成為是以盆裝滿食物，超度亡魂；以拯救地獄的苦難眾生。

這個民俗節日也吸引許多外國人，晚上會放煙火，往海邊去的路上，到處都是蓮花型的燈，燈芯燃燒的是豬油。海灘邊，信徒門會點瓜皮或是紙做的水燈，放入大海，去幫助亡魂贖罪；脫離苦海到達彼岸。

暗淡的波浪拍打著海岸，合著岸上喃喃念著經文的和尚，我看著上下左右晃動著、忽隱忽現慢慢遠去的點點燈光。

宦海浮況，天地滄茫俱往矣……

註釋

76 蓋苓的建築設計圖，經歷了文化大革命倖存了下來。其他的建築師所繪的圖一般都只是輪廓性的，以及幾何線條的造型和資料。對於蓋苓來說，他的圖對整個周邊環境充滿了愛心，樹木、街道、車輛，他都會畫上去，並且塗上顏色。他對細節有眼力和要求，也許這是他性格上另一面的缺點一專橫。

草廠路上今昔

從西邊離開公園的話，就會看到草廠路。一共有六條：東、西、南、北、中、新路。一個標準的分割模式，中心點就是海鮮市場和「鐵路療養院」。

療養院的門大開，我走進去，沒有遇到人，門前的守衛室也是空的沒人，我進了一棟有開放的露臺的、兩層的粉紅色水泥建築，進去後還是不見人影，我圍著房子繞了一圈，看到許多老房子，天藍色的浴巾掛在後院中，天藍和淺粉，心想，兩種顏色倒是很搭配，但是住在裡面的人呢？依然不見人影，從地上鋪著的石板裂縫中，長出了野草，圓形的月亮門，孤獨的立在那裡。不論這門到底要通往何處，現在已經沒有用了。還有站在角落裡，那鏽蝕的街燈，曾經在黑暗中照明，如今也已經失去街燈的意義，一切都消失了，正如那些曾在陽臺上，坐在編織的、帶把手的躺椅中的海水浴場遊客們消失了一樣。

療養院後面曾經有度假小房舍、茅屋、小別墅、或是有花園的房子。這些建築如今都成了廢墟，屋頂被掀掉，為的是讓人無法居住，只有牆壁還立在那兒。白色已經變成失去光澤的藍色，牆皮已經掉下來，這種殘破的狀況一定有很長一段時間了。因為屋角和牆上到處都已經爬滿了藤蔓、荊棘，被毛茸茸的山羊柳、木本野玫瑰所覆蓋。地上鋪的有磚頭、沙漿塊、腐爛的窗戶框、石頭塊、破爛有洞的草席。地上柔軟而潮濕，讓人舉步維艱。即便頹廢至此，這殘留的廢墟，仍然給人一種舒服的安靜感。

我繞過高牆，到了還有人住的房屋，周圍也到處是垃圾。生鏽的架子上晾著衣

服，有間房子的門前，放著個被丟棄的撞球臺，綠色的臺布上滿是枯葉、啤酒瓶、香菸盒，撞球台接球的袋子已經被扯離了桌枱，被蟲蛀了的桌腿也已經傾斜。撞球臺上還有個擰上去的黃銅牌，上面有一排德文「Stolz und Kind，Tsingtau」（驕傲和兒子，青島）這是位德國人在青島製造的“經久耐用的實心橡木撞球臺“。

在草廠南路的度假客房與中經路匯合處，有許多小吃攤和小飯館。在他們前面的老樹上，到處掛著房地產廣告，廣告上有房產的地區與房子的外觀。我看到有棵樹，被很粗的電線和塑膠的霓虹燈管纏來繞去，好像已經快被勒死了！這是一棵台灣來的珍貴楓香樹，編號是 00002，下面

Karambolage-Billiards,

Eigenes Erzeugnis,

aus poliertem massiven Eichenholz, in haltbarster und dauerhaftester Ausführung mit erstklassiger Kunstmarmorplatte, prima Banden, Bällen, Queues, Tuch und allem Zubehör liefert äusserst billig

Stolz und Kind, Tsingtau

Photographien zu Diensten.

4742 21 22 23 24 06

被廢棄的實心橡木撞球臺上的黃銅牌，字跡依然清晰的為自己做著廣告。

寫著「貴重物品，請妥善保管」。

眼前四個小孩在街上玩彈珠遊戲，其中一人在地上畫了個「井」字，還畫了一條起始線。每人把相同數目的玻璃珠，放到井中間後，然後站到起始線後，用一顆較大的玻璃珠（稱之為「母彈」），扔到井中間的玻璃珠堆中，要從旁邊撞出來，不是從前面，省得「母彈」落入井中，成為別人的戰利品。可是偏偏就發生了，有一個人的大玻璃珠（顏色鮮豔有許多彩色的條紋交織在一起），掉入井中不動了「死了」，和他一起玩的孩子們大叫，把它撞了出來，撿起來放進自己的口袋。

街邊登記在案、受保護的楓香樹，被五花大綁。

第八部

草廠西路上徐志摩的雕像

草廠西路上有個小池子，池子旁邊立著中國 20 年代前衛詩人徐志摩的雕像，他的詩詞開啟中國文學的新篇章，與古典詩詞最大的不同之處，就是揚棄了古詩的形式。擺脫傳統典故和一再重複的景象，如雲霧、山川、月光、樓閣、遠方、浩大、浩瀚、別離、憂傷。取而代之的是西方那的一套，印象主義、表現主義、象徵主義、（法國畫家莫內 Monet 的）點畫主義；聯想主義、朦朧派的感受。一首詩文，必須

草廠西路上 20 年代前衛詩人徐志摩的雕像

張幼儀　徐志摩的原配夫人

如同香菸般的、可以吸、抽、短暫、芳香、可以沉醉其中盡情享受，風味十足是必要的，換句話說，是一種「吸菸的文化」[77]。

到底是什麼意思？1923年徐志摩寫的一首散文詩〈北戴河海濱的幻想〉，告訴了你答案。[78]

他生命中的波濤總是一浪接著一浪，直到最後的一浪，將他吸入無底的深淵，消失不見。他如同義大利著名詩人與民族英雄鄧南遮（Gabriele d'Annunzio）一樣，癡迷於飛行，在三十四歲那年（1931年），因為飛機失事墜毀而離世。他人生的夢想、愛情、自由、美，也隨之成灰燼。徐志摩有很多的筆名：南湖、海谷、雲中鶴、仙鶴、刪我、黃狗、諤諤。

徐志摩1897年出生於浙江；和他的父親一樣屬猴，他是家中獨子，還是位早熟的神童。他家庭富裕，能夠進最好的學校念書，年紀很小就通曉中國古典文學，是位很有未來的年輕人、父母的寶貝。成長在一個傳統、保守的中國家庭。十八歲那年，他父親就給他定了親，對象叫張幼儀，她出生於浙江的臨省江蘇，也是一個頗具影響力的開明家庭。

當徐志摩第一次看見張幼儀的照片時，他撇撇嘴、放下照片說：「鄉下土包子」。

張幼儀日後描述過結婚當天晚上的情況，「大約清晨四點的時候，客人突然之間都離開洞房了。」(中國特有的鬧洞房習俗，所謂洞房花燭夜，客人會聚集在新人房裡，玩笑、戲弄新人。那晚賓客中有人對她這個「鄉下的女人」那雙沒有纏過的「天足」大肆嘲弄。)「我累壞了，一個人在那兒坐了大概五分鐘，徐志摩就進來了，後頭還跟著好幾個佣人。其中一人把床罩子拉到床尾，在床中間鋪上一塊白絲帛，堂姊告訴過我，我第二天早上要在這塊布上證明我是處女之身。其他幾個佣人幫著把我從椅子裡扶起來，帶我走到梳妝檯前，準備為我的新婚之夜梳理一番。」

等到兩個人最後終於獨處的時候，她想要與徐志摩說話，但必須等待他先開口，這也是女人家的規矩，但是徐志摩一個字都不說。新娘後來說，「我們之間的沉默就從那一夜開始」。

註釋

77 當年不同品牌的香菸廣告，試舉三例。「橢圓形的香菸，更舒服的適合您的嘴唇」，埃及的品牌「金尖（gold tipped）」。第二，「海盜香菸，包裝在美麗的真空的錫罐中」。第三，「三城堡香菸，它本身就是證明」。

78 徐志摩的散文詩〈北戴河海濱的幻想〉很長，這裡節錄一部分：「……我獨坐在前廊，偎坐在一張安適的大椅內，袒著胸懷，赤著腳，一頭的散髮，不時有風來撩拂。清晨的晴爽，不曾消醒我剛起床的睡態；但夢思卻半被曉風吹斷。我闔緊眼帘內視，只見一斑斑消殘的顏色，一似晚霞餘赭，留戀地膠附在天邊。……我的臂上與胸前，亦滿綴了綠蔭的斜紋。

從樹蔭的間隙平望，正見海灣：海波亦似被晨曦喚醒，黃藍相間的波光，在欣然的舞蹈。灘邊不時見白濤湧起，迸射著雪樣的水花。浴線內點點的小舟與浴客，水禽似的浮著；幼童的歡叫，與水波拍岸聲，與潛濤嗚咽聲，相間的起伏，競報一灘的生趣與樂意。……」

徐志摩追夢英倫

新婚之夜後的幾個星期，這時候他的夫人已經懷孕，徐志摩在北京大學註冊了：法學，政治、日文和法文。他太太的兩個兄長也在北大讀書，把徐志摩引見給了他們家的朋友梁啟超。梁啟超那時候已經是一個傳奇的人物，曾經是光緒帝（1871～1908）的顧問，推動維新，效法日本明治天皇的政治改革。維新運動可惜只持續一百天就失敗了。袁世凱把皇帝的計畫透露給了慈禧太后。太后警覺，將皇帝軟禁；重新執政，反對所有的改變。維新大臣們則被抓、被殺、被追捕、被通緝。梁啟超逃往日本，他於逃亡海外期間，熟知了西方的思維模式。清朝滅亡後，梁啟超再度回到中國，成為民國時非常有影響力的政治宣傳家，一個道德和制度的權威人物。

梁啟超對徐志摩的國學知識印象深刻，願意當他的老師；這個角色，在中國儒家思想「天地君親師」中，猶如父親般的地位，須透過特定的拜師儀式彼此認定師生關係。在他老師的支持下，徐志摩於1918 年 8 月到了美國，首先在麻塞諸薩州的克拉克大學讀歷史系，然後到哥倫比亞大學主修政治學。不久他就對政治與經濟學的理論失去了興趣，開始轉向文學與哲學。美國的生活讓他覺得太無聊；天天就是：《---- 上課、聽課、寫考卷、嚼口香糖、看電影和一開口就帶髒字 ----》。他讀完碩士後，決定不在美國繼續讀博士，而是去英國當羅素（Bertrand Russell）的學生。羅素最初與他的老師懷特黑德合著了《數學原理》(Principia Mathematica），後來著有《哲學論文集》等多本流行著作。（他自己戲稱之為、便宜的「先令震撼 shillng shocker」），在中國如同蕭伯納（George Bernard Shaw）一樣都是極具勝名、被狂熱追隨的人物，而那時候蕭伯納正在北京大學任客座教授。

倫敦對徐志摩而言是新的海岸。1920 年徐志摩到達倫敦時，羅素還在北京。他就利用這段時間在倫敦政經學院註冊，等待羅素歸來。在這裡他認識了林長民和正在倫敦陪伴他的十六歲的女兒林徽因。林長民是梁啟超的好友，這時正在歐洲遊學。而他的女兒林徽因，是位飽讀詩書，思想前衛，能夠流暢的講法語和英語，聰慧過人的氣質美女。她與梁啟超的大兒子梁思成已經訂下婚約，但是這沒有阻擋住徐志摩對她的追求。林長民是位中國的浪漫主義者，蓄著很長的山羊鬍，看起來像極了中國的唐吉訶德，因為喜歡徐志摩，也就沒有反對兩人的接觸、交往。

徐志摩那種知性的光芒、年輕的魅力和異國情調和英國結下了情緣；可說是情投意合、相得益彰。一種些微不道德的吸引在流動，猶如混合的調味料。他結交了很多有影響力的朋友，其中包括著名的科幻小說家威爾斯 Herbert George Wells，以《印度之旅》著名的小說家福斯特 Edward Morgan Forster、被稱為紐西蘭文學奠基者的小說家凱瑟琳·曼殊菲兒 Katherine Mansfield、漢學家亞瑟·偉利 Arthur Waley、學者羅素，以及歷史學家迪肯森 Goldsworthy Lowes Dickinson。迪肯森是英國布盧姆斯伯里 Bloomsbury 文學圈的成員、同性戀者，同時是位中文詩詞的愛好者，劍橋大學國王學院（King's College）的教授，他幫徐志摩爭取入學，並且引導他閱讀雪萊、葉慈和拜倫的著作。徐志摩在英國發現了新天地、他的最愛文學：抒情詩。

徐志摩從美國寄給父母親大人的相片。其名句：“我將於茫茫人海中，訪我唯一靈魂之伴侶，得之我幸；不得我命！”

他與林徽因的關係越來越緊密，兩個人談論到了婚嫁。但是林徽因在北京有未婚夫，而且是徐志摩自己導師的兒子，事情很難處理，而徐志摩的太太，此時也已經為他生了個兒子。

掙脫枷鎖？雖然當時全中國都在鼓吹婚姻自主，但這在中國說比做容易。

林徽因與父親林長民攝於倫敦。“這個問題，我要用一生來回答，準備好聽我的回答了嗎？”這是林徽因對夫婿梁思成說的。

張幼儀千里尋夫　林徽因小腳西服

徐志摩到西方，已經過了三年。他的父母覺得不安，不僅是因為從美國換到了英國，他的太太張幼儀也擔心。徐志摩的父親決定送張幼儀到英國去，讓他記得對家庭的責任和義務。這不是個簡單的決定，特別是對一個傳統、保守的中國家庭。一位外交官好友帶著張幼儀從上海搭船到法國馬賽，徐志摩在馬賽接她。當船抵達馬賽港時，張幼儀後來回憶，自己站在船尾、望穿秋水的期盼著登岸，徐志摩呢？在眾多等待的人群中她馬上認出來了，雖然他穿著西式服裝；一件黑色大衣，脖子上圍著條白色的絲質圍巾，她的心涼了一大截，她後來回憶說：「他是那堆接船人當中唯一露出不想到那兒的表情的人。」

他們從巴黎搭飛機去倫敦，遇到亂流，造成她嘔吐，徐志摩挪的離她遠一點；說：「真是個鄉下土包子。」幾分鐘後他自己也一樣倒楣了，她轉過頭輕聲的說：「也是個鄉下土包子？」。

到了英國，徐志摩在離劍橋不遠的小鎮沙士頓 Sawston、一個如田園詩的地方，租了所公寓，有兩間臥室、客廳、廚房。起先聘用了一位女英語教師（張幼儀從字母開始學英文），不久，這位女教師因為嫌路遠，辭職了，徐志摩也就算了，沒有再找新的老師。張幼儀說「他愛來就來，愛走就走，好像我不存在似的」。她曾經努力嘗試想讓他明白她想要分享他的人生也希望學習，可是「他根本不和我說話」。張幼儀說：「我和我的兄弟可以無話不談，他們也和徐志摩一樣博學多聞，可是我和自己的丈夫在一起的時候，情況總是，『你懂什麼？』『你能說什麼？』。」

她到英國之初就注意到，他每天都會去理髮店。她困惑不解，也問不出所以然。她不知道理髮店的對面就是郵局，徐志摩到郵局可以取到林徽因每天寄來的信。

徐志摩後來讓一位中國同學來同住。張幼儀很高興，因為可以有人說話了，有時候他還會陪她去購物，為此她對他真的非常的感謝。

八月時張幼儀再度懷孕了，徐志摩建議「把孩子打掉」，張幼儀說她這輩子絕沒料到會得到這種反應，她回說：「我聽說有人因為打胎死掉的耶。」他說：「還有人因為坐火車死掉的呢，難道你看到人家不坐火車了嗎？」

九月初有一個晚上，徐志摩告知有人要來拜訪，一位女學生，徐志摩要介紹劍橋大學給她認識，隨後要在家裡一起用餐。這是第一次，有客人要來家裡拜訪。

「幾點鐘呢？」她問他。

他回答說：「早一點」。

她的第一個想法就是，這大概是他的女朋友，他想要收她為姨太太。因為照中國的習俗，徐志摩是有權力再娶的，就連他的老師梁啟超也有兩個老婆。也許是一個歐洲女人，張幼儀如是想，就是那種大笑的時候會張大嘴巴，把頭往後仰的那種女人。後來她不這麼想了，因為她覺得沒有歐洲女人會願意當妾的，張幼儀決定不把自己的想法表現出來，她此刻是兒子的媽，在家中的地位不容置疑，徐志摩沒有權利否定她的地位。

來拜訪的客人是位身著中西服的中國女人，短髮，塗著紅嘴唇，穿著一套海軍裝式樣的羊毛連衣裙。張幼儀說，「說也奇怪，我竟然想不起那女人的名字，乾脆叫她明小姐好了」。當張幼儀的目光往下移動時，她幾乎不敢相信自己的眼睛，那是一雙穿在中國繡花鞋中、纖細的「小腳」。

飯後徐志摩送客人到火車站，回到家時，張幼儀還在忙著洗涮、收拾。徐志摩不安的在廚房走來走去。當碗盤都洗完、擦拭好後，她回到客廳。徐志摩跟著她，忽然想要知道她對這位來訪客人的看法。張幼儀小心的說：「她看起來很好，可是小腳和西式裙子有點不搭配。」還在繞來繞去的徐志摩突然轉過身來，對著她無上權威的、也是第一次如此大聲的說：「我就知道，所以我才想離婚。」

他的意思是指中國和西方，對徐志摩來說張幼儀代表中國，而林徽因雖然有一雙纏過的小腳，卻代表新的世界。

離婚？一下子房間變得很小。張幼儀走出房門，那時候是冬天，外頭非常得黑和冰一樣的冷。徐志摩這個晚上很晚才來到床上，他很輕的，怕吵醒她。當他背對著她睡的時候，身體輕輕擦到她。張幼儀回憶說，「我雖然知道他是不小心的，卻有一種這是我們身體上最後一次接觸，也是在向我們那段可悲的親密關係揮手告別的感覺」。

大約過了一星期，有一天，徐志摩忽然就不見了，沒有留下任何的消息。時間就這樣的過去，那位房客有一天也打包好行李走了。剩下她一個人，她一遍又一遍地想著所有的可能，自殺？但是還有父母和那個沒有出生的孩子。幾天後，來了一位中國的留學生，捎來了徐志摩的口信。她讓他進來，這個學生站在她面前，集中精神、緊皺著眉頭，像在努力的記住徐志摩委託的每一個他所交代的字。

問是否她願意留在公婆身邊，但是她不再是他的妻子，彼此沒有婚姻關係，也就是「你願不願意做徐家的媳婦，而不做徐志摩的太太」。他的眼神盯著她的頭髮、她的臉和她的服裝。她知道，所有的這一切，他都會向徐志摩報告。她氣憤的把他趕出了門，她知道，徐志摩再也不會回來了。

張幼儀懷孕在身，孤獨一人在一個陌生的國度，沒有朋友，沒有機會與人溝通，有的只是一遍遍的想著徐志摩這個人，一個自私的人、心裡只有自己的人，難道這是詩人的通病？

是到了該做點什麼的時候了。張幼儀的二哥，這時候正在德國的耶拿（Jena）大學跟隨著名的優肯教授 Rudolf Eudken 修習道德哲學。張幼儀收拾了行李，就投奔她哥哥去了。他們的小孩在柏林出世。當小孩三個月大的時候，徐志摩來到柏林要與張幼儀辦離婚，張幼儀同意了。為何？西方的離婚在中國是無效的，根本只是一張紙。作為他的兒子的母親，在公公家、在公婆的面前，她永遠是徐家的媳婦。

離婚之後，張幼儀和孩子留在柏林，學習德文和研究教育。她還愛著徐志摩，也想向他證明她不是個土包子。

徐志摩聲名鵲起

1922 年 10 月，徐志摩離開英國，告別了劍橋，雖然是簡單的〈再別康橋〉，卻充滿憂傷：

輕輕的我走了
正如我輕輕的來
我輕輕的招手
作別西天的雲彩

第一段詩句，也是他最美的詩篇之一，簡單的字句，而他卻從來沒有對自己的老婆說過。這首詩的首四句，就刻在劍橋國王學院一塊大理石上。

徐志摩在中國快速的發表了他的詩和散文集，他正當創作力的頂峰，幾乎一夜之間他就成為了家喻戶曉的明星，大專院校爭先恐後來邀請他。他創辦文學雜誌，也開始接受邀請到處去演講。

20 年代的上海與北京，其實一點也不比倫敦、柏林、巴黎缺乏激情、躁動。徐志摩所到之處是人們關注的焦點。他與林徽因一起，陪伴著印度哲學家泰戈爾在中國旅行，在此期間林徽因已經與梁啟超的大兒子結婚。她和徐志摩兩人仍然保持著密切的關係，也為此惹來了蜚短流長。他的導師梁啟超在一封長信中告誡徐志摩要控制好自己的感情，不要為了實踐自我，而給別人帶來苦難，這是先知的語言。

這時候徐志摩剛剛認識陸小曼，一個富有的、高官家的女兒。她的父親是個美食家，當他吃西餐的時候，他會同時點四份。他很早就發現陸小曼的天分，在對她的教育方面，絕對不吝嗇；從北京的法國修道院，請私人老師教她英文和法文。她學習京戲、舞蹈與繪畫，長成了個大美人。一位著名的畫家後來曾經為她畫過一張肖像，他說她的眼神飄忽，就像一位靠在要遠航的船欄杆上，看向遠方，同時回眸即將要離開的過往，或是在踏上火車的階梯，就要離開，而再一次的轉過頭，那一種告別中反覆無常的美女，優雅、有氣質又幽默。如果宴會少了她，就好像缺了什麼似的。她與王賡結了婚，而王賡也是梁啟超的學生，同時也是一顆正在升起的、耀眼的星星。

王賡：真誠、正直、廉潔。考進美國西點軍校的第一位中國人；艾森豪的同學。

王賡，清廷最後一批的留美學生，中國人考進西點軍校第一人

王賡出身於江蘇省無錫一個逐漸沒落的官宦人家，他是清廷最後一批考上庚子賠款留美的留學生，被選上的原因是他特別的優秀，是個示範性的人物，是孔夫子儒家生活的實現者。1911 年被送往美國，先在密西根大學，後來到了哥倫比亞大學，最後在普林斯頓大學就讀，獲得了歷史與政治學的碩士學位，表現卓越，是當年 116 位畢業生中第 14 名。1915 年，他是考進西點軍校的第一個中國人，和艾森豪是同學。三年後，以極優越的成績畢業，當時 140 學生中他排名第十，艾森豪是第一名。學校給王賡的評語是「一位非常優秀的學生，特別的受人歡迎」。除了英語外，王賡還能說德語與法語。

1918 年王賡回到中國，進入中華民國陸軍，適逢第一次世界大戰結束，他以中國代表團武官身分參加了巴黎和會，因此和代表團中當時任駐英公使的施肇基，以及駐美公使的顧維鈞，還有梁啟超（梁啟超那時候帶領著一個非正式的代表團在巴黎）認識。梁啟超非常欣賞王賡，幾乎可以說被他的正義、誠實、正直的特色迷住了，相見恨晚的、也收他為自己的門生，就像當年收徐志摩一樣。

回到的中國，正處於軍閥割據的時代，一個軍閥們你爭我搶、爾虞我詐的戰爭年代。對一個普林斯頓與西點軍校的畢業生而言，這簡直無從想像、無法適應。他辭掉了職業軍人的生涯，走人。

沒多久，他被張作霖羅致，他的軍旅生涯再度開始，成為張作霖這位東北王手下的一員，1920 年晉升為上校，也是在那一年，他娶了陸小曼。

王賡比陸小曼大七歲，他與陸小曼的個性可以說是兩極。他這人認真、老實、可靠、節儉、守時。在他內心深處，因為在美國受到基督教義的影響，成了儒家的卡爾文 Calvinist 主義者；嚴守著清教徒式的嚴謹生活方式，從星期一工作到星期六，只有星期天有時間和陸小曼出去。他不喜歡社交活動，對他來說，這些都是無聊、浪費時間。而對陸小曼這卻是享受，她甚至無法想像若沒有社交活動，日子怎麼過。

為什麼如此兩個天差地別的人會結婚？當然，她的婚姻也是父母之命、媒妁之言。而王賡在北京，接近和認識他的人都知道，他的前途無量，是北京宴會社交圈中最受到矚目的紅星。

中國心和西方魂的徐志摩與王賡

徐志摩從英國回來後，就與王賡有了交集，兩個人都是在兩個世界流浪的人，都各自擁有一顆中國心和一個西方魂，兩個人也都是游離於社會之外的邊緣人，同時又都是梁啟超的弟子，在某種程度上可以說他們是兄弟，彼此成為好友。徐志摩很快的就與王賡、陸小曼夫妻倆來往親密。王賡很高興看見徐志摩照顧、帶著他夫人去參加宴會、看戲、打麻將。而王賡剛剛被提拔為坦克車旅的少將指揮官，忙得沒時間陪伴自己的太太。他的世界只有工作，可是他愛他的太太，也知道自己的缺失和對陸小曼的疏於陪伴，每次陸小曼想要和他一起出門，他就帶著罪惡感的說：「我沒有時間，徐志摩會陪你的。」

該與不該發生的，終於發生了。兩人陷入情網。而兩人奇特的、不道德的性格特徵，可以讓他們忽略約定、突破傳統的束縛。兩個人都認為自己是傳統婚姻的受害者，因此也認為道德與正義是站在他們那一邊的。他們倆的八卦傳聞，在北京鬧得無人不知、無人不曉，陸小曼欺騙了丈夫，徐志摩背叛了朋友。王賡也聽到了傳聞，並沒有把它當真。但是為了制止流言蜚語，他要求陸小曼與徐志摩斷絕往來。而他也以紳士的態度要求徐志摩不要再來拜訪自己的妻子。徐志摩沒有別的選擇，他也願意避免製造出醜聞，只好與陸小曼分手。他把自己和他心愛的人拉開了半個世界的距離。

1925 年 3 月，徐志摩搭西伯利亞鐵路的火車，經過莫斯科到達柏林，去拜訪他離婚的妻子張幼儀與兒子。天氣非常寒冷，這是個慘澹的旅程。到了柏林，他才得知他的兒子剛剛死於腹膜炎。在他到柏林的兩天前，剛舉行的葬禮，徐志摩在柏林待了兩個星期，然後就去了義大利。

張幼儀不久後就回中國去了。徐父對徐志摩異常生氣，說不認這個兒子了，他將張幼儀視為己出，待她如自己的女兒，並且將原本徐志摩名下的家庭產業的三分之一過給了她。

張幼儀在德國接受教育，已經接觸到女權運動，與徐志摩不一樣，她實實在在的用兩條腿穩穩的站在大地上。她在上海創立了中國第一家婦女儲蓄銀行，招來很多客戶，事業發展得非常成功。

當徐志摩在義大利寫他的新詩〈翡冷翠的一夜〉時，在北京的陸小曼鬧到了極點。王賡被任命為孫傳芳的參謀長，工作地點是上海，他的太太拒絕與他一同前往上海。王賡堅持要她同行，她給徐志摩拍了張急切的電報，懇求他立刻回中國，才肯去上海，同時她也拿定主意要與王賡離婚。

徐志摩冒著很大的風險於 7 月回到上海，因為王賡可以逮捕他、拘留他，甚至槍斃他，別人也不會在意。但是王賡不是軍閥，是位紳士，他的家教、在普林斯頓和西點軍校的教育，讓他與人和平相處，這一位儒家的基督徒對他的妻子說：「繼續作夫妻，如果不行，想想過去我們曾經彼此相愛，那就當朋友吧。」

陸小曼："我此後絕不再病，我只叫我的心從此麻木，不再問世界有戀。"

離婚對王賡來說是個艱難的決定，因為他愛他的妻子，如此的無望，就如張幼儀（她才真是最適合王賡的）依然愛著徐志摩一樣。

梁啟超在徐志摩和陸小曼的婚禮上的講話

徐志摩和陸小曼的婚禮於 1926 年在北京舉辦，徐志摩邀請他的老師梁啟超證婚。梁啟超一開始拒絕，禁不住朋友的一再勸說，後來才同意。他的致詞出乎所有人的意料：

「我來是為了講幾句不中聽的話」，這是他的開場白。當大廳裡所有的人安靜下來，梁啟超開始了嚴厲的訓誡。

他提到了兩個人性格的缺點，忘記了責任、自私追求享樂，破壞諾言、沒有忠誠可言。大廳中一片沉寂。梁啟超說：「志摩、小曼，你們兩個都是過來人，我在這裡提一個希望，希望你們萬勿再做一次過來人。婚姻是人生的大事，萬萬不可視作兒戲。現時青年，口口聲聲標榜愛情，試問，愛情又是何物？這在未婚男女之間猶有可說，而有室之人，有夫之婦，侈談愛情，便是逾矩了。試問你們為了自身的所謂幸福，棄了前夫前妻，何曾為他們的幸福著想？古聖有言：己所不欲，勿施於人，此話當不屬封建思想吧？建築在他人痛苦之上的幸福，有甚麼榮耀，有甚麼光彩？」

此時當真是道德佈道的最佳時刻嗎？徐志摩尷尬萬分，打斷了他的老師：「恩師，請為學生與高堂留點面子。」

梁啟超停了下來，然後結束他的演說，很不情願的、簡短的，如同他的開場白一樣的說：「我祝賀你們，我說完了！」

這一對新結婚夫婦選擇住在上海。陸小曼繼續她舊有的追求時尚、頹廢的生活，宴會、舞會、劇場、麻將，而且，她開始抽鴉片了。這種奢侈的生活方式，不久就讓徐志摩捉襟見肘、沒錢了。他經常來往上海與北京之間，來回都是搭飛機，是他的新朋友張學良，把對飛機的熱情傳染給了他。

徐志摩大部份的時間停留在北京，北京是文化的中心，他忙著教學方案、出版刊物，發行他自己的新詩與散文集。此時他的主要詩作有《志摩的詩》、《翡冷翠的一夜》、《猛虎集》、《雲遊》，散文集有《落葉》、《巴黎的鱗爪》、《自剖》、《秋》。其中有一首詩名叫〈雪花的快樂〉：

假如我是一朵雪花
翩翩的在半空裡瀟灑
我一定認清我的方向——
飛揚　飛揚　飛揚——
這地面上有我的方向

不去那冷寞的幽谷
不去那淒清的山麓
也不上荒街去惆悵——
飛揚 飛揚 飛揚——
你看，我有我的方向！
在半空裡娟娟地飛舞
認明了那清幽的住處
等著她來花園裡探望——
飛揚 飛揚 飛揚——
啊，她身上有硃砂梅的清香！
那時我憑藉我的身輕
盈盈地，沾住了她的衣襟
貼近她柔波似的心胸——
消融 消融 消融——
融入了她柔波似的心胸。

陸小曼這時候，有了新歡：已有妻室的翁瑞午。他是位富有的、茶山的繼承者。

輕輕的我走了，正如我輕輕的來

1931 年 11 月，陸小曼打電話給徐志摩，要他從北京回上海，她需要用錢。11 月 11 日，徐志摩搭乘張學良的飛機到南京，再搭火車到上海。他經歷了個醜陋的場景，陸小曼把鴉片煙槍扔到了他的臉上（非常貴的煙槍，煙斗是西太后用過的），接著飛過來的是鴉片燈。還好他閃躲了過去，可惜他那圓形、金邊的眼鏡（那眼鏡和長袍是他的標記），掉到了地上，鏡片碎了，徐志摩怒不可抑的衝出了她的房間。

11 月 18 日徐志摩搭火車到了南京，按原計劃本來是要與張學良一起飛回北京的。因為 19 日林徽因要對外國客人演講，主題與建築藝術有關，徐志摩答應會出席給她支持。

張學良因為有事絆住了，無法飛回北京，徐志摩改搭山東省郵政專機「濟南號」。那是一架美國製造，有六個座位、六個汽缸、350 匹馬力的飛機，飛行速度每小時 90 公里。徐志摩的飛機早上八點從南京起飛，十點鐘到了徐州，中途休息。徐志摩在機場還給陸小曼寫了封短信：「徐州有大霧，頭痛不想走了，準備返滬」。但是他還是上了飛機，林徽因在北京等他。

霧氣越來越濃，接著是大雪紛飛，雪片從窗戶上旋轉著飛過，快到濟南時，飛機撞山了，兩個駕駛人員與徐志摩都死了。

當人們找到他的時候，他面目全非：頭上有個大洞，那雙總是輕輕舉步離開的腳，和那總是那麼輕輕揮別的手，都燒焦了[79]。

注釋

79 許多徐志摩的作品，是在鴉片的影響下寫出來的，陸小曼以及他的許多朋友都有吸食鴉片的習慣。那時在中國到處可見，吸鴉片是時尚、是一種時代精神的表現。吸食用具，隨人而異，它代表著身分和地位。

先介紹的是吸食鴉片的煙斗，或被稱為「槍葫蘆」（下等苦力常常是從非常小的茶壺裡吸食，不在我

們的討論範圍）。我就先從煙斗頭部開始講起。有一種叫「寡婦斗」的傳奇煙斗，也稱為「香娘斗」。顧名思義，這個名稱來自一個寡婦，她靠製作煙斗來養活唯一的兒子。為何受到重視？這煙斗有兩層，外面那一層與鴉片燈的火接觸加熱，裡面的那一層，仍然保持涼爽與乾燥，達到期望的結果，就是掉在煙斗中的煙灰渣不會凝成塊（煙灰渣可以再抽一次，有人特別喜歡煙灰渣末，而且只抽煙灰末）。這個煙斗頭的歷史是，寡婦拒絕再婚，當她兒子功名得就、上任為官後，用高價買回了母親曾經製作的煙斗，原本可以據為己有，但是他卻將買回的煙斗全部砸爛搗毀，這又是為何？

排名在寡婦斗之後是**允鳴氏斗**。比較容易被壓扁，開口處被刻意的拉高，外表用銀絲或是金絲覆蓋、纏繞裝飾。同樣受到青睞的還有**青石氏斗**，由一種類似白雲石的天青石（英文稱之為《Celestine》或是《Bluestone》）製作而成。青石氏煙斗與允鳴氏煙斗的樣式相近，只是開口拉扯的更高一些。再來就是來自南方的**廣東白玉砂斗**：是將石英砂泥漿、洗淨、研磨、再燃燒加熱成為白色玉石膏狀，光滑、閃爍著雪花般、似白玉的煙斗；就是在加熱時也不會變色。與人們喜歡的、尋找的另外一種叫“**變斗**”的不一樣，他那薄薄的一層釉，在加熱後會隨著溫度的變化、閃動著各種不同顏色光芒 ---- 如同瓷器在高溫爐中一般 ---- 在冷卻和擦拭後又會恢復原來的色澤。以上提到的煙斗，如今只能在古董店中買到，所有的這些煙斗；都必須要花費不少的銀兩；而且還要碰到特殊的機會才會被拿出來。日常使用的一般來說就要講究實惠了，在北方、按照出產的地方來說；比較被人們喜歡就是山東歷城出產的**一歷城斗**。抽煙灰的人喜歡使用滿州生產的**盒子斗**，有鬆散連接、未擰緊的、固定的小蓋子，缺點是在急促的、貪婪的抽煙者或者是笨手笨腳的吸者手上，很容易掉下來。或者**雙層壞蛋斗**：這是模仿香娘斗的一種便宜的仿製品。貴一點的是安徽壽州地方出產地**壽州斗**：有三種不同的版本：色似象牙白的**白沙斗**，如褐色紫砂壺的**紫砂斗**，和自然色的、有個小的鋼制門的**本色鋼門斗**。真正的壽州斗有錫腳，不像一些便宜的模仿品；常常用融化的水泥膠粘在上面，而是很堅固的抓鎖在斗上，如果想要拔下來；唯一的方法就是將煙斗砸爛（當局採取的強力禁止鴉片的措施後，造成的結果；是如今這些煙斗也很難找得到了）。更昂貴的是**宜興紫砂斗**，那裡是江蘇的瓷器製造中心。（紫泥土又稱之為紫泥：是一種含高嶺土，雲母，和水晶的泥土；其中含有高量的氧化鐵。這種特殊的土只有在宜興這個區域有很高的儲量。）有一種專門為藝術家與文人設計的鴉片煙斗，輕薄小巧，並且按照茶碗起的名稱 --- **蓋碗斗**。這種斗必須要小心伺候。心煩氣躁如暴風雨般的將頂著鴉片泡的針頭插進斗內、會把小巧的斗門弄掉下來。從滿州來的斗要堅固耐用的多，有一種叫**蒜錘子斗**，長的像用來擠碎和研磨蒜瓣的器具。高和圓、略微向外翻的上半部，也被認為是非常適合抽寶貝煙灰用的。真品上下的直徑相同，贗品上面比下面大一些，抽鴉片往裡吸的時候比較費勁。北京地方產的有**對子斗**，會做成蝦，螃蟹，烏龜、金蟬等等樣子，作為收藏品總是要成雙成對的；這也是名字的由來。這是為特別令人羡慕的吸食者所設計的，其斗頭的部份是所有煙斗中最大的。最差的還有從淘空的棗木或是榛子木製成的，那斗門是可以迅速的用；譬如窗戶膩子；置換與修補的。屬於這一類的還有叫 ---- **小葫蘆**，或**小壇子**的：**雙肚小瓷瓶**，在上面的鼓肚上有個洞口，是為了煙管而設的。非常貧困的吸煙者有個香水業者生產的黑色日常用的瓶子就很滿意了。後來這些又成為有錢階級的時尚 ---- 瓶子剛好用來接煙灰 ---- 也就有人專門開始製造了鮮紅色的或是多彩耀眼的彩虹色瓶子上市。一一**煙槍**：最便宜的是把甘蔗中間掏空來當槍管，最貴的是黑色水產藤，是一種質地特別堅硬、密實水生的植物，只有在貴州與四川的水域生長 ---- **蛇宗管槍**是也。竹子當然是最理想的煙管材料：自然的中空。有硬度以及外型典雅的竹子是首選。比較受人喜愛的有：紫竹（Phyllostachys nigra），鳳眼竹（竹節處；猶如美麗女人上翹的眼睛），湖南的湘妃竹，乾黃竹，芝麻竹，竹節處鼓起如肚的羅漢竹，棕竹或是玳瑁裏竹。就是在長年累月的使用後、也不會有裂紋 ---- 這 在中國乾燥的氣候下的北方；是很難得的 ---- 也就成為了人們喜愛的貴重物品。其他的木頭種類：中國的枸杞或是“魔鬼的麻線”（Lycium chinense，它的小幹紅果和根莖和樹皮都是中國的藥材。）位於北戴河東邊的東陵產的茵陳（Artemiesia capillaris），檳榔木（Areca catechu），沉香木或是迦南香（Aquilaria sinensis），或是六道木（Abelia dielsii），都是些特別硬的、能夠抗高溫、生長在山上灌木叢的木頭，而六道木因為表皮上有六道深陷的溝渠狀紋路，因此而得名。----（因為它抗熱性好，也被拿來製造筷子）。上述的木頭”槍“；與竹子相較，管內的空間較小，但是這個缺點卻被它的一個優點彌補了，鴉片的煙油會一點點的、持續的、由內而外的浸漬入木頭的孔隙中，在某種程度上說它浸漬了整個的管子。比竹子的煙管更結實不會開裂。還有煙管採用其他的材料：如：犀牛角、象牙，水牛角，銅的，銀的，金的，這些都是顯擺擁有者的財富罷了。習慣性抽鴉片的人，眾所周知身體虛弱，最怕就是感冒；一陣風就能把他吹倒。煙管材質不同；對於健康也會有不同的影響；不同的選擇有不同的醫療功效；這類的煙槍稱之為 **“藥槍”**，枸杞可以治療感冒也可以溫暖器官；茵陳可以治療脹氣，腹脹、胃腸不適。檳榔可以幫助消化；沉香可以治療嘔吐和拉肚子。犀牛角可以去除”心火“(發燒、便秘、發炎等等)，並且還能提高活力與性功能。煙槍的**嘴**，珍貴的煙槍的嘴有瑪瑙的，琥珀，精緻的玉石，珊瑚，象牙，水晶等的。一般的是牛角製的。煙槍頭部最精緻的部分、是一個如小馬鞍形狀的物件、名叫 **“蓋火”**，它的材質有：金、銀、銅、錫，琺郎，景泰藍，上頭大都會裝飾、雕刻著一隻青蛙或者其他動物。---一鴉片**煙燈**：這個工具的目的要看實用性而定：安靜平穩的火苗，方便使用，穩固和穩定性、持久性。所以與煙斗、煙杆相比，就沒有那麼講究了。如果急需；那麼用一個護手霜罐裡頭放上煤油、再放進一根燈蕊，也就足夠了。苦力們還有自己的一套、也許寒酸、但很實際的作法：在燒餅中間挖個洞，加上油與快速的用棉線撚成火撚子，有的時候就用鴨蛋殼。當然也有講究的抽煙者要使用高雅的鴉片燈：可以分拆的**山西太谷燈**是其中最著名的：由十三個部件組成，約十五公分高，十公分寬，雕花的紫銅座子，中間 有一個有開口的黃銅平碟；可以固定住中間的玻璃圓柱形燈罩。主要是山西錢莊商人他們喜歡用**山西花籃燈**，透明的的燈座，中間寬、猶如膨脹的鼓肚，是所有鴉片燈中亮度最強的。十公分高的**山東膠州燈**，工藝精美、堅固，是一種銅鎳合金；稱之為白銅材質製作的，六角形的、五顏六色鑲嵌的、和雕刻的金屬底座。其上連接著個圓形的附件；正好可以固定住那個鬱金香形的玻璃罩。有三種大小：最小的最貴。**炮子燈**，經濟節省、堅固耐用、有特別高的玻璃罩、和大型的裝飾精美的黃銅框架。受到喜愛和收藏的類型，因為堅固耐用 ---- 而一般在鴉片煙館裡使用的燈無法相提並論：那些銅製架框、扁平的、如小枕頭般的燈罩，稍微一不小心碰到就會倒下來碎了。目的性最佳的就是**全玻璃燈**，除了那燃燒燈是銅製外，其餘都是厚實玻璃製的，包括裝油的的罐子。---- 這也是附加的優點；可以一目了然的看到裡面是否還有足夠的燃料。天津與北京所能買到的最便宜的全玻璃燈；其實就是粗壯的啤酒玻璃杯、把酒杯鋸掉一半，下半部打個圓洞，目的是好與燒燈結合；也是為了滿足、符合需要。---- **煙扦子**：用來轉動鴉片小球，一般來說二十公分長，像打毛線的針一樣大小，由能夠彎曲的柔軟的鋼材製成（一般粗鐵所製的扦子，到處都有，只需要幾個銅子兒就能買一打，不被推薦，因為只要稍微彎一下就很容易折斷）。扦子的最前端部份又尖又薄，是用來挑鴉片膏放到火焰上轉動著烘烤，然後放進煙斗中。其往下部分就慢慢成波紋的三角形，便於用手掌握。最昂貴的是**廣針扦子**，它的頂端特別細小精緻是模仿十八般兵器來的：刀槍劍戟、斧子、長矛等等。大都一買就是一整套，和配套的架子 ---也是送給朋友、受歡迎的禮物。便宜的是**蝦米鬚扦子**，也是同樣受歡迎的一種：更薄更細長，但是比較不容易彎曲；也因為它的長度拿在手中較難以控制。最實惠的替代品還有**傘挺扦子**：韌性好，實用，哪兒都找得到。---- **煙盤子**：苦力們就用香菸盒子內的錫箔紙或是瓷的墊盤、瓷器小碟，否則就用西式的有外國花朵浮雕的瓷器；有錢人家會採用金、銀、銅、鋅，或是印度鑲嵌著珍珠貝母檀香木製作的小碟子。---- **煙盒子**，用來儲存鴉片煙膏。通常裡頭就裝一兩或者二兩的煙膏。（一兩大約是 50 克）還分別有單盒，或是套盒。所謂的套盒就是盒中有盒，避免珍貴的氣味的流失和走味兒。講究的還會選用各種昂貴的材料來製作，用卷 金或是卷銀、銅、搪瓷、犀牛角，象牙，七色牛角等。---- **煙板**，是個很小的小玩意兒；有紫銅的、黃銅的或是特別硬的木頭的；拿來轉動或是敲打煙泡之用。對光特別敏感的人，在鴉片燈上會固定一把紫銅製的小擋片傘，叫**銅擋火**。用來清理、去除、挖出煙槍脖子處、粘在上面的油膩的煙油、浮渣叫**斗挖子**。雙面刃的刀子，也稱為**紋刀子**。還有**鑷子**用來清理燈蕊。像個特別小的小痰盂、上圓下多角形的煙灰碟；用來放燒焦的的燈蕊和用過的火柴棒的**鋤斗兒**。**銅炒杓**，是用來快速加熱鴉片的器具；是給特別"饑渴"、著急和沒有耐心的抽煙的人預備的。五色棕刷，小掃帚，小銅簸箕；斗架；槍架；灰盒子，上述的用具都是用來清理小碟子等等器具的。以上說的都是用具；下面就是如何吸食鴉片：大部份的人都會在鴉片館。標記就是入口處有個薄薄的竹蔑濾子，代表這裡煮和過濾鴉片。有大的和小的鴉片館。最小的只有一間房間，客人把腿捲曲緊靠著身體；抬高放在一個細長條的火 爐臺上，用具很簡陋 ，談不上什麼服務。這種鴉片館是靠賣鴉片以及賣煙灰渣來賺錢的：從煙斗中、像從海底般撈取出留在煙槍頭中的顆粒狀**煙膩子**，煙灰可是鴉片館的財產，也是所有的鴉片館的規矩。這一類的鴉片館中；只有少數的那麼幾位少有的常客，如同一般的退休家庭辦的民宿一樣，只是賺一點額外的錢，有時也會讓人試抽。還有一類是在煙館外叫賣稱之為"走泡"，如果是這樣賣鴉片的人會保留一部分來作為煙灰外的額外收入；要知道本來這可是屬於煙館的。排名最低的叫**煙攤**，還有會行走的**兜兜煙館**，把鴉片和用具放在自己身上背著的兜兜裡。最高檔的鴉片館有寬敞舒適的床鋪，可以接待多位的客人，有枕頭與紅色花紋的緞子軟墊（每個客人兩個）。頭靠枕是透著香氣的印度檀香木。首選的煙館好似出名的餐館一樣，有不同的、區分開的單間，冬天的時候會燒上炭火盆子，有特殊的衣櫃提供客人烘乾和弄暖和衣服，厚厚的棉被，床上鋪著毛皮，還有收音機和留聲機。夏天天花板吊著電扇扇風。如果天氣太熱，就會移到內院、那裡用蘆葦或是竹子所編的簾子搭起來的涼棚，在其下乘著涼、抽著煙。牆壁上有掛勾，可以讓帶著寶貝小鳥的客人掛鳥籠用，同時還可以聆聽鳥叫（其實這有一定的危險性，因為鳥也會上癮，上了癮的鳥到了一定的時間沒有聞到煙味會發作、會犯癮。）特別大的煙館有自己的生意和店鋪，在那裡你可以買到各種茶葉，外國香菸，麵包房烤制的東西，甜點和水果。聽差的隨時可以跑腿去找說書的，樂師，或者妓女過來。任何特別的願望都會被達成。展示櫃中滿是各式各樣的煙斗與煙槍、煙杆，煙扦子、煙盒、等等。一位僕人引導客人到他的位置後，奉上茶，或者是沏上客人自己的茶（常來的客人，存放有自己特殊配方的茶葉），然後端上一個大托盤；煙槍、煙燈、扦子（每樣都必須是雙份的。）等等。以及小碟子中有客人想要的煙膏。送來的每一個劑量大概夠抽 20"口"，他把竹盤子按客人的喜好放在客人的身邊；或者是第一次來的，所謂"上跳板"，在準備的時候一個女孩會在手邊服侍，當然這客人是要付附加費的。也有嘴對嘴的喂著、服侍著哈煙的。煙館如果也提供色情服務、或是消遣，叫**雙福堂**。---- 抽鴉片有兩種程式，按喬治所說的：分北派與南派。北派在外面燒泡，南派在煙斗中燒泡。不管是用哪一派：準備的工是這樣開始：女孩在兩根扦子的配合下將煙膏 ----（有一些地方事前會用法國的白蘭地、用嘴來完成），放在燈上加熱，攪拌，撫平，讓膏內的液體蒸發，定型。而在轉動和打泡的當時會詢問："是大口還是小口？"。根據作答決定煙泡的大小，這時候女孩就會從鴉片膏中分取出適當的量、穿在扦子上，---- 例如北派的作法，是一直在火焰上轉動、加熱，直到開始發出嘶嘶的聲音，將其捲成泡泡狀，---- 中間穿通了個孔的小鼓形狀或是小滾子狀，---- 這時候一個旋轉，快速的來回晃動、反轉就將其卡入煙頭的斗中。鴉片到底必須要加熱多久？這個也因人而異；許多人喜歡 ---- 強而且有爆發力 ---- **老煙**，在火上烤的比較久的鴉片，也有人喜歡"年輕的"的**嫩煙**。南派的方法是女孩將還沒有烤過的煙泡塞入客人的斗中，這個客人此時雙手拿住煙槍，把煙泡放到火焰上《煮》然後把煙往裡吸入。每個人依據個人喜愛用自己的方式吸食。有的人每吸一口後，馬上閉氣沉默；好像他根本不要往下吞；而是保持在肚子裡。有些人每吸一口就要喝一口滾燙的濃茶 ---- 這種方法叫"水漫金山寺"。另外有些人會在吸入鴉片煙後；抽搐的閉住呼吸要享受到最後的一絲一縷煙氣；稱之為《悶煙》，閉氣到受不了才吐氣。也就是一直等到他滿臉通紅、額頭的血管青筋暴露，這時候才將煙從鼻子吐出來，只有剛開始的菜鳥才會從嘴巴吐出。（奇怪的是太監們似乎特別喜歡這種方式，有個別名叫**“踹子”**。因為每抽一口，兩條腳煩躁的好像要踹前面的一扇門，與此同時從鼻孔中發出聲響、眼睛扭曲上反、直到只剩下眼白）。癮很大的，會將鴉片與煙灰渣混一起，或是在還沒有燒泡前；把煙泡先在白面兒（海洛因）裡打個滾；行話叫：**“風攪雪”**，或**“龍虎斗”**。所以像最後這種情況才會使用到第二支槍，一支用於吸鴉片，另外一支是鴉片加海洛因。第一支吸三口，然後第二支也吸三口。這個方法叫**“左右開弓”**。煙灰，前面説過是歸煙館老闆所有。所以在抽過一定數的幾口後；夥計會將用過的煙斗與煙槍拿走；以新的取代。用過的拿到櫃檯上去挖掏“清理”，用過的煙斗必須馬上掏出煙灰，否則由於剩下的煙灰在加熱中會很快的變硬、焦化；也就失去了價值。煙館的僕人對煙灰賊會特別注意，不就是用眼睛看；也用耳朵聽！因為會伴隨著、有一種幾乎聽不出來的打呼嚕聲；**“涮槍”**。這是一種什麼樣的技巧呢？喬治説：人們將煙頭的開口處用左手的拇指給按住封死不讓透氣，含一口茶、然後吐進煙槍中讓茶在煙管中流動，再用嘴；如幫浦一樣、吹口氣進去讓茶在裡頭來回的流動，---- 也就是此時發出了像打呼嚕的聲音 ---- 等將煙灰從管壁涮洗出來，最後用力一吸、拇指從煙斗上鬆開，一下子水利工程的氣動現象發生了，當僕人來換煙斗與煙槍時，將偷竊到的“贓物”吐在手帕裡。

紅顏禍水　王賡埋骨異鄉

徐志摩的葬禮，除了林徽因、陸小曼之外，還有他的首任夫人、元配張幼儀也趕來參加了。彼此之間沒有婚姻關係的約束，反而建立起了一種彼此信賴的新關係。當徐志摩在上海時，他每天都會去拜訪張幼儀，也經常向她借錢，她會應允並對他說：「這是你父親的錢。」

在中國有類似圍著桌子請靈媒與死者溝通的習俗，叫做扶乩，只是方法和西方的不太一樣而已。靈媒拿著毛筆，然後呆滯的進入另外一個世界，被呼喚的靈魂前來附體，靈媒寫下字來，好似亡故之人所言。

徐志摩的朋友們聚在一起，想找靈媒和徐志摩聯繫。靈媒用他的筆跡寫下了下面的句子：「輕輕的我走了，就如我輕輕的來，我輕輕的揮手，作別西天的雲彩」。

陸小曼，按照中國的迷信叫做「紅顏禍水」，這是指有種女人如果你碰上了，和她有了親密關係，就會招來厄運、毀了。如何能看得出來這類紅顏禍水呢？從她高聳突出的顴骨和招風耳。但是陸小曼的外表兩者均無，卻在中國至今都被當成是不祥的、被詛咒的、剋夫的女人。

陸小曼的第一任丈夫王賡的命運，就是個例子。

1931 年，王賡成為中將，是警稅總團的司令官，有著全新的裝備與裝甲車，是強大勢力財政部長宋子文的精英部隊，這是個令許多人都羨慕的職位。

1932 年 1 月，上海事變爆發（或稱一二八事變），日本人在佔領了滿洲後，開始動上海的腦筋，他們想要在上海立足，開始轟炸上海。王賡與他的部隊就在前線，激烈的戰鬥持續了幾個星期，來來回回沒有結果。受宋子文委託，王賡親自代表宋子文前往上海租借區，找一位美國大使館的武官朋友。當會面結束之後，王賡忍不住想去看看陸小曼，他已經很久沒有見過她了，心中依然惦記著她。當他在一間酒吧打聽陸小曼居住的那條街的位置之後，落到了日本人巡邏隊的手裡。他被認出來，並且在他身上搜出軍事計畫。他被當成是間諜，本來要被槍決的。但是三天後，經過外國使節團的斡旋，王賡被放了出來，可是又被中國的軍事法庭判了死刑，因為他必須為他的洩露軍事機密負責。這時候沒有人搭救他，這位儒家新教徒在中國成為異鄉人。但是對他的指控證據不足，難以執行死刑，只能改判坐牢監禁。1935 年，在他西點軍校的同學友人的影響和施壓下，讓他恢復了名譽，光榮的重新回到軍隊的崗位上。

1942 年他病死在埃及開羅。當時他被任命為赴美軍事代表團團員，正在要去美國的路上。他死後由北非盟軍協助埋葬在當地的英國軍人公墓。在西點軍校的個人檔案記錄中寫著，「王賡越來越像學者而不像軍人。他的生涯從軍事的眼光來看不是成功的。王賡的一生真誠、正直、廉潔和愛國」。最後一句話是「他是西點軍校的光榮」。

陸小曼呢？她繼續吸食鴉片。她的身體越來越差，瘦骨嶙峋，頭髮灰白。但是她只要張開嘴，即便已經牙齒掉光光，大家還是會被她吸引、喜歡聽她說話。她的愛人翁瑞午如今也已經為她失去了茶山、散盡了家產，依然忠心的陪伴在側，他又何嘗不是陸小曼的犧牲品？照顧她生活，為她按摩，設法滿足她一切的需求。直到翁瑞午也離世，陸小曼沒了依靠，也死了。

新舊流轉孫女們的五套別墅

徐志摩在草廠西路上的雕像穿的是中國的長袍，他特別喜歡揮動的那隻右手，似乎是插在口袋中，但是中國原始的長袍，其實是沒有口袋的。他的臉對著街，不遠處是朱啟鈐的雕像，朱穿的是西式服裝，手臂上還掛著件大衣，看起來很急。他的右手搖晃著一支手杖，左手拿著一個紙卷，看起來像是建築設計圖。

「天下館」是須穿正式服裝才能入內的西式高檔餐廳。

從草廠西路向市中心走，會遇到一棟八角塔，有著高大的玻璃窗直達屋頂。在進門的地方樹立著個牌子，寫著「天下館」。這不只是一間餐廳，上面寫著有法國餐廳，裡頭還賣藝術品，提供下午茶，或承辦宴會等服務，這個餐廳需要正式著裝才能入內。敞露的陽臺上撐開著橘色的陽傘，桌子上鋪著白色到地的桌布，上面擺放著紅酒、白酒的玻璃杯，瓷器餐盤，刀叉以及餐巾。服務員穿著黑色小背心和白色直到腳踝的長圍裙，是上海時下流行的調調。餐廳空無一人。

一個塑像，跟真人一樣大小，蹲在廚房的門邊，簡直像極了朱啟鈐，但不是那個離此只有幾步之遙的、端莊的、尊貴的蠖公模樣 ，而是像跌落到凡間的朱啟鈐！這雕像光頭，眼皮沉重，眼袋厚重，有漂亮的鬍子，兩唇之間含著一支熄了火的香菸，全身上下都是麵粉，穿著件中式對襟薄襖，敞著衣領，有補釘的褲子。左肩搭著條毛巾，看樣子就像他剛剛把麵粉搬進廚房，有一袋破了，你還可以看見麵粉漏出來時留下的痕跡。他的左手拿著個賞給他的石榴。這就是「天下館」。

「天下館」廚房牆邊的那座生動的塑像。

離「天下館」後面只幾步之遙、在常青扁柏林中，有周學熙為他的孫女所蓋的五套平房。第一眼看過去，好像都一樣，花崗岩的基礎，面朝南的露臺，深紅色的鐵皮屋頂，滅火器般紅色的柱子，雙扇的板條門與百葉窗。只有當你再看第二眼時，才會發現彼此的不同。大小不同、房間佈局不一樣、露臺的設計也各不相同，有兩棟平房的門上貼著封條，日期是 2007 年 10 月 31 日，是開發公司執行查封的。其他三棟正在整修當中[80]。

註釋

80 在 30 年代，此地是德國飯店。1931 年 6 月 30 日《益世報》（在天津註冊發行的報紙，廣受歡迎，被稱為「民國四大報刊」之一）上有則這家飯店的廣告，「經理為一德國婦，管理上井然不紊。餐室尤清潔，房費是 1 人每日 9.50 元，月收 210 元，加一位每日 6 元，月加 110 元。兒僕婦等待遇與他飯店相類，各房均無專用浴室，顧客以外國人為多數。」

周學熙為孫女們蓋的五座別墅之一。

第九部

北戴河常客朱德

繼續往市中心走，就是石塘路，這個名字起源於過去此地有個花崗岩採石場。當石頭採完了後，當時外國人管理北戴河海灣的組織之一「石嶺會」(Rocky point Association，由英國衛理公會組成）就在那附近建了個外國人的墓園。英國聖道會傳教士甘林 Candlin 就埋葬於此。紅衛兵在文化大革命的時候，將小教堂毀了、墓園也破壞了。

過去這裡還有一個鄉下市集。狹窄扭曲的小巷子，裡頭到處都是商店、小攤位、二手商品、地攤、餐廳、小診所、流動攤販、零售商，熙熙攘攘，還有一個充滿當地土產的市場，賣魚、蝦、螃蟹、貝類、海藻、海帶，還有珊瑚與珍珠，發光的燈泡照在小冰塊上，到處都瀰漫著魚腥味。

右手邊是一棟高大的、像碉堡一樣的建築，上書「勞動人民文化宮」。是人民解放軍統帥朱德的筆跡，他也是在夏天來北戴河避暑的常客。原本只是一位抽鴉片的四川小軍閥，後來戒毒成功，1922 年到德國哥廷根 Göttingen 讀書，在那兒認識了周恩來，受其影響走上了共產黨這條路。1925 年因為搞革命，被德國驅逐出境。後來回到中國，參加共產黨活動，被國民黨追捕了幾年，在 1928 年提出「敵進我退，敵駐我擾，敵疲我打，敵退我追」十六字訣，號召了幾千個追隨者，躲到江西最後的一個藏身之處，在那裡與另外的一個“匪首”毛澤東聯手，這兩個軍團集結，也就是後來的「紅軍」。1934 年長征期間，朱德成為西翼軍隊的指揮官，延安任命他為紅軍的總指揮，人民共和國成立後，仍然保有「元帥」頭銜。幾年之後，他成為中華人民共和國的副主席，在此之間，朱德成為毛澤東的反對派，多虧了他個人在解放軍中的聲望，一路平安的在 1976 年以 90 歲高齡離世。

展現北戴河新氣象

從文化宮的屋頂垂下來，有條長長的、透明的紅布條「展現北戴河新氣象」。那個傳統的 農貿市集，現在成為行人徒步區。寬敞、新鋪的貼磚路面，房子都是水泥的兩層建築，模仿著專業人員的設計，伸出牆外的陽臺、門窗上的三角形山花牆、插風向雞的小小尖塔屋。屋頂有小閣樓，尖屋頂、鋸齒狀邊緣的牆，高聳的房脊還有煙囪，都是仿德國傳統桁架建築。商店、精品店、骨董店、雜貨店在底樓，上頭兩邊掛著透明的紅色布條，上面寫著客房出租的廣告。當地的速食餐廳與咖啡館的桌子、凳子和椅子都擺到街上。半木結構房子的油漆脫落，露出了水泥，窗戶上的玻璃布滿了厚厚的灰塵，遮住了視線。有一些建築被整修過，沒完工，還留了最後一手。在木結構房上塗了油漆，山花牆上還寫著 1928、1942。

街道口相接之處，有個模仿義大利的廣場，中間有個噴水池，可惜沒有樹，所以也沒有遮陽的陰涼。這個光溜溜的廣場，被太陽曬熟了，中午十二點，從建築的鐘樓響起音樂鐘聲，是〈東方紅〉，接著敲了十二響。

石塘路過去屬於北戴河的石頭尖地區，那時候與現在一樣，都是市中心。其中還有火車站，是條支線的接駁站，北戴河海灘主線是從天津到瀋陽，鐵路從北戴河海交界處為連接點，是 1917 年由當時的交通部長（也是別墅的擁有者）許世英興建的。這條支線是季節性的，從 5 月 2 日至 9 月 30 日，每日固定四班車。當時最受到北京與天津外國人青睞的，是週末的夜鋪車，直接到達北戴河海灘。北京 20：10 開，23：55 到達天津，到達北戴河海灘的時間是早上 06：46，特別適合家庭中的父親在週末去拜訪他所愛的家人。回程最適合的連接是，星期日 22：20 從北戴河海灘到北戴河站，在那裡換乘從瀋陽來的 102 號特快，第二天的早上 9：00 到達北京。頭等車廂週末的來回票一張是 27 個銀元，這大概是一個中等官員一個月的薪水。這個火車站在 1942 年被日本佔領軍拆除，他們將鐵軌拆毀熔化、鑄成大砲。

如果趕時間的話，也可以從北京或是天津，搭飛機前往北戴河，1921 年開始這條、也是中國的第一條空中服務航線。每個星期五 15：00 從北京起飛，兩個小時後降落在雜草叢生、赤土山的一條土路上。這個地方的東北方有塊高地，那裡也是埋葬無名海上飄來屍體的地方。星期一早晨（天氣允許的話），飛回北京是架新式的美國600-PS馬力的飛機，上面有10把籐椅。廁所在機艙後邊，有個窗戶與人頭一樣高（曾經有人報導過），行李限30磅，放在飛機的尾部，兩位機師，一位是愛爾蘭人，另外一位是蒙古人。愛爾蘭機師穿著綠色的袖套與綠白相間的背帶，一趟來回票是七十銀元，大約是中國會計一個月的薪資。

兩位飛行員；一位愛爾蘭人和一位蒙古人的飛機，內部裝設：十把籐椅。

這條航線相當受歡迎，1925年開啟了第二班週末飛行，星期五14：00從北京出發，中途短暫降落在天津，在大約15：00到達赤土山，星期一7：00起飛，經過天津回北京。

與時俱進的商店

石塘路，直接斜接到西經路，80 年代時這裡只有三家商店，都是國營企業，一家五金店、一家服裝店和一家雜貨店。店員們都穿著工作服，五金店的是藍色的，服裝店是灰色，雜貨店是白色的。那幾棟房子現在還在，但是商店的內容已經變了。

五金店成為美容沙龍，專門做眉毛美容，有上挑的、下彎的，描眉、拔眉、和種眉。另一專業的項目是嘴唇，閉著的、張開的、尖翹的、濕潤的、發光的或是奶

在保二街往海灘的路上照相館的櫥窗廣告。

油狀的。

服裝店現在改成腳部按摩與修指甲的沙龍。二樓還開了個美容手術診所，門口的招牌寫著「眼皮手術、隆乳、抽脂、去除皺紋、拉皮、消除腋下汗腺狐臭」。

過去的雜貨店現在一分為二，國際紋身佔了一半，廣告上的樣張有十字架、玫瑰花、龍、虎、毛澤東的頭像、捲髮蓬鬆的女孩頭、蝴蝶、迪士尼的精靈等。另外一半是間髮廊，以西里爾字母（蘇俄使用的字母）寫著「Afro Look」（爆炸頭）在窗戶上。專業是「髒辮 Rastafari」髮型，裡面有三張椅子。

一間化妝沙龍，一間修指甲店，美容診所，刺青店、髮廊。顯然，美麗人生也需要美麗的外表。

還有什麼呢？照相館。在保二街往海灘的交界路上，也是針對俄羅斯客人消費的商店，從照相館的展示照片中透露出照相的客人期待有個美麗人生，背景是湖上的天鵝、雪地中的小鹿斑比、孔雀開屏、草原上成雙的長腿白鶴，還有一張俄羅斯小男孩的護照照片，他睜大的眼睛、驚嚇的表情。

柯達商店、戰地記者佩克哈默 Heinz von Perckhammer 與裸體照

二十年代，這裡曾經有過一間照相館；一家當地的柯達店 Kodak Shop，可以把照片拿來這裡沖洗，並且著色。在《北戴河指南》的廣告中，有一台照相機、有可開啟、伸縮拉長的鏡頭，以及一條懸在空中的快門控制拉線。上面的廣告詞寫著：

你在享受假期的時候

"選擇柯達"
帶給我們你們的底片
其他的一切就交給我們
我們會快速安靜的處理
柯達商店

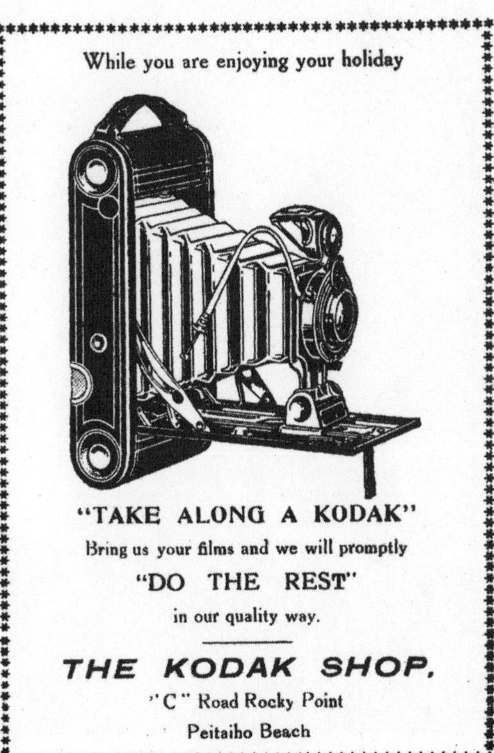

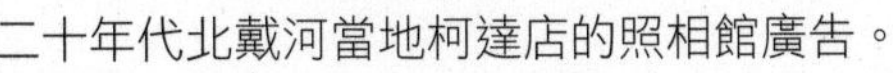
二十年代北戴河當地柯達店的照相館廣告。

佩克哈默的《百美影》被公認是第一部中國人體攝影集，內有 32 幅裸體人像。

尖石路 C.
北戴河海灘」

那間商店是天津的分店，是一位出生在義大利的奧地利人佩克哈默 Heinz von Perckhammer 開的，他對藝術性的裸體照特別擅長，定期在《北洋畫報》以及法國"哎呦" Voila 期刊上發表。照片所呈顯的是大膽又不過分的裸體歐洲女人，坐在高腳凳上，腿上放著調色盤，從調色盤的洞中伸出她的大拇指；一個中國女人戴著日本能劇中天狗武士般長鼻子的面具，擺出安格爾畫作《土耳其浴女》裡人物的造型。他其實也是因為第一次世界大戰被困在中國。戰爭爆發的時候，他是停泊在青島的奧地利巡洋艦伊莉莎白皇后號的舵手。日本人封港之後，艦長下令沉船，水手們轉移到天津。當中國在世界大戰對德國宣戰後，他被關進集中營（雖然他們並非敵對的外國人）。戰爭結束後，他就留在天津，以「藝術人像攝影師」的身分開設了自己的照相館。

他的棕褐色的、以中國妓女為模特的

很多佩克哈默的作品是在澳門一家妓院拍成的。

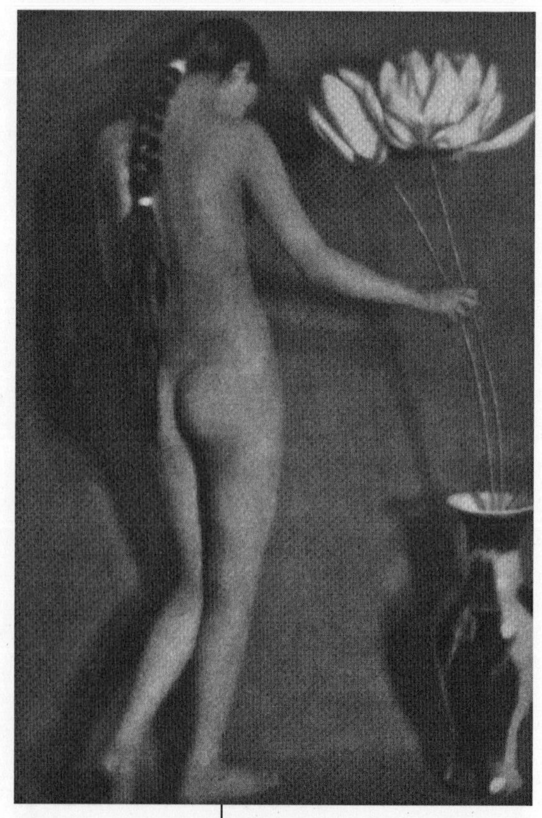

佩克哈默拍攝的中國裸女。

裸體照片集裡的女子，都是羞愧的低著頭、別過臉去或是低垂著眼睛，這本寫真人像選於 1928 年由柏林的 Eigenbroedler Verlag 出版，標題是中國高貴的裸體《Edle Nacktheit in China》，中文是《百美影》，精裝本，十分講究的用紫色的紙版為底，加上捆帶固定。這些小胸脯的模特兒，在畫卷前、香爐邊、銅鑼旁、花瓶畔、圓形的化妝鏡子側，以及在扇子、油漆畫屏、蠟燭、明朝傢俱前，擺著姿式。這個照片集在德國納粹時期被認為是「有害、不受歡迎的書籍」被禁止。剩下的、有限的幾本，如果能在市面發現，那可真是價格不菲。

《百美影》的人體攝影最早在法國一家雜誌連載，於1928年在德國結集出版。

佩克哈默與起士林、蓋苓不一樣，他在 1927 年就回歐洲。第二次世界大戰時，他成為戰地記者。對於裸體攝影的愛好熱情不減，在 1940 年出版的《德國裸體作品》，他是合著者。

起士林糕餅店今昔

戰地記者與裸體相片，其實是德國與奧地利的命運。現在來看看起士林 Kiessling 餐廳。

到了午餐的時間，我第一次來訪的時候還名為「國際友人糕點屋」，一進來被一個熾眼的粉紅色與白色奶油蛋糕吸引住視線。上面還有個白鬍子小老頭、花園小矮人坐在紫色玫瑰花叢中，祝福著生日快樂。在架上有許多盒子，裝著葡萄乾的小紙袋，還有小餅乾、甜心的小麵包、甜甜圈、發麵辮子形麵包、鬆脆餅、羊角麵包、海綿蛋糕、蜂蜜蛋糕，還有甜酥豬耳朵。

牆壁上掛著三張過去的美好時光相片。

第一張照片是在天津繁忙的街上，一輛窄輪子輻條的三輪車，上面有個箱子，寫著「Kiessling & Bader Confectionery」（起士林與巴德糕餅店），抽出的一個烤盤上有新鮮的糕點、麵包。一個中國夥計，手扶著從箱子抽出的那個鐵烤盤。你幾乎可以聞得到那剛出爐、撲面而來的濃濃暖暖的麵包香味。照片裡正逢冬天，夥計穿著皮領的大衣，戴著皮帽子。一位光頭的人從三輪車旁經過，街道的對面有個招牌「天祥市場」。這張照片底下有一行說明：「起士林早期的麵包車」。

中間的第二張照片，是起士林與家人的合照。他長得胖嘟嘟的，戴著眼鏡，頭髮不多，飽滿的嘴唇、雙下巴，笑容僵硬。他穿著西裝與背心，賽璐璐立領，條紋領帶，看起來更像傳教士，而不是咖啡廳老闆。他的右手輕摟著女兒的後背，女兒穿著 20 年代式樣的衣服，留著有劉海的短髮，微笑的靠在他身上。照片中起士林夫人站在先生的左邊，右手吊在她先生的臂彎上，她的穿著隆重，就是典型糕餅店的女主人模樣，一件針織的連衣裙，開口寬大而平坦的衣領上，繫著一個 20 年代流行的花結。她的右手放在一個小男孩的肩上，這個男孩子穿著有著大鈕釦的大衣，看起來似乎是依然相信有聖誕老公公的年紀。這張照片也附上說明：「老起士林與家人」，照片上沒有說明是在哪裡照的。

第三張照片說明公司在天津，一棟緊湊的地中海宮殿式、有遮陽棚的窗戶加上樑柱，簡直就是天津的文藝復興風格建築物。公司名字用的是新藝術的字體寫著「Kiessling & Bader」，相片下的英文注釋（第一眼看去，依然是摸不著頭腦）是

「Early kiessling outerdoorsceneofformeraddress」如果把最後的長蟲蟲分開，就變成「outer door scene of former address」，也就清楚了這是：「早期起士林餐廳原址外觀」。

鮑爾（Brian Power），一個在天津長大的英國人，在他的回憶錄《租界生活》（或謂“天堂之津”The Ford of Heaven）中有這麼一段記載，復活了當時的時光：

「三重奏在盆栽棕櫚旁演奏史特勞斯與韋伯的華爾滋圓舞曲。小提琴手（同時也是指揮的史奈德先生），是位個子矮小、蓄著小鬍子、臉色蒼白的奧地利人，有著憂傷黑色的眼睛。

當起士林先生認為這個三重奏中間休息的時間過久，他就會走到他們的背後，將手放在史奈德先生的背部，從眼角給他一個狡猾的眼神（除了起士林餐廳，三重奏同時也在帝王劇院演奏），史奈德就會歎口氣拿起琴弓，在肩膀上放一塊小墊子，放上小提琴，開始調弦，準備下一首華爾滋舞曲。當我們離開時，一個俄羅斯的街頭樂師，在廣場上用他的三角琴（balalaika）彈奏小夜曲。他必須彈得很輕，要不然起士林的服務生就會出來趕他走。」

我在餐廳院子裡的老樹下找了個位置，離咕咕嚕嚕叫著的鴿子不遠。菜單從開胃菜開始，然後是主菜，主要可以選擇的有牛排、明蝦、俄式雞肉、俄式牛肉絲等等。我點了莫斯科羅宋湯，還有起士林的菲力牛排。

味道跟過去一樣，烹飪前的準備、調味與配菜和過去完全一樣，多年來沒有改變。中產階級的膳食；配合著咕咕嚕嚕叫著、踏著靈活的小碎步、圓圓的小腦袋瓜、走來轉去，彼此吹捧、彼此關懷、禮貌的相互深深鞠躬問候的一群鴿子。一片忙碌，一片祥和。

瑞士小姐樓

根據《北戴河指南》記載，起士林餐廳斜對面的高處，離過去的火車站不到百公尺的地方，過去叫「日落山丘」（又名橫石嶺），石嶺會 Rocky Point Association 的聚會所和新教徒的教堂曾經位於此處，它可以說是北戴河的西方人發祥地。

1949 年以後，水利部佔據了這個地方，將這個山丘上的建築物平整後，蓋了療養院。其中最美的就是「瑞士小姐樓」，是瑞士駐天津的領事於 1897 年所蓋的別墅，作為送給他八歲女兒的生日禮物，也是此地最老的建築之一。現在屬於「新華度假旅館」，是水利部所屬的四星級大飯店（模仿世界著名的「假日酒店」斜的字體，只是斜的方向相反）。瑞士小姐樓是北戴河的別墅中最具聲望的，建築面積 1065 平方公尺，兩間主人臥室，兩間客房以及兩間助理房，還有中式與西式的餐廳、起居室、會議室、撞球臺、地窖、瑞士花園與古井。

別墅的小門是半掩的，推開門吱吱作響，我走了進去。碎石路引導到三層樓的主建築，與一棟正方形的建築相連。樓上兩層的露臺都向三個方向展開，很寬也很深，所以看不到中間的房間。長春藤爬滿了底部堅實的地基、地基牆，還有部分建築物。過去從這裡望出去有很棒的視野，往南是海，往西是聯峰山。現在所有的方向的視線都被遮住了。

很講究的花園到處都是老樹，銀杏、日本槐、中國皂角樹，還有草坪、灌木叢、花壇、蜿蜒的小徑、網球場、盤繞的石路、噴泉。躲在大葉植物後面有座銅塑像，是位瑞士女人，穿著中世紀的服裝。她的胸前掛著個十字架，右手向上微伸，眼睛看著爬滿長春藤的花崗石涼棚，中間就是那座古井。這雕像是件複製品，從它基部的標示牌上可以得知，原始那尊在文革的時候被毀了。

建築物與噴泉，從南向北有條逃生線，是個有些大膽的設計，按照中國傳統風水，認為這會驚動水下的龍，令其不愉快。在西邊的花壇和第二個往東延伸的涼棚，就是為了轉移龍的注意力。

我先去申請進去參觀的許可，在一位女解說員陪同下參觀。會議廳、宴席廳、早餐室、沙龍、圖書室（圖書室的書櫃裡空空如也，只有一隻花瓶）、一間桑拿室、電視廳等等，總計有十幾間的房間。客廳的桌子上，有一本打開著的相片冊，上面全是開幕剪綵時的照片，裡頭是地方上大人物們在餐桌上酒酣耳熱的景況。傢俱是彎曲的巴洛克沙發，天花板上垂下來大吊燈，桌上有蠟燭台，淺棕色鑲板的牆面，深棕色的木地板。在主臥室有個黑色的保險箱，前面有一張椅子，似乎之前剛有人坐過。租住的價錢每日伍萬元人民幣（大約 5000 歐元）。在壁爐裡堆疊的是人造的原木。解說員壓了一個按鈕，就有火焰爆發、飄動。我們沉默的站在那裡。

有那麼 5、6 個小飯館也屬於這個旅館，都是平房，有中庭院落，露臺朝南，與高大的瑞士小姐樓對比起來像是玩具。在入口處有一銅製門牌，上面標示著過去主人的國籍與名字，巴樂文 G. Balewin 就是曾經的主人之一，根據 1924 年的《指南》，他曾經擔任石嶺會的主席多年。

瑞士小姐樓的園子裡立著的塑像，為複製品，原件文革時被毀。

在西經路（與東經路有幾公尺的距離）有一間安全部的休養所（中國的秘密員警）。門開著，在大門上面掛著條透明的紅布寫著「安全部歡迎你」，崗哨內沒有人，我走進去，沒有人阻礙。中午，看不到任何人，我順著一條窄路，經過油松樹、草坪、亭子，突然眼前出現了一棟別墅，這是當地任何一本的旅遊指南都會提到的「漢納根別墅 Villa Hanneken」：也都重複著《從西看是兩層樓，從東邊看是三層樓；這樣的句子，好像在蓋房子的時候有魔鬼介入，一個外國鬼子。

清廷御賜雙眼花翎的　漢納根 Constantin von Hanneken

漢納根 Constantin von Hanneken：曾經的普魯士炮兵中尉、清廷的軍事顧問、旅順防禦工事工程師、參與中國軍隊改革（也曾是他們的總教習）、大砲發明和製造者、賽馬場主、礦業大亨、德璀琳的女婿。

他為什麼來到中國？

他的個性暴躁，年輕任中尉軍官時，與一平民發生衝突，結果和人打了起來，小不忍則亂大謀；極愚蠢的行為，因此被解職、被軍隊除名，雖然不能說是“最不光彩”但是還是不光彩；此後也不能被稱為”儲備軍官“，也不能在名字後；像他的父親大人一樣，退休後依然注明是“儲備軍官或是後備軍官”；這是當時普魯士的習慣和規矩。他是個非常看重名譽的人，這讓他備受打擊，所以後來在中國，他盡其所能的，讓自己真正「告別」這個恥辱。

首先他需要得到德國皇帝的同意才能更改，他的父親原本是美因茨的司令與將軍，為了他這個兒子鞠躬盡瘁。他向德國皇帝直接提出申請，加上貴人從旁相助——其中一人是出生貴族、德國派駐北京的公使布蘭特 M. von Brandt，事情才有了轉機。當然因為漢納根同意成為李鴻章的軍事顧問，答應做旅順港防禦工事的建築師是催化劑，老普魯士傳統軍官立刻知道，在中國這個職務的重要性。同時同樣出身名門的克林德 Baron Clemens von Ketteler 男爵；一位真正的後備軍官（他後來接任了布蘭德的職位，就是那位在拳亂

漢納根曾獲得清廷御賜的雙眼花翎提督銜。

時；在去總理衙門的路上被殺害的德國公使）也加入到這個推薦人行列。

幾年以後，德皇同意了這個要求。當年漢納根離開軍隊後，人生已有了很大的變化，可謂是塞翁失馬。他父親當時的駐地是阿亨市 Aachen（位於與比利時、荷蘭三國交界處），原本就認識當地具有影響力的公證人德璀琳家族。兩個家族交往多年後，彼此建立起深厚的友誼，在日後相互幫助、提攜也就理所當然。年輕的漢納根當時被軍隊解職後，讀了兩年的工程學，在某種程度上，可以說是流浪街頭。而德璀琳當時已經掌管天津海關稅務司，就動用關係，讓年輕的漢納根成為李鴻章的軍事顧問。

漢納根 1879 年到中國，1887 年返回德國。

但是他從此與中國藕斷絲連難捨難分。1894 年中日甲午戰爭開戰，他急忙回到北京，加入滿清的陣營。中國輸了，他的幻想破滅，打道回德國。在德國忍耐了四年之後，1899 年第三次來到中國，這次是以德國煤礦集團投資人的身份。1918 年中國對德宣戰，他被遣返。1921 年又搭船來到天津，在此之間已經變窮了，他在天津度過人生最後的階段。

德璀琳帶他去見李鴻章　從 20 人 40 袋銅錢開始建旅順軍港

漢納根有時平靜有時又焦躁不安，似乎是在平靜與焦躁中來回的搖擺；不知道自己到底屬於那裡！這是他第一次離開德國，在他給父親的信中可以感覺到他的反感、困惑、無奈：《髒亂、污穢、貧窮、到處是垃圾、糞便滿地、嘈雜混亂、噪音喧嘩、大聲嘶喊、街道坑坑窪窪；走在上面猶如上山下山，這裡得跳、那裡得跳，啪！一不小心踩進水坑裡、或是踩到了大便；直陷到了腳脖子。》回到他住的地方：《(真是）騙子！ --- 踢到了牆；(結果）整個房間就塌了下來；好像紙牌搭的一樣。》

德璀琳帶漢納根去見李鴻章：他的描述：《一位高大的，按照歐洲的標準來看，李鴻章是位英俊的男人，他留著灰色的、講究的山羊鬍（漢納根後來也蓄了同樣的鬍子），穿著件長的、灰色的、毛皮的長袍，頭戴中國帽子，上面有紅色的帽頂珠，帽後有下垂的羽毛》(李鴻章是一品大員，頂戴是紅寶石，朝服的補子繡的是鶴，鑲著紅寶石，用玉扣的腰帶)。

漢內根感謝德璀琳的幫助，得到了大方的合約。他的職務是，對李鴻章的軍事事務提出建言、改善軍事教育的體制、建立規章制度和武器應用方面的顧問，以應對任何戰爭（沒有想到的是對德國宣戰）。工作條件之一是他要學習中文，漢納根的語言天分很高，一年之後，就能夠用普通的中國話溝通。他首先把德國的訓練教學運用到中國士兵身上，「立正！起步走！眼睛 --- 向左看！跳躍！」等等。這些德語的命令，在某種程度上說；也就是聲音的組合，透過聲音的強度、長度和韻律；縱使不瞭解文字的意義，也可以達到溝通的目的。

口齒不清的德璀琳對他來說是貴人，不論到何處都幫著他，兩人經常同進同出。兩個人又都愛馬，漢納根說：「我在這裡和德璀琳這位『最重』的騎士在一起，他是這裡最重的騎士（體重 200 磅，約 90 公斤）。我很高興，這些中國的小馬能夠承受得了。」他認為中國的小馬是很奇特的動物，身軀非常短小，卻有異常強壯有力的腿。

透過馬的關係，漢納根認識了一位中國朋友，是剛從海軍軍校畢業的黎元洪，後來成為民國的兩任大總統。那時候的黎元洪，還是剛被任命的一個騎兵隊的司令官，他本身學的是造船工程，坐在馬上並不覺得那麼安全。漢納根將其納入羽翼，教他如何騎馬。黎元洪是聰明的學生，兩人經常一起騎馬，因此成為好友，後來也因此讓漢納根成為礦場主而受益良多。

要在一個陌生的國度有家的感覺，是需要朋友的，沒有朋友日子很難過。漢納根的心胸開放，有熱情，所以很快就交了許多朋友。從克林德男爵 von Ketteler，那位當時的德國駐華公使，到另外一位奧爾末（Ernst Ohlmer），他是赫德的私人秘書。

奧爾末與漢納根相似，也是偶然的機會被命運之手推到了中國。他是德國北部一家旅店餐廳老闆的兒子，想要看看這個世界，就上了一條帆船工作，在中國海岸遇到了颱風。船被打翻，他抱住了一塊木板，最後被沖上了岸（漢納根在 1894 年中日甲午戰爭時，也遇過同樣的命運）。船難之後，他就留在了中國，剛開始時以職業照相師為生，他所拍攝的、後來被八國聯軍破壞了的「圓明園」聚集成冊，書名《奧爾末圓明園相冊 Ohlmer Yuanmingyuan Album》成為了珍貴的歷史資料。

奧爾末學會了中文，然後到了海關工作。赫德把他調到北京來，對他有所期許，說他是「一個很可以信賴的職工，人很好，願意做，吃得了苦」。這些特質，連漢納根自己也很自豪。兩人的關係，隨著時間也越來越緊密，奧爾末後來娶了漢納根的妹妹。「這個人是我至今所遇到最好的、最勇敢的人」，這是當漢納根的父親想要瞭解未來的女婿是怎麼樣的人時，漢納根在寫給他父親的信中是如此說。

在北京，漢納根被介紹給了赫德。赫德答應會幫忙和支持他。重要的是，漢納根的收入和預算是透過基金經由海關稅務司來發放。他對赫德的評價是「與所有在中國的使節們、和其他的當局的人物相比，他（赫德）是在中國最有權力、最重要的歐洲人」。

漢納根在北京研究城牆，因為「設防」的理由而產生興趣。「一些牆有 100 尺高，上方 15 步寬。內部只是個土牆。上方與旁邊都自然的發展出了植被。不少的地方你都能看得到強壯、茂密的樹頭，露出在高聳的城牆上，它的根從大石頭縫中長出來，到最後它的根部變得如此粗壯、碩大，把牆給撐開擠壞了」。

漢納根很快的就發現，圍牆以及從牆裡破牆而出的樹木，好像是清王朝與他的官員。大部份的官員，包括李鴻章，經濟方面都在讓自己的口袋中自肥。這是作為軍事顧問必須要好好考慮的事。與德璀琳相較，在適合的機會面前，他心胸比較開闊，一加一得二，他最清楚中國軍隊訂的武器設備有多糟。如何補救、幫助改變也是他的職責。為何不能對他的付出也自肥一下呢？

透過他的父親在德國軍事戰爭部門的

關係，彼此同意，先行購買15萬支現代的針式步槍。回扣多少錢？漢納根對其父親說：「20%，這是這裡武器買賣的行情標準。商人還會將這20%算進武器的成本中。」

李鴻章同意這個買賣，已經做了相應的調度，通知了柏林的中國領事。德璀琳讓他自己的哥哥參與這單買賣，扮演了中間人的角色。德璀琳把這個事接了過來，最後決定將電報拍給漢納根父親。當他為了這個目的到李鴻章那兒時，正好柏林的人回信也到了。回信建議不要買，認為那些槍械的品質不好。漢納根後來說：「一個陰險的中國官員，經過他的手，或是通過他的口袋，對任何的武器買賣都會伸手撈一把。」德璀琳對自己的名譽開始擔心，陷入極度的恐慌。沒有攤開桌面談清楚優惠的條件，也沒有提供李鴻章可以參與的機會，他選擇退縮。這還不夠。在沒有先告訴漢納根情況下，就在當天他打電報給漢納根的將軍父親說：「這個買賣必須取消。」

武器的買賣，別人原來也可以繼續接著辦的，卻因此就斷送了，算是一件不幸的事。漢納根說：「由於德璀琳的這件事情，我覺得非常非常的悲痛。如果他不願意幫我，或者是不能幫我，由於過於依賴赫德，最少應該要事前告訴我。」

從此他與德璀琳的關係蒙上陰影，也種下了禍根。德璀琳是親英國派的，但是漢納根不是，他說過：「我對英國人不會極度的崇拜，德璀琳一直不原諒我。」

李鴻章交代了一個新的任務，讓他沒有時間去管私人的生意。一個艱苦的、超巨型的任務：擴建和鞏固旅順軍港（後來被稱為 Port Arthur）。

漢納根讀了兩年的工程學，這個差事不就是學以致用；更多的是就地取材；發揮其創造思維和解決問題的能力，除了自信更多的是運用常識 --- 他可不是"不知所措的領班工長"；他的信條是「什麼能夠做，就去做」。還有一句他喜歡的口頭禪：「不能半途而廢！要幹的徹底！」

他從20個人和40袋的銅錢開始工作。他找來了水泥與花崗石，雇了6000工人，教他們如何鑿井、如何在山裡打洞建隧道、如何將石頭正確的鑿開、如何強化使用的工具等等。當時沒有電器裝置、沒有設備可用，炸山石時，他親自動手點火藥，這可是件大事，也是一件愉快的事情。

為了運送建築材料，他鋪設馬路。逐漸的，一個山形的要塞防禦工事成形。一個偉大的景觀；包括碉堡、炮臺，花崗岩石的通道，部隊士兵與軍官們食宿的所在。為了25公分的克虜伯（Krupp）巨砲搭建基地，而此巨砲必須要經過陡峭的山路，要吊裝、拉往高處定位安裝，這當然是很艱難的工作；而最最困難的工作是，每一門砲重達18噸。漢納根利用滑輪原理和斜面原理，在傾斜的坡道上，和他的100 個工人，讓他們練習合節奏的、同樣步伐的移動和運行。

他父親從遠方藉書信源源不斷的提供諮詢；巨細靡遺：「---- 寬大、強有力、牢固的地面固定，才能抗颶風驟雨，深凹的、斜切下去的溝渠和與之配套的向側面延展，是可取的法子…」，給了他很好的建議，「從港口的防禦工事出發，最危險的敵人不是大的戰艦，而是那些有裝載、會蠻幹的小船」，他的父親還提供他有用的書籍：「我希望這本《邁耶百科詞典》Meyers Universal-Lexikon，可以對你的現在以及未來都有幫助。」

1886 年，整體軍港完工後就回德國了。這個防禦工事是堅不可摧的嗎？等著瞧吧！

為他的付出；首先漢納根得到的獎勵：御賜三品大員，三等一級的雙龍勳章。進入了藍色大員行列：官帽頂戴是藍寶石，朝服的補子繡的是孔雀，還有金子腰帶扣。

防禦工事完成後，漢納根立刻回德國去了。

漢納根難捨中國情

前面提到的中日甲午戰爭於1894年爆發了。兩國因為朝鮮半島的統治權起了爭執，日本對清廷提出警告，如果中國派遣軍隊到朝鮮，等於就是挑釁。李鴻章接受了日本的挑戰。

當漢納根一聽說這個消息，立刻定了回中國的最早、最佳途徑的船票，馬上就趕回到李鴻章的身邊。他參與的第一個軍事行動，帶領一個1300人的特遣部隊，從天津搭船前往朝鮮。他穿著便服，船是向印度支那蒸汽航運公司承包的「高陞號」，由英籍船長高惠悌Thomas Ryder Galsworthy指揮。他對於漢納根的身分一無所知，只是看到許多的中國軍官對他十分的尊重。

後來發生的故事很像康拉德Joseph Conrad的小說：

高陞號於1894年7月23日開往朝鮮。25日的早上9點鐘，在一個小島附近遇到了日本的巡洋艦「浪速Naniwa」，艦長是後來的對俄海戰的英雄東鄉平八郎Togo Heihachiro。浪速艦發射了兩枚警告高陞號的砲彈，要求高陞號停輪，以備浪速艦派出軍官登船檢查。

高陞號船長高惠悌發出了瞭解的信號。但是當中國軍官弄清楚了這個信號的意思後，不顧高惠悌已對浪速艦表達願意服從的意思，集結到艦橋上大聲抗議，表示他們寧願與船一起沉沒，也不願意成為日本人的俘虜，船應該開回天津去。

漢納根在此時也到了艦橋，他必須決定到底屬於那一方，是中國這一方，不落入日本人手中當俘虜，就算是意味著沉船與死亡？還是他要站在船長與水手這一邊，能夠救他們的命，將船移交給日本。最後，他選擇站在船長這邊。

船長高惠悌很難與清廷的軍官溝通，漢納根開始當翻譯，這是個致命的錯誤。他說中文，引起了船長對他的懷疑，反過來，中國軍官也一樣的懷疑起他。而這個致命的錯誤還引發另外的麻煩，漢納根破壞了自己的權威。因為作為翻譯者，不能表達自己的意願；而權威是他唯一的武器，能夠對中國的軍官下令；強制執行他的命令。當他發現不對勁，想快速的轉換回發號施令的軍官身分時，已經太晚了。中國軍官用充滿敵意的眼光凝視著他，英國船長也棄他而去。

現在怎麼辦呢？漢納根站到欄杆前，

日本派遣的載著海軍指揮官的小艇剛好到達船邊。中國軍官也看到了，他們的情緒開始改變，當他們看到才屈指可數的幾個日本水手時，就從狂熱變成不理性。

上千的、裝備精良的士兵，就被這麼幾個日本人俘虜？這個派遣小組登上船要開始檢查，清軍立刻表現出威脅他們的姿態。派出代表談判，這是按照歐洲的方式，但不是中國的習慣。士兵們不瞭解，為什麼對待敵方這麼禮讓，像在對待客人？漢納根費了很大的力氣才避免了雙方尚未開口就動武。

派遣過來的日本軍官，曾經在英國海軍受過訓練。可以用英語溝通，高惠悌表明高陞號是英國船，是中立的船。日方不為所動，堅持要船跟著日本軍艦回日本，將中國軍隊當戰俘關起來，其他沒有什麼可以談判的，然後就走了。這一邊，英國船長與漢納根之間生氣、激動，話語交鋒起了爭執，那一邊中國軍官也火冒三丈。漢納根的歐洲邏輯是，日本軍艦只要一發砲彈，就可以把高陞號擊沉，也根本不要想能逃跑；因為軍艦的速度，想逃也逃不了。中國軍官卻堅定不移，寧願死在海裡，也不當日本的俘虜。他們武裝起來包圍了船長與歐洲的船員，然後發號施令，如果玩花招或是任何不軌的行動，就地處決。

玩完了嗎？

這成為了惡夢的材料。甲板上是滿清的士兵，在艦橋上是歇斯底里的中國軍官，加上高傲自大的英國船長，而小艇上日本指揮官的刀，在海浪中上下浮沉，在尋找回去的路。黑色浪速艦擺動著瞄準高陞號的大砲，小艇幾乎還沒有回到軍艦甲板上，對面新的信號又發出了。信號：「聽命，或者承擔後果」（Heave to or take the consequence）。

高惠悌成功的發出了信號，希望軍艦再派一次小艇來談判，因為發生了新的情況。東鄉平八郎，年輕時曾經在英國海軍受過訓服過役，同意了這個請求，再次從軍艦上放下了小船，這一次軍官就沒有登上高陞號，而是在小船上、手中拿著擴音器。高惠悌用雙手做成喇叭狀對著船弦下的小艇大聲呼喊，說他自己和船上的歐洲人願意屈服配合，但是中國人拒絕，不願意把船交到日本手裡，堅持要求開回天津。小艇軍官不為所動的放下擴音器，海員們搖著槳回去了。還沒有回到軍艦甲板上，又傳來訊息要求歐洲人馬上離開船。高惠悌發信號說，歐洲人落入反抗命令的人手中，請求幫助，就不再有回應了。

高惠悌和船上的西方人在交涉無望下，眼看浪速艦懸升起代表攻擊意思的紅旗，同時拉響了警報器，這是執行命令的訊號，他們隨即跳船逃生。一枚魚雷射出，後頭有寬寬的一條浪花。高陞號被擊中、傾斜，開始下沉。

漢納根在得救後說：「魚雷打中船的中間部位，可能剛好擊中了煤倉，士兵們跳海逃生，遊向附近的小島。其他的人拼命搶上救生艇。那些不會游泳的、或是沒有辦法上救生艇的，開始從下沉船的甲板上，用武器朝浪速艦開槍。有些人甚至對自己落水的同志開槍，是一種認為自己活不了了，也不希望別人能夠活下去的念頭。」

船沉了。日本人派出小艇來救助尚活著的歐洲人。只有三個人從水中救了上來，其中有一位就是船長高惠悌，據他自己在海事法庭的聲明，他是在最後一分鐘才找到救生背心。至於其他士兵？海洋成了一千名士兵的墳場，只有百人左右存活上了島，包括漢納根，他和朋友奧爾末一樣，抱住了一根浮木飄上了岸。這些活存下來的人，第二天分別被法國、英國和德國的船隻接上了船。(……….

在一個幾乎沒有希望的情況下，是很難來評斷一個人的功過，可是還有些問題仍然值得一問。為什麼漢納根讓這艘船在沒有護航的情況下就出發？為什麼船長還在有時間可以脫身之際，沒有讓船往小島方向行駛？若離島近一些，至少讓士兵可以比較容易游上岸，挽救他們的生命。

中國的艦隊不久之後就開往朝鮮。堅強勇敢的漢納根；也跟著出現在旗艦上。艦隊的指揮官丁汝昌，原本是騎兵隊的將軍（陸地還是海上；不都是指揮編隊；列陣打仗嗎？認為海軍與騎兵其實是一回事），有關丁汝昌；1894 年 9 月 23 日，赫德在寫給他倫敦的私人秘書金登幹的信中寫道：「他是個棒極了的容易交往的大男孩，但是他既不是軍人、也不是水手。」

在鴨綠江的河口發生了海戰。丁汝昌與他的大部分的軍官一開始就被自己的火力傷到了。漢納根接過了指揮權，在他的領導下，一排日本船艦被擊沉，並且成功的將中國士兵送上了鴨綠江口岸。但是並沒有能夠改變戰局，海戰以失敗告終，戰爭也輸了。而旅順港；這個漢納根的防禦工事，只幾天，幾乎是沒有抵抗的就落入日本人手中。中國軍隊沒有反抗的、就撤退了。

日本人打到旅順的城門口，踩著自己士兵的死寂、恐怖可怕的屍體前進，他們屠殺了中國平民與士兵約六萬人。西方媒體曾公開了這場「旅順大屠殺」，和 50 年後更大的血洗南京的「南京大屠殺」，但不知為何，都沒有引起國際太多的注意。除此之外；1894 年 12 月 4 日，在德國公使布蘭特 von Brandt 寄給赫德在倫敦的私人秘書金登幹 Campbell 的信中提道另外的一個問題：「---- 但是最讓我所不能理解的是為什麼中國人不把船和碼頭毀掉，把港口碉堡炸掉？」

雖然甲午戰爭清廷失敗，漢納根在天

津與北京卻是當時的英雄。西太后召見他，賜他雙眼花翎提督銜。赫德 1895 年 2 月 24 日給秘書金登幹的信說，「他是勇敢的傢伙，是一個超人」，一位德國的超人。

當時漢納根已經四十歲，該是成家的時候。他看上了天津海關總監德璀琳的大女兒艾爾莎 Elsa，這個女兒曾經被赫德稱許；是位有著超級的、戲劇性的美聲女高音。1895 年 3 月 5 日他們在天津成婚。這一年年底，新婚的他，厭倦了宮廷的爾虞我詐，決定從他的那個徒有虛名的、軍隊重組的職位上退下來；時過境遷，到頭來是一場空。他對李鴻章的評價是，「最懶散的和最優柔寡斷的、整場戲的操盤手、主導者 ----，讓人對這種虎頭蛇尾、無所作為的令人窒息的這群人，失去了繼續被牽著鼻子走的興趣」。

赫德在 1894 年的 11 月已經預見到這個局面。他寫給倫敦金登幹的信中說，「這裡德璀琳與漢納根：一天被賦予手握帶領十萬軍人（包括 2500 個外國軍官）的權力。下一步發號相反的命令，---- 太讓人吃驚了！如此軟弱無能；沒有主心骨 ----」然後 12 月 9 日又寫道：「漢納根的軍隊看樣子將不可能了！」。幾個星期後，「恐怕我們現在離改革還遠得很，時不時的，這個大巨人一中國，會跳起來，大叫，打個哈欠和伸伸懶腰 ---，是明顯的醒過來了，準備要做大事了。但是，下一分鐘，巨人又坐下，喝茶，點上了煙槍，點著頭，又像從前一樣開始打瞌睡，睡著了。」

漢納根與新婚夫人回德國去了。在那裡他可以安靜的看到未來。克虜伯 Krupp 公司用很高的價格買下了他發明的大炮。

但是中國已經讓他欲罷不能。

第三次到中國　引導英軍用啤酒瓶修復津京之間的電話線

1899 年，他第三次去中國。與前兩次不一樣，第一次是被迫去中國，第二次是過度的興高采烈；這一次，他是一位有家庭；有責任擔當的男人；有著周全的準備；他的計畫是：在直隸開發建設開採煤礦的公司 --- 第二座開平煤礦，出資的單位是「德國與中國工業和礦業公司 Deutsch-Chinesische Gesellschaft fuer Industrie und Bergbau」。簡單的說，這就是位於德國東部、普魯士貴族集團的「容克」Junker 是幕後金主。

到中國幾個月後，義和團事件爆發。他的朋友、之前是公使參贊；後來成為德國駐中國的公使的克林德 Ketteler，一位真正的後備中尉，在拳亂初期的一天，他用手中的手杖把一個在使館區遊蕩、挑釁的年輕義和團人，打了個半死。幾天後，當克林德坐著轎子，在去總理衙門的路上被義和團殺害；可能就是此事引來了他的殺身之禍。最終造成北京使館區被包圍，引來了八國聯軍。

漢納根血液沸騰，一如既往的毫不畏懼，馬上在天津參加到了要去解救北京的部隊中。血液中流淌的軍人遺傳基因的他不能自持：「去他的！」，在他的領導下；一隊英國海軍特遣隊，從新架設、恢復北京、天津之間的電報線路（舊的被義和團破壞了），因為在現場沒有絕緣體，他就拿啤酒瓶來當絕緣體。這是第一條，介於兩城之間的「啤酒瓶頸」電話線電路。

當事態平靜後，漢納根和他的笨重、大型機具再度上路，探測的地區是直隸省南部的週邊地區，那是個沒有道路、不良於行的地方，也是強盜出沒的地方。這份工作的艱苦，並不比建設旅順防禦工事輕鬆。如此工作了三年後，才在井陘附近發現了很有前景的礦脈，那裡有高品質的無煙煤，非常適合焦化和煉鋼。

漢納根與井陘當地士紳張鳳起，成立了一間中國與德國合作的礦業公司「井陘礦務公司」。又過了兩年，1903 年，才等到可以開始進行挖掘的許可。接下來是如何運送出煤礦？他從前騎馬的夥伴，那位後來成為大總統的黎元洪，讓他加入了公司，透過他與火車公司的關係，開通了一條新井支線運煤。

現在漢納根是超級富有的礦業大亨

了！他把所賺來的錢，投資在印刷以及天津跑馬場。想發展糕餅烘焙事業的起士林，這時候也剛好到了天津，漢納根給了他一筆錢，開設餐廳，希望在異鄉找到故鄉熟悉的味道。他也投資在一間美國與德國的醫院，並且開設土木工程辦公室，專注土木工程和道路建設。他所經手的下水道工程系統，在五十年後，還依然繼續使用中。另外，他也在北戴河蓋了房子。

從他的一張油畫像上看到他站在一個掛著厚重窗簾的窗戶前，臉上那修整得規規矩矩、服服貼貼、向上翹起的、一絲不苟的小鬍子，與禿了的、如撞球般堅硬、光亮的腦袋瓜，看起來，很是穩重。但他身上也透出些許不容侵犯的權威，照片背景是一條入海的河流河口，他的右手拿著半展開的紙卷，看起來像是防禦工事的設計圖。殖民地的總督、帝國的建設者，眼神困惑的投向遠方。在他身後的小臺上，有個裝著波特酒的酒瓶。

漢納根不當官後開始投資做商人，不久即成富豪。

抵達人生頂峰的漢納根，在天津的租界蓋了一棟豪宅，每天早上騎馬出門，英姿瀟灑、軍容煥發。紅色的騎士緊身夾克上衣，手裡拿著根小手杖，馬的頭抬得高高的，在轡繩指引下，輕如鴻毛、舞蹈般彈跳著的步伐，許多人從很遠的地方趕過來，一睹這位真正的騎士的風采。

漢納根在北戴河最後的日子

當第一次大戰爆發時，他喜歡攝影的朋友奧爾末退休返回德國，但漢納根選擇留在中國，並且開始採取行動，為德國購買原材料，想辦法突破對德國的封鎖。他那個暴脾氣又出事了，有一次在德國人的俱樂部，他為戰爭債券籌款講演，會場擺設了三個木製的士兵，一個黑的，一個白的，一個紅色的，在每一個木雕士兵前面，都放著一個碗，裡面裝滿了有頭的釘子。現場來賓釘一個釘子在黑色的木頭像上，代表捐十馬克，白色 100 馬克，紅色的是 1000 馬克。會議快要結束了，只見紅色的上面只有很少幾個釘子。他像點燃的中國鞭炮，爆發了！漢納根拿起碗中的釘子，一個接一個的釘入紅色的木偶。這下子可所費不貲了呀！

1917 年中國對德國宣戰。長得像興登堡（第一次世界大戰德軍陸軍元帥，後來成為德國威瑪共和國的總統）的黎元洪，一直到最後都反對宣戰，但是周遭的軍閥們勢力龐大。漢納根動用所有的力量與關係，讓自己不要成為敵對的外國人被遣送回國，但是沒有人能夠或是願意幫他。相反的，他的財富喚起了人們的貪欲。1918 年，他必須離開中國，所有的財產都被中國給沒收了，除了北戴河的別墅。還好他及時將別墅轉給他井陘礦務公司的同事高星樵，這其中有特別的緣故。在中國想要謀取一個重要職位，你先得付出一定數目的金錢（例如之前提到的周學熙，能夠擔任開平的總經理，也必須花錢買呀），高星樵之所以能夠當上井陘礦務公司煤礦銷售部門的經理，這樣的一個肥缺，少於十萬銀元根本不可能。而高星樵的情況是，沒有背景、出生於一個貧窮的家庭，就是砸鍋賣鐵，也不可能湊出這個天文數字，卻只因為漢納根對他的看重，能夠擔任此要職。

1921 年，德國超人漢納根又回到中國，這時候他已經成為令人討厭的德國人。透過黎元洪（在此期間二度成為大總統）的幫忙，他想將投資在井陘礦務公司的股份爭取回來，重起爐灶。但是公司已經被掏空了，原來直隸的軍閥曹錕，野心要當中華民國的總統，動用了那些資金。

意識到所有的一切都已經喪失了，對漢納根來說是很大的打擊。他待在北戴河的家裡，開始酗酒（那副油畫中的大肚子玻璃酒瓶，前面是深色的金牌波特酒，他最喜歡的飲料）。

現在唯一能支持他的就是高星樵。如今的高星樵已經是有錢人，他盡可能回報他的恩人，不僅僅提供錢，還讓他回到北戴河別墅住。他自己則在漢納根的別墅附近蓋了自己的房子，一座只一層的平房別墅，紅屋頂，上面呈弓形的窗戶，以及一個陽臺（今天依然還存在）。有一條小路沿著海往西，可以到達漢納根過去的家，慢慢的走也只需要十分鐘的路程。當然高星樵心裡明白，那個房子是屬於誰的。

漢納根一家在天津時拍的全家福。

漢納根於 1925 年在天津病逝。高星樵幫他辦了個風光的葬禮，把他的遺體塗抹了防腐香油，然後放在水晶棺材中送回德國。高星樵站在水晶棺材前說的告別語：「我所有的這一切，要感謝漢大人，他引領了我，沒有漢大人，就沒有我。」

後來，漢納根的大兒子、德璀琳的孫子，於 1928 年回到天津，剛開始在一間德國貿易公司工作。他有來自父親的遺傳，容易躁動不安，他決定隻身出發到中國西部去冒險，從此杳無音訊，不知所終。（他就是全家福照片中，站在最右邊的那個小男孩）

漢納根別墅今昔

長春藤爬滿了漢納根別墅的外牆與部分的屋頂，過去曾經有二十多間房間，窗戶與門都塗的是白漆。鋪著石板的前院與花圃，從右邊繞過房子，是一條矮灌木叢路。有兩支講究的油氣燈柱，聳立在大門兩側，樓梯前放了個門墊，一旁的高臺上放著印度橡膠樹盆栽。透過窗戶，可以看到裡面高大的前廳，房間裡面有個架子，上面放置十多把陽傘，黃色的窗簾被捲綁著。隔壁房間有兩張空藤椅，背朝著窗戶，向外翻的很寬敞的扶手，還是殖民時期的樣式，好像還是漢納根時的東西。兩

長春藤爬滿了漢納根別墅的外牆與部分的屋頂。

漢納根別墅房子的基座是由強大的、堅實的巨石和拱門所組成。

張椅子中間有一小茶几，上面有保溫的搪瓷壺、兩只茶杯、牙籤盒。對面的牆壁上有兩部冷氣機，冷氣機出風口上綁著飄動的紅帶子，牆中間放著一塊巨大的銀幕。我大步向前，房子的基座是由強大的、堅實的拱門所組成，其中一個裝上了鐵門，另外的就完全被磚石封死了。漢納根，碉堡的興建者。

我從一條小窄路穿過草叢往下走，走到一個亭子，有一支手機在欄杆上，旁邊有個記事夾，上頭有電話號碼，以及一個寫滿備註的小筆記本，記事本還開著，似乎其主人忽然有急事被叫走了。名單上有安全部門官員的名字，每一個人負責一個房子，還有號碼。保密室、警衛室，就連公園的休憩之家，也在監管的服務之中，還分為涼亭上、涼亭下。

我朝向通往保六路的、那個依然被遺忘的大門走去，去尋找漢納根的朋友、高星樵的洋房（門牌號碼 3 號）。我毫不費力的找到了，離安全部就幾分鐘的路。入口處有高大的鐵門，鎖住了，透過缺口，我看到一個年輕人正在打拳，他紅色的拳擊手套，在和架子上的一根棍子戰鬥，先

一本開著的被遺落的記事本。

是右左混合拳、接著一個左腳高踢腿，然後不斷的重複著同樣的動作，越來越快。那個架子在被攻擊和踢打下，呆板的回應著。

太陽忽然不見了，天色暗了，一陣風卷起了碎石和雲層般的灰塵，然後雨下來了。高空形成的大顆粒的水珠垂直落下，落到地表蹦濺開來，跳躍著灑落一地。我逃到一座療養院的大門口，排水溝不堪負荷，滿了出來，整條街道成為一條激流。在渾濁的水流中、漂浮著一本彩色的中文畫報。幾分鐘後，流水停了，完全如同下雨時一樣，沒有徵兆的停了。太陽又從雲層中露出了臉，從黑色、閃亮的瀝青路面，升起來了厚厚的、白色的水蒸氣。海上出現了一道彎彎的、像中國小橋的彩虹。

第十部

昂貴的新別墅區

保六路銜接東經路口，在街道的另外一邊，有一處剛剛蓋好的、超過百棟水泥別墅組成的方陣，因為剛才的傾盆大雨，依然濕漉漉的，被洗刷得光亮又乾淨，彷若范德比爾特城堡（Vanderbilt Chateaus），一棟挨著一棟，彼此緊緊的在一起。三層樓建築，底層地基部份有一米多高，兩面都有扶手的室外樓梯，沒有一棟有人住。

前面有個黑板，上面的名字等於宣佈這是稀有和昂貴的：「禦墅龍灣欽海」。

我好奇的走進了銷售亭。銷售人員正在與顧客打電話，那個人想知道，如果要

新建的別墅群很是壯觀。

買別墅，需不需要有中國的居留許可簽證。銷售人員看到我，站起來，並且安慰電話那一頭的顧客。

他帶著我到一間展示廳，那裡展示著整個區域的立體模型，其中最貴的別墅800平方公尺，緊挨著馬路，要價是一千萬人民幣（大約100萬歐元）。他讓我看猶如玩具般的樣品紙屋，在二樓的露臺上，有位穿著粉紅色衣裙的女人，往下看著下面的平臺，有個男人坐在桌邊，周圍都是印度橡膠樹，男人在一頂紅白條紋的陽傘下看報紙。每一棟宮殿都非常的巨大，按道理，必須要建在公園裡才對。

銷售人員給我一本彩色印刷手冊，這個別墅區隔壁是「人民日報」記者們的度假中心、化學工業部專家的療養院、中國作家協會之家、國家財稅管理部進修中心，繼續往前去，是中國黃金事業培訓中心，手冊裡也有部分內容是英文的，「世界上從來沒有其他地方能夠像北戴河一樣如此的神秘，如此如詩如畫。3000年以來，超過20位中國的皇帝來此看海。」

今天的統治者呢？他們每年的夏天也會來此。「培養自己的道德修養，維持和平之心，處理國家事務，觀察世界，與百姓交往」。一張毛澤東的圖像印製在那本手冊上面，飛揚的大衣，棕色的鞋子，寬大、飄動的褲子，半球形的軍帽，雙手背在後面，眼睛看向未來，「時代的偉人，表達他的雄心壯志在此」。接著毛澤東的圖像之後，有張金髮美女圖，她胸前有串珍珠項鍊，手持香檳酒杯，靠在一架白色亮漆的三角大鋼琴上，彎身向前，朝向一位穿著白色禮服的歐洲男士。男士把他的香檳杯放在鋼琴上面，幫她倒酒，左手放在琴鍵上，微笑著。

下一頁就是一些不同類型房子的平面圖，地下室的遊戲房（打麻將或橋牌）、家庭影院、酒吧間、女僕房間、休閒房（有個撞球臺）、提供多輛汽車停的車庫、儲藏室。底樓有接待室（特別高大，直到一樓）、主人的休息室、露臺。二樓的書房、更衣室、三間臥房（各自有衛浴設備的套房）、一間冬天的花園、露臺等。

石塘路市集的今昔

原本存在石塘路的市集，在新蓋的別墅區後面的巷子，原來叫劉莊的舊區域找到了新的落腳地。那裡有酸梅湯，一種酸酸甜甜、可以去暑平肝的梅子汁，挺好喝的。

酸梅湯的做法是，薰製過的酸梅或者烏梅（一種只生長在亞洲東部的植物），在沸騰的滾水中慢慢的軟化，濾掉殘渣，在原汁中混合放入蔗糖與桂花，加入適量的水調和，放入冰塊的槽中冰鎮。這個酸梅湯必須要酸，但是不能酸得讓你咧嘴；要甜，但是不能夠太甜；要冰，但不能涼到讓牙齒不舒服。重要的是，梅汁裡不能有冰塊。

還有雪花落，用一種遠古時代的製冰機做成。一個木桶，桶的中間有一根突出來的管子，長管子上綁上長繩子。桶子裡面放滿了碎冰塊，管子內是一種水、果汁與少許鹽的混合液。盤繞在管子上的繩子，先由右手、再由左手來回抽動，可以聽到類似小孩拍水玩發出來的聲音。管子開始快速旋轉，管內溫度急速下降，管子內表開始形成了一層果汁的冰霜層，然後用一把比較長的勺子把它挖出來放入碗中。

也有所謂的「冰碗」。冰塊放入碗中加上河鮮一就是在河水中生長出來的果實，如蓮藕、蓮蓬、菱角、荸薺、芡實。還有西瓜、西瓜、西瓜，堆積如山的西瓜，要購買的顧客，拿起了西瓜輕輕敲打、聽音、揉壓、指彈、撫摸瓜身…，從某種程度上來說，西瓜是一種政治水果，中國有句俗話，熟的西瓜浮起來，熟的李子沉下去，所謂的「浮瓜沉李」[82]。

在20與30年代，這裡就已經有市場，地方誌上有記載，還有一個競技場，可以騎在大型、黑色的、頭上綁著銅鈴鐺的驢子去競賽，看誰跑得快。還有給外國人預備的古玩店，他們特別喜歡的是養殖的珍珠、珊瑚、西藏的祈禱毯、刺繡、繡花的衣服及鞋子，還有瓷器、茶具、撲粉盒子、花瓶、裝在鱷魚皮盒子裡的玳瑁眼鏡、瓷器的佛像、鼻煙壺、漆雕、印泥盒、小藥盒、象牙藝術品、筷子、印章、麻將牌、墨水匣、硯台、毛筆架、水煙、滑石等石頭，或是水晶圖章、石紙鎮、給小盆栽當容器的小石碗、漆雕、扇子、木頭球、裝衛生紙的硬木盒子（蓋子裡面附有鏡子）、手錶、手杖、蟈蟈的籠子…。

八月份有蟋蟀可以買，用於打鬥的蟋蟀，是從清東陵的皇帝陵園來的，其次就屬山東省的，是全中國最強壯的。八月底在北戴河開始有鬥蟋蟀比賽[83]。

市場上也有茶館，裡頭有來自天津與北京的說書先生說故事。

晚上直到半夜，這裡變成了「鬼市」，到處都是賣破爛的破爛攤，損壞了的物品、舊雜誌、垃圾、壞了的舊傢俱、銅製品、舊衣服和鞋子、瓶子、馬口鐵罐、舊鐵器。

窄巷裡的房子正在拆除，從外面看起來，其中一間的外部鐵梯像一隻裸露的腿，中間還能夠使用。我走進去，中庭充滿著雜物，有花桶、裝金魚的大缸，還有一張磨破了的沙發。房間一間接著一間，我坐在沙發上，陽光從天花板照下來，木頭梯子，從兩邊上去，引導到一條走廊。這裡從前是旅館，還是妓女戶？有迴廊環繞，稱之為「跑馬迴廊」的，在過去所有好的窯子都有這種設計。我注意到地板上有一些彩色的、破碎了的瓷磚，在暮色蒼茫的光線中，忽然閃起耀眼的藍光，一種模糊的燐光，突然出現，又突然不見，忽隱忽現的，像來自過往的信號。

註釋

82 西瓜，過去曾在北戴河種過的。第一類，生長在人工灌溉的田地，那一種不是特別甜的叫「水蔓瓜」。接下來就是「畫眉子兒」，分三種，黑鬼子、大三白、綠三白。畫眉子兒與黑鬼子特別的甜，外殼是黑色的，瓜肉是黃色的；那個有些長的「畫眉子兒」是金黃，子兒有些泛紅。黑鬼子的子兒是黑色的，果肉泛白。大三白是白色，綠三白是黃色。這兩種較之前面兩種比較不甜。

北京南部地方（保定市）來的「花皮瓜」有三種，綠花、黑花、錦皮花。花皮瓜是深綠色與明顯的黑色，也就是黑綠的條紋，錦皮瓜的顏色比較淡像是被洗過。果肉的顏色有紅色、黃色或是白色，紅色居多。瓜子是黑色。花皮瓜與畫眉子瓜差不多一樣甜，但是比較便宜。來自附近省份山東德州的「枕頭瓜」，有著黃色的瓜肉與黑色的瓜子。買瓜要碰運氣，否則幾乎無法享用。西瓜必須冰涼來吃，溫吞的瓜也不好吃。有人對冰凍的西瓜有成見，認為會傷脾胃，主張將其放進冷水中，或者用吊籃垂入井中來冰鎮。

甜瓜，或者香瓜，在夏天也是無所不在到處可見，種類繁多。最甜的與最嫩的按照顏色和它的形狀稱之為「白羊倚角蜜」，緊排在它後面的是「蘋果青」。最便宜的是「旱三白」，在外皮上可以分辨熟與不熟。「大白」與「白羊倚角蜜」同顏色，但是比較圓。「蛤蟆酥」有綠色的外皮，紅色的果肉。如果成熟了，果皮上有黃點，民間叫稱之為「老頭樂」，因為它非常軟，沒有牙齒的人也可以吃。「青犄角」與白羊犄角一樣，一頭尖而尾端是粗厚的，外皮凹凸起伏像洗衣板的模樣，味道一般。最軟的瓜就是「面猴兒」，不是綠色就是黃色，有些苦味，吃到嘴裡很綿，給沒有牙齒的老人是最適合不過。

酥瓜，與甜瓜同時上市，幾乎立刻融於嘴裡，也因此得名。有著暗綠色的外皮，短小粗壯，也有凸凹不平的波紋。冰涼起來吃還是挺吸引人的，雖然不那麼甜，有不錯的味道。人們買這種瓜只是為了解渴。

煙瓜，有半公尺那麼長，淺綠色與白色，在外皮上有長的凹槽條紋，果皮很厚，果肉很難咬，有著煙草的感覺。越老越成熟味道也就越好越軟嫩，用醬油醃製，就成為美味。

83 比賽的蟋蟀按下列的標準尋找：頭、牙、項、翅、腿、鬚。

頭：必須有如蜻蜓般的頭，要大、圓、高，六條腦線必須清楚可見。

牙：這是戰鬥蟋蟀最重要的武器。上面的牙，在根部要寬，向下的部分要長，如鉗子般尖鋭，而且顏色要單一與發亮，不管是紅色、黃色、紫色還是白色。淺色的，就算是紅色，混合或是有斑點，按照經驗來説，牙也都比較短，會降低了戰鬥力，對戰鬥來説是缺點。深紅色的牙是最好的，能賣高價，淺黃的則最差，也最便宜。

項：技術術語叫「脖領」，最理想的是前突、寬、單一色、沒有任何斑點。若是看起來顏色混濁不清，就表示是品質不佳的次品。

翅：只能用眼睛仔細檢查，因為翅膀尖在蛻皮脱殼的時期，如果接觸到潮濕、濕潤的空氣或是露水，那麼翅膀天生就受到侵蝕，也就比較軟，而在戰鬥時自然就比較不利。

腿：在戰鬥時如同人類摔跤角力一樣，有著決定性的作用。蟋蟀有六條腿，前面兩對是用來吃獵物的，所以有特別小的抱爪。後面一對則像長針，用來踩跺，必須長、圓以及粗厚，而且要發亮的、單一顏色。如果有紅、黃或是白色的斑點，就可以預知不佳，淺棕色也一樣。

鬚：有兩根，依照原產地的不同長相也有不同的。直長的，短粗的，捲曲的，帶節的。觸鬚在戰鬥的時候不只是可以幫助眼睛，也可以預估和評估有關的情況，並可用來欺敵。透過鬚鬚的來回晃動混淆視聽，讓對方以為是害羞示弱，再對其意外的採取迅雷不及掩耳的攻擊。

鬥蟋蟀要用鬥盆，盆內部裝飾齊全，底部是顆粒狀，特別粗糙，為的是便於穩固。傳統上是放在紅色的毛氈上比賽。

每一次大的比賽都設有裁判叫監局，有一紀錄叫記帳。這也是魅力之所在，圍觀者可賭注排名。然後有一位秤重的司秤，用一支難以置信的精確度極高的平衡秤子，準確的秤出蟋蟀的重量。因為只有體重相近的蟋蟀才可以對戰。

鬥蟋蟀要用到一樣很重要的道具就是「探子」，它很細很長，由竹子、銀或者是象牙製成，前面有一個非常小的孔，緊綁著四、五根的老鼠鬚，最好是老的母老鼠的鬍鬚。這是用來刺激、煽動、挑釁蟋蟀用的。

對戰開始，首先決定哪一隻蟋蟀先放進鬥盆。蟋蟀玩家各自用「探子」把兩個對手分開，直到蟋蟀開始有些興奮了。監局會發出開始的訊號，公正的引導雙方讓兩軍對壘。戰鬥開始：夾、鉤、閃、躲、蹲、抱、箍、滾、囓。

如果兩隻中有一隻跳到了盆的外邊，這叫「驚盆」，主人可將蟋蟀重新放回到戰場，繼續戰鬥。

勝利是按照一定的方式來宣佈。「一頭兩面」，意思是説，如果蟋蟀在面對對手攻擊時，在第一次後再兩次躲閃回過頭去，決定性的，是朝向左邊，那麼就宣佈他的對手勝利了。

戰鬥結束後，監局會在條子上寫：「上」，代表勝利的一方，「下」代表輸的一方。然後交給競賽的雙方。雙方將賭金交給監局，開始算帳分錢。輸方十分之一的賭金留給監局與司秤。而戰勝的蟋蟀得到賞賜與鼓勵，特別是當牠在戰鬥中受了傷，那麼就送上一雌性療傷，所謂的「武士美人」，也就是把兩蟋蟀送做堆。

如果賭金太高，就得按照所謂的「天津方式」，也就是戰鬥前十二小時就必須把蟋蟀罐子封存，因為有些人會在賽前給他們的鬥士舔舐海洛因或者其他類似的東西，為的是去刺激、強化蟋蟀的動力。

鬥蟋蟀還有些不被允許的招式。例如不可將薄荷油塗在蟋蟀的額頭，讓對方的蟋蟀膽怯逃離、不願應戰。還有，因為相鬥的蟋蟀必須相等體重，不誠實的蟋蟀主會設法讓自己的蟋蟀降一級，也就是在比賽之前，將裝蟋蟀的罐子用吹風機加熱，減少蟋蟀體內的水分，以減輕其體重。或是餵食印度米，會讓蟋蟀拉稀，這些都是不允許的招式。

鷹角岩的測繪局、梅花鹿場

我叫了輛計程車去鷹角岩，是在最外面的東北角。那裡有一條柏油路，鷹角路，斜穿東山，如地圖所示，那裡是河北省北戴河管理處所在。形如聯峰山的一個吊墜。道路被一根橫杆擋住，但是警衛室沒人。我下車把橫杆挪開走了進去。

在交界處有一個路標，英文寫著「Bureau of Surveying and Mapping Western Restaurant Training Building」看不懂，西餐廳測量？還需要一個培訓機構？再看一

類似莊園的西餐廳空無一人。

下中文「測繪局西餐廳培訓樓」，才弄清楚意思。這是兩棟建築，一棟是測繪局的辦公室，另外一棟是「西餐廳培訓樓」。

跟著路標往前，幾百米後就到達了類似莊園的西餐廳，如同進門處的標題所示。培訓地點？透過玻璃門，可以看到啤酒箱和上面布滿灰塵的啤酒瓶，塑膠椅子、凳子，圓形的桌面，一張舊的軟墊扶手椅，上面有被燒破的洞洞。

道路的盡頭，是一棟兩層樓的水泥建築，屋頂上漆的是閃閃發光的翠綠色，這裡是測繪局。冷氣機掛在外牆上，垃圾桶放在外頭，草地修剪得十分平整，花圃設計四四方方，果然是測繪局的作品。但是就連這裡也不見人影。

我從窗戶往裡頭看了一眼，檔案架、辦公桌和在它前面的椅子，但是連一個彎身看檔案和圖紙的官員也沒有。難道這裡是戰爭後測繪局的替代宿舍、避難所嗎？

走了幾百步就見到了一處鹿的圍欄，牌子上寫著「梅花鹿場」，大約有十多隻的梅花鹿，一種珍貴的、被保護的；從滿洲來的鹿種，背上有如花的白點，很膽小害羞的動物。見我靠近，成群的跑到角落，我雖然離得很遠，但牠們保持著安全距離，豎起耳朵、戰戰兢兢的聚在一起，用不安的眼神看著我，隨時準備跳離現場。在佈告牌上寫著鹿角在中醫、中藥上的多種用途，如增加活力、增加骨髓、補血活血、強化肌腱等等。鹿場的正面牆上畫了幾個非常大的字，雖然已經褪色，但是依然能夠辨認出是「批林批孔」，這是1974年的運動口號。

杜鵑一聲啼，四面空回音[84]。

一群廚師，從石楠花叢的小路走來，全部都穿著廚師的白夾克上衣、格子褲、長圍裙，戴著高帽子，他們看見我，卻沒有一個人說一個字 。

註釋

84 不是歐洲人所熟悉的、那種第一個音節會發出聲音的大杜鵑鳥，而是歐洲人所不認識的小杜鵑鳥。四聲之中，第一聲與第三聲比較強調，第二聲與第四聲則拉長，中國老百姓口中模仿出來就成了「光棍兒太苦」。

兩棟保存完好的建築

在灌木叢後面，露出兩棟保存完好的建築。進入花園的小門開著，一個雜草叢生、荒廢了的花園裡長滿了香椿樹。香椿春天剛生長出的新芽，是中國北方人特別喜歡的美味，可以拿來炸香椿魚（嫩香椿裹上蛋糊油炸），或是香椿拌豆腐、香椿炒雞蛋，這是個有「特殊香」味的食材，可以讓人上癮，也可以讓某些人避之唯恐不及。我把葉子在手指中揉一下，聞起來有些苦，也有點像襪子的味兒。

壯碩的建築、高大的基底，樓梯上爬滿了長春藤，寬大的露臺，面向著大海。右邊房子的起居室裡有壁爐，臥室設在側翼。有窄而高的百葉窗、通露臺的落地窗。客廳有個大吊燈，蠟燭臺上有小小的傘形燈罩。房角有一張寫字台，前面立著個檯燈，有雕刻，還有個畢德麥雅（Biedermeier，1815 ～ 184，德國的一個藝術流派）式的櫃子，都是 19 世紀中期、德國傢俱的流行式樣。庭院中有白皮松和金色的銀杏樹，銀杏樹的枝幹向上伸展，就像印度女神伸張著雙臂迎接著皇冠。

兩棟房子都是由巨大的花崗岩建造，屋頂蓋著紅色的屋瓦，不同角度都可以分享大海的景觀。我看見一條小路通往海灘，路面被海風吹來的沙子覆蓋住，我聽到下方海浪沖刷拍打的聲音。地下室的門，吱吱作響。光線從玫瑰窗灑進來，外面已經是雜草叢生。因為門開著，蜘蛛網在飄動，一道模糊不清、如水族館般的藍色光芒相當恐怖。一根很粗的木頭支撐著屋頂，過去原本雪白的石灰牆，現在已經成了灰色，角落有一部生銹的玩具汽車，旁邊有個破了的、上頭畫著龍膽花的陶罐。

東嶺會教堂

鷹角路越走越寬，走到一個廣場，穿越柏樹林，有間小教堂。這個教堂正在整修，空的水泥袋扔在進口處，還有拌好的水泥、石磚、拆下來的木製壁板。這個「東嶺會教堂」是北戴河最老的教堂。方方正正的兩層樓建築，有個六角塔，灰綠色的屋頂。一個黃銅板的牌子上簡短的說明它的歷史。最後的一句：「每年的聖誕節，當聖誕老公公來的時候，宣佈快樂的消息，這裡是北戴河地區，基督教會的中

我到達「東嶺會教堂」時，這裡正在施工整修。

心。」，下面寫著「河北省人民政府」。

工人正忙著將教堂的椅子卸下。進口處的房間，有床、櫃子、桌子、椅子。床的一頭，有折疊好的棉被。地板上鋪了磁磚，一張小桌子上有茶壺、茶杯、一盤瓜子和零食，水果以及香菸。桌子底下還有痰盂（中國人的方便吐痰之物）。

工人努力、保持平衡的將長凳抬上二樓去。祈禱室？我跟著他們上了那個螺旋迴轉樓梯，中間立著個雪花白的半裸的石膏維納斯像，屋頂上掛著一具鐘，上面有中文「福音」二字。祈禱室的右邊有壁爐，設施完整，包括排煙道、鐵柵欄，前面還放著一個通爐子用的火鉗。階梯引向祭壇，上方畫著很大的紅色十字架。窗戶與窗戶之間掛著一張彩色銅板畫：騎在馬上的騎師，膝蓋緊貼、穿著長筒馬靴，騎在小頭、長脖子、胸肌突出的馬背上，面向觀眾，騎士咧嘴，露出空空的笑容。

像過去一樣嗎？星期日，嘹亮的教堂鐘聲響起，叫信徒們來做禮拜。之後就是一次次有間隔的零零散散單一的鐘聲。意思是禮拜將在5分鐘後開始，附近的居民，穿著週日的黑色服裝，形成了長長的人群。牧師站在下面，歡迎他的小羊們的到來。裡頭，最資深的可以站在火爐的前面，如果他不喜歡牧師講的道，他還可以左顧右盼的去添添柴火。杜松子木材的氣味，隨著火升起，進入鼻腔，讓人想家。這位牧師先前是在印度的英國軍隊擔任牧師，說著「幾千公里外、海的那一邊的愛與關懷」。講道之後，主事者就搖著小鈴鐺，拿著奉獻袋轉一圈，請大家奉獻。全體在唱完了最後一首聖歌後，還會留下時間在位置上默禱，好像在等待散會的命令。牧師在門口送客，還會對每一個教徒一一問候祝福，對主事者的夫人特別表示感謝，因為她為牧師織了厚襪子與圍巾。

辛伯森 Willard Simpson 和他的怪樓

離教堂不遠處，有個偏僻孤獨的角落，那裡曾經是一位特殊的美國人的住所，就是當地人口中的「怪樓」。屋主是耶魯大學畢業的園藝師辛伯森博士 Dr. Willard Simpson。1928 年，28 歲的他接受了衛理公會教會委託，來到北戴河，創建一個農業實驗站。他不僅將美國與歐洲的水果樹帶進中國，也帶來了家禽和動物（如黑白花的荷蘭乳牛、英國約克夏豬）。至今在北戴河到處可見的、用來擋沙和固定沙丘的灌木紫穗槐 Amorpha fruticosa，就是當年辛伯森從美國帶來的。

辛伯森到達北戴河不久就生病了，三叉神經痛，疼痛難忍。中國醫師建議他要儘量多曬太陽，病自然就會好。辛伯森於是親自設計，蓋了一棟盡可能處處都能見陽光的房子。兩年之後，房子蓋好了，佔地只有 90 平方公尺的四層樓，五個屋頂，七個角，八個外牆，44 扇門，46 個窗戶。乍看之下，以為是任意的、隨便的、雜亂無章的、由花崗岩砌築的建築，其實，是有計畫的、是基於一個更複雜的理念計畫的。窗戶看出去就是窗戶，門對著門，任何可以想像到的地方，就連門後面，都裝置著鏡子。每個房間的樣式都不同，但是沒有一間屋子是方方正正的。走進位於一層的沙龍，你馬上就會迷失了方向，過不了一會兒，你就不知道自己是如何進來的。不管你看什麼地方，都看見的是鏡子反射的圖像，每個進來的人，都在找出路。樓梯是木製的，腳踏板是採用特別薄的木板，每一步都感覺到顫動，彈跳與如羽毛般綿軟，登上去，周圍都被鏡子牆包圍著。隨著旋轉梯往上，欄杆是老樹根做的。

辛伯森，不僅是中醫的擁護者，也虛心學習與之有關連的「風水」。在建築、設計與施工的時候，曾經求助中國的專家，這是個聰明的決定。工人按照施工圖紙挖土時，居然挖出了泉眼。辛伯森就在地下室的室中央建成了石窟噴泉，周邊用來儲存水，水質清甜，冬天是溫的，它不只是可以做飲用水，同時也可以利用它來調節整個房子的氣溫。房子完成後幾個星期，這位園藝學者的三叉神經痛好了很多，幾個月後，疼痛就完全消失了。

辛伯森在 1940 年回美國去了。文革時期，在要「掃除牛鬼蛇神」口號的運動中，這棟房子就被紅衛兵破壞了，因為他們進去後就找不到出來的路，深信此房子內聚集著一種陰暗、邪惡的力量。

你說它是巧合也罷，在同一個時間，當紅衛兵破壞了這棟聚集了所有光源的房子時，辛伯森也瞎了，他的雙目再也看不見一點光源。

東山的友誼賓館和海灘上的眾生像

幾百米外，東山的西南角，是友誼賓館，也是當地最大的度假村。村子裡有十多棟的小別墅與房子，50 年代是為了俄羅斯的專家們蓋的，現在又回到俄羅斯人的手裡。那裡的海灘，當然也屬於俄羅斯泳客的領域。

首先令人注意的是女士們，她們在海灘上岔著腿站著、雙手外翻、臉如企鵝般的朝向天空，俄羅斯的小媽媽們，聚集在一起對太陽祈禱，因為在寒冷的西伯利亞實在很少有陽光。然後她們面朝上躺下，把手和腳都撐得開開的，閉上眼睛，做著自己的夢，陶醉在溫暖的陽光中。

男人呢？男人不做夢，他們喝酒、大量的喝。強壯的身軀，後背長著汗毛，壯碩的胸脯、胖鼓鼓的肚皮，他們不站著，而是坐著，手中拿著一瓶啤酒，綠色玻璃瓶、半升裝的哈爾濱啤酒，一瓶接一瓶的喝，不管陽光有多大，憂傷的酒鬼，是不會大聲嚷嚷，也不好鬥，更不會攻擊別人。

為了保持啤酒清涼，把它埋在有水分的沙土中，成了「沙鎮」啤酒。

北戴河的黃昏蒞臨，接近傍晚的時候，到處上演著小小的、最後一幕的戲。一個俄羅斯男人，坐在白色塑膠椅子上，被波浪環繞著，看似孤獨寂寞，手裡拿著一瓶啤酒，看著前面那個濕漉漉、豎著的牌子寫著：「善意警告酗酒的人，請不要游進海裡，特別是不要超過防鯊網」。

我看見一位纖細的俄羅斯女人，身上圍著浴巾，將她小小比基尼的上半部，拿給她的男人，而那個男人手中已經拿著比基尼的小褲叉。男的是個禿頭，有著強壯的二頭肌、寬闊的胸肌、像個自由式摔角選手，他忙著用毛巾圍著她、提著她的包包，小步、小步的跟在後面，腳底的石頭磚，鋪在滾燙的沙中，石磚一個緊挨著一個，無法大跨步的走。

像不像極了年輕的納波科夫 Nabokov 呢？他不是一直想去中國嗎？夾在支撐著的手肘間，零亂的向後梳著的頭髮、正在看著一本書，抬起了頭，視線落到了不遠處一個個留著長長辮子的女孩身上，她正在用貝殼在沙中挖水道，她岔開雙腿，把辮子甩到背後，濕漉漉的大腿，閃閃發亮。活生生的一個洛麗塔 Lolita ？

這時一個臃腫的女人，新染的刺眼的頭髮，手裡拿著防曬霜，在呼叫小女孩。小女孩不情願的站了起來。他把目光朝向了別處。

一個曬成棕色的金髮美女，鼻子上戴了個塑膠護鼻套，身邊蹲著位穿著白大褂的按摩師，正在揉捏著她的小腿，讓人錯以為是在泰國的帕太雅。她那瘦如紡錘的兒子；跳起來跑進海水裡，游了幾下，然後興奮的向她招手。她沒有注意到他。按摩師已經完成了小腿的按摩，開始按摩大腿。小男孩回來了，打了個噴嚏，頭髮濕漉漉的站在母親前面。然後穿著晃晃蕩蕩，濕淋淋的游泳褲開始跑；接著翻了個跟斗，一個，又一個，一連三個跟斗，她都沒有注意。他傷心的坐了下來。

一個大腹便便的胖子，手中拿了把小孩的鏟子，鏟著海浪沖刷過的地方的沙子，這裡鏟兩下，那邊又挖兩下。中午上潮後，海水依然在上漲，忘記啤酒埋在哪兒了？一段時間後，他放棄了，對著海水啐了一口，決定長途跋涉去找下一個啤酒攤。

一對年輕的男女緊挨著躺著各自攤開的浴巾上，男的趴著，兩手外伸、雙腿岔開，女的同樣的姿勢，只是仰面朝天。她戴著副太陽眼鏡，太陽在她的鏡面上反射成一個非常小的閃亮光圈。男的站了起來，走向大海，走進水中，滑動雙臂，當海水到達他的腹部，他就停止不動了。似乎在看向海的那一邊。他扭轉身軀雙手撥動著、涉水而歸。

回到沙灘上，經過一個俄羅斯女人，她正在把上部的比基尼脫了。男人彎下身撥掉小腿上的沙。他回到了這時候已經翻過身面朝下的夫人身邊，他彎身向前輕吻了她的屁股，先親了一邊，又親了另外的一邊。

海浪已經打到了兩張空的、緊挨著塑膠椅子前腿，椅子中間的太陽傘還開著。兩雙塑膠鞋躺在沙子中。海水中沒有人在游泳了，只有一艘被遺忘的腳踏船傾斜在那裡，上面寫著”小云五号“。

夕陽西下，漫步回到中海灘路的開灤礦務局休養所，就在這附近海邊，曾經是“北京莫里循 Dr. George Morrison”；當時也被稱為“東印度最著名的英國人”的莫理循的別墅。

莫里循 Dr. George Morrison 的海邊別墅

莫里循的別墅已經不存在了，只留下兩張照片，可以從照片上看到莫里循在他的陽臺上，他的身前是海，他的左邊是岩石，和一排建築物和屋頂，他的別墅在右邊。

兩張照片中的一張，看得到莫里循頭戴巴拿馬帽，坐在籐椅上，一隻腳頂在圍牆上、手中有張報紙，拍攝時間應該是中午，因為影子很短。一般來說，他個兒很高。

莫里循，倫敦《泰晤士報》Times 的記者，他不僅採訪報導政治大事件，而且還參與、影響和操控時局。英國政治家寇松侯爵 Lord Curzon 對所謂的「聰明的參與」有以下的說法，「在事件發生之前就能夠預知，其實是借用莫里循的文章鑄造出來的」。以 1904 年爆發的日俄戰爭來說，他透過報導戳開真相，這個戰爭也被稱為「莫里循的戰爭」。日本的元帥山縣有朋就說：「我們欠莫里循博士很多，因為他勸告我們要對蘇俄開戰，他從來不對結局有所懷疑」。對於他造成戰爭的這個角色一點也不隱瞞。英國在戰爭中得到利益，蘇俄是他們在亞洲的對手，戰敗後，從滿洲的南部撤退。

莫里循 18 歲的時候，從澳洲的北部徒步 2000 哩，穿越整個澳洲大陸走到南部，費時 123 天。去新幾內亞探險的時候，被當地土著襲擊，被長矛刺中，長矛的尖頭留在他的體內，經過一個月後才手術取出。他在愛丁堡讀醫學，之後又開始了流浪生涯。穿越南海、穿越牙買加，在西班牙銅礦做過礦工、當過摩洛哥政要、做過一位勳章人物的貼身醫師，他是澳洲的傑克倫敦 Jack London。1894 年，他身著中式服裝，頭戴一個帽子、上面縫著條假辮子，喬扮成中國人模樣，從上海一路「流浪」到仰光。這個徘徊、流浪的紀實遊記，日後出版成為一本暢銷書《中國風情》，他也決定脫下醫師袍，成為記者。而此時倫敦《泰晤士報》剛好要找一個駐北京的記者。朋友介紹他跟發行人認識。

1897 年他到達北京，在幾年之間，他很快就成為一個名人，以「中國的莫里循」、「北京的莫里循」聞名。赫德的秘書司戴德 Willard Straight，是位有天分的畫家，也很會看人。他曾說莫里循「實在是一個你能遇到的最有魅力的人。長相上，短短的脖子，卻撐起一個大頭。他長得確實非常令人舒服、乾乾淨淨，眼睛是藍灰色，並且閃爍著光芒。他的嘴角常常帶著微笑，從來不梳頭，或者說梳過，但是看起來從來不像梳過。他有種天賦，可以和任何人交往，重要的是，他可以發現所有別人的事情，而從來不講自己的」。莫里循後來搬到王府井大街（後來被改名為莫里循大街），擁有十多個僕人，首席領班叫頭號男孩、2 號男孩、馬廄男孩、首席廚師、2 號廚師、苦力等等，還包括他們的家屬，差不多有 30 多人。寄信給他，只需要寫「莫里循博士，莫里循路，北京」就會送到，他與英國公使平起平坐。

他有一種天賦，是對政治的敏感度與直覺、能辨識人，但是也具有激烈好鬥的性格，為此讓他在蘇俄、德國、法國的外交圈中，樹立了不少敵人。但是這對他來說都無所謂，敵人越多，榮譽越多。小說家吉卜林 Kipling 說「小品種沒有法律」，莫里循就很看不起他們。特別看不慣德國人，他知道自己的觀點，也知道哪裡才是他的家，不是澳洲，而是英國，那裡才是神聖秩序之所在。對他來說，世界必須恢復秩序，他也相信這是他的使命。他引用他的粉絲英國寇松侯爵的話，「英帝國永遠是世界上最棒的工具」。莫里循的所有努力就是要拓展英帝國的權力地位，他把自己視為「帝國的建造者」。這也是為什麼他最後離開《泰晤士報》，到袁世凱那裡當個顧問。

當莫里循登上這個新舞臺時，清朝正步向終結。他見證了清朝最後的抽搐、成為新政府的證人。百日維新的失敗、光緒被慈禧太后奪權、義和團事件、日俄戰爭、西太后的死亡、1911 年的辛亥革命…。中國一直是新聞的頭條，而「北京的莫里循」成了媒體的寵兒，他的對手對他是又恨又怕。

他唯一不足之處就是不會說中文，根據赫德的說法，他拒絕學中文，除此以外他對莫里循是很推崇的。1903 年 7 月 12 日，赫德給他秘書金登幹的信裡說，「他是一等一的傢伙，全方位，非常好交往的夥伴」，有著知識份子的傲慢。

令人質疑的，是他對中國人的沒有興趣。與大多數的外國人一樣，他看不起中國人，基本上，他厭惡中國人。他最喜歡的書是《魯賓遜漂流記》，他收集、擁有各種不同的版本。中國對他而言，就是野蠻人的國度。他的隨從、那個「頭號男孩」，就是他的一個「星期五」，使用結結

莫里循坐在別墅的陽台，如今這棟別墅已不存在了。

巴巴的洋涇浜英語和他溝通。

中文對他來說，本質上就是陌生的，無法融會消化的。因此他需要一個中間人；一個翻譯。一般他的直覺會替他把關；像他的哨兵替他守衛門戶，不讓別人隨意通過，這次在選擇翻譯時他失手了；他找到了一個「是有史以來在遠東最最傑出的惡棍」，這是後來對他的評價。一個貴族高貴的貓頭鷹，本質上他純粹的、完完全全的是莫里循的反面，性格內向，輕微自閉，親中國，搖擺旋轉，雙性戀，柔弱，服從妥協，換句話說，就是一個懦弱之人，也許這樣更好，像他這樣的一個語言天才，北京少有，如同別人一樣為了減輕負擔而娶妻，為了免得自己去學新語言，莫里循找了位貼身的翻譯，不是員工，而是朋友，埃德蒙·巴恪思 Edmund Backhouse[85]。

註釋

85 這位中間翻譯人，在《The Peking Who's Who，1922》名人錄中有記載，「埃德蒙·巴恪思，第二代從男爵。住址：石駙馬大街 19 號。1873 年 10 月 20 日出生。國籍：英國。教育：溫徹斯特公學（學者），牛津大學墨頓學院。在義和團拳亂時被困在北京使館區，1903 年京師大學堂（北京大學前身）教授。1913 年任倫敦國王學院中國研究所所長，同年捐贈了 27000 冊中文書和手稿給牛津大學波德林 Bodleiean 圖書館，牛津大學對其表示感激。1918 年繼承了爵位。出版物有：與 J.O.P. Bland 合著的《慈禧統治下的中國》1910 年出版。北京宮廷（The Court of Peking），1914；和與·巴頓爵士 Barton 合作修訂《漢英口語辭典》，由禧在明 Sir Walter Hillier 編纂出版。--。休閒娛樂方面：中國歷史，書法與音樂。俱樂部：Carlton」。

莫里循打扮成中國人模樣遊歷中國。

家族的「黑羊」埃德蒙・巴格思

巴恪思屬於德國一個古老的、年代久遠的、貴格家族的一支。這個家族以吃苦耐勞、勤奮工作和保守節省而致富，事業涉及到礦場、鐵路、造船廠和一家銀行。母系那邊是福斯（Foxes）家族的親戚，屬於另外一支著名的貴格家族，出過許多的科學家與藝術家。但是如同所有的大家族，白羊群中也會出現黑羊，其中的一位在歐洲以擁有、收藏最多色情作品而出名。

巴恪思在溫徹斯特上學，後來在牛津

戴著禮帽的巴恪思（前排左二）。

念書，也是在那裡發現他有語言的天分，俄語、法文、希臘文、日文，最後還有中文。而中文就糾纏了他一生，成了一個無底洞。1899 年他到達北京，說是為了就地繼續學習中文，實際上是有個相當令人不安的、不名譽的理由，也造成他被取消了繼承家產權，除了龐大的負債，還糾纏在王爾德 Oscar Wilde 周邊的同性戀醜聞中。有個「匯款人」付錢給他，條件是「不再回家」。後來巴恪思與莫里循合作，做他的翻譯，他不用薪酬、完全免費，只要成為莫里循的朋友就夠了。他為莫里循翻譯中文，用於報導和透過電報傳到倫敦。莫里循也幫他在新成立的京師大學堂內的譯學館找到一份工作，以為回報，讓他成為一個法學和文學教授，當時的機構首腦是朱啟鈐[86]。

巴恪思，在這裡為他計畫中的項目搜集人脈、關係，以便將來有所幫助。他需要錢，光靠友情與當老師賺的錢不夠他的生活。有什麼活動計畫項目呢？其實只是個存在於他的幻想之中的幽靈計畫，而絕對稱的上是大手筆、大動作的超現實主義。除了他需要訂購蘇格蘭約翰布朗造船廠（John Brown & Co.）的軍艦，載送武器、軍火給英國戰爭部門，而且還是緊急需要的戰爭物資。還要委託「美國鈔票公司」（American Bank Note Company）印製上億元的鈔票的合同。為了他的「努力」，他要先行抽取傭金和必要的食宿活動費用。還有一般的觀眾也成為他的犧牲品，他的那兩本暢銷書《慈禧統治下的中國》、《清室外紀》，其實也是按照偽造的「秘檔」所寫出來的。莫里循也成為巴恪思的實驗小老鼠，有許多不實的、仿製的資料與製造的謠言，以「內部知情者」方式出現在倫敦時報上。而報紙的讀者認為那都是經過莫里循仔細研究、查詢過的內部消息，以至消息傳播到了全世界。這就是莫里循被讚許的所謂「聰明的參與」發生的事件？應該是「被聰明的誤導」吧？如果莫里循不知道自己也被騙了的話。

直到幾年之後莫里循才開始懷疑，但是卻沒有追究到底，因為擔心自己的聲望受損。巴恪思因為自己在專業領域的著作出版，遭到越來越多公開的質疑與譴責，但莫里循拒絕公開評論，也不採取立場，只有在私底下的圈子裡，有些提示，但是又都很快的就收回，好像他有什麼把柄被巴恪思攥在手裡。巴恪思已經變成是莫里循腳上的雞眼、致命的弱點，所謂的「阿基里斯之踵」（希臘神話中刀劍不入、殺不死的英雄阿基里斯 Achilles，唯一的致命弱點，在他的腳後跟上）。

註釋

86 在學院的一張團體照中、也可以說是北京外語學院的前身，這個機構後來是我為之工作了五年的單位。朱啟鈐，當年學校的校長，旁邊有一位歐洲人，有著柔軟、如夢似幻的眼睛，細長柔軟如女性的雙手，他就是巴恪思，那位莫里循的合夥人。他的皮大衣是皮毛面朝裡，「光滑的一面裸露朝外，綻放的一面掩藏在內」。內向，毫不設防，這是他給人的印象。這印象還更被相片中另外的兩個外國人加強了，他們的姿勢顯得粗野、邪惡，單片眼鏡，嘴裡叼著菸，雙手插在褲子口袋裡，坐在第一排，看起來就像個騙子。第二章照片上也有他，是在學校的法文系，也是一樣，叼著香菸。

義和團圍城

義和團事件對赫德來說，是他人生的最低點，對莫里循來說卻是人生的最高峰。他年輕時就已經顯現出不同于常人的勇氣、信心、活力和騎士精神，這也讓他成為了北京使館圍城時期少有的英雄人物。

彼得·弗萊明（Peter Fleming）的《北京圍城》（The Siege at Peking）書中說：“他（莫里循）證明了自己是駐軍中最重要的人物之一，隨時在行動，知道並且瞭解每個地方當前的情況，此外他是被包圍的使館區內消息最靈通的人。還有必須加上一句，那就是他冷靜的判斷，完全不顧自己的安危，一種永遠的責任感，盡其所能的去幫助別人做到最好“（他的合作夥伴巴恪思，則躲在一個牆角裡，每天翻著一本中英文字典，好像那關係著他的生命）。

從兩件事情看出莫里循的無所畏懼。

五月底，一夜之間北京城中的巷弄內開始騷動起來，每一個街角都有義和團聚集，義和團裡那些光著上身、戴著護身符的年輕人，佩著劍、大刀，在外國人面前遊行、挑釁。德國公使克林德就曾經用他的手杖，把其中一人打了個半死。

北京的火車站著火了，火苗沖天、黑煙滾滾，莫里循要很快的趕往他的辦公室去發電報給倫敦，他忽然想起，他的外交官朋友的太太與三個女兒，還有一位德國保姆及一位美國女性友人，都還在北京西山的度假屋中，他快馬加鞭立刻前往。

一位單獨在那裡的女士寶麗·史密斯 Polly Condit Smith 寫道，「我們只能和其他女人一樣，除了等待還是等待，突然看到巷弄裡一陣揚塵，有個灰頭土臉的人，騎著一匹滿是灰土的中國小馬前來……那個人就是莫里循博士。」

第二件事蹟是，一個星期之後，北京到處都是殺戮和死亡。義和團在街上遊蕩，尋找和砍殺中國基督徒。有兩千人被圍困在城中的八面槽天主堂（也就是俗稱的東堂）裡。莫里循組織起了一個救援隊伍；突圍，將這些人帶往英國大使館隔壁的肅親王王府，那裡有日本人的衛隊看守。沒有莫里循這些人都會被屠殺。

屠殺的強烈刺激和欲望似乎也在影響著莫里循，他記錄他自己的行為：「我自己殺了至少六個義和團」，另外一段，「我真後悔沒有殺掉那個人」，這些寫在他日記裡的往事，多少透露出死亡對他的威脅；

造成他義無反顧的；面對挑戰極限的行為，當然也顯露出；殺戮帶來的刺激；快感，如同一枚硬幣的正反兩面。

在後來他留下來的、收集的資料中，《莫里循眼裡的近代中國》（Old China Through G.E. Morrison's Eyes），有一連串處決的殺頭照片，不僅只是一般的砍頭，那是在北京日常會發生的事，還包括凌遲處死。這可是活生生的從犯人身上一片一片的用刀子往下剝皮、刺肉…，非常恐怖的照片，讀者被嚇得趕快翻頁。

義和團動亂事件後，外國聯軍施壓、強烈要求將義和團的領頭人公開處死。莫里循當然不會放過這場戲[87]。

一般女人怯弱、沒有膽量、對死亡的恐懼可以說是通病，當然就會把莫里循當成神。寶麗．史密斯 Poly Smith 說，「當我們在極度恐懼混亂中，最迷人的，莫過於那個灰頭土臉、快樂、健康的、任何地方都能找到的那個英雄。」

"莫里遜帶領著志願者，去解救被義和團圍困在教堂內的中國教民們的東堂"

註釋

87 莫里循的日記曾這樣記述：「有一位年輕人執行砍頭，我以前沒見過這位年輕人，當頸子被分開的時候，老劊子手將砍下來的頭，放在血淋淋的圍裙中拿走，劊子手不是一般照片中所看到那種粗魯的模樣，而是和藹可親的工匠，他瞭解自己的專業。沒有人知道這要付多少錢給劊子手。有人跑來放下兩張草席。…有大群的人在圍觀，很多的記者們、攝影師，對著執行者拍攝。很少有殺頭的場面，吸引那麼多不同國籍的人觀看、拍照。」

女人，他的第二個癡迷

女人，是莫里循第二個癡迷。他追逐女人，最喜歡的就是「墮落的」女人，他的日記中有部分說到這個癖好。

1903 年，在墨爾本，他與一位德國的女演員同居，他甚至在日記中記錄了自己射精到高潮的次數與時間。

梅希 Maysie、他特別喜愛的一位，24 歲，美國百萬富翁的女兒，習慣於自慰，“每天早晨她都會和自己玩，就連不舒服的時候，甚至在床上與男人待了一個晚上之後”。他們彼此的關係，是從在長城的野餐開始的。兩個人都去爬長城，後來他就上了她，在一個高高的、圓形的小丘上，「我們爬長城，然後坐在波峰上」，莫里循後來發現古德諾太太（她的先生古德諾 Goodnow 是一位美國的法學教授，被袁世凱請來當顧問，為他的恢復帝制做預備）是個花粉狂，曾經告訴她，如果她被一個女人吻過，就永遠再也不會希望讓一個男人吻她了。這裡莫里循的吻是舔陰部的委婉語。

女人對他來說，絕不只是冒險，是他的生命，他會在女人中迷失自己。

「無眠的夜晚，腦中滿是憂心，憤怒的嫉妒，每一個的理由。我的頭，興奮的如旋渦，心急如焚、旋轉發狂，盲目的嫉妒。我腦子中那個最深沉的印象就是，一個大男人，想要去催眠一個印象深刻、很容易被挑動的女人。」

莫里循與赫德不同之處，還有時代不同，他的情事只發生在北京的歐洲女人之中，因為那不僅只是性的滿足與發洩。中國女人，他無法交談溝通，對他來說，也就沒有色情與性的吸引力。她們的世界對他是封閉的。

50 歲的時候，他愛上了自己的女秘書。年歲上他大她一倍，比她的母親還大兩歲。他們在倫敦結婚，結婚之後開車去西英格蘭度蜜月。在路過 Guildford 休息時，事有湊巧，居然在一間書店裡，發現了《魯賓遜漂流記》，他所缺少的那兩個版本，完備了自己的收藏。

莫理循的女秘書，後來的夫人

怨恨與野心使人癲狂

過往到處狂野亂愛的情形，在結婚之後停止了，莫里循的事業也發生了變化，他從記者成為了政治人物。第一任大總統袁世凱的顧問，年薪 3500 英鎊（是他過去薪資的三倍），此外還有豐厚的日常費用和住房津貼。他的新名片印著「大總統頭等政治顧問官」。

福開森是另外一位總統的頭等顧問官。從北戴河給莫里循寫的祝賀信中，看出他的不屑，用一種沾沾自喜的寫法：“至於說有關於忠告：那是無限的，但是你不會發現中國人接受時反應緩慢，如果他們需要的話。---- 我一直覺得，他們最清楚他們自己的國家，能夠比一個外國人做出較好的判斷；這也是實際可行的。最好的祝福你成功。」

莫里循打從心理恨他的同事，以及他的對手福開森。那個人，當中國人的顧問只是為了把自己的口袋塞得滿滿的，讓全世界都對中國極度的不信任，一個投機者，一個說謊的騙子，一個「油滑黑守衛，本質上不忠實和不道德的，臉皮和犀牛皮一樣厚」。

怨恨與嫉妒是莫里循另外兩個比較不美麗的一面。福開森可以像說母語一樣的說中國話，他不必為報社寫稿，因為自己就擁有一家報社《新聞報》，其發行數量之大，倫敦《泰晤士報》只能望其項背，根本不能相提並論。

嫉妒與野心混和在一起，就產生了陰謀。莫里循也不例外。

第一個例子。時報按照他的建議，找來一位繼續代替他工作的人大衛．福瑞瑟 David Fraser，這位新人選擇走自己的路，莫里循卻無法保持距離，他不懂中國人「不在其位，不謀其政」的道理，他不斷對《泰晤士報》的國外部編輯布拉罕 Braham 抱怨。原因是「他不想與中國人合作，或者那些被中國人所聘用的一其實是莫理循，因為害怕，我想，是害怕聽到問題的另外一面的聲音」。這是詆毀、抹黑，但是動機看起來很高尚。「我這麼說，因為我很抱歉，無法幫助《泰晤士報》，如果你的記者認為，與我聯絡是不智之舉」，另外一封給布拉罕的信說，「現在對於有關鴉片這件事，我必須說，那麼多年以來，我與《泰晤士報》合作，我從來沒有在專欄中讀過比這個更不公正、更具誤導性的、或是更不真實的文章，我指的是大衛．福瑞瑟所寫的專欄」。

莫里循不會放過任何詆毀福瑞瑟的機會，「我想他是常常被誤導，如果他與中國人（或者沒有成見的英國人）有來往話，就不會被誤導。您知道的，大衛．福瑞瑟對中國一點興趣都沒有」。

第二個例子是布蘭德 J. O. P. Bland，他是倫敦《泰晤士報》駐上海的記者，一位受人尊敬的記者，與莫里循相反，他會中文，也有人脈，善於交際，樂意助人，積極進取，喜歡文學，並且能寫出有關中國報導的、高雅的散文。他將巴恪思從莫理循身邊誘到上海，與他共同創作《慈禧統治下的中國》和《清室外紀》，兩本都是非常成功的書（其中偽造作假的部分，與他並不相關）。

莫里循對布蘭德不罷手，直到《泰晤士報》與他解除了關係。在一封信；給報社負責外國報導部門的信，他提出嚴重的指控，他說布蘭德傷害了英國的利益，「一個我所見過的、最不忠誠和奸詐的人」。莫理循從譴責，演變成了壓迫與威脅，「在東印度地區，我是目前最知名的英國人，我也常常被稱為世界上最著名的記者。北岩勳爵 Lord Northcliff（與莫里循關係友好的《泰晤士報》老闆）要我隨時與他聯絡。他也給我一個私人密碼，如果我覺得情況危急，可以與他秘密的聯絡，不過我至今還沒有與他聯絡，但是我會毫不猶豫的與他聯絡；如果我發現 ---。」這封信的結尾寫著，「我只有一個希望，希望提升報紙的品質與發行量。」

莫里循最後的日子

福開森對莫里循的警告，雖然說不必一定要遵守，但是卻一語成讖。中國人的確削減了他的權限。當中國發現他不再擁有《泰晤士報》的影響力後，對他也就沒有什麼興趣了。

他的挫敗感愈來愈大，自尊心受到了傷害，健康也亮起紅燈。他如同當時義和團事件被包圍時的赫德，在領事館圈子內一樣的痛，沒有人想再聽他的，自我懷疑開始啃噬著他。很明顯的，離開《泰晤士報》是個大的錯誤。那時他享受、擁有的特權與影響力，在他變成領中國人薪水、為中國人做事時，所有特權離他而去。

非常諷刺的是，當大家不再需要他的意見之時，袁世凱卻在此時授予他嘉禾勛章；同樣的，福開森也有一個（只是他這個好像更有面子一點）。原本是在領域中有特定功績者；而「最佳作物」是莫里循自己鄙視嘲笑的戲稱。剛開始是二等的，後來就是一等，佩戴在一條兩米長的黃色絲帶上。

他身高適合這個長度，擁有的職位和事實接近完美，但是當袁世凱讓人們呼喚他當皇帝並且允許時，莫里循抗議了：「這會是對你榮譽最大的傷害」，他給袁世凱寫信，「因為你在世人的眼中，會永遠信守、在你就職的時候最莊嚴的誓言，堅持民主共和，成為民國的大總統」。

袁世凱不聽他的。中國的世界觀是審時度勢、隨波逐流，牢不可破的誓言，在此是沒有位置的。登基大典的預備工作，繼續緊鑼密鼓的進行，一直到彩排時，達到了高潮。莫里循自己不在現場，卻道聽途說的寫了下面的這一段：

「袁坐在那裡，戴著他的王冠，他旁邊還有第一、二和三個皇冠，按照排序，分別是給他的大老婆、二老婆和三老婆登基用的。

大老婆按排好的秩序先進來，行磕頭禮，然後就坐定在規定的位置上。延遲了很久後，二老婆（韓國太太）不現身。強迫的把她請了出來，她卻拒絕登上寶座，她說袁曾經許諾她，她的寶座與大老婆的級次相等。聽到這裡，大老婆從寶座上跳了下來，然後手指就抓向二號。登基大典的王姓主事者只知道如何主持登基儀式，卻無法失禮的出手對后妃們糾纏在一起的爭鬥拉架，袁只好慢慢從王位上走下來，試著將兩個女戰將分開。秩序最後是恢復了，但是彩排也延期了[88]。」

一齣好似貝克特 Beckett 的荒謬劇。莫里循的自尊心掉到了谷底，他上錯了馬，這只不過讓自己好受一點，與袁世凱保持些距離，不至於貽笑大方。如果他站在袁世凱這一邊繼續下去，那麼整個國家都會立刻反對他。

在巴黎和會中，莫里循成為外交部長陸徵祥的諮詢顧問。中國的特使團居住在 Lutetia 大飯店，可以看到艾菲爾鐵塔。尚未抵達前，莫里循發現代表團簡直是一片混亂。申請遺失或是提出的要求措辭不夠清楚，團員相互提防，各自為政。他說「好像是在馬戲團裡」。他寫道：「自己比國家優先，是他們的座右銘」。儘管如此，他還是積極的投入工作中。〈中國的聲明〉就是他的傑作。整個重點問題就是，青島應該歸還給中國。

這個聲明成為廢紙。日本在戰爭之初已經佔領了海灣，拒絕歸還，美國總統威爾遜原先也主張這個區域歸還給中國，忽然來了個大轉彎，因為日本威脅不參加國際聯盟。

莫里循不斷陷入更大、更糟糕的情緒

袁世凱授予莫里循的嘉禾一等勛章。

外交部長陸徵祥。

中。他的妻子督促他與《泰晤士報》的老闆北岩勳爵談談，讓自己可以再一次成為報社的記者回到中國去，再重新回歸到以前的老生活方式，「在中國人中，這麼多年來，他們對我如此的關懷」。但是一切都太遲了。莫理循沒有能夠再看見中國。他於 1920 年 5 月 30 日在英國去世，死於急性胰腺炎。「他死的時候，就像他活著的時候一樣」，他妻子在寫給一位朋友的信中寫道：「高貴，有無比的勇氣」。

註釋

88 前面是莫里循的說法。喬治也有一個版本，根據他父親所說的事蹟，這個排演沒有繼續，而是憤怒的結束。袁世凱有一個大肚子，肥胖的脖子，鴨子的步伐，短腿，沙啞的聲音，此場景刺激到原本有尿毒症的他，突然絞痛躺到地上。二老婆上前，將袁世凱的褲子脱掉，用嘴巴去吸，讓痛苦減輕一些。

巴恪思被禁的書

巴恪思呢？莫里循的那位幽靈作家。1920 年，在莫里循死後，巴恪思也和那些購買軍艦、運送軍火、印刷鈔票以及其他的項目說再見，好像他所有的這一切騙人的伎倆，只是為了關愛莫里循而上演的。一直等到第二位富影響力的強勢人物出現，他就是賀普利博士 Dr. Hoeppli。

賀普利是第二次大戰期間瑞士駐北京榮譽領事，同時也代表英國與美國（他在第一次大戰時是德國潛水艇的艦長）。巴恪思至此才再度開始活動，他在賀普利的資助下寫了兩本書，一是回憶他在歐洲的年輕歲月的《往日已逝》（The Dead Past），一是晚清之際他在中國的經歷《太后與我》（*Décadence Mandchoue: the China Memoirs of Edmund Trelawny Backhouse*）。其中《太后與我》的重點，是他與慈禧太后的不正常關係，說他多年來是慈禧太后的秘密情人，「我也許與慈禧太后見過兩百次面」，但兩本書都因為都太過淫穢而被禁止出版。

在《太后與我》一書中，他描寫在軍閥孫殿英偷盜、掠奪了太后墳墓後，他與一個朋友去觀看了那個陵墓：「我們嚇壞了，當我們看到那個在烈日下的過道上，有個不受歡迎的、小個子的人形、赤裸著，陰森的躺在我們前面，烏鴉般的黑頭髮嚇人的零亂、蓬鬆，一半生鏽、一半毀壞了的烏木梳子，…她化了妝的臉，陰森，但是卻依然是熟悉的模樣，一如我最後一次見到她，---- 二十年前。她的嘴巴張得很大，恐怖的微笑著，眼睛半開，放出淡黃色的、如釉面的一層薄膜，她的臉上布滿著上千的、可怕的黑斑，身體已經扭曲變形，變成像是皮革或者羊皮紙的色調。肚子的左側部位與其他身體的部份相較，呈顯不同的顏色 ----。她那曾經美麗的陰部，我曾經正式的（為了她的樂趣和我自己的）嬉戲的撫摸 ---，全然的、褻瀆的裸露在那裡。陰毛還很茂密 ----。我們很困難的（因為一切都被搶光了）找到了一條席子，遮蔽住她的私處，擋住人的眼光。」

對於死亡與性著迷的莫里循，對於這兩本書應該會喜歡閱讀。

曹錕的當選總統和他的北戴河故居

我走到過去曾是莫里循的別墅附近，有幾對長腿海鳥，互相追隨著來回沖刷的浪花，追逐著被海浪衝出來的甲殼類動物、小螃蟹與小蟲…。

我脫下鞋子，赤腳沿著沙灘上散步，經過一些扣在那裡、已經腐朽的小船。海水滲透過的地方，走起來一點都不費力，沙子是黑色的，很硬而且閃爍著光亮，水是冰涼的。上面的那一邊，沙子是乾燥的，很燙，顆粒狀的，淺色的。一條被海浪沖上來的海藻，形成了不規則的、帶狀的海藻項鍊，隨著浪潮改變，卻把海灘區分成兩部分，有時候靠近海水，有時候遠離。

在「河北省總工會休養所」這棟建築的前面，立著個黑色大理石板「中華民國總統曹錕的故居」。過去那位賣布的小子，當上了中國的大總統，他最終用錢買到了這個位置，不是秘密的，而是公開的、毫不掩飾的。

他的信念，每一個小孩都知道，當他想要一樣東西的時候，就必須付出。這個道理很簡單，為什麼要隱瞞？每一個人5000銀元，「有影響力的人物當然更多」，直接給現款還是支票？支票，在選上後的一天就兌現。有足夠多的選舉代表接受，多數票能夠保證他的總統位置穩當了。

但是有一個問題剛開始沒有注意到。選舉大會代表一共有870人。根據憲法，必須至少有三分之二，也就是580位代表出席，才可以投票。能夠有這麼多人來參加投票嗎？到最後都是個未知數，反對曹錕的發誓不參加投票。如果太多人不來，那就不能舉行選舉，現在怎麼辦呢？

曹錕，他能爬到這個位置，得感謝他的能力。總是有法子可想，而這一次他也有了一個主意，他天才的想法，那些反對他的代表，也一樣可以領到5000銀元的支票，當然「有影響力的更多」，前提是，必須參加大會。

重要的這一天到了，有590位代表參加大會，比法定人數多了10個。鐘聲響起，投票結果是480個代表贊成「三傻子」（曹錕的綽號），110個反對。

要付給這些投票代表的經費是一千三百萬銀元，曹錕從先前被關壓起來的、鴉

曹錕以公然賄選的方式當選總統。

片販子身上，要出大筆的贖金，支付給代表們之外，剩餘的進入他自己的口袋。

倫敦泰晤士報有一篇有關曹錕的上任報導：

「北京陽光普照，十月十日早上七點四十五分，中華民國歡度十二歲的生日，選舉上任的曹錕大元帥成為大總統。從載他到北京的火車上下來，坐在一輛敞篷汽車上，駕駛經過張燈結綵的街道。表現出明顯的勝利凱旋之意，選擇出的軍隊成排站立在街道兩旁，從下車處一直到總統府。報導對大眾表現出的欣喜程度也有所不同，有的說他們高興的歡呼。另外的則說一聲歡呼也沒有聽到，那只不過是東方人特有的、遲緩的好奇表現而已。簡而言之，到達總統府後，被選上的總統走進大廳，國家的主要大員們都聚集在那裡，曹錕大元帥對他們發表了簡短的就職演說，三鞠躬後就退下。」

曹錕的別墅是採用中國與歐洲混合式的建築。使用傾斜的花崗岩底座，一個平坦的階梯式樓梯，以及後來裝上玻璃的露臺。延伸出來的屋頂下方有四方形樑柱支撐，頂梁油漆成紅色，窗戶框是墨綠色。屋頂彎向兩方，廣角朝外的翹起，與帶狀的、延伸的波浪線條，呈顯出一種擺動雙臂的動態，好像有隻仙鶴正展翅起飛。左右兩旁休養院的水泥平房，被塗成天藍色，是鶴立雞群還是仙鶴掉到了雞窩裡？

好大的聚寶盆

第十一部

生於中國、死於中國的“蘇格蘭飛人”

埃里克·利德爾（Eric Henry Liddell，1902～1945），中文名字李愛銳，是1924年奧運400公尺金牌得主，電影《火戰車》（1981年）和《終極勝利》（2016年）講的就是他的人生故事。他為了禮拜天要到教會做禮拜，而放棄當日奧運200公尺垂手可得的金牌，感動了全世界。後來他到河北傳教，投身教育、推廣體育，二次大戰時被日軍關押在山東濰坊的樂道院集中營，戰爭結束前夕病逝于營中。

李愛銳（右二）童年時的全家福，
父親李德修 1898 年到中國傳教

二戰時期，先後有 2,000 多名外國僑民被日本關壓在山東濰縣的樂道院集中營裡。其中除李愛銳外、還有燕京大學第一任校長司徒雷登、北京政府成立後第二任美國駐華大使恆安石等。

當年的「樂道院」集中營，
如今的重點文物保護單位。

李愛銳！
親朋好友的光榮。

119

運動英雄利德爾 Eric Liddell，一個星期日不比賽的人

我開始跑步，太陽已經在西下。腳底下的沙子是堅實的顆粒狀。這裡是理想的訓練基地，左手邊是海浪，它的韻律會促動跑者的步伐，促使跑得更快、更無障礙，風從背後來，讓人抬起頭向著天，感覺著自己似乎完全漂浮了起來。

埃利克．利德爾，這位在星期日不比賽的人，就是在北戴河的海灘上學會跑步的。他是一位運動英雄，是蘇格蘭的傳奇人物，如《蘇格蘭人報》（The Scotsman）所說，蘇格蘭史上最受歡迎的運動員。曾經有一部世界著名的電影叫《火戰車》（Chariots of Fire），拍的就是他的故事。

利德爾在 1902 年出生於天津，他的父親是蘇格蘭傳教士，留著如馬克吐溫的鬍子，掛在他那面容憔悴、瘦小、沒有肉的臉頰上。夏季，利德爾一家總會到北戴河去避暑。

在《北戴河指南》中，他家的住址是：「Liddell，J. D.（L.M.S.）, 43 C Beach Rd.（W. House）R.P.」

六歲的時候，小小埃利克被送回英國，進入傳道士孩子們的寄宿學校，他的父母親返回中國繼續傳教。在學校中，埃利克就已經在運動項目中出類拔萃嶄露頭角。十六歲時，他就同時擔任學校板球隊和橄欖球隊的隊長，這是很少有的榮譽。

為什麼能擔任這樣的領導人物的角色？事實上學校的校長的說法是：「完全沒有任何的虛榮（entirely without vanity）。」

後來他在愛丁堡大學讀自然科學，跑步仍舊是其重心。他的專長是 100 碼及 220 碼短跑。100 碼曾跑出的 9.7 秒的記錄，要等到 36 年後才被打破。他是英國在 1924 年在巴黎舉行的奧林匹克運動會中最有希望的奪牌者。但是 100 公尺的比賽將在一個星期日舉行。利德爾拒絕在星期天「安息日」；這個上教堂做禮拜的日子去參加比賽。所有對他的呼籲、勸說都無效。競賽委員會拒絕變更競賽的時間，在公眾中掀起了不小的風波。

另外一位英國團中參加 400 公尺競賽的跑者，也很慷慨的退出了比賽。利德爾開始訓練自己跑這個距離，這是一個過去他從來沒有參加過的比賽項目。只有很少的幾個人認為他有機會，大家都不看好他。

當他走向起跑線的時候，一位名叫舒茲 Jackson Scholz 的美國選手（他後來成為傳教士，到緬甸去傳教）塞給他一張紙條，裡頭是引用《聖經》上的一句話，「尊

重我的，我必看重他」。利德爾看了之後，將紙條緊緊握在手裡，直到他衝斷了終點線的彩帶，跑出了第一名。

利德爾其實身材比較矮小，有別於一般「美麗的」賽跑運動員。他從頭到尾跑動的方式更像是橄欖球員，緊迫盯人、快速閃躲、腳步踏實的要將對手撞拌倒在地 --- 在最外的跑道上，這也是最不受歡迎的跑道，因為看不到其他的競賽者，似乎只是自己一個人在空跑。他的紀錄是 47.6 秒，創世界紀錄！對一位跑短跑的選手來說，是不可思議的成就。

1925 年畢業考後，他回到天津父母親那裡，在一家傳教士學校教書。他的任務之一就是在暑假期間，必須陪伴學生到北戴河去活動。對當地的居民來說，他們很習慣看到奧林匹克金牌得主在海灘上訓練。利德爾說：「當我在跑步的時候，我感覺到上帝的喜悅。」

這段時間，他零星的也參與一些賽跑。有一場，他遇到了同年紀的奧托·佩爾策（Otto Peltzer）博士，這個人是出名的德國中距離選手，曾經跑贏芬蘭五度奧運金牌得主努爾米（Paavo Nurmi）。佩爾策在環遊世界的旅行中，特別選定來天津，為的就是與利德爾見上一面。

說定了有兩場比賽：一場是 880 碼，這是佩爾策擅長的距離，另外就是 440 碼。1929 年 11 月 25 日舉行對決，各自在自己的領域贏得比賽。佩爾策在自己擅長的項目中贏得很驚險、艱苦。一張北洋畫報的照片，可以看到兩人一前一後緊挨著到達。利德爾雙眼緊閉，臉向上。佩爾策強健高大，肌肉發達，步伐跨度大，手臂向內彎曲。而利德爾猶如時鐘，上下擺動。

880 公尺的失利，讓利德爾雄心長出了翅膀。從那時開始，他鍛鍊自己跑 880 中長程距離，不久就超越佩爾策的紀錄。

兩個同齡跑者還有一個共同點就是，這位德國選手也一樣拒絕為了錢跑步，雖然有人願意出鉅資也不為所動。他不去參加大型的國際賽事，寧願去參加小型的地方比賽。

在戰爭爆發後，利德爾被送進了日本

利德爾奔馳時像迎風高飛的鷹。

的集中營，而佩爾策這位反希特勒的人物，也被轉移到了毛特豪森 Mauthausen 集中營。

在集中營裡，利德爾經常幫忙籌劃物資、食品與藥物，站在老人身邊，為集中營的小孩們上課，舉辦遊戲活動，孩子們都叫他埃利克叔叔「Uncle Eric」。他在廚房幫忙，也在醫院幫忙，一位超級的基督徒紳士，「遇到他真是我的榮幸」，其中一位集中營的人說，「在集中營裡，我從來沒有聽到他說任何人的壞話」。後來盟軍與日本要交換戰俘，利德爾是在交換之列，但他把這個機會讓給一位懷孕的婦人。

他的最後一封家書，談到他神經衰弱，其實是腦中長瘤，但是他不願意讓家人擔心。利德爾死於 1945 年 2 月，年僅 43 歲，離戰爭結束只剩下幾個月。

曾經一起在集中營的夥伴後來說，他在人生的盡頭，最後的一句話：「完全降服（於神）（It's complete surrender）」。

塞紙條給利德爾的 200 米跑者舒茲 Jackson Scholz，1924。

120

1930 年 8 月的北戴河

幾百公尺之後的海灘，就是從前英國使節團的地區，所謂的「領事館角（Legation Point）」。不似德國使節團居所區域藏匿在聯峰山的森林裡，英國的居所是建設在懸崖上，掌控了海洋，把浩瀚的海洋盡收眼底。四棟長長的平房、彩色的屋頂，最大一棟有 13 間房間，還有陽臺，兩個噴泉和網球場，總面積約 90 公頃，佔據的土地比德國的使節區大得多。是從上海來的一家英國建築設計公司設計與施工，對北戴河來說非比尋常。

義大利的公使丹尼爾·瓦雷（Daniele Vare）常來這裡作客：他曾寫道：「人力車在海岸邊的一個花園轉彎（我們可以聽到海浪拍打在岩石上的聲音），在一個台階前讓我們下了車，走上台階就是一個露臺，小桌上的燈台都撐著傘狀燈罩，柔和的光線照在淑女們的晚禮服與珠寶上，她們慵懶的靠坐在軟、厚的墊子包裹著的扶手椅裡，喝著雞尾酒」。

1930 年 8 月底，在這個領事館角外兩公里的海上，英國東亞巡航艦隊的旗艦在此拋錨停泊，重型的巡洋艦肯特（Kent）號由海軍上將瓦斯特（Waistell）指揮。他是應英國大使藍普森（Lampson）的要求從營口來此。營口是遼寧省的一個海港，離北戴河不遠。肯特號來此是順從張學良的意圖，展現勢力，他在這年的夏天帶領很多的隨從來到了北戴河。[89]

美國的一個步兵團（在天津駐守的第十五兵團）也來到北戴河紮營。

藍普森從 1927 年開始擔任英國駐華公使，在《北洋畫報》的新聞版上可以看見他是一個高大、胖胖的人，在冬天會穿上厚重的、有很深的口袋繫著腰帶的皮大衣。8 月 26 日他赴北戴河蓮花山張學良別墅正式拜訪，然後共同用餐。

這樣的運作方式後面的緣由是，1929 年開始北方的軍閥們開始聚集，想要將手中軍隊聯合重組；以對抗和擺脫蔣介石的國民軍北伐；將軍閥們各個擊破，統一中國一人獨霸。

註釋

89 陪伴著少帥的還有一位美國人，按照喬治的說法，名叫「貴族」倫納德（Royal Leonard），他是少帥的私人飛機駕駛員、機師。那架飛機是一

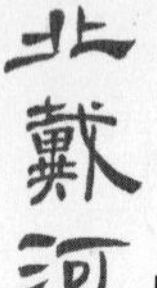

架銀色的雙引擎單翼飛機，內部裝設得如同一間舒服、自在的工作室。紅色的毛絨牆面，兩把長沙發，一張雕刻的書桌，沙發扶手椅，一個收音機和一個冰箱。少帥也常常自己駕駛飛機。中國的長袍圍繞在膝蓋上，一頂回教徒的帽子斜戴在頭上。他要傳達的資訊是他在空中檢閱，就是飛過軍隊單位的上方，軍隊不是將字寫在大白色的布條上回應，就是讓士兵躺在地上、排成字型回應。

121

北方軍閥形成聯盟

北方軍閥形成聯盟對抗蔣介石。

馮玉祥這位「基督將軍」再度換邊站。

閻錫山（1883～1960）：北京與天津的老大，山西軍閥。

李宗仁（1891～1969）桂系軍閥，來自南方的集團勢力，與蔣介石一塊兒。他成為蔣介石北伐軍隊中的指揮官，佔領了湖南、湖北、江西與安徽，但是不被蔣介石重用，將其調往不重要的邊緣戰場，退回到他自己的堡壘廣西。

李宗仁的照片留下來的不多。有一張在文革中被刮花了的照片，看得到他穿著便服與其他軍閥在開會。照片裡的他看起來好像好萊塢影片中的黑社會老大，薄薄的嘴唇，黑色的太陽眼鏡，軟氈帽，雙手深深的插入大衣的衣袖之中。但是他是位有能力的軍事將領，中國最棒的將領之一。「是個好樣的（蛋）！“A good egg！”」，這是美國外號「醋酸喬」（Vinegar Joe）的史迪威將軍對他的評價。史迪威在第二次世界大戰時做過蔣介石的參謀長，一個不容易滿意的人。

汪精衛（1883～1944），蔣介石政治的對手，一位能言善道的人物，很有魅力，面部表情與動作手勢如同一位京劇演員一樣能吸引人。根據八卦媒體的判定，他是「中國四大美男子」之一。他的事業方面，在日本讀書時加入同盟會，成為孫中山的得力右手。回到中國後，參與1910年暗殺醇親王的事件，失敗被捕，被判終

李宗仁便裝照；在文革中被刮花了。他去世後；年輕妻子胡友松因“港臺特嫌’被趕出北京；到湖北農場改造。胡友松是著名影星蝴蝶之女。

身監禁。袁世凱成為民國大總統之後被釋放。從 1912 到 1917 年在法國讀書。回到中國之後，很快的在政治圈崛起，成為國民政府主席、軍事委員會主席、國民黨中央政治委員會主席等等。

張學良，滿洲的老大，保持著中立。

雙方對峙

第一步，是李宗仁開始的軍事對峙。他聯合了汪精衛——傳遞了一個也正是閻錫山在等待的訊號，他也擔心著自己的權力，伺機而動。

1930年年初，開始了「中原大戰」。這也是軍閥們最後一次的戰爭衝突，也給老百姓帶來了不可估量的巨大的痛苦災難。

汪精衛

北方的戰場在河南省與山東省，南方在湖南與廣西。兩邊都在數十場的戰役中流血廝殺，卻沒有一方有絕對的優勢。有時候是蔣介石運氣，贏了，有時候是軍閥聯盟占上風。

陷於僵持的狀態時，只有滿洲的張學良軍隊，還可以決定將這場謀殺和屠殺的戰爭結束。一個影響整個中國命運的大問題，到底這個修練養息、裝備最佳的張學良，他的軍隊會選擇站在蔣介石那一方，還是軍閥聯盟那一邊呢？

少帥在北戴河等待。對外他宣佈繼續保持中立。他的軍隊駐紮在離北戴河不遠的地方。此時的北戴河已經爆滿，幾乎再

張學良泳裝照

沒有可以容納人居住的空間了。北戴河對于北京與天津人來說；猶如位於長江邊上的廬山，對於上海人一樣，是一個休閒的好去處，而此時正處於戰爭爭奪區。許多上海的外國人也都為避戰禍來到了北戴河。

日子過得很快。先是幾天後，然後是幾周都過去了，張學良仍然沒有透露他傾向於支持哪一方，但是早晚他必須顯示出他的決定。兩方的人馬都派出中間人去遊說，希望能把這個尚在舉棋不定猶豫不決的人贏過來。

123

說客張羣

蔣介石這邊派出上海市市長張羣以及吳鐵城（蔣介石身邊最親近的軍事將領），前去做說客。

張羣，原本是蔣介石日本陸軍士官學校的同學。一位過度善良熱心、和藹可親得冒泡的傢夥，長得像酒桶，是國民黨中最血腥的人物之一，一個「中國的福斯塔夫」（Falstaff 是莎士比亞戲劇《亨利四世》中的人物，樂觀機智，喜歡吹牛）。1990 年以 102 歲的高齡在臺北去世。

吳鐵城，別號「鐵老」，第 65 章曾經提到他給“財神”吳鼎昌送花圈。後來他接替張羣成為上海市市長兼松滬警備司令，之後擔任是廣東省政府主席、國民黨中央秘書長等等。

這一對住進了在聯峰山的一棟別墅，不斷的想盡一切的辦法，找出機會影響張學良，想要他加入到蔣介石的陣營。少帥呢？此時正在朱啟鈐的北戴河客人別墅中作客。在周圍人員的幫助下，雙方在朱啟鈐的別墅見面，他們一起展開「方城之戰」打麻將，氣氛非常的輕鬆愉快、優哉遊哉。這次見面，官位也先答應了，金額也承諾了，但是，仍沒有實質的進展。

張學良不願意確定意向，他保持沉默，與趙四小姐愉快的度日。現在因為安全的考慮，他又搬到旁邊另外一棟別墅，邀請朋友來吃飯、跳舞，去游泳，打網球，並且與義大利外交人員齊亞諾 Ciano 夫妻結交，他們這一對正在北戴河度蜜月（齊亞諾後來安排張學良的小孩到羅馬上學）。

蔣介石越來越沒有耐心了，為達目的更加的挖空心思。他的腦筋動到了兩位新的將軍，陳貫群與于學忠，希望能來到身邊為他所用，並且承諾他們希望得到的職位，如果兩個人願意與他共謀的話。兩個人卻回應說，他們兩人只聽從少帥的命令。

張羣（左），吳鐵城。

蔣介石不放棄，也許錢能夠幫助推動。等級越低的，也許就越容易被買通，他對一個駐守山海關叫馬廷福的旅長，經過中間人提供二百萬元，只要他願意離開張學良。馬廷福協同團長孟百孚、安福魁意圖反叛張學良，可惜被于學忠發覺而被捕。

張學良完全不動聲色。在北戴河召開軍事會議，過程中他將馬廷福以及與他聯手的人，在眾目睽睽下，下令砍頭，起到殺一儆百的功效。

政變被扼殺在萌芽中。全世界都認為，張學良因為這個事件，拳頭砸到桌子上，也許會導致最終的與蔣介石決裂。閻錫山、馮玉祥、汪精衛和李宗仁這個聯盟的主要人物，都認為接下來對於軍閥聯盟會是個容易的遊戲，好的時機。在北戴河大家在打賭，不是賭少帥會加入哪一方，而是賭少帥何時會參與軍閥聯盟。

但是依然是老樣子，張學良仍舊保持沉默。

而那兩位蔣介石派出來的、打麻將的特使呢？

當張羣、吳鐵城得知謀反的馬廷福被捕後，他們估計到可能發生的最糟糕的情況，當天晚上就躲到了朱啟鈐的別墅，預備第二天儘快逃離北戴河往天津去避風頭。後來確知張學良沒聯想到他們，就又厚著臉皮回到了北戴河。

在 8 月 21 日回北戴河前的天津報紙採訪中，他們宣佈，自己與收買旅長沒有關係，他們在北戴河只是與張學良及其幕僚討論目前的政治局勢。吳鐵城如是說：「我等絕不收買旅長階級之軍官，此次之事，實與我等完全無關。」[90]

蔣介石的方式？他把吳鐵城從北戴河調回去，只留下張羣。張學良與張羣還要繼續見面，與選定的目標繼續深入研討。

註釋

90 見上吳鐵城語

"Safety First" for a Marshal at Paitaiho Beach.

出現在當時畫報上；北戴河海灘上“安全第一”的被包圍保衛著的大帥

124

各路人馬使出渾身解數爭取張學良

軍閥聯盟，充滿朝氣的，8 月 22 日繼續派遣五位特使到北戴河去找張學良，由陳公博帶領，用各種利益想要交換。陳公博是汪精衛的親密帶路人，也是位「革命之子」，北大哲學系畢業，廣東共產黨的創始人之一，後來離開了政黨，去美國哥倫比亞大學讀經濟學。1925 年加入國民黨，在國民黨中央委員會工作。

他在 8 月 24 日上午與張學良見面，張學良因為鴉片煙上癮而精神不濟，給人的印象是垂頭喪氣、鬱悶寡歡，他那時正在試著再次戒掉嗎啡癮。張學良說了下列的話表示了他的態度：「中國內外都有很大問題。戰爭給人民帶來了可怕的災難、痛苦，兩造雙方都要對此負責」。他，張學良將會在瀋陽召開一個會議，針對現狀來討論。現階段還不能決定。

一個推託的回答。特使們在北戴河的海邊、海灘上玩了一天，然後在北戴河火車站讓記者拍照後回北京去了。過去的皇城、現在已經不是帝國的首都，謠言四起。大家都在說，張學良最後終於歸順到軍閥聯盟。公開的詢問特使們，他們故意回答得含糊不清、模棱兩可。結果是謠言依舊，沒有平息。

北戴河又來了一個重量級人物。商震，山西的省長。對外看是軍閥閻錫山的人，實際上是雙重的身分。因為透過私人與德國做武器買賣，招惹得主子閻錫山不高興，把他下放到山西。

在兩人四目之下，他竟然沒有要求少帥要倒向他的上司閻錫山，相反的，他建議不要與閻錫山合作。他還告訴張學良說，在還沒來之前，他與蔣介石有接觸，而且有秘密協定。

這個馬球選手，英語流利，老婆是基督教女青年會 YMCA 的會長（1929 年 3 月 14 日北洋畫報）[91]

註釋

91 喬治告訴我，商震他並沒有被閻錫山捉到。過往在山西他是被軟禁在家，商震假裝去廟裡燒香，到了一間佛寺，他的監視人員在佛寺的門口等候，佛寺離火車站不遠。他偷偷的從後門溜走，並且搭上一列開動的火車。蔣介石對他張開雙臂歡迎，並且讓他成為緊密心腹。

陰謀與反陰謀

張學良仍然不動聲色。對蔣介石來說，情勢就像水已經淹到了脖頸，他只好做最後的嘗試，從外交上施壓。1927 年，在英國人的鼓動下，清黨，將國民黨內的左翼共產黨完成清除，在上海血洗左翼。現在是時候了，該是提醒英國感謝他的時候了。

當然他也沒有忘記提醒法國對他的虧欠，讓正在北戴河稍事停留的法國的公使施點影響、有所作為。

派出的特使名叫陳籙，曾經是巴黎的駐法大使。李石曾，在清朝時隨駐法公使孫寶琦出使法國，後留在巴黎讀書，畢業後在巴黎開設第一家中國餐館（也是法國第一家），他曾以法文寫了《大豆》的學術著作，並且開設了豆腐工廠，所以也有個名號叫「豆腐博士」。在法國曾經有段短暫的時間，致力宣揚無政府主義，後來與孫中山、接著是蔣介石有了交集。在可疑的動亂時期，曾經當過北大校長，駐法使館更是進進出出。蔣介石為其大開方便之門，軍閥聯盟因為他對蘇聯友善有所懷疑。

英國的公使藍普森在 8 月 26 日拜訪張學良。請他考慮，如果他與軍閥聯盟在一起，只會使中國越來越弱，而被日本人玩弄於股掌之上。在愛國牌後，他又打出了一張外交牌。他對張學良透露，西方列強在外交上不會承認此種軍閥聯盟。

第二天張學良到了藍普森的居所回訪。他們一起打了一場網球賽。張學良軟

商震也是馬球運動員的，能說一口流利的英語，其夫人是基督教女青年會 YMCA 的會長（1929 年 3 月 14 日北洋畫報）

北戴河的宦海浮沉

綿綿的身型比英國公使幾乎矮一個頭，但是卻贏得了比賽。他們四目交接之下談了很久。張學良會說英語，所以不必翻譯。晚上他們預備都到肯特號軍艦上參加酒會。

一個壯觀的場面，汽艇送客人登艦。軍艦到處掛滿旗子，旗子在風中飄揚劈啪作響，全艦燈火通明。張學良登艦時禮炮響起，水手們列隊歡迎。在酒會之前，主人和客人彼此還有時間四目相對的密談，酒會之時，有軍樂隊伴奏，音樂之聲越過海浪，連北戴河都可以聽得到。

接近午夜12點，張學良離開軍艦，他對等在那裡的天津《大公報》的記者說，他當然會盡個人一切的力量，來促進和平，消滅戰火。

仍然是那些空洞的陳詞濫調，但是藍普森已經成功的讓搖擺不定的少帥恢復理性。最後從前方傳來的消息幫助他做了決定。那就是蔣介石的軍隊已經拿下了山東的省會濟南。8月15日在山東的海邊登陸，軍閥聯盟開始撤退。

張學良仍然在打麻將，對外依然是按兵不動玩著時間的遊戲。但是這是場危險的遊戲。如果他繼續拖延，到頭來只怕會沒有牌可以打了。此時蔣介石最後收尾的攻擊已經開始了。戰勝者一旦勝利後，也就可以確認不需要支援與盟軍提供幫助了。

後來的幾天，張學良依然故我的與趙四小姐在海灘上放鬆的享受著。在醉翁亭的一個舞廳裡，舉行跳舞馬拉松賽，看誰可以跳得最久。外國人、白俄羅斯人和中國人都參加了。上午開始，下午第一對舞者倒下，最後，一對白俄羅斯人得到了第一名。

張學良終於表態了

9月18日，在和平的公開通電中，張學良表達了願意與蔣介石合作。骰子落下，終於跨出了決定性的一步。就在同一天，坦克車穿越山海關。這個在城門上寫著「天下第一關」的關口，往天津、北京方向開去。河北被國民軍收復。失血過多的軍閥聯盟節節敗退，無力抵抗，跑的跑、降的降。中原大戰結束。

在他公開發佈電報的三個星期後，10月9日，蔣介石任命張學良為陸海空軍副總司令，過去閻錫山曾經擔任過這個職位。時年29歲的張學良，成為中國的第二號人物。張羣，蔣介石派往北戴河的特使，在瀋陽舉行的慶祝大典上授予張學良玉璽大印。

軍閥們的最後結局

軍閥聯盟後來怎樣了？

汪精衛再度與蔣介石修復關係，但是不信任已經形成。蔣介石想方設法要擺脫汪以絕後患。1935 年，汪精衛受刺客攻擊受傷。對日抗戰爆發後，他跟隨蔣介石到陪都重慶，做為中國國民黨的副總裁，要與日本簽定和平協議。1938 年 12 月，他與蔣介石公開決裂，汪精衛逃到河內，國民黨派人緊隨再次暗殺他，再次失敗。這是他經歷的三次暗殺行動中的第二次，其實他自己也曾經是暗殺別人的刺客。

他從河內回到上海，在上海成立一個親日的政府。而汪精衛的名字，從那時候開始，就等同「漢奸」。1940 年，汪精衛因為骨髓炎，死於日本名古屋。遵其遺囑，歸葬南京中山陵西南的梅花山，接近孫中山的陵寢。在戰後被蔣介石下令給毀了，屍體被挖出來一把火燒了。

為何是他？這個「愛國者」背叛他自己的國家？如同被法國視為「叛國者」的貝當 Pétain，有著同樣的原因：就是「愛國主義」。如法國二戰期間，貝當組閣，卻成為了投降德國的政府總理。對汪精衛來說，對抗日本是「跳火坑」，他的情況不能不說是一齣悲劇。做為日本傀儡政府的總統，這種屈辱，可以從那時候的照片上看出，清楚地寫在了臉上。穿戴規矩合體、高高的硬領的帥哥，要對比他矮小

東北軍中之一名短腿士兵。

的、穿著制服的日本人深深地彎腰鞠躬…。一系列的照片，都可以看到、感覺出他的屈辱。

他在南京的官邸（讓人聯想到希特勒的山莊；有一次他曾經受邀在那裡做客），那裡的裝潢，低矮的沙發和帶扶手的椅子上是厚厚的墊子，你只要坐下去就很難再站起來。牆壁上有鑲在厚重的相框內的油畫，彩陶，無比巨大的寫字台，上面擺放著整套的書寫用具、墨水瓶、蘸水筆、筆筒等等：裝載著的是空虛。

繼汪精衛後擔任總統的是陳公博。他在1938年跟著汪精衛一起到了河內，然後又跟隨汪精衛回到上海。1946年在蘇州被判處死刑，一個人最後走向死亡。他有一隻永遠伴著他的小茶壺，在死之前給了他太太，說道，「我先走一步了。步上汪精衛的後塵，在監獄裡頭，只能帶必要的東西，這個小茶壺留給你當個紀念」。當他要被帶走時，正在寫他最後的告別詩，還差三個字，「大海有真容之量，明月以不…」。他回頭請他們稍等片刻，讓他把這首詩最後三個字寫完：。。。「滿為心」。然後，就站起身來。

陳公博長得像毛澤東，1920年，他和毛一樣是創黨的元老之一。兩人同樣的圓臉，同樣茂密、向後梳的頭髮。在訴訟時的檔案照片上，還被畫上了黑色的框框，如同中國習慣在送葬中使用的悼念遺像。

閻錫山回到他的發源地山西，舔自己的傷口。中日戰爭爆發時站在蔣介石這邊。第二次世界大戰後，他用武器裝備獄中俘虜來的日本兵，去對抗共產黨。保護山西省會太原，當這樣也無法挽回局勢時，他搭飛機飛到了台灣。

馮玉祥，在對日抗戰時，也加入了蔣介石的國民黨陣營，在重慶登上政治與軍事的高位。但是後來，他越來越反對蔣介石，蔣介石在戰後為了要擺脫他，送他去美國考察水力發電。後來國共內戰，共產黨顯現出優勢之後，他設法透過關係，經過蘇俄想要到哈爾濱去，要在那裡與他們

汪精衛與日本人握手。

汪精衛在南京的官邸。

陳公博是共產黨的創黨元老之一。這是他在訴訟中的照片，被人以粗筆畫上了黑框。

李宗仁在徐州會戰中大敗日軍，打了大勝仗。

聯合。但是他沒能如願，因為他搭乘的船，在過黑海的時候發生火災燒了起來，他不幸罹難。事後發現起火原因，是他船艙的隔壁堆放著的電影膠卷引起火災。

至於李宗仁，蔣介石在對日抗戰開始時，當然無法放棄這麼一位能幹的將才。在徐州會戰時，他誘導日軍進入陷阱、殺死日軍 3 萬人。1949 年，他取代蔣介石成為中國代理總統，開始與共產黨談判，談判無果。李宗仁先避走香港，後來去了美國。1965 年 7 月周恩來迎接李宗仁與夫人回到中國，次年夫人郭德潔病逝，幾個月後又在周恩來的撮合下；在北京西總布胡同 41 號官邸迎娶了 27 歲的護士胡友松；

李宗仁和胡友松

胡友松是著名藝人蝴蝶的女兒。1969 年去世，他死前的最後一個夏天，是在北戴河度過的。

128

昔日的使節公館區

原來的使節公館區，那個曾經決定了中國後來命運的地方。現在是國務院的招待所，中國安全部的守衛站在前面，海上現在沒有重巡洋艦，而是漂浮著的海上餐廳。

不遠處，有一個看起來類似德國諾曼第海灘上碉堡的建築，有一條繩索躺在地上，從海岸路一直延伸到海裡。一個士兵

停放在海灘上的浮床，插著兩面紅旗。為領導到海上游泳時，方便其在大海中休息曬太陽預備的。

站在前面，意思是「禁止穿行」。

我朝向海岸路前進，那個碉堡入口，插著兩面旗子，不是民族色彩，而是純粹的、赤裸裸的、解放軍的紅色。第二個士兵，身上綁著手槍套，幾乎還是個孩子，在海灘的這一面，踏著正步來來回回的走著。有時候這個小士兵會突然停止、對著空氣敬禮。

入口的左邊，好像是「緊張大師」希區考克的電影場景，有兩個漆著紅白色條紋的浮床，有梯子可以上下，上面還有兩張固定住的椅子。毛澤東讓人把浮床拉到遠處的海裡漂浮著，等他遊到那裡，累了就爬到上面休息，然後再遊回來。

129

六座樓園，多少名人休養身心的地方

沿著濱海的西海灘大道往西，會遇到一個濱海公園，公園後面的樹林裡隱約可以看見些別墅的輪廓。在公園入口前面，立著一個大石頭，上面有幾個大字「六座樓園」。此名稱是按照公園東邊的別墅命名的，民國初期由愛國商人李勉之，照德國的模式蓋的。在人民共和國成立後，由政府重新修繕。一些著名的人物，如李宗仁、傅作義、張治中、郭沫若，都在此休養過。

「六座樓園」紀念石，傅作義、李宗仁曾經被招待居住於此。

張治中和毛澤東

李宗仁（1891 ～ 1969），前面提過，他本就是軍閥聯盟對抗蔣介石的廣西軍人，後來成為蔣介石手下的將軍。1931 年 9 月日本佔領東北，他又與蔣介石同盟，參加對日抗戰，戰功卓越。

《戰地行》(Journey to a War)（見附圖："為仇恨而生"）的作者克裡斯多福·伊舍伍 Christopher Isherwood 與好友奧登 W. H. Auden 在中國旅行的時候見過李宗仁，他們形容李是「一位很有禮貌的人，曬成古銅色，有一張特別大的嘴，與深沉智慧的眼睛」。

在國共內戰接近尾聲時，他又與蔣介石對立。1948 年經由國民代表大會選舉，當選為副總統，想藉此身分與共產黨達成協議。他失敗了，但後來也改變立場換了邊。

張治中（1890 ～ 1969），曾經是蔣介石軍隊的司令，但是早就是共產國際的「臥底」，偷偷潛伏在國民黨之中。1937 年日本入侵中國東北，他是上海國軍的將領，史達林 Stalin 安排他「覺醒」，去執行一項任務，要他去施壓影響猶豫不決的蔣介石，加入整個戰線對日抗戰。史達林的主意是，讓中國牽制日本，避免日本攻打蘇聯。為了不讓蔣介石有退路，他違反蔣介石的命令，籌劃了 1937 年 8 月砲轟拋錨在上海港的日本海軍艦隊旗艦。

遊戲開始，對中國來說是一連串災難的開始，後果不堪設想的。日本軍隊血洗上海，40 萬中國人被殺，毀了三分之一的中國軍隊進攻力量，其中還包括德國軍事顧問訓練的菁英部隊。

張治中原本在 20 年代末就要參加共產黨，但是被周恩來勸阻，要他繼續留在國民黨中，只是秘密的與共產黨合作。一個敵營中的演員，僅僅是一位秘密的貢獻者，所有的陰謀詭計，都透過蘇俄大使鮑格莫洛夫 Богомолов 和他的軍事武官樂平（Lepin）。這兩個人後來都因為知道太多，被清算掉。

蔣介石任命張治中為湖南的軍區司令後，他預期日軍會攻打過來，竟把長沙的重要基地放火燒掉，大火延燒，大部分的城市成為一片焦土。但是日本人卻沒有攻城。是否為的是將老百姓推向共產黨？張治中在一個調查庭後無罪釋放，但是他的一些手下卻被處死。國共內戰以國民黨失敗告終，張治中正式加入共產黨，被任命為中國國防委員會的副主席。

傅作義（1895 ～ 1974），少帥的好朋友。1928 年 12 月北洋畫報上，有一張他

傅作義馬上英姿

解放軍入北京

在天津、坐在福特汽車駕駛座的照片。標題是「傅作義將軍開著自己的汽車」。你可以看見一個高大、壯碩的人，他的頭已經頂到了汽車的車頂。

國共內戰爆發，他是國民黨北方軍隊的總指揮，他沒有覺察到的是他本人的周圍已經被共產黨包圍；其中包括他的摯友、緊密工作者閆又文和他自己的寶貝女兒傅冬菊，女兒是共產黨的激進派，隱藏在他的身邊；受命監視和彙報他的一舉一動。

所有地方的戰爭，只能都是挫敗，不久，除了投降；他幾乎看不見任何別的希望。這讓他陷入了極度的抑鬱中；會忽然出現機能喪失的現象，開始自打耳光；宣稱要自殺。有一次戰役；一位軍官想要知道；現在該怎麼辦，問他，得到的回答是：”你自己決定。“

好像這一切還不夠；蔣介石還給他加壓；蔣擔心他變節，假借名義，把他的一個近親抓了起來，作為人質；威脅要槍斃此人。傅作義一個絕對的反共派；不會叛變，但是情況如洪水淹到了脖子。而這邊毛澤東和林彪兩人，跟他玩起了貓捉老鼠的遊戲，引他叛逃，而整個的情況越來越糟，節節敗退，一個接著一個的城鎮失守。當林彪佔領了天津；這個中國的第三大城市後，傅作義只能無條件的放下了武器。

因為他的“不戰而降”，人民共和國成立後，授予他水利部部長的職位。至於出賣他的女兒，在文化大革命中成了犧牲品。而他的父親這時候已經沒有可能再保護她了。

賽福鼎艾則孜 Saifuding Aizezi（Seypidin Azizi，1915-2003）：新疆維吾爾族，1934 年曾經擔任過小學校長。1935 年去蘇聯大學學習；在新疆省的內戰時期，1945 曾經與國民黨的代表張治中等；經過半年的談判；同意取消”東突厥斯坦共和國“的名稱，恢復伊犁、塔城、阿山三個專區的建制，後成立了新疆省民主聯合政府，他出任委員兼教育廳廳長。最後他放棄了他的民族，選擇了共產黨，幫助他們

文采風流的姐妹花，（左）為姐姐大公報駐日本記者，郭沫若對其始亂終棄。回國後自縊。後來娶了其妹妹于立群（右），為郭放棄演藝事業，當其秘書，相夫教子，兩人育有 6 子女。在郭沫若死後，整理其遺物時，發現了一封信，知道了姐姐的死因。不久後，她也自縊身亡。一家中有這麼多人慘死，人們議論紛紛，認為是他主導挖掘了明皇帝的定陵之故。

勝利的佔領了新疆，1949 年，申請加入共產黨，毛澤東親自批准。1950 年 2 月陪同毛澤東、周恩來訪蘇，簽訂了《中蘇友好同盟互助條約》，同年 12 月，與王震到准格爾盆地等荒原地區，為後來的駐疆部隊及新疆生產建設兵團的建設與發展奠定了基礎。1955 年被授予中將軍銜，獲得一級解放軍勳章。1969-1973 文化大革命最糟糕的時期，他”受到錯誤批判“。是至今唯一的一位維吾爾族的新疆維吾爾自治區黨委書記。

郭沫若（1892-1978）：作家，詩人、史學家、考古學家；是個著書頗豐、獨領風騷的通才、有爭議的近代名人。一生善於見風使舵，在婚姻和為官操守方面飽受詬病。 魯迅說他是“天才加流氓”。出生自一個非常富裕的家族，家裡的財富；得感謝鴉片買賣。他曾經在日本學醫學和文學，他從小對傳統的文學就有興趣；不是徐志摩所標榜的“香煙文學”。1927 年他與家庭脫離關係；加入共產黨。因為積極參與了反政府活動，他被國民黨追捕，避難日本；娶日女佐藤富子為妻；生有四子一女。1937 年拋妻棄子不辭而別；說是為了要參加抗日救國；從日本回國後。郭專程去南京拜望蔣委員長介石，請求原諒。

郭沫若給他的的日本妻子取名安娜，為其生了 4 子 1 女。中日戰爭後曾經帶著孩子去找過郭，方知他已經另外娶了于立群。

與于立群的全家福吧！

不到一年，就與於立群結婚，周恩來是主婚人。 人民共和國成立後，他成為中國科學院院長。除了詩他發表過小說、劇本、翻譯、自傳、歷史和哲學文章。1951 年獲得了列寧獎章。

他被認為是“中國封建社會的奴隸制度學說”的創始人。在文化大革命期間被打為右派，被迫自我批評，公開表示自己的著作都是垃圾應該燒毀。他諂媚功夫無人可比，人品令人不齒。詩中稱”毛主席賽過我的親爺爺“，稱史大林為親爸爸，在寫給史大林 70 歲生日的詩：《我向你高呼萬歲，史大林元帥，你是全人類的解放者 ----》

而他的兩個非常有才氣、有才情的 26 歲（北大哲學系）和 24 歲（小提琴）的兒子；先後不到一年的時間；被紅衛兵虐待慘死。對奴性深入骨髓的他，毛澤東伸出了援手；在一份他簽署的、應該被保護的幹部名單中，他名列第二位，僅次於宋慶齡。1969 年，文化大革命的後期，在國民代表大會，毛讓他當選為右派代表，成為被攻擊的對象。

到了文化大革命晚期，郭沫若又得回了他早先御用文人的政治地位，但是也飽受人們的輕蔑。1978。.6。12 逝世於北京。

六座樓園過往

中午的傾盆大雨，讓空氣更新鮮、更涼快些。海浪拍打著海岸發出聲響，天上雲層飄過，它的陰影在海面上飄動，岩石形塊狀的白雲，在霧霾籠罩下的北京，是很難看到的。

海上有一塊地方的顏色與別處不一樣，是雨水般的平滑光亮、閃動如絲，而又靜止不動，是洋流作用的效果。從遠處滾動而來了一條波浪線，在綠色的陽光中沉了下去。波浪遇到海岸的那一刻噴起，

在六座樓園打著太極拳。

碎成了白色泡沫，先前還生活在陰影中，現在突然閃爍耀眼光亮起來…，如此浮華、令人不安的光線，把海灘變得像鏡子一樣，破碎片片，閃閃發光、刺眼，讓人不得不轉移視線。

在六座樓花園的大石頭旁，整個一片都是盛開的瑪格麗特，太陽光下，突然成為一片粉紅色。有個男人正在打太極拳。他閉著眼睛，動作協調，手與腳舞動挪移著自己的生命套路，心無旁騖的向前、向後、向左、向右、回轉；渾然忘我。

手持武士刀的末代皇帝溥儀的日本軍裝照

1932 年接受「國際聯盟」委託來華調查日本人佔領滿洲事件，由布沃爾一李頓 Bulwer-Lytton 所率領的國際調查委員會，曾經下榻於此。[92]

因為少帥張學良的建議，北戴河是調查開始與結束的地點。中方的評委、陪同的代表是顧維鈞。

註釋

92 德國的代表是希尼博士 Dr. Heinrich Schnee，是位德皇時期殖民地的大官，做過德屬新幾內亞的總督、薩摩島的副總督，1912 ～ 1919 德國在東非洲最後的總督。這個人傾向國家社會主義，他毫不隱瞞的對日本有好感。

131

日人佔領東北的歷史回顧

為了支持蔣介石，張學良將軍隊調離東北。此舉卻是他致命的一步，造成無法挽回的後果，東北地區成了真空狀態。

1931 年 9 月 18 日，在他給蔣介石拍和平電報後整一年，瀋陽事變發生。也就是中國人稱的「九一八事變」，日本人有了藉口佔領東北。

中國的東北三省，提供了許多日本缺少的東西。一望無際的原野、廣闊的空間、地底下的珍貴礦場。這些，日本人覬覦已久。1905 年東北就曾經是日俄戰爭的舞臺。日本戰勝，獲得了很多的利益。其中包括由蘇俄所建造的南滿鐵路，凡鐵路經過處的幾公里寬的走廊地帶，屬鐵道附屬地，可以駐軍，保護火車防禦土匪，少帥的父親張作霖，曾是駐軍的指揮。

原本日本已經在韓國有據點和軍隊，而當年戰爭時調來的軍隊，日本並沒有撤回，日本可以馬上動員這些部隊。要挑釁其實很簡單，日本人只需假扮成土匪，在鐵路上一個不重要的地方，放置炸藥，被炸壞的地方很快就能夠修好。於是，日本人有計劃的、有組織的，把這個事情當成煙火，告知全世界說「中國軍隊襲擊日本財產」，一個傳統的開戰理由。日本為了自衛，佔領了瀋陽和滿洲其他的城市。幾個星期後，戲上演了，「滿州國」誕生，一個傀儡的政府，領導人就是滿清最後的皇帝溥儀。

蔣介石知道自己的軍隊當時還不是日

天寒地凍，一個戰死在沙場的僵硬軍人被定格在那一刻。

本軍隊的對手，只能以不抵抗來解決。張學良對此決定很是兩難，兩個人都把希望寄託在國際聯盟上，希望國際社會譴責日本。至少張學良與蔣介石都是如此希望的，期盼國際壓力能迫使日本撤離佔領區。

北戴河為了歡迎這個國際特使團，全區修整打掃得如過節一般。火車站前搭起了迎客牌樓，街上拉起了歡迎布條，到處飄揚。連街道上都換了新的照明設備，人力黃包車在火車站前待命，為的是載送特使們到住宿的地方。

但是滿洲已經被佔領，新的主人要求推遲調查，他們利用這寶貴的幾天，增強武裝的力量，並且讓"武裝"的假移民有時間佔據更多的地方，也讓許多證據隨著時間消失。

調查團先去巡視各地數周，又需要幾個星期起草報告。得出的主要判斷結果是：當時日本人佔領東北，不是什麼為了保護日本利益而自衛的合法行為。而新"滿洲國"的成立，也只能感謝日本龐大的軍隊的介入。

1931 年的 10 月，向國際聯盟提交了報告。在 1933 年 2 月召開國際聯盟全體大會上，發佈最終報告和解決方案。判定日本是侵略者。日本的代表團立刻離開大會堂，一個月後，日本退出國際聯盟。

132

張學良戒毒癮

張學良此時是一個沒有國土的國王？日本人將他在瀋陽大帥府的傢俱裝箱、裝船，運到他天津家的地址去。意思是說，他現在在滿洲已經不受歡迎、不是什麼人物了。

滿洲的少帥被日本人掃地出門；有一段他那時候講話的錄音；他發誓說滿洲是屬於中國的，抽鴉片上癮的他似乎是在嫻熟的背誦著；卻忘記了其內容和意義，了無生氣。他決定要戒掉海洛因的毒癮。他的全身都是針眼，幾乎找不到可以注射的地方了，甚至連背部與肩膀，也都滿布疤痕。他的夫人以及趙四小姐一樣也上了癮，她們吸的是鴉片煙，夫人們在他戒毒期間，幫助處理對外的聯繫。有位從上海來的美國醫師米勒（Miller），負責他的治療。先前張學良已經有幾次嘗試戒掉毒癮，但是都沒有成功。在他的回憶錄上寫著：「一個人能夠把煙戒掉了，那個人就了不得，我跟你說，戒煙時難受得像什麼似的。那肉就好像沒皮一樣，就好像燙了以後沒有皮膚一樣。尿尿、大便都不敢坐，….那真痛！」[93]。

醫師給張學良注射一種液體，讓他陷入半昏迷的狀態。少帥對米勒的看法是，「米勒是德國裔的美國醫生，膽子真大，我的部下看到我痛苦的樣子，要揍他。他們對米勒說：『你要是把他給治死，你的命也沒了，明白嗎？』[94]。」

在治療開始前，張學良把一把左輪手槍放在他的枕頭底下，並且發誓說，不論是誰，如果想減輕他的痛苦，而給他嗎

張學良戒毒遊歐回國時，人胖了不少。

啡，他就槍斃那個人。

米勒聰明的、治療的最後一招，是在戒毒的最後階段，把他的病人送去歐洲旅行。治療非常成功，從歐洲回來時，張學良與二位夫人都恢復了健康，都治癒了。張學良先前瘦得像個錐子，回來後增加不少重量，前後判若兩個張學良[95]。

註釋

93 見上面正文

94 見上面正文

95 當然張學良給了米勒很多的賞賜。後來米勒也寫了一本書，書中有許多張學良認為他「不應該説的話」。──這個句子，在張學良的《回憶錄》中也不斷的出現，對那些管不住自己嘴巴的人，他都很討厭。

133

「安內攘外」還是「攘外安內」，這是個問題

蔣介石，在那個時候還總是不把日本人當作是他主要的對手，他的主要對手是共產黨。張學良從歐洲回來後，蔣介石要他去打共產黨。

整個戰役，在德國軍事顧問的支持協助下很成功。共產黨在毛澤東的領導下，已經接近失敗邊緣。當然，張學良的軍隊也損失慘重。

對充滿愛國主義思想的少帥來說，是個需要思考的事。不去共同攜手對抗日本人，這個炸死他父親、現在又佔領了滿洲的外國人，反而是中國人的軍隊在自己打自己、自相殘殺，打著一場彼此廝殺的內戰，他並不以為然。學生也到處抗議，反對政府的政策。

張學良找蔣介石，在他的回憶錄上說，「我跟蔣先生兩個人衝突，沒別的衝突，就是衝突兩句話：他是要『安內攘外』，我是要『攘外安內』。我們兩個衝突就是衝突這點，沒有別的衝突，一點衝突也沒有。我跟蔣先生狠狠地表達立場，蔣先生也罵我，罵得很厲害的，我說，這樣子下去，你就等於投降。蔣先生說『你無恥！咱們軍人從來沒有投降這個字』。我說，你這樣子做比投降還厲害，你這樣子叫人家不戰、就把我們中國一點點吞去，你不等於比投降還不如？」。

學生示威呢？蔣介石說：“為什麼我們有機關槍？”

對付學生，不是對付日本人？張學良這一次堅決的決定了。他在回憶錄上寫著：「你這個老頭子，我要教訓教訓你！」

134

西安事變及其影響

1936 年 12 月 4 日，蔣介石飛到西安，這個位於中國西部，歷史上的古都，也是張學良的總部所在地。蔣介石到那裡視察，要親眼觀察一下"剿滅「共匪」的進展。

張學良下令扣押了大元帥，並且與毛澤東取得聯絡，毛就派遣周恩來去西安。周恩來認識少帥，而且兩人惺惺相惜。

蔣介石想逃跑時把假牙丟了。被軟禁期間；開始時，他拒絕與周恩來說話，雙方對壘，情況艱難。張學良打電話給蔣夫人，請她來幫助協調。蔣夫人同意了，飛到了西安（在她的皮包裡，裝著一副替代用的假牙）。蔣夫人的出現，讓事情有了轉機。本來已經決定結束生命的蔣介石，準備與周恩來對話。這是決定性的一步，蔣介石等於默認了共產黨是對等的政治勢力，這是他開始時沒有意識到的。此時只有論戰來決定一切，張學良與周恩來比較有優勢。蔣介石不情願的宣佈同意統一戰線，對抗日本。

少帥的計畫成功了。但是有一個大的謎團，為什麼他不繼續留在西安，那裡有他自己的軍隊，擁兵自重更安全，而是跟隨蔣介石回到他的大本營南京去呢？周恩來事先已經警告過他。用張學良自己的話說：「我到南京時預備被槍斃的，我是應該被處死刑的，我是個軍人，我懂得。我也帶過兵，也帶過部下，假設我的部下這

以上是張學良與周恩來見面的教堂。

以上是張學良與周恩來見面的教堂。

中間是張學良的夫人于鳳至，她左手摟著宋靄齡，右手抱著宋美齡。她是宋母的乾女兒。

樣，我就把他槍斃了。我真是都準備好，我不在乎，真不在乎！」[97]。

也許他還有別的動機？繼續將蔣介石顛覆，自己取而代之？在他的回憶錄上一字不漏、節錄如下：「我從來不像人家，考慮將來這個事情怎麼地，我不考慮。我就認為這個事情我當做，我就做！ ---- 我是不是有私心在裡頭？我是不是為我自己的利益？我是不是問心無愧？好了，沒有！我問心無愧，我沒有私心！ ---- 我沒有混過與我自己的地位、利益有關的東西，沒有！假設我自己要地位、利益，我就沒有西安事變。---- 我大權在握，富貴在手，我什麼都不要，所以蔣先生也能原諒我。我是管蔣先生要錢，還是管他要過地盤？我沒有！」[98]

西安事變的原因不是為了權謀、利益，只是一時感情用事的決定，張學良身旁親近的工作人員也可以證明。當他將計畫公佈，要抓蔣介石時，他的部屬們驚訝的反問：「抓蔣介石是很容易，但是事後要如何釋放他？」一個聰明的問題，目的在提醒少帥，因為一旦捉了大元帥，之後大概只能槍殺他一途。他是否想要呢？他沒有回答，他的回答是，「先把蔣捉起來再說」。

像是兒子在對抗父親似的叛逆舉動，蔣介石大概也是這麼看的。如果不是這樣，怕是早就把他給槍斃了。蔣介石會聽從蔣夫人的，而蔣夫人不只是與少帥的夫人于鳳至感情深厚，會為少帥說話，少帥也是夫人的舊識。

那麼蔣介石後來做了什麼呢？飛機還沒有在南京落地，他就下令將張學良逮捕，交由軍事法庭審判。判決是10年監禁。蔣介石取消了這個判決，換成終身軟禁[99]。

蔣介石以他自己的方式信守承諾，與共產黨統一戰線。周恩來做為國民黨與共產黨中間的聯絡人，也到了戰爭時期的首都重慶。消滅「共匪」的戰爭停了下來，共產黨的蔓延，從此勢如破竹無法抵擋。無產階級專政，已經沒有阻礙了。

註釋

97 見正文上

98 見正文上

99 美國《生活雜誌》(Life Magazine) 的封面。採用的張學良的照片，標題寫著「本週的惡棍」(Villain of the Week)。用的照片不是那個戒毒成功後變胖、變健康的張學良，而是過去吸毒時憔

美國《生活雜誌》刊出的瘦削的張學良照片；旁注英文“本周惡棍”。

悴、瘦弱、暗淡模樣的照片。

第十二部

五花八門的市中心

走在濱海步道上，有個突然高起的山丘，轉過彎，就到了那個位居高處的、綠蔭深處的建築群「外交人員北戴河賓館」，繼續往前，經過專門為外交人員特設的專用海灘，已經被沙灘派對預定了。再往前幾步路，就到了一個寬廣的廣場，這裡就是當地人最愛的市中心。

西面是刷成白色與粉紅色的建築，那是礦工的休養所，而東面是數不清的小商店、小飯館、小攤販和小報亭。這些小店裡賣的東西真是五花八門，有裝在網子裡的彩色球、塑膠拖鞋、袋子、各式游泳衣褲、海灘玩具，以及特別為孩子們準備的玩具小桶、小鏟，還有折疊椅（椅子的把手凹下處可放瓶子或是杯子）、專利祖傳秘方的藥和化妝品（像是珍珠粉，用珍珠研磨成的細粉，可以內服，也能外用；包裝盒上有位金髮碧眼的半裸美女）。用金色珠珠編織的小手袋、珊瑚項鍊、玻璃風鈴、耳墜兒、手鐲、骷髏頭戒指；那深陷的眼眶中還鑲嵌著如紅寶石的玻璃珠。假玉石煙嘴、煙盒與煙缸、堆成小山的塑膠珠寶、魔術盒、蒙古刀、玻璃罩中閃閃發光的四桅杆帆船、小白貝殼粘連成的各種動物，幾乎每個商店不可少的、大大小小各類的貝殼、有很大的；你可以拿起來放到耳邊，聽海的聲音。另外的一個攤位上物品大同小異；所有的物品都僅售五元：在其中有兒童玩具、水槍外；還有裝在相框裡、頭上聖光閃耀的聖母像、達文西最後的晚餐、小熊維尼圖畫書、拼圖、圓珠筆、蠟筆、圖畫簿、小手榴彈打火機；拿起來試試；一按；“東方紅”的歌聲響起。

一位看起來是從「礦工休養院」出來、坐在輪椅上的病人，望著海。雖然很熱，但是他依然用毯子緊裹在腳上，身上還穿著件厚夾克，戴著一頂刺眼的淺藍色的寬邊帽子，緊緊綁在下巴頦上。他的輪椅上綁著遮陽傘，忽然一陣風吹來，他的輪椅也跟著往前移動。當年的礦工，拿出一個單筒的望眼鏡，像海盜一樣尋找著海上的獵物。

136

海灘上形形色色的生意

海灘上，還有出租汽車輪胎內胎的攤位，所不同的是進氣口在裡頭，而不是像一般汽車內胎的進氣口是在外邊，是經過特別加工的；為的是躺在上面時不受干擾。人們可以選擇不同大小的內胎。每一個內胎都用紅字寫著號碼。也有攤位提供水上的浮床，一面是藍色的，一面是紅色的。還有賣游泳衣的，開海灘照相館的，他們教婦女們擺姿勢，半側面，右手放在屁股上，左手放在鬆散開的頭髮上。特別受歡迎的是多次曝光拼貼照，各種拼貼樣式都釘在看板上可供選擇。

從這個廣場分岔出去的小街和巷道裡，到處都是小飯店與麵攤，山西刀削麵、天津包子、海鮮餡兒的水餃、正宗牛肉拉麵，還有西方人不太熟悉的、煮熟後放涼加調料的朝鮮冷麵；家常餅、油茶、豆漿，等等，另有頗具特色的杏仁茶、麵茶、蓮子粥、油條（或稱餜子、油炸鬼）[100]。

海鮮餐廳吸引的遊客似乎越來越少，少數幾個水族箱裡只有幾條墨魚在遊動，北戴河海灣的魚幾乎被捕光了。過去，在不同的季節，海灣附近會有不同的魚群移動、出沒，海灣也跟著改變其顏色[101]的迷人景觀。幾成絕響，

繼續往西走。沙灘上出現的是越來越多的岩石，人群也不一樣了，不再是游泳的人，而是高高捲起褲腿、坐在石頭上，光著的兩腳泡在水中，一個挨著一個的，像一群彩色候鳥的人們。他們脫下來的鞋子不是涼鞋或海灘鞋，而是一般的鞋子，還有高跟鞋，猶如優雅的展品、有帶著盤扣的、有黑色漆皮小靴子，都成雙成對的排放在石頭前面。有個老太太蹲在那兒，幫忙看著這些鞋子，賺點小錢。

一對新人，後面緊跟著攝影團隊和他們的全套裝備；橫穿過海濱大道，走向海

海灘上立等可取的以重疊式曝光的相片吸引顧客

顧維鈞別墅

灘。新娘身穿白紗禮服、頭戴面紗，腳因為不會出現在相片中，塞在塑膠拖鞋中。這對新人，爬上腐朽的漁船，按照站在船頭的攝影師的指示，把眼光投向大海。

眼前一對年輕情侶，騎著到處都可以租得到的雙人協力車，從我前面經過，男的坐在後面，讓女的在前面用力的蹬，控制方向和踩煞車。

海灘的對面就是中海灘賓館，是市中心最大的度假村。樹木圍繞的小徑，乳白的球形燈，藍色的指標牌，商店，餐廳，幾十間的別墅，是共產黨建國前蓋的，蓋在了斜的佈滿青苔的花崗岩地基上。在進門處的上方一個圓形板子上寫著一個很大的數字，36 號別墅，這是棟有著紅色屋頂的平房，周圍圍繞著中國老松樹，房子有迴廊，有直達地面的玻璃窗和雙飛屋簷。看起來像是一棟歐洲 18 世紀流行的、洛可哥式的優雅建築。過去這裡經常辦宴會，與周遭環境有點不協調。

在杜松樹前那條 20 米長短、鋪著磚塊的小路上，黃楊木樹籬像貴賓犬一樣被修剪過，一直到前面的大鐵門，後面就是海濱大道，到了大道你就可以聽到海浪的聲音，晚上浪濤聲比白天更大。這裡曾經是名聲遠播國內外、民國時期被外國人譽為「穿靴子的貓」、中國人稱之為「美猴王」的顧維鈞 Wellington Koo 的別墅。

註釋

100 杏仁茶，是用去掉麩皮的糯米，加上碎杏仁，一起熬煮成的粥糊。放在碗裡，加糖與桂花。為什麼叫「茶」呢？因為這個粥不是用湯匙，而是直接就口如喝茶一般的喝。

麵茶，糜子（原名黍，俗稱黃米、小米）煮成粥狀，放入碗中，放上芝麻醬（用芝麻油調稀的），用木筷子在碗面上來回平推，撒上花椒與鹽。重要的是，喝的時候，握住了碗的下方，高舉，慢慢轉動，讓芝麻醬與粥可以同時進入嘴裡。如果直接喝或是用湯匙先混合好後再喝的話，那麼完全破壞了兩者在口中相遇時那種調和的美妙感覺和魅力。

蓮子粥，以去掉麩皮的米與薏仁做底熬成粥。吃的時候，加上糖蓮子、百合、核桃仁、桂圓乾、葡萄乾、瓜子、青梅與糖。

油條，因為顏色和形狀的關係，也有稱之為「雞腿子油條」，兩根約 6 公分長的柔軟發麵片疊在一起，用筷子在中間壓實，下油鍋時，雙手拿住兩端拉長，放入油鍋炸。

油炸鬼：麵團趕平，中間割一刀，油炸的時候用鐵筷子往兩邊撥動；使其分散開成橢圓形。

101 從前北戴河的魚種有鯊魚、鯰魚、魷魚、比目魚、梭魚、大頭魚、河豚、對蝦等等。下列的幾種魚，多以地方的俗稱知名，冠魚、羊魚、麵條魚（即玉筋魚）、青皮魚（學名青鱗魚）、平魚、火鑽魚、帶魚、大腦袋魚、葫蘆魚、紅娘魚、箭頭魚、驢尾巴魚、大眼魚、核桃魚、媳婦魚（學名松江鱸）、海胎魚等等。

顧維鈞，顧博士

顧維鈞、顧博士，像德國人一樣，喜歡頭銜，喜歡人家叫他「顧博士」。

如果他在中國的話，幾乎每個夏天他都在北戴河度過。他的家就在海邊的一個高處，白天可以看海浪翻滾，晚上可以聽海濤沖刷。他很愛釣魚，垂釣是他這個外交官的愛好，這個愛好需要的是耐心和手指的敏銳感覺。1924 年顧維鈞在北戴河寫了篇文章〈扁舟垂釣〉。他的釣具有釣竿、釣線、釣餌、假蠅蟲吊鉤、浮漂等等。這些東西，他到哪裡都帶著。當他被委任為法國大使時，也一樣帶著釣具上任。第二次世界大戰爆發，在德國軍隊到達前，需要轉移到比較安全的波杜 Bordeaus 去，不幸一個德國的炸彈炸到了他所搭乘的火車裝行李的車廂，他的釣具也就一起灰飛煙滅了。

與他的同事、同時也是他的連襟的施肇基不同，施過的是完全的美國式生活，從內心深處就已經是美國化了。

顧維鈞則是一直保持著東方人的含蓄，並且能與法國沙龍的浪漫優雅融合，這種東方與西方的混合很少人能夠掌握得恰到好處。克裡孟梭 Clemenceau 這位在巴黎和會時認識他的法國代表，對顧博士讚譽有加，說顧維鈞是「一隻年輕的中國貓，說得一口巴黎腔法文和一身巴黎穿著」。

顧博士身材高大瘦長，如貴族般狹長的面頰、豐滿的嘴唇、厚厚的耳垂。他與張學良、汪精衛、周恩來是當時的中國四大美男子。其中沒有任何人比他更都市化與國際化。除了英語外，他還能夠說流暢的法語、德語，用拉丁文閱讀格勞秀斯 Grotius 的著作（格勞秀斯是國際法、海洋法的鼻祖），是個語言天才。所以他不需要翻譯，也不需要顧問，因為他專修的和研究的是民族法和國際法。簡單的說，這個人做大使、當外交部長，一個人能演獨角戲，是個能獨當一面的人才。

顧維鈞生平

顧維鈞，其實並不是出生就如此。

他的父親顧晴川，是一般小康家庭出身，1888 年兒子顧維鈞出生的時候，他是上海道尹袁觀瀾的師爺，後來透過自己的努力成為晚清第一任交通銀行總裁。他的兒子最初在上海讀私塾，後來才上了育才中學。

1901 年，顧維鈞通過了上海聖約翰書院的入學考試。這是個基督教建立的私人學校，學費很貴，對他的父親那時候的經濟情況來說，負擔上很是吃力。其實他的父親原本只是希望他兒子將來能到銀行當個學徒就行了，而且已經幫他找好了職位，只是他還沒有去上任。當時傳說著這樣的故事，說明瞭當時的兩難困境，也是當時不少的中國家庭所要面對的：在新舊之間，在過往傳統與現代未來之間的矛盾。

原來，顧維鈞父親工作的上司叫張衡山，是當地道尹的姨表兄，是位很能幹誠實、重承諾的人。他有一種特殊天賦，精通看相之術。道尹的兒子袁履登與顧維鈞兩個人上同樣的學校，經常一起在衙門院中玩耍。張衡山日復一日的看著兩個小孩的臉，認為他們兩人將來都有非凡的前途，但道尹的兒子會讓人比較不安（後來他與日本人合作），顧維鈞則會富貴雙全，也是他最喜歡的。他自己有個女兒叫張潤娥，與顧維鈞同歲，於是他托人做媒，兩家同意為兩個孩子立下婚約，將來長大後結為夫婦，兩家結成親家。

當顧維鈞要被父親送去錢莊做學徒時，他的未來岳父提出了異議，如前所說的，他有遠見，未來的世界是英語的天下，誰懂英語，誰就能夠擁有世界。於是他願意出錢，讓自己未來的女婿如願進入當時上海最好的說英語的學校。

顧維鈞沒有讓他的這位會看相的岳父失望。他從上海聖約翰大學畢業，還得了獎。

就此半途停止了嗎？他的岳父搖頭說不。1904 年再度出錢，自費讓當時 16 歲的顧維鈞，隨施肇基率領的湖北官費生一同到美國去留學。這是顧維鈞與施肇基的第一次碰面。船剛起錨，顧維鈞就請船上的理髮師將自己的辮子給剪了，然後穿上了西式服裝。

到了美國，他先到紐約的庫克學院先修班，1905 年進入紐約的哥倫比亞大學，就讀的科目是國際法與外交。他的學術指導教授是約翰·巴塞特·摩爾（John

Bassett Moore），也就是後來他所稱呼的「親愛的老教授」，這個人曾經是美國克利夫蘭總統的助理國務卿，並且撰寫了一本有關治外法權的教科書。涉及到外國人在他所在國如果犯了罪；是否按所在國家的法律處理。中國就屬於必須將罪犯交由他本國；按他自己國家的法律處理的國家。

顧維鈞不只是在功課方面表現得非常優秀，而且還是大學雜誌《哥倫比亞每日觀察》的發行人，這對於一個中國人來說，是異乎尋常的榮譽。他贏得了大學的辯論賽，在田徑場上也出了名，還在《中國學生月刊》編輯部工作，擔任中國學生會紐約發言人、美國中國學生會會長。1909 年朋友把他介紹給了孫中山先生；那一年，孫中山美國之行，也到哥倫比亞大學訪問。

顧維鈞在美國第一次見到了唐紹儀、他後來的岳父。至於張衡山，他毀約了。唐紹儀由大清帝國授權，在華盛頓接見四十名留學生，他們選出顧維鈞為他們的代表、發言人，而他的口才表現得也很出色。

1912 年中華民國成立，唐紹儀想到這位在美國紐約非常有前途的留學生。顧維鈞收到官方的信函，邀請他回國當大總統袁世凱的英文秘書。

顧維鈞猶豫不決。1909 年他拿到了碩士學位，而當這個機會到來之時，他正在準備他的博士論文，題目為「外國人在華之地位」。他與指導教授約翰摩爾商量這件事。他的指導教授是位務實的人，認為這是難得的機會，所謂機不可失，「不然為何來此念書？」就這樣，開啟了顧維鈞為中國政府工作的生涯。他讓顧維鈞將準備好的論文交給他看，然後告訴他說無需再費周折：「你的這篇論文已經達到了博士論文的水準。」於是很快的就進行了博士答辯。在 1912 年他以「顧博士」的身分回到中國。

歸國後的顧維鈞

在上海，與久別了的家人團聚，好好的慶祝了一番，未來的岳父張衡山也特別準備了大型宴會為他接風。顧維鈞一直還沒見過他未來的夫人。保守的中國家庭，常是洞房花燭夜、揭蓋頭時才能見到廬山真面目。他請求他的岳父，讓他們兩人面對面的見上一面，岳父答應了。但是沒想到他未過門的媳婦拒絕，躲在自己的房裡不出來，怎麼勸都是徒勞。

顧維鈞充滿疑慮的告別了。他在想，對方是否是他合適的伴侶？而且他也知道未來的夫人是裹著小腳的。想像一下，一個小腳女人站在他身邊，出席外交宴會及各種場合，對他來說是很難接受的。他們如今已經是來自兩個不同世界的人了。

到了北京，顧維鈞全身心投入他的新工作。而北京整個城市在帝制結束後，呈顯一種樂觀和欣欣向榮的氣氛，傳統的風俗不再那麼僵固，性別之間的禁錮鬆了許多。顧維鈞這個在中國出生、西方受教育、長相英俊耀眼的小夥子，想當然成了新社會的寵兒。他這時已經換到外交部工作，而且擔任部門的司長。

在北京飯店的屋頂花園，這個年輕女士們聚集地的一次舞會上，他認識了唐寶玥。

這位唐紹儀美麗任性的女兒。也就是當年在義和團騷亂中，被後來當選美國總統的胡佛，從遭到焚燒中的唐紹儀家中親手救出來的那個中國娃娃。對她這個渴望著去看世界的人來說，這個男人很快的成了她的白馬王子。對他來說呢？這位小姐不僅大方，是好的伴侶，她的父親還擁有無比的權力和金錢。

他在上海的未婚妻呢？當這位未來岳父知道這事後，很快的就決定了結婚日期，而顧維鈞拒絕不肯去。這位未來的、令他煩惱的岳父就寫了封信給唐紹儀，說明此事。唐紹儀感覺受到憤怒的攻擊，哪有堂堂國家總理的女兒去偷搶別人的未婚夫的！盛怒之下，他把顧維鈞叫了過來，命令他去上海，他必須去履行承諾的婚姻義務。

顧維鈞悔恨交加，同時受到良心的折磨，就開始收拾行李。下一幕就是唐寶玥。當她知道了這事，趕到她父親面前，淚眼婆娑、流淚不止，希望父親能夠同意她與顧維鈞結婚。她的父親搖頭，她就威脅說：「如果不答應，就出家當尼姑！」第二天就失蹤了，她讓她的一個女朋友告訴

北京八大胡同中的雙福班大門口

她父親，說她在西山的白雲庵；，剃髮的日子已經定了。結果她父親不為所動，她就又生一計，回北京，告訴父親說，她考慮過了，改變了計畫，她不去當尼姑了，是要去八大胡同的「清吟小班」當妓女，而且自己的花名也想好了，就叫「玫瑰小姐」，掛在妓女戶的前面，而這一位小姐是國務院總理的女兒[102]。

唐紹儀不得已讓了步，寫信給上海駐軍部隊的護軍使何豐林，請他幫忙處理；看能否取消顧張兩家的這個婚約。這個大老粗，全副武裝，帶著百名士兵，到了那位搞不清楚怎麼回事的頑固的「岳父」家，但是這位「岳父」不接受威脅，拒絕在婚姻取消協議上簽名，雖然他也說了「不會與這傢夥再有任何關係」。後來在他的女兒流著淚的懇求下，他才不甘願的簽了字，並且說了句「我只會看相，不會看心」。

故事的終結，張衡山的女兒、顧維鈞的未婚妻張潤娥削髮為尼，去尼姑庵出家了。她的父親，這位誠實的董事長，陷入了抑鬱，不久就去世了。

幾年之後，當顧維鈞又再次來到上海，知道張潤娥依然生活在尼姑庵，並陷入貧困中時，他給她寫了封道歉的信，並且附上了一張伍萬銀元的支票。她退回了信和支票；原封退回，沒有打開。

註釋

102 八大胡同的「清吟小班」，在北京城前門外、一個狹小的巷子內，有著比較詩意名字的妓女戶，王廣福斜街、陝西巷、皮條營（意思是鎖上皮帶，用力拉）、韓家潭、石頭胡同、胭脂胡同、百順胡同。其中最美麗、最勇敢的是這個：紗帽胡同。民國成立之初，巷道擴展到了蔡家胡同、朱家胡同、燕家胡同、留守衛，火神夾道。有些消失不見了，原本的八家，最後變成了十家，「拉我到十條」，每個人力車夫都知道這是要去哪兒。

巴黎和會顯露才華

顧維鈞與唐寶玥的婚禮於1913年舉行。次年這位新婚丈夫成為外交部的參事。1915年，以27歲年紀，成為華盛頓最年輕的公使。

顧維鈞帶著他的妻子一起去了美國，唐寶玥用的是May Tang這個名字，這在那個時代還不是什麼理所當然。一般在這種情況下，常是知識面廣的姨太太或是小妾隨行出國伺候，夫妻同行仍屬少見。1918年，唐寶玥感染了當時全世界猖獗的西班牙流感，死在了華盛頓，留下了一兒一女。顧維鈞在寫給教授約翰·摩爾的信中說，「顧太太只病了一個星期，」他寫道：「她死得如此突然，到現在我還無法完全說服我自己，她已經永遠的離開了。她是如此的全心全意、盡職的伴侶與助手，沒有了她，我感覺一切都變了。」

1919年政府派他去參加巴黎和會。出發去巴黎前，他與美國總統威爾遜Wilson還有過一次談話。威爾遜保證會支持中國，特別是有關歸還青島的問題上（日本人佔領的原德國殖民地）。

巴黎和會的中國代表團由外交部長陸徵祥帶領，陸部長個枯燥無趣的人，情願埋首在檔案夾裡，也不願意暴露在聚光燈或大眾面前。而顧維鈞則享受、並且尋求被人注意，完全相反的兩個人[103]，沒想到兩人卻合作愉快、相處融洽。

陸徵祥在巴黎很少在公開場合露面。巴黎和會之後，他便辭去了外交部部長的職位，到瑞士當了短時間的公使。他與夫人信仰天主教，日後陸徵祥成為比利時本篤會修道院的修士，把個人代表性的八字鬍都剃掉了。1948年去世，同一年他的《孔子與基督的道路》（Ways of Confucius and of Christ）一書在倫敦出版。

其他巴黎和會的成員包括孫中山的代表、在耶魯受過教育的王正廷，倫敦公使施肇基，布魯塞爾公使魏宸組，一共五人，也是先前和會同意中國的席次。但是後來經過一再的協調，中國只剩下兩席，這是中國臉上的第一個巴掌。還有接著的不悅之事，這兩個位置，是被安排在馬蹄形會議桌右側的最外的角落，夾在厄瓜多爾和玻利維亞之間，對面是古巴的代表。

到底誰應該出席？內部開始爭奪排序。按照原先陸徵祥給北京的名單，顧維鈞、這位最年輕的代表是第四位。北京政府回電指示說，因為他有威爾遜總統的支持，所以將其排在陸徵祥的後面，變成第

年輕的顧維鈞才華洋溢。

二位。這原本是施肇基的位置，對施肇基這位大顧維鈞 11 歲的倫敦公使，是丟臉的事，也因此種下了後來這兩人彼此之間的嫌隙。

會議中，日本強調作為戰勝國，他們有權佔領德國的殖民地青島。中國需要對此做出回應，誰來答辯呢？大家公推顧維鈞，因為他是被公認口才最好的。

這個重要的日子到了，顧博士準備好了他的論詞，整個會場一片寂靜，大家充滿了期待。顧博士的立論，建立在合約基礎上，簽約的雙方，有一方因為事前不可預料和不可抗拒的力量發生改變時、不再存在時，原合同失效。很危險的辯論詞，中國宣戰真的是對雙方來說沒有預兆嗎？可是顧維鈞抓住的是愛國的理論主導情緒，他說，「山東是文明的搖籃，孔子的故鄉，是神聖的領土，中國有權力收回這個區域」。這篇演講是他外交生涯的高潮，一顆明星升起。講罷，許多人站起來鼓掌。威爾遜總統、英國代表大衛·勞合·喬治 David Lloyd George 首相與法國代表克裡孟梭 Clemenceau 總理都站了起來，向「中國的西塞羅 Cicero」恭賀（西塞羅是雄辯家）。克裡孟梭說：「一位年輕的中國貓，巴黎式的語言與服裝，和老鼠玩得很開心。其實是把日本人當成老鼠來玩弄。」

但是由於實際的權力關係，這個講演卻沒能改變什麼；中國實在太弱，對自己的需求沒有辦法堅持到底。當日本人要以退出會議為要脅時，列強們就開始轉身投向了另一方。因為他們自己在中國也有權益需要保護，不願意給自己惹麻煩。

顧維鈞戰鬥到最後結束時為止，有條件的、保留的簽署，增加補充說明，公開的徵收說明，這一切都沒有用，列強的代表們都搖頭拒絕。

1919 年 6 月 28 日，《凡爾賽和約》就此簽訂，一個對德國與中國都是黑色的日子。為中國保留的兩個位置是空的，戰勝國裡，中國是唯一的一個沒有簽字的國家。

註釋

103 陸徵祥的出身，在中國這些顯赫貴族家族中，是很少有的，他來自基督教新教家庭，學的是法文。在清朝帝制的時期，曾任駐聖彼得堡中國公使的翻譯，娶了一位比利時軍官的女兒，而這女兒是在聖彼得堡當語言老師；這個婚姻對他的官場生涯沒有影響。經過數年國外工作的經驗，陸徵祥成為滿清的駐外公使，剛開始是在俄羅斯，然後是荷蘭。

1911 年他在海牙發了一份公開電報聲明，希望結束帝制。袁世凱注意到了，將他調回北京，擔任外交部長。1915 到 1916 年，他是國務院總理，在蠖公的照片中，他出現過十多次，顯示朱啟鈐與他交往甚厚。他看起來像是法國諷刺漫畫家杜米埃 Daumier 漫畫中的人物，原因是他那兩撇八字鬍，和讓畫家達利出名的、那向上高高翹起的八字鬍的樣子一樣，只不過他沒能長得那麼長，鬍子的尾端太過稀疏無法上揚，而是往兩旁延伸，也許是作為辮子的替代。他作為民國的代表人物，1902 年在匹茲堡就已經把辮子剪了。「一個沒有腰桿的人」，這是外國的外交人員對他的評論，因為他那東方式的處事態度，似乎想要做對每一件事、討好每一個人，不會說「不」字，所以反而不被人尊重。日本人卻對他推崇備至，換來的卻是說他被日本人收買了。

顧維鈞與妻子唐寶玥（May Tang）
1915 年乘船去美國上任

顧維鈞再婚

1920年10月，顧維鈞被派駐倫敦接替施肇基，同時是國際聯盟的中國全權代表。一個月後，他與黃蕙蘭結婚，她是印尼糖業大亨黃仲涵大老婆的女兒，是黃的42個孩子中的一個；這個父親一共有8個老婆，18個偏房。

歐洲的八卦新聞說，「她是世界上最美麗、也是最珠光寶氣的女人」。她先前也已經有過一段婚姻，與一位英國領事館的官員 Caulfield-Stoker 結婚，兩人育有一子，當時她常以黃斯托克伯爵夫人 Countess Hoey Stoker的名義在社交圈出現。

黃蕙蘭來自一個與歐洲文化截然不同、無法想像的家庭，不僅是因為老婆與小孩的數量。她的父親，是一位移民到印尼的中國人的兒子，所謂的華僑。他是以橡膠、木棉、咖啡、鴉片起家發展，打下了財富的基礎，後來購買了糖廠，成為「印尼糖王」。他不只是對女人與事業有著巨大的胃口、廣泛的愛好，家裡至少有三個廚房，隨時提供食品，好滿足他每天的、沒日沒夜的食慾。除此之外，他遠遠超過了封建的典型；他的保鏢是不懂馬來語的非洲黑人；還擁有私人的動物園，裡面有老虎、花豹、熊、鹿、蛇、長臂猿、孔雀等等。後來傳說他為躲避荷蘭的法定稅務與繼承法，移居新加坡。1924年逝於新加坡，說是被一個叫露西 Lucy Ho 的小老婆給毒死的，他的女兒黃蕙蘭在自傳《沒有不散的筵席》中提到這檔子事。

顧維鈞與黃蕙蘭的婚禮，按照中國習俗在比利時的首都布魯塞爾的使館舉行，來自比利時與西班牙的公使當證婚人。主

顧維鈞與夫人黃蕙蘭之合影

持婚禮的是巴黎使館的駐法武官，短暫的慶祝了一下。因為隨後國際聯盟要開一個正式的會議，做為中國全權代表的顧維鈞，將要在開幕式中演說。新婚夫妻的洞房花燭夜，是在前往日內瓦的火車中度過的。

142

1922 年至 1927 年

1922 年至 1927 年，顧維鈞被一個接一個的任命了許多重要的政府職位：外交總長、財政總長、代理國務總理、國務總理。孫中山於 1925 年逝世於顧維鈞北京寓所。在夏天那幾個月的週末，他都搭飛機飛去北戴河。

1926 年，顧維鈞在他的辦公室。

上海那位會看相的前岳父並沒有說錯，這個人有不平凡的生涯。1926 年《北洋畫報》上登著一張顧維鈞坐在自己書桌前的照片，他穿著西式上衣，高硬領襯衫、蝴蝶結領帶，手裡拿著一個檔案，辦公桌上有一個可插六支筆的筆架，插著六隻長短不一的筆；一個水晶菸灰缸，還放著份報紙。在照片的下面有中英文注釋；寫著「顧總理在他的辦公室」。

當時在中國的政治人物，活在危機四伏裡。顧維鈞有兩次成為被謀殺的對象。1923 年，他與已經懷孕的夫人在宴會後，發生腸絞痛。那位服務人員從地球消失，經過化驗，發現食物中含有砷。第二年從他家鄉寄來了個包裹，直接送抵官邸，包裹上有金色的封印，有個僕人看上了這個封印，好奇的想把封印拆下來，包裹就爆炸了。其中一人死亡，其他兩個人重傷，寄包裹的兇手已經逃到日本去了。

143

1928 年釣魚之旅與返回瀋陽避難

1928 年，閻錫山仍是蔣介石的盟友，將東北虎張作霖趕出了北京，佔據了中國北方，並對顧維鈞發出了通緝令。顧維鈞上了國民黨的黑名單，他消失了；不久，他出現在了法國的里維艾拉 Riviera 海濱旅遊聖地；悠閒的垂釣之旅。他的行蹤被傳到天津。照片上的顧維鈞看起來像個盲人，帶著深色太陽眼鏡，手持一根長手杖，旁邊的人同樣的戴著黑眼鏡拿著手杖，他就是中國國際聯盟當時的代表趙景。《北洋畫報》在 1929 年 3 月 7 日也刊出〈顧博士與夫人在法國旅遊〉的相片報導。

一年後顧維鈞結束了他的釣魚之旅，回到中國，把瀋陽當成了他的避難所，投奔他的好友少帥，擔任他的政治顧問。少帥在錄音檔的回憶錄中說到顧維鈞：「顧維鈞這個人我非常佩服，實在是能幹的人，但是他不賣力氣。他要是真賣力氣，他真行。可是他不賣力氣，我跟他我們兩個過得很好。」[104]

而黃蕙蘭、顧維鈞的第二任夫人，那就另當別論了。張學良在他的錄音回憶錄中說（同時也曝光了他自己的部分生活）：「當年顧逃亡的時候（指的是國民黨的通緝追捕），住在北京飯店。我去拜訪她，拜訪她是打聽顧的消息。她就很隨便。她比我大差不多一倍的歲數了，我討厭她透了。顧太太最壞，我不理她，她恨透我了。她有的是朋友，我和她毫不客氣，我做的一些事情她氣死了。顧太太過三十幾歲的生日，我找到一張她的相片，上面寫著年月日，要按相片上的時間推算，那她當時才兩歲。我就說，你們看，這顧太太兩歲的時候長得這麼大。這就是我幹的事。我看見有什麼毛病，馬上就給她說出來，她和我已離婚的太太很好，一起打牌，她偷牌，就這麼一個人。」

顧維鈞也允許自己出軌。張學良說：「顧維鈞麼？當年我們擱北平的時候，我有一位女朋友，這位女朋友，他看中了，他要我給他介紹，我說我才不給你拉皮條呢，你願意去你去。他讓我給他介紹，我說才不給你介紹呢！」

顧維鈞的第二任夫人黃蕙蘭（1889-1992）多才多藝，會六種語言，被著名時裝雜誌評為 1920-1940 最佳著裝的中國女性。

判斷局勢，他比張學良有遠見

顧維鈞判斷局勢比張學良清楚，他預見日本人將會侵佔滿洲，他事先提醒、猶如希臘神話中的卡珊德拉的預言呼籲，卻沒有受到應有的重視。日本進軍東北後，在張學良施壓和影響下，顧維鈞再度成為國民黨提名的「李頓 Lytton 調查委員會」的評委，加入了國際聯盟的視察小組，陪伴他們進入滿洲視察。

從 1932 年開始，顧維鈞重回；因為私人在中國停留而中斷的駐法國的公使職務（1936 年改為大使）。法國這個國家，毫不掩蓋對中國的低估和漠視，用高盧人的傲慢、自大對待他。在一個正式的午宴上，女主人把他當成是日本大使（或是故意為之）。她惡意的恭維說：「日本具有強大的力量，力量還在逐日增加，在不久的將來，一定會完全吞併中國的。」他針對這個說法的回答，沒有記載。

法國二戰失利，對顧維鈞來說是某種程度的滿足，當德國軍隊眼見就要到達巴黎，他和太太決定移居波爾多（顧維鈞這次逃難，失去了他所有的的釣魚用具）。他找到了一家飯店作為避難所，在他到達沒有多久，飯店就被德軍轟炸，顧維鈞坐在飯店大廳的扶手椅上等著轟炸過去，而法國的一位將軍卻躲在桌子底下。

法國投降後，顧維鈞跟隨法國政府遷移到維琪 Vichy。在那裡沒有什麼事情可做。夫妻兩人靠吃罐頭度日，自己親自動手開罐頭與準備吃的，他的夫人黃蕙蘭說：「我知道現在戰爭在進行著，但是我們也不必要活成這個樣子。」

1941 年，他們兩人離開被德國佔領的歐洲大陸，從里斯本抵達倫敦。顧維鈞要去接任英國大使，而英國外交部開始時並不歡迎他。因為他不算是蔣介石身邊的人，他們希望是能直接和蔣打交道的人來就任。其實有另外的一個原因；在他第一次停留在倫敦的時候被捲入了一個可疑的財務糾葛中，從此謠言、陰影籠罩著他，影響了他的聲譽；不喜歡；不信任他的人；玩笑的說他的名字 Doctor Koo 中有 4 個 “O”；需要用 4 桶水去清洗他的聲譽。顧維鈞也打心裡厭惡他們。

有一則關於他的軼事：在倫敦的一場宴會中；他們夫妻是應邀貴賓，鄰座有個不認識他的人：拉長了音對他說：Likee soupee soupee ？喜歡湯 -- 湯 -- ？

顧維鈞笑而不答；宴會中；他受邀站了起來用完美、流利的英文發表了演說。回到先前的座位上，坐下來問他身邊的鄰居說：Likee speechee speechee ？喜歡說 -- 說？

除了 1942 年他在中國，1943 年前往美國，戰爭結束前，他都在倫敦。1945 年顧維鈞以中國代表團首席代表身分，簽署了《聯合國憲章》，他的姻親施肇基是這個代表團的顧問。因為中國是軸心國侵略的第一個國家，所以顧維鈞簽名的位置在最上面。有張 1945 年的照片，是四個大國代表在舊金山的費爾蒙特（Fairmont Hotel）飯店，他也在其中。其他三個國家代表是英國哈利法克斯勳爵 Lord Halifax、美國首任駐聯合國代表斯特蒂紐斯 Edward Reilly Stettinius、蘇聯駐美大使葛羅米柯 Andrei Gromyko，他們各自坐在扶手椅上，只有顧維鈞坐在一張椅子上。

1946 年他接任駐華盛頓大使職務，1954 年他參與、簽署了華盛頓與臺北之間的《中美共同防禦條約》，此時國民黨政府的首都在臺北。

臺北和華盛頓之間的《中美共同防禦條約》中，明白說明「臺灣是中國不可分割的一部分」，還包括有屬於福建省的金門與馬祖兩島。對共產中國來說，這是一種挑釁；後來就引發了「八二三金門砲戰」。

顧維鈞於 1956 年在駐美大使的職務上退休，1957 年到海牙擔任「國際法庭法官」。繞了一圈，又回到起點，他過去哥倫比亞大學的指導教授約翰．巴塞特．摩爾，也曾是擔任這個職位的前輩之一。

離婚再娶舊日情人

1959 年，顧維鈞與黃蕙蘭離婚。從一張她晚年的照片可以看見一張像貓一樣堅硬的臉，描畫的陡峭上揚的細眉毛，豐滿的嘴唇與長耳垂。她一直到死還冠著夫姓，也用這個姓氏出版了她的自傳《沒有不散的筵席：顧維鈞夫人回憶錄》。

不散的筵席？對顧維鈞似乎是不散的。離婚後不久，他就娶了嚴幼韻，一個充滿了母愛的女人，比他小二十歲，來自上海一個富商家庭。她的第一任丈夫楊光泩，是普林斯頓大學畢業，也是外交部的官員、顧維鈞的同事，在馬尼拉擔任大使，日本人入侵馬尼拉時，被害身亡。

顧嚴兩人之間的關係，其實幾十年前就已經開始了。張學良在他的回憶錄中，不僅是參與其中，也是能夠將當時的情況活生生的敘述還原的目擊者：

「我就是跟他後來的太太在一塊玩。當時那位楊光泩（她那時候的丈夫）還活著。那時候他倆就是公開的秘密，---- 一點也不在乎，我真佩服她（楊夫人）。我們在一起打牌，一塊玩。那時候是西安事變之前，我總是在楊光泩家裡打麻將，我們嘴裡誰都不說，不過心裡都明白，看他倆的樣子，他跟楊光泩的太太恐怕就有關係了。為什麼呢？楊光泩的太太生了一個小姑娘，小姑娘我看那已經三、四歲了，那跟這個顧長得一模一樣，那長得……，我心裡明明白白的，就不講他什麼事了，不給他講穿了。我們在楊光泩家裡打牌，外頭有事請客，要到外頭吃飯去，牌也不打了，還說什麼呀？就走吧。他們兩個一定要上樓，要去待一會兒，兩個人幹什麼呀？明明白白地幹什麼呀？我在楊家打麻將，顧太太來了，拽著顧走，顧坐那兒就不走。這個顧太太指名罵楊光泩的太太『你這個不要臉的東西！』。這個顧太太拿著茶水，給顧的頭上嘩嘩嘩地澆下去。顧呢？他就是不動彈，澆完了，她也沒辦

顧維鈞的第二任夫人黃蕙蘭晚年的照片。

女飛行員李霞卿和她的汽車。

法，走了。她當我們面罵楊的太太，罵的那個話兒，不好聽得很吶，那楊的太太也坐在那兒，也不動，我們在那兒也不好意思。」

張學良說：「這個楊啊，也很奇怪。我跟他很好。這個男人啊，他真的奇怪。他跟我講過，他說，外頭的人都說我太太跟顧有關係，我說我看不出來。可是他也幹他的。楊另外有個女朋友，他這個女朋友是誰呢？那個會駕駛飛機的叫什麼[107]，你知道不？一個女的，那時候女的會開飛機，恐怕就她一個人。他跟她倆，公開地。他一天也不在家，我們在這兒玩沒他，他就跟那個女人去玩去。所以我們那時候就笑話，我們就在後頭說笑話。他幹他的，她幹她的。就是哥倆分家，你懂得不？各人幹個人的。」

楊光泩的三個女兒，現在都是顧的女兒了。這三個女兒，每個人都很有才華、很出色。老大是美國雙日出版公司（Doubleday）的總編輯，中間的老二楊雪蘭，1935 年出生，後來成為通用汽車公司的董事會成員，別克汽車在上海建廠就是她策劃的，最年幼的是一個成功的房地產經紀人。

1967 年顧維鈞開始錄製他的第一盤錄音帶，說的都是有關他的生活回憶。他是用英語進行，英語幾乎已經成為他的母語、第一語言了。十年後完成了這工作。轉寫成文字，一共一萬一千多頁。在一個隆重的儀式中，他把它送給了他的母校哥倫比亞大學。

嚴幼韻與楊光泩結婚照

註釋

107 那個會開飛機的女生叫李霞卿，她是中國第一位拿到合格的民航機駕駛執照的女性。

146

我看到的顧維鈞別墅

別墅的大門（淺藍色的玻璃門）大大的敞開著，我走了進去，別墅是空的，裡面沒有人影。半圓形的入口大廳，有著藍色與綠色色調的推拉窗，前面放著把帶扶手的躺椅與小茶几，有點像大飯店的迎客大廳。

露臺過去是開放的，現在加上了玻璃窗，透過玻璃窗可以看到草地與樹木。一種虛幻的綠色，好像陽光透過水族箱發出的色調。地板鋪的是塑膠磚塊，牆壁上有暖氣散熱片。

在兩門之間，掛著一幅鑲在畫框裡的、是著名的林布蘭（Rembrandt）的自畫像。他一手拿著調色盤，髒髒的拇指從調色盤的洞中伸出來，另外一手拿著畫筆。臉上隱現出一種輕蔑的嘲笑，年紀、疲勞和酒精，都給他留下了深深的痕跡。只有眼睛還繼續閃爍著生命的光輝，大膽、進取、充滿活力，好像生命才剛剛開始。

我走進一個開著門的房間，狹小、黑暗，是純粹的宿舍。牆壁光禿禿的，沒有任何裝飾。只有一面鏡子靠在牆上，旁邊有一個紅色的桶，裝滿著沙子，用來熄滅菸頭。床還沒有鋪，旁邊的小桌子上有一個黃銅牌子，上面用中、英文寫著「祝君晚安」。

"復旦之花"嚴幼韻，復旦之首屆女生，民國頂級名媛聯合國首批禮賓官，她活到 112 歲，她的長壽秘訣"不鍛煉，不吃補藥，最愛吃肥肉外，不糾結往事，永遠朝前看"。

顧維鈞的長壽秘方與最後的日子

顧維鈞的長壽秘方是：睡眠、活動、麻將與畫畫。

晚上充足的睡眠最重要。他每天晚上 11 點上床睡覺，早上 9 點準時起床。他睡在一張木頭床上，只比他的身長多出 30 公分，而且床很矮，可以讓他起床後，舒服的、直接的穿上拖鞋。床墊是 9 公分厚，寢具必須是純棉的，而且要很輕，因為他側睡，如此能夠舒適服帖在他彎曲的背部。枕頭不能太高，否則躺著睡覺的人，姿勢不佳，擔心可能會造成動脈被擠壓，血液循環不良，怕起床的時候四肢麻木、背部不適。他的枕頭塞的是乾的菊花、所謂的菊花枕，是中醫建議的。它很輕柔，與皮膚接觸、貼在臉上感覺很舒服，而且散發出清新、安寧的香氣。它的功能是清神明目，第二天早晨起床神清氣爽[109]。顧博士每天睡 10 個小時；中間不進食的時間就太長；他固定會在 5 點起床一下，喝杯床旁邊、保溫杯中的溫牛奶。這都是他夫人特別給他加熱、預備好的。每天早上他夫人到顧的床邊（兩人分房而眠），查看一下牛奶是否已經喝了。

顧維鈞晚年的面貌，依然是天庭飽滿、眉毛上揚、鼻樑高聳、神彩奕奕。他死前，沒有生過病。1985 年 11 月 14 日早晨死在自己的床上。純棉被子輕柔舒適的裹在他身上，兩隻腳伸著，好像正預備要去穿拖鞋一樣。床邊的牛奶還在，他沒有喝，這時候，他的夫人才知道他已經過世了，壽終正寢。

註釋

109 菊花枕頭製作的方法是，用約三磅的菊花乾燥後，去除枝幹，放入小袋子中，然後放入枕頭套中。為了防止發黴以及避免生蟲，每隔一段時間就必須拿出去曬太陽。顧維鈞本身就是個菊花人物，他不只是睡覺時睡在菊花上，喝的也是菊花茶。菊花茶的花朵不是黃色就是白色，黃色的菊花是他的首選。他也喜歡喝菊米酒，一種把菊花泡在米酒或者高粱酒裡、有點甜味兒、清新爽口的開胃酒。

他的運動是散步，每天下午走一個鐘頭。他住得離紐約的中央公園很近、很方便。60 年代中央公園搶劫、犯罪時有發生，公園開始變得很不安全。去散步的時候，他身上總帶著個錢包、裝著些鈔票，可以讓自己脱身（他曾經有三次被搶）。有部分的路段，他是倒退著走，據説是一種中國式鍛練，這種走路方式在紐約後來被稱為「顧氏行走」。還有一道菜，也因為他而得名。每當他散完步，總會去一家中國餐廳吃飯，他點的菜到今天仍然用他的名稱「威靈頓包心菜」（Cabbage Wellington）。

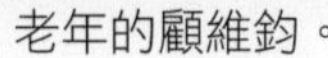

老年的顧維鈞。

顧維鈞與夫人嚴幼韻

為了對抗衰老，他透過打麻將來活化腦子，維護、鍛煉思考和判斷力，此外，也可以常和老朋友聚聚，調劑生活，增添生活樂趣，驅逐憂鬱。打麻將他可以說是十打九輸，他卻極具諷刺意味地給自己找的理由是，「這不是我技不如人，是牌運不好」。

他認為畫圖如同練習書法一樣，能夠集中精神，深入自己的內在，讓有些早已忘記的事情可以再度重現。在香港時曾經拜一位有名的老師學藝，學習油畫。他喜歡畫的是梅花、蘭花、竹子，還有菊花。也喜歡把畫送給朋友。

148

德輔郎、狄西葉是誰？

隔壁鄰居的別墅大門也沒關，上面掛著的黃銅牌子，牌子上中文寫著過去的主人名字與國籍「英國・德輔郎別墅」。誰是德輔郎 De Fulang？在中國外國人的名字翻譯，太過隨意，常讓人丈二和尚摸不著頭腦；無法追本溯源。已無資料可考察。

我走進前廳，門與牆壁都塗成白色，天花板被刷成了淺棕色，左邊角落有一張沙發。房間很暗，必須開燈，只有一個光禿禿的電燈泡，從天花板一條打了個結的電線垂下來，還有張沒有整理的床鋪。散發著一股昏昏欲睡、混著高度中國白酒和髒衣服的氣味。

下一間別墅有個接待處，黃銅牌子上寫著「比利時・狄西葉 Belgien」。我用法語高聲的唸「狄西葉先生」，就連他的中文名字聽起來也像是法文，還是無從知曉這位先生是何許人也，只知是一位從比利時瓦隆區來的人。在天津有比利時的租界，比利時在歐洲是這麼小的一個國家，但是在此卻有如此大的租界地。

有位職員帶我到一間套房，昏暗無光的臥房，內有張雙人床和電視機，面向南方、海的方向，有一間特別狹小的客廳，裡面有張四方形的麻將桌，周圍圍著四把扶手椅，陽光照射到麻將桌上鋪著的綠色的毛氈上。

出了庭院，有間小餐廳，還有灰色磚塊砌成的圓形高塔，有隻骨瘦如柴的山羊綁在那兒吃著草。我準備回「外交人員賓館」。從濱海大道朝小路走去，經過一片小松樹林，看見一座歐洲人的半身銅像，立在大理石基座上，銅像上有個大鬍子，表情友善的面對著浩瀚的大海。

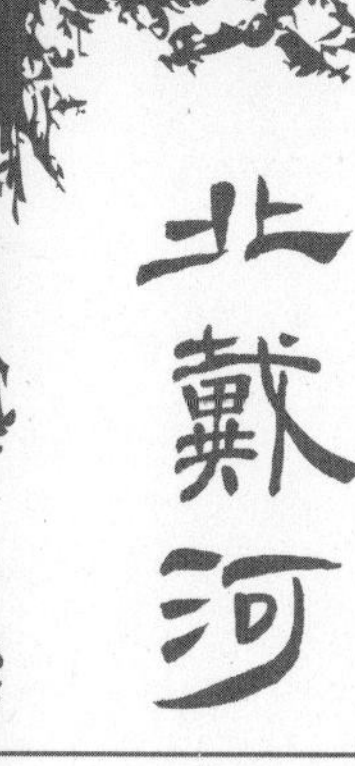

好大的聚寶盆

第十三部

金達 Claude William Kinder，讓北戴河名滿全國

克勞德·威廉·金達 Claude William Kinder，1852～1936，是關內外鐵路總公司的總工程師。中國的第一條鐵路線，天津到秦皇島，是由唐廷樞（唐紹儀的伯父）與周馥（周學熙的父親）所創建的，後來由福開森的後台老闆盛宣懷擴大發展成為開平鐵路公司。

金達是英國人，但他因父親工作的關係，在日本出生、長大，也在日本上的學，1877 年離開日本來到中國。他的工作是負責火車能夠準時出發與到達。他是一個可以信賴和堅強的人，好似是專門為這份工作而來到這個世界的。工作了三十年後；因為與唐紹儀衝突；他離職了，起因是唐要要解除三位外國工程師，他反對。結果他離開時；唐沒有按慣例付給金達一筆遣散費來彌補美化一下，反而謠傳說他不忠實和腐敗。

金達痛苦不快的離開了中國。他的朋友赫德支持他。1900 年 5 月 27 日，赫德在給他的秘書金登幹的信中寫道，「為金達的生日而舉行的宴會，看得出來，政府是支持他反抗那些排擠他的陰謀。他脾氣也許不好、個性強，但是他的工作是無懈可擊的」。

他在中國的最後一張照片，顯得悲傷而抑鬱。在寬敞的月臺上，停著一列客車，只見車廂前面站著一位身穿扣著鈕扣的粗呢西裝，頭頂軟帽，手拿手杖。好像是一個剛到達目的地旅行者，正要下車的模樣。

半身銅像：這是對金達後來追加、補救的榮譽，就樹立在北戴河，上面寫著：「金達，讓北戴河出名的人」。他是如何讓北戴河出名的？上面並沒有說明。其實金達是透過「第一張中國旅遊宣傳廣告」，讓北戴河出名的。

那張宣傳廣告上是副輪閣清清晰的框

金達的半身塑像，他是讓北戴河名聲遠揚的人。

著一位長得很好看的歐洲女士，騎在白色、有鞍的驢子身上。她的雙腳快要碰到地面了，穿著緊身短褲、無袖上衣，頭上戴著白色輕鬆便帽，左手牽著韁繩、右手打著陽傘。這張海報，讓「到北戴河騎驢」成為時尚。

這張海報是有故事的。

傳道士甘霖 Candlin 是最早來蓮花山定居者之一，有一天邀請他的朋友來北戴河過個快樂的節假日。其中一位女士騎著驢駒到來，沒有馬上下驢；而是在一棵樹下、蔭涼處停了下來。一種浪漫的氣氛和景象，吸引住大家的視線。有位業餘的畫家，快速的拿出筆、紙和顏料，把她畫了下來。這幅水彩畫稿落到了金達的手中，他就讓人把這幅畫複製印刷了出來，掛在中國那時候所有的火車站裡，北戴河名聲遠揚了。

金達用這位女士打傘騎驢的陽光畫作，吸引住許多人的眼光，讓北戴河聲名遠播。

告別過往

回我們住的「外交人員賓館」的小路上，要上一個不短的台階，通向一棟正在拆除的老別墅。一位穿著藍色衣服的工人，正在用榔頭敲打著露臺剩下的部分圍欄，左腳跨在前面；高舉雙手，敲擊下去；激起了一陣灰塵，其餘的工人們，有的兩手插腰在旁圍觀，有的不動手只動嘴的在旁指手畫腳的指揮著。這些人過去大概都是打漁的，從他們曬成黑炭似的，如皮革的臉，看得出來，也只有在海上待得夠久的人才能這樣。

這個小樹林中，在我第一次來北戴河的時候，還分佈著許多老別墅，現在老別墅必須讓出位置來給新蓋的水泥建築。裝上了深色的玻璃門，這種門其實只適合用於辦公大樓。露臺不再是敞開的，因為冷氣機的關係，都加裝了淺藍色調的玻璃窗，綠色的松樹在其上都成了灰色。有一間的屋頂上還加裝了太陽能板。

僅存的一間老別墅，是一棟平房，有著開放的露臺，露天的欄杆上還立著一根蠟燭。電線原本是從前面花園中的一根電線杆引入屋內的，現在被綁在了樹上，上面晾著衣服。

再見了鏡子！

松樹下有隻彩繪的陶土企鵝，孤伶伶的站在瓦礫中，過去是張開大嘴的垃圾桶，睜著大眼睛、雄赳赳、神氣的挺著胸膛。如今這個垃圾桶與靠在牆邊的、已經褪色發白的鏡子，都將功成身退了。我站在鏡子前面，給鏡子中的自己拍照留念，是向它曾經搜集、照過的所有的人們告別；也對這面鏡子告別。很快的，它也要被榔頭敲的粉碎。

永不分離

第二天早上，在回北京的路上，經過張學良與趙四小姐的塑像，我們停下來照張相。這個雕像是 2004 年、也就是在張學良死後三年立起來的，底座上面刻著「張學良」三個字。只有他的名字，沒有她的。他穿著制服，右手放在腰帶上、眼神堅定地注視著前方。她穿著長洋裝，大大的泡泡袖，右手搭在他的手腕上，頭靠在他的肩上，雙眼閉著。沉默而毫不懷疑的彷彿表示，不管將來的路如何艱辛，我們永不分離。

張學良與趙四小姐的雕像。

152

他們將要一起走很長的路

起初沒人會想到，張學良和趙四小姐將要共同走很長的路。

于鳳至是西安事變後在張學良被軟禁時 --- 一棟別墅、服務人員和鴉片；此時他又開始複吸 --- 一直陪伴他的人。不是趙四小姐。趙四小姐在 1937 年，帶著與張學良生的兒子，回到了她的出生地香港。1940 年時于鳳至因為生病必須去美國治療，趙四小姐為了去陪伴此時被軟禁在貴州的張學良。她只能把兒子託付給一位美國朋友；親自送他們搭乘去美國的船，這個分離，給孩子造成了很大的傷痛。小孩抱著母親的腿，哭鬧著要媽媽和爸爸，必須透過蠻力，才能把他分開上船。

從這個時候開始，趙四小姐再也沒有離開過張學良。

第二次世界大戰爆發了，又結束了，蔣介石與毛澤東的國共戰爭重新開始；打打談談，期間張學良被轉移了十幾次軟禁的地方。他的守衛接到嚴格的命令，如果有人要帶他離開，就地槍斃。格殺勿論。為了害怕張被綁架、營救，1946 年蔣介石用一架飛機將張學良與趙四小姐送到台灣。兩年後蔣介石也撤退到了台灣，接著是韓戰爆發，東西方的冷戰開始，要想反攻大陸的可能性越來越渺茫了。

在台灣，張學良這一對兒被安置在北部的新竹，一處人跡罕至的深山裡，是過去日本時期的員警哨所，是個如田園詩般的地方。張學良可以在那兒釣魚（他總是把釣上來的魚，又丟回到水中），趙四小姐養雞。之後他被移往南部的高雄，再下一站，就是臺北附近的北投，那裡是日本人佔領時期著名的溫泉聖地，也是張學良最後軟禁的居所。張學良忙著研究明朝的歷史、明朝的詩詞，收集瓷器、養蘭花，成了他的新嗜好。

那麼趙四小姐呢？這樣的生活並不容易，決定要與一個囚犯在一起生活，自己的自由也被剝奪了，就好像去照顧一個病患，你不能夠輕易地再離他而去。很矛盾的狀況，她的另一半被囚的日子也不好過。張學良與趙四小姐兩個人都在受苦，可能張學良的苦更多一點。除了蔣介石外，他還成了趙四小姐的囚徒，他是雙倍的囚徒。兩個囚犯，可以繼續讓彼此的愛情長存嗎？當然，只能依賴他們先前的基礎，真是如此嗎？

張學良在他的回憶錄上寫著，「我現在的太太，有一天，她跟我說，她說如果不是西安事變，咱倆也早完了，我早不跟你在一塊了。你這亂七八糟的事情我也受不了」。她似乎在說、但是又不願意說出來的，是那永遠的孤獨，沒有其他的事情會發生。張學良理解，他說：「從 21 歲到 36 歲，這就是我的生命。以後就沒有了。」

張學良、趙四小姐和友人在臺灣中部的西螺大橋。

153

受洗成為基督徒

50年代中，雙方想要從這個相互牽制的關係中解放出來，張學良繼趙四之後也信了耶穌，受洗成為基督徒。他們希望透過同為基督徒的婚姻，一種更高的結和方式，給已經熄滅了的愛情一點新的養分。對張學良來說，成為基督徒就只能有一個太太，就必須與于鳳至離婚。所以他寫信給在美國的她，這不過只是一種形式而已，于鳳至是他永遠的第一夫人。于鳳至接到信後很大方的同意了，理由與張幼儀這位徐志摩的原配夫人一樣；她同意離婚，因為婚約只不過是一張紙。

成為基督徒之後，每個星期日，張學良會在教堂遇到總統蔣介石。是個令人脊背發涼的教堂禮拜。張學良回憶說：「他（蔣介石）一個人去，可是我們不說話。他（坐）在前頭，我們（坐）在後頭。每個禮拜，他做禮拜他從來不說話，誰也不說話 ---- 就他來了，行禮的行禮。那就是見到面，點點頭了。」

於鳳至，在她的心中一直認為自己是張學良的第一和唯一的夫人，但再也沒有機會再見到他了。趙四小姐與蔣介石都有意識的阻止了張學良。因為之前她一直在美國以「張學良夫人」的身分，為釋放他不遺餘力的呼籲奔走。她 93 歲時死於舊金山。她的女兒按照母親的遺願，在其墳旁為張學良留下墓穴。她已經等待他很久，她死後依然願意繼續等候。

幾個月之後，張學良終於自由了。此時他已經 90 歲。張羣，這位 60 年前蔣介

張學良與趙四小姐與坐在輪椅上的張羣合影。

石派往北戴河遊說張學良的信使，在 1990 年 6 月 6 日為張學良於臺北圓山大飯店舉辦盛宴，客人來自四面八方。

那一天，也是慶祝張學良 90 歲的生日。做為主人翁，張羣是最合適不過的了。他，102 歲，在晚年不只是寫了 " 關於喝酒 "，同時還編了本 " 長壽的藝術 " 指南，可以與顧維鈞的相提並論。他那首押韻的〈不老歌〉就曾風行一時：「起得早、睡得好，七分飽、常跑跑，多笑笑、莫煩惱，天天忙、永不老」。

終於自由了

有兩種自由。一種是屬於外在的，一種則是內在的。

張學良的被釋放，也鬆動了他內在對自由的渴望。1991 年 3 月，他飛往紐約去見一個女人，按照他自己的說法，那是他最喜歡的女人。

她就是貝夫人，姑娘時候的名字是蔣士雲，或蔣四小姐，因為在家她也排行第四。她的父親在北京大學讀語言，後來進入外交界，可說是顧維鈞的得意門生。後來據貝夫人說，她第一次見到張學良的時候，還綁著大辮子，少帥當時根本沒有注意到她。第二次見面是 1930 年秋天在上海，張學良從南京來，當時上海市長張羣設宴款待。客人之中有蔣四小姐，這時候她已經沒有了辮子，是位著名的美女了。接著熱戀開始，只是很短暫，因為這位蔣四小姐與于鳳至不同，她無法忍受張學良的風流韻事，蔣士雲在與張學良分手後，隨她父親在歐洲時遇到喪偶的貝祖詒，兩人結了婚。貝祖詒當時是中國銀行的總經理，原配夫人過世，他比蔣四小姐大很多，而且還有六個兒女。二次大戰後，她跟隨著貝祖詒舉家遷往紐約定居。

在她的繼子中，有一位就是後來舉世聞名的建築師貝聿銘 I.M. Pei。北京的香山飯店就是他的傑作之一，是 80 年代中國對外開放時建的，位置是先前的老香山飯店，也就是當時張學良與趙四小姐初次認識的那個舞會大廳所在地。

張學良在紐約蔣四小姐那裡待了三個月。貝夫人從 1982 年就守寡，住在紐約的第五大道上自己的公寓中，此時蔣宋美齡也在附近擁有了自己的居所，這也是 50 多年來，張學良第一次與趙四小姐分開生活。張蔣二人像是度蜜月般，一起去亞特蘭大的賭城、迪斯奈樂園遊覽，還有數不清的宴會。他從前的女友發現他沒有什麼改變，只有一件事實，那就是常年被軟禁

蔣夫人宋美齡與貝夫人蔣士雲。

張學良於 1991 年飛去紐約
見心中牽掛的蔣士雲。

的歲月，使他成為一個嗜睡者。晚上十點就要上床，第二天十點才起床，下午還要躺一下，午睡個把小時。

三個月後，趙四小姐也來到紐約，宣示主權，再度收回所有權。張趙兩人選擇去夏威夷住下來，趙四小姐後來在夏威夷去世。離在北戴河見面時，已經過了 70 年。趙四死前，他握住她的手。

後來他說，「她對我真好」。他叫她「小妹」，他說，「我欠她太多」，「我愛她，如同愛自己的生命」。不過她終究把他的靈魂帶去旅行了，2001年10月15日，他也跟隨她去了。他的右手還一直伸出去，好像還一直握著趙四小姐的手。他活了超過一百歲，比其他人都長壽，超過蔣介石、張羣、閻錫山、馮玉祥、汪精衛、毛澤東、周恩來，也比他的兩個太太更長，並且超過他許多個孩子。

至於張學良在北戴河的別墅？在日軍佔領期間，是日本高級軍官的休養所。戰爭結束後，重新整修，成為毛澤東第一次去北戴河的居所。

清東陵的乾隆裕陵

按計畫在回北京的路上，我們把清東陵當成一站，這次是為了參觀乾隆皇帝裕陵的地宮，以及慈禧太后的陵寢，他們兩的地宮都是同一時期被孫殿英這個軍閥洗劫一空的。我們轉溜了一圈，又回到了《北洋畫報》裡岳南所編寫的那個有意思的盜墓故事。

作為告別北戴河之紀和祭

用岳南的話說，乾隆帝，1735 年登基，60 年後退位，只為了他不願意超越其祖父康熙的在位時間（1662 ～ 1722）。在他統治下的中國，可以說是盛世風光，緬甸與安南都被迫來朝進貢，他們視中國為主權國。甘肅與陝西的移民，幾乎遍佈整個的中亞洲地帶。如同《天方夜譚》的人物哈倫・拉希德（Harun al-Rashid），乾隆喜歡喬裝打扮、微服私訪，隱身於他的人民當中，讓神話般的盛況、可以炫耀的事蹟圍繞著自己。生前死後相同，他先後的正宮皇后，以及更多的貴妃們與他同葬。如果要與乾隆帝合葬，那麼必得比他早死，因為墓穴在他死後會被封閉，不許再打開，否則會喪失龍氣。如果是他特別鍾愛的，當然就例外，如果不是，那些妃子們就會分散的安葬在附近的墓地中。她們墳墓的形狀，有如一個個巨大的蜂窩。

乾隆帝的墓穴中，有兩位皇后，孝賢與孝儀。三位貴妃，慧賢、哲憫和淑嘉。

墓穴中有無法估計的寶藏。

156

孫殿英愛將韓大寶盜乾隆地宮始末

孫殿英，先前說過，他只是個小軍閥，他必須考慮的是，時間拖得越長越危險。他的手下如果走漏了風聲，會引來各方大軍閥。他不能冒這個險，為了防止這樣的事發生，他命令整個盜墓的時間不可超過四天。韓大寶、這個他信任的副手負責打開墓穴。他是孫殿英的老鄉，三十來歲，人長得又高又大，動不動就會抽搐；他的鼻子抽搐、嘴巴抽搐、雙手抽搐，看起來像是吃了個酸壞的櫻桃。

韓大寶讓部下帶著鋤頭與圓鍬，在墳墓堆上集合。沒有一個人知道到底要在哪兒挖、挖多深才會發現入口。第一個挖到地下圍牆磚塊的人，可以得到一銀元的賞賜，對一個普通的士兵來說，這賞賜已很豐厚。

挖墓的工作從天一亮就開始，時間一小時一小時的過去，一直挖到天黑，點燃了火把繼續挖，在火光的照耀下，士兵們繼續挖著，一夜過去了，還是一無所獲。如歐洲成片、起伏的葡萄園山丘般的陵寢墳頭，似乎一點也沒有改變，不為所動的外貌依舊。

韓大寶跑去找譚溫江，那位發現西太后陵寢入口的人，請教。這個人指引他到墳丘前多彩的、琉璃影壁處去查看。韓大寶重新獲得勇氣，因為乾隆的陵寢墳丘前也有個類似的影壁。他很快的趕回乾隆的裕陵，讓他們在那兒開挖，他認為非常可能所有的陵墓都是按照同一個方案建蓋的。在 15 公尺深的地方，果然碰觸到了一面非常堅固、非常龐大的金鋼牆，遠遠超過慈禧太后的。

天已經黑了，韓大寶點亮了火把查看時，發現一處顏色比較深的地方，也許是一個側門的開口？士兵們繼續挖掘，韓大寶在旁觀看，鼻子繼續抽搐著。三公尺後，出現一個方形的入口，大小僅僅夠一個人爬進去。進入墓室的通道是否就在這個洞口的後面？還是這只是一個為盜墓者設計的陷阱？

不能等到天亮再確定到底是不是真的入口，沒有時間等。有兩人自告奮勇爬進洞去。

沒錯！這裡是正確的入口，但是這些盜墓賊所不知道的是，地下水經過了百年的滲透後，地下墓穴內已經積水超過兩公尺。因為沒有排水設施，整個墓穴已經成了個爛泥塘。水面上的牆壁發了黴、長出了蘑菇，也產生了有毒的瘴氣。兩個不知

清東陵。

情的士兵，呼吸困難的向前摸索著前行，他們很快的就失去了意識，沒有能發出任何聲音的一頭栽進了水中，淹死了。

韓大寶在洞口等著，他的鼻子、嘴和手不斷的抽搐著，等了一個小時，依然沒有任何回應，他於是決定，不管裡頭有沒有人，用炸藥將開口擴大。他想找會爆破的士兵，但是唯一的那位懂得使用炸藥的人正在西太后的陵墓那裡忙著呢！無法分身。

所以韓大寶就決定自已來，他下令挖一個放置炸藥的洞，然後親自將炸藥放進洞裡，每個人都找地方掩護，一個火柱高高沖向天空，照亮了整個墳丘的樹頂。結果卻很讓人失望，炸藥是向後面爆炸的，所以這沖天的火柱，也只造成了幾條裂縫，沒有如預期炸出開口。

要嘗試做第二次爆破？有些太過於冒險！韓大寶命令，用鋤頭與圓鍬，盡可能的將牆磚擊碎，運出來，把可以行動的空間擴大。這是個艱苦的剝皮的工作，但是當天際泛起魚肚白的時候，差不多可以進行下一步了。韓大寶讓兩名特別可靠的彪形大漢上前，為了避免再犯上次的錯誤，他將這兩個人綁上繩索，備上手電筒、左輪手槍和手榴彈。

兩個人爬進了拓寬後出現在後面的走道，手腳並用的慢慢朝下爬，直到他們碰觸到那又臭又黝黑的水面。用手電筒照射，看到了前面那兩個早先進去的士兵的屍體漂浮在水面上。兩人嚇壞了，驚恐萬分的拉著繩索，爬了上來。他們報告時，面如死灰，再也就說不出個所以然，而這對韓大寶來說已經足夠了，他腦中已經有了個大略的狀況。他的考量是，現在那個毒空氣應該不成問題，因為洞口打開了以後，毒氣慢慢的散發出去了，要不然這兩個傢夥的命運與前面那兩個會是一樣的。問題在於地宮內的水要如何解決？

韓大寶急著去找孫殿英，商量下一步怎麼辦？放棄嗎？這個軍閥他的目標就在眼前，搖頭，當然不能放棄。礦區的抽水機可以解決！開礦挖掘時，礦坑中抽空地下水的軸泵，開平礦業公司離得不遠。於是一聲令下立刻就派人去借。

對這些挖墓的士兵來說，真是老天的恩賜，一個喘息的時刻，他們已經兩天兩夜沒有合眼了。每個人都找個地方躺下就睡，四個小時後，又大又重的柱塞泵抽水機運到了現場。一個與時間賽跑的工作又開始了。

長長的水管抽出的水，已經變成了一條小河，時刻終於到了！韓大寶一聲令下，他自已開始下去，在火把的照耀下，終於看見了潮濕閃爍的第一道門，門上有

孫殿英部下盜墓。

雕刻人像。韓大寶檢視著，左邊是代表智慧與覺醒的文殊菩薩，右邊是代表力量和強健的大勢至菩薩。

譚溫江先前已經提醒韓大寶，畫出過有關大門後面、頂鎖住大門的「自來石」，為了節省時間，在抽水的時候，就已經砍下一棵大樹，做成了攻城槌，為撞擊之用。現在士兵們將它運送下來，然後共同抱住它，在口令下，對準了門，同步的將這「攻城槌木頭」狠命撞去。經過三次如雷鳴般撞擊後，支柱爆裂、門發出了歎息般的低吟、被撞開了。

韓大寶照亮了這個通道。在火把的照耀下，顯現出了四大天王的輪廓，在佛教中，他們四神各執掌天下一方。南方是增長天王，手中揮動著寶劍是招「風」的。東方是持國天王，手抱琵琶，是「調」音作曲使之和諧。北方是多聞天王，打著一把雨傘，代表了「雨」。西方是廣目天王，在馴化一條水蛇，使之「順」從、有規矩。所謂的「風調雨順」，這是人性的需求，大家共同的願望。

韓大寶想要找的是其他的寶藏。他從天王面前經過，所有的四大天王用嚴峻的、睜圓了的眼睛瞪著他。他仔細查看牆面，沒有發現有隱藏的暗門或是機關。他走到第二道門，左側迎面而來的是地藏王菩薩，右邊是救苦救難慈悲為懷的觀世音菩薩。韓大寶示意，舉起拳頭來發出了信號。大木頭棒又開始行動，經過幾次強有力的撞擊。第二道門也開了。

這讓大家都興高采烈起來，穿過泥濘、如沼澤的過道繼續前進，惡臭讓人無法忍受。韓大寶的鼻子抽搐著，第三道門擋住了去路。有兩位菩薩把守著：極樂世界的虛空藏菩薩，和去除一切業障、帶來光明的除蓋障菩薩。再次請出大木頭槌，韓大寶指揮著，猛烈撞擊三次，門就開了。

大家都沒有想到的是，居然還有第四道門！擋住去路、守護在這裡的是普賢菩薩，旁邊還有胖嘟嘟、笑眯眯的未來佛彌勒菩薩（又稱慈氏菩薩）。最後一道門？再一次大家聚集了所有的力量，可是這一次沒有聽到任何劈啪爆裂、碎開的聲響。只聽到空心如雷的回音，在通道中低聲迴響。墓門紋風不動，再試一次，接著再一次，試了十多次，門依然屹立不倒。

在火把閃爍的光線中，慈氏菩薩笑著。韓大寶叫停，要大家提供意見，然後他自已用手電筒仔細查看，發現此道門與其他的門並沒有不同之處。

微笑的菩薩？讓他憤怒。

「炸！」他吼道：「把這門給炸了！」

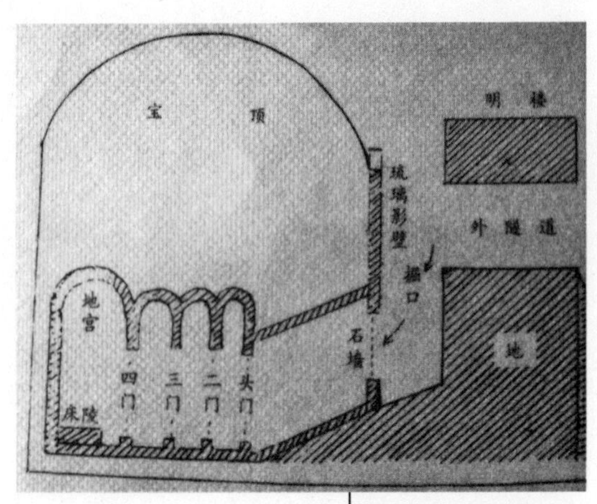

地宮內部結構圖。

地面上又是水又是泥漿的，不可能在上面安裝炸藥，這一次，爆破專家在現場。他將炸藥放在鐵桶裡並且密封起來，然後把它固定在笑容滿面的彌勒菩薩的旁邊，將爆炸的力量集中在門軸轉動的角落上，這樣門扇就必定可以被抬起來。

笑夠了嗎？

點燃炸藥的引線，每個人都退後、躲到安全的地方。這次的爆炸真是地動山搖，墓塔明樓、墓丘樹林都在晃動，濃煙滾滾，霎時彌漫了整個過道，並且從洞口沖出。以韓大寶為首的人群一哄而入，大肚彌勒不再笑了。門被敞開。韓大寶忍住了不大聲的歡呼，穿過瓦礫、碎石走進地宮。突然他站住、像腳下生了根，不動了。

終極目的達成？就在門後面，三具棺材縱橫交錯的橫在那兒，半被壓在沉重、巨大的漢白玉石門扇下。韓大寶在想，它們怎麼會在這裡？一定是經年累月的地下水滲進來，最終將棺木像小船一樣的漂了起來，水泵抽吸地下水把水吸到了門後的「飛來石」處，當撞門大棒撞擊時，反而使之變成了楔入的門插。

現在怎麼辦？從哪裡下手？單是那扇門上的碎石，就有成噸重。韓大寶跪到地上、用手電筒仔細檢查，然後他站了起來，叫人用斧頭把乾隆的棺材砍出個洞來，然後命令隊伍中、身手最靈巧的人爬進去，將裡面的寶物拿出來。

大家都在焦急的等待著，乾隆是位長壽皇帝，能文能武，有藝術天賦，熱衷於收藏。“生之同屋，死之同穴”，他的棺木中，裝滿著他愛不釋手的收藏。一個接著一個的寶貝，從棺木中拿出來。韓大寶隨手把書法、字畫丟進了泥沼裡。至於黃金、首飾和珠寶，這些他才看得上。棺木中從下到上、直到邊緣，所有的地方都讓這些寶貝填得滿滿的。

另外的兩具棺木也一樣。三具棺木都被洗劫後，他們繼續進到完全敞開的地宮裡，讓他們沒有想到的是，裡面還有三具棺材，躺在泥沼中。簡直就是天上掉下來的禮物。

他們用斧頭和刺刀，一個接著一個的砍壞、撬開棺木，這些棺木中也裝滿了金銀財寶、珍珠瑪瑙、首飾。其中一位貴妃，還沒有完全腐化。她躺在靈床上，好像才剛死去。人們從她的頭上強摘下她的皇冠，從身上扒下她的衣服，從中尋找衣服中的收藏，把扒光了的裸露屍體隨手丟入泥沼中，繼續淘寶、尋寶、搶寶，在她的身上、周圍踩來踩去。、盜墓所獲遠遠的超過所有人的想像。金銀財寶、手鐲、胸針、項鍊、戒指、髮髻卡扣、金子飾品、鑽石、閃爍發光的蛋白石、珍珠、紅寶石、藍寶石、玉、古老銅器、金子做的佛像、佛塔、象牙與珊瑚的各式花雕，琳琅滿目、數不勝數。其中還有一件最有價值的是莫琊劍，遠古留傳下來最著名的雙刃、鑲嵌著珠寶的名劍。後來傳說被蔣介石收藏。可惜的是價值無可估計的書卷、畫軸，都被隨手丟棄在泥濘的污水中。

四個小時過去了，韓大寶最後終於示意停止。淹死在水裡的那兩個人的屍體，他讓士兵把他倆放在第一道門的前面，幹什麼還費力去挖坑？他們已經為自己找到了個大坑。

外頭汽車正在等著把戰利品送到孫殿英的總部去。整個行動費時三天三夜。

孫殿英後來的命運如何了？

30 年代，張學良任命孫為陸軍將領。他在軍隊的保護下，在山西晉城生產海洛因，銷路遍及整個中國北部[110]。孫殿英在第二次世界大戰時，與日本人合作，狼狽為奸。1947 年被共產黨捉獲，死於獄中。

註釋

110 海洛因，從鴉片提煉出來的麻醉藥物，有三種不同的顏色：棕色、白色、灰色。棕色的，價錢最貴，不用來打針，只用來抽、吸、舔、嗅等等。白色的，看起來像麵粉，所以俗稱“白麵”，多數用來打針。最便宜的是灰色的，就隨意使用了。棕色與白色的會經常被多次混合，所有這三類，都會根據效果以及獲利的考量與其他的物質；所謂的”底“；也就是添加劑；混合。添加劑使用最多的兩個就是從雲南來的止疼草藥大麻藥。大麻藥是從有毒的鐮果扁豆的葉子與根部提煉出來的。還有小麻藥，是從更毒的小銅錘，提煉出來的。而最強的底料叫什錦年；其中含有安眠藥成分，可以從服用者一臉疲倦、呆滯的眼神看出來。

海洛因可以用嘴巴、舌頭、鼻子、皮膚或透過注射使用或使用煙斗吸食。(1) 透過嘴巴：(a) 又稱高射砲，用一張從香菸盒中取得的錫紙，環繞在火柴棒的尾端，形成一支小湯匙，透過它將白麵塞入掏空菸草的香菸中。然後，人就躺在床墊上，臉部與香菸對著天空，避免海洛因掉下來，所以這個方法叫「高射砲」。用火柴棒小心的點燃香菸，吸食的過程中，似乎像很吃力的吞嚥，眼睛緊閉，頸部撐直，頭部向後。在一口一口的吸食之間，因為頸部撐的更直，此時必須不斷的喝一口冷茶，從喉嚨沖刷吞咽到肚子裡去。(b)「追龍」。用具有幾樣，用錫紙與紙捲成喇叭狀，一隻手拿著裝著海洛因的錫紙，另外一隻手點燃火柴，放在錫紙下，從喇叭管中將蒸發上來的煙氣吸入。也是眼睛緊閉、頸部撐直、頭向後仰，好似口渴從瓶子喝最後一滴水的樣子。名稱由來源於上下轉動著的小管子。(2) 用舌頭：叫做吃白麵，或者舔白麵。這個方法據説是從印度傳來的。將嘴唇用口水潤濕，將海洛因輕輕拍到嘴唇上，再用舌頭舔進去。(3) 用鼻子：有兩種方式，乾燥的方式如同用鼻子吸鼻煙。第二種是潮濕式，將海洛因放在手掌心，上面加點茶水，然後還是一樣，眼睛緊閉，頸部撐直，用盡所有的力量，從鼻子用力一吸。那發出來的聲響，像小孩子吹的水笛聲。(4) 透過皮膚。所謂的搓白麵兒，將海洛因放在手掌心，兩隻手用力搓磨，直到海洛因滲進皮膚中。這個方法是最昂貴、最浪費的一種，但也是最無害的，只有純度很高的海洛因才能起作用。旅行時，例如在火車的包廂中，看著風景從眼前流過，或者試看戲劇、與下館子的時候。也有特別的妓院，可以讓小姐幫你搓。(5) 通過注射：扎白麵兒。可以分為皮下或者靜脈注射。不管是皮下或者靜脈；用具都一樣，用粗大的插管，厚玻璃做的活塞，推管滑竿是黃銅或者銅製，皮下或皮內注射，又叫平針。可注射在腹部肌肉、大腿、腿部，或者上半身。準備劑量的方式：是搖晃已經混合了大麻藥或者小麻藥的海洛因，放在茶碗裡，為避免產生潰瘍；與刺青有異曲同工的地方，放入一些粗鹽，然後在茶碗中放入一半或者全部的冷水，攪拌混合。等粉末全溶解了後，就可以用來注射了，依照其數量，可以供多次使用。大部份的人，為了很快的達到效果，會混入「什錦年」。這裡就必須非常的小心，50 克的海洛因，最多只能加入 15 克；只要一點點的過量；就會造成暈眩、搖晃昏倒，這時候必須要用冷水澆頭，才能使他清醒過來。如果劑量過量，會導致立刻昏迷失去意識；而造成的後果就是死亡。去詢問賣家的時候，會問道：有年兒沒有？至於靜脈注射，首先要把靜脈從上到下揉捏一番，然後用一條布綁緊手臂，效用快速如同被鐵鎚打到，特別是裡面混合著什錦年的時候。(6) 用煙斗抽：純粹的海洛因是非常細小的晶體，所以必須要添加其他的配料；使其成為一種有韌性、粘稠的物質，然後把它塞入煙斗中。抽海洛因的煙斗比抽鴉片的煙斗小一點。(如果將鴉片煙斗用來吸海洛因，下一次就不能夠再用它吸鴉片了。所以用別人的鴉片煙槍來吸海洛因；是非常無禮的。) 最有名的混合煙有三種：所謂的「三大兑」，或者也叫三大隊。其中聞起來像生魚臭味與海洛因的混合物，裡頭有高根 (這種植物生長在南美洲；錫蘭和印尼也有種植) 和乳糖，把此混合物加少許水，在手中捏成軟麵團，再揉捏成條狀，然後一塊一塊的揪下來，塞入煙斗中。其他的混合有“金丹”，取名自傳説的中國道教的能讓人長生不老的仙丹，特別小顆粒、光滑的藥丸，藥丸有很多種顏色，其中一種是金黃色，叫金丹，還有紅丸，比較稀少的白丸。不是海洛因而是從固態的嗎啡加上糖精或者葡萄糖做成，有一種類近芥末的刺鼻的味道，通過鼻樑直衝到腦門。交易時會每 100 顆放在一個袋子裡，來賣。要使用前必須在碗裡加點水揉成小球。抽大煙的藝術家們能夠把煙吹成各種模樣：“一串珠”、”二龍戲珠“、獅子頭“。一串珠，是利用煙斗、一口氣吐出一長串的煙圈、而且不間斷。”二龍戲珠“就更難了，是要吹出兩條線；中間一個球來。首先是需要從煙槍的頭中吹出一個球狀體，然後在吹出的兩條線上加上螺旋形似花環的線條。這一切都要在煙槍的煙氣消失前完成。技藝高超的能人；能夠同時吹出兩條線，並且把圖像吹出來；還能讓人聯想起有奇花異草環繞。這種效果也表現在“獅子頭”中；一粒球；周圍圍繞著許多特別小的成串的珠子。其他的煙還有金裹銀、金鑲玉。金裹銀是在小金丸灑上點水；然後在外面沾灑上海洛因，金鑲玉就需要些手上技巧；是將金丸在水中用鴉片針展開；猶如薄薄的蛋餅，上面灑上海洛因，然後在揉成糖果樣。潮濕的外皮，保護了裡面的海洛因，可以讓乾燥的海洛因完全燃燒；不留殘渣。還有一種叫“名堂煙”，但是只有名稱了，到底這個煙是什麼東西，喬治自己也説不上來了。有一些創意的名稱，讓人聯想到色情的小冊子，例如玩格、美女脱衣、蛤蟆曬肚、金蟬脱殼、蛤蟆跳井、官上加官。

157

再見！再也不見？

我們回到陽光下，很高興從清東陵逃出來，離開了那個彌漫著黴濕味兒的乾隆地宮，重新再回到藍天白雲下。再過幾個星期後，秋天就要到來了，到時候清新的北風和西北風，與清澈的藍色天空，正是最佳的、觀察候鳥遷徙的季節[111]。

開始時時鵲鷂；這種目前急劇減少的瀕危鳥類，幾乎所有目前世界上尚存的鳥類，都會聚集到北戴河，接著是會發出柔軟、感傷的顫音的黑鳶；有時候也會發出令人厭煩嘶叫聲。在天空搖晃、抖動或是停滯不前的紅隼。紅腳隼成群結隊，一大群一大群的可以遠飛到非洲。雀鷹也是長途飛行的遷徙者。在上空盤旋、滑翔的普通鵟。身形巨大、以亞洲草原為家的大鵟。腿上長滿了羽毛、不停地上下變換高度的毛腳鵟。勾勾嘴的普通鸕鷀 ---- 在牠們中猶如鯊魚的引水魚。成千的、閃閃發亮的藍色小嘴烏鴉；全都在空中盤旋著。吸引著觀鳥者聚集到了北戴河。

接近 10 月底的時候，冷鋒到達，此時會出現大型的猛禽：中亞地區、光禿禿無毛的粉紅色脖子、所謂的和尚禿鷹。展開的翅膀極大、要飛到東南亞過冬的烏鵰；楔尾的草原鵰也要飛到印度和東非過冬。[113] 11 月份是候鳥遷徙的最後一波；此時由東方的白鸛這個也瀕臨滅絕的鳥類引領；有霧的話；他們會成百的聚集在一起，等到霧氣散去後才會起飛。飛行的時候寂靜無聲，也沒有特別的編隊隊形，真正的高潮還是鶴十一月初的南飛，人們可以看見牠們乘風上揚，到達足夠的高度後，沿著聯峰山形成了長長的隊伍，尖聲的叫著、回音陣陣，往南飛去。

對我們來說，也到了必須告別的時候，告別北戴河，它的老別墅，它的歷史，它的故事，再見了。也許永遠再也不見了。

註釋

111 據我所知，候鳥有：鵲鷂（花澤鵟），黑鳶（俗稱老鷹），紅隼、紅腳隼，雀鷹，普通鵟，大鵟，毛足鵟，普通鸕鷀，小嘴烏鴉（通稱烏鴉），禿鷲，烏鵰（花鵰），草原鵰，東方白鸛。

資料來源與注釋

本著作非學術性論文，只是透過簡短的傳記；描繪一個地方；和它周邊的、附近的地區；做一個歷史性的時空漫遊：有關北戴河的圖片彩虹橋，連接過往與東方西方；看圖說故事。下列的文獻，只是提供給有興趣繼續探討的讀者們一些指引；所謂的拋磚引玉吧。有一些資料的來源 --- 也是為了給各位一個歷史膠囊 ---，會有比較更詳細的敘述、評論的重現。就像一般大家熟悉的備註模式。特別要強調的是個人的親身經歷的記錄、背景和態度、想法，例如（張學良），又如對他們對事件的表態（例如，赫德），可以從其中發現到人物性格，重要的回頭認識。（西方有關中國的歷史、土地與人民的標準作品，因為已經為大眾所熟知，就不在此附上）

軍閥時期的文獻

陳鳳：八大軍閥秘聞，團結出版社，北京，2005

劉憶江：袁世凱評傳，經濟日報出版社，北京，2004，2 冊。

陶菊隱：北洋軍閥統治時期史話，海南出版社，海口，2006，5 冊。

萬琪：袁世凱竊國記，台灣中華書局總編輯，東方出版社，北京，2008。

策紹真：老北京浪蕩子，由 Margit Miosga，科隆發行：Eugen Diederichs 出版社，1987（比較前言以及不同的註腳）

Rodney Gilbert，資深的北中國日報 North China Daily News 記者：中國的武器與人員 Arms and men in China，發表於：亞洲雜誌 Asia Magazine，九月刊，1922 年。一第一手的總覽，因為 Gilbert 認識多數的軍閥們。

Isherwood & Auden：為戰爭而生 Journey to a War，倫敦：Faber and Faber 出版社，1939。

Barbara W. Tuchman：史迪威與在中國的美國經驗 Stilwell and the American Experience in China，1911—1945，紐約：Macmillan，1971一從美國人的角度的傳記。對於中國，此位女作家，因為語言的掌握問題，認識有其局限性。

Frances Wood：沒有狗也沒有很多的中國人 No Dogs and not Many Chinese, John Murray Ltd，倫敦，1998。

金受申，北京通，大眾文藝出版社，北京，1999。

趙潤齡：井窩子，如上所述的“北京往事談”一書。

旅遊手冊與地方年鑒：

馮樹合：北戴河史蹟，中央文獻出版社，北京，2008。一對於北戴河的老別墅有很詳細的描繪：其中有一篇是專門記載描寫奧地利建築師蓋林（Rolf Geyling）。

馮樹合，姚占來：北戴河傳說，中央文獻出版社，北京，2008，其中很多的歷史以及傳說和描繪、解說北戴河奇形怪狀的岩石樣態。

傅寶忠：秦皇島與海文化，中國勞動出版社，北京，1999—其中搜集了許多有關北戴河的故事，詩詞，散文，和歌謠。

金岩：北戴河國事風雲，中國檔案出版社，1997，2 冊一這本書只處理中華人民共和國建政後的事物：第二冊中包括了大肆渲染的；轟動一時的林彪政變與叛逃事件。

孫志升：到北戴河看老別墅，湖北美術出版社，武漢，2002。—部分的呈現了，從 1938 年當地的地方誌；官方“事務管理局”執行事物的王鳳華，不失為重要的文獻來源，而作者 1946 年出生，在北戴河成長，對於當地最為熟悉。在書中的最後一篇，敘述了他對於其童年的時光回憶。下列擷取一些段落：《【---】--- 當我還是一年級的時候，一戰爭剛剛結束，原本我們住在離杭州不遠的，被茶山環繞的村落中，--- 可是我的父親被派遣到此處，在水電部所屬的療養中心當護理員。我們被指派的住所，在革命前是屬於來自德國的一位商人所有。一共有三個家庭住在裡頭，另外還加上房子的管家，他在我們遷入之前，就將房舍打理好。一共有 20 多人，我們相處融洽。這房子在朝南的方向有很寬很長的陽臺，是水泥搭建的，在下雨的時候，我們在上面玩耍。我們當時年紀小，並不瞭解，陽臺是為了可以讓後面的房間涼爽，陰涼。朝西邊的兩間房是我們居住的，每一間都有獨立的門向外。我們兩人 --- 我與我的哥哥 --- 睡在朝北的房間；房間的後頭，有一個院落和兩間平房，我們稱其為“上房”。上房也有一個陽臺，但是它比較窄小，也沒有那麼的美觀【---】房子的窗戶很特別，如果要開關窗戶，就像在火車上一般，必須向上或是向下推拉。窗戶也從來沒有從裡頭上鎖。那時候還沒有小偷。如果我們從學校回家，忘了攜帶鑰匙，我們就爬窗戶進到屋內。窗戶的外面裝有斜的木條制護窗框，就這些個外窗也經常是開著的，只有在夏天西曬的時候，才將外窗關閉。這時候陽光只能從空隙中照進屋內，成為一條一條的光束，在其中塵埃在飛舞【---】我們還有一個壁爐，但是我們從來沒有在裡面生過火一那只是個裝飾品。在冬天的時候，用一個鐵爐子來加熱取暖，裝有條鐵管子（煙道）通過窗戶。我們也用這個鐵爐子煮食物和燒水，或是用來烘乾我們的鞋子與靴子。我的父親接觸交往的人比較多，所以瞭解，知道外國人的習俗和慶典，也和他們一起宴飲和慶祝節日。他告訴我們什麼是聖誕節，講述耶誕節的故事，讓我們聽不夠。晚上睡覺的時候，躺在床上我們常會幻想，有一個大鬍子的鬼怪，會從壁爐的煙囪下來，送給我們玩具【---】房子前面，種植了松樹，其中有一棵長歪了，所以很容易爬到樹的頂端。這棵松樹的前面有一個壕溝，後面有一棟房子，這棟房子的比我們的大多了。經常有很多人進進出出，其中有外國人。後來才知道是些名人，這當然是我長大後才知道。例如，Anna Louise Strong，Rewi Alley 以及馬海德（George Hatem）—毛澤東的戰鬥伴侶。在院中庭中有個水井，我們也從中取水【---】繼續往西，有面牆，牆上有個開了個月亮門，那後面就是片小松樹林。一條蜿蜒的小道通往一棟華麗的房子，房子的四面全都有陽臺。我們做為小孩有時候很喜歡在那上面玩耍，但是也總是害怕會有人忽然出現在路上；來把我們趕走。但是從來沒有一個人來過。這棟房子沒有人居住，管理的人也不住在這裡【---】那時候，在奇數的日子，我們不必去上學，我就會到療養院去找我的父親。我總會選擇別的不同的路，為的是去探索附近的還不認識的房子。

圍繞著房子的圍牆都非常矮，就連小孩也可以翻過去。當我經過這些房子，從窗戶往裡面看時，我總會問，到底都是些什麼人從前住在這裡。為什麼他們不再住在這裡了？經常的，當我站在一座門前時，我的心跳加速，覺得心臟快跳到了脖子，害怕大門會突然打開，一個鬼魂跑了出來，金黃的頭髮，綠色的眼睛，擋住了我的去路【---】三年後，我們搬到蓮峰山附近。這座山種滿了松樹，滿地的松針，很容易起火。在找尋枯樹枝與松針的過程中，我們探訪過這座山的每一個角落。在春，秋與特別是在冬季，那裡你幾乎見不到任何人，只有在夏天時候，當毛澤東在此居住之際，這座山的一部分就被封鎖起來【---】山的西邊幾百公尺處，有座當地外國人的墓園，那裡的教堂屋頂尖塔有條帶狀的；彩色燦爛的屋頂，教堂的門上了鎖。墳墓上裝飾著十字架，墓碑石橫七豎八的立在那兒，有些上頭還印著照片。我當時覺得很新奇。如何能在石頭上印上相片？想要摩擦掉，卻抹不去。大部分的照片是老人，也有一些是小孩。有一張，到今天我還記憶深刻：一位非常年輕美麗的少女，有著金色的捲髮。（注解：那是一種可以拓印的；經過橡膠溶液特別處理的紙張，用松節油塗抹在相片的表面；在要拓印到墓碑上時，背後先用水潤濕，然後將經過處理的相片與此紙張分開；撕離，照片就印上了）

同上：北戴河—中國現代旅遊業的搖籃，北京燕山出版社，北京，2001—是當地的地方史，時間介於中國人民共和國建立前後的時段，--- 其中記載著新領導人（毛澤東，鄧小平等）的一些奇聞；軼事。

同上發行者：中國旅遊聖地—北戴河，中央文獻出版社，北京，2005—是前面兩本書的延申；有豐富的彩色圖片。

北戴河風景區管理："北戴河海濱風景區志略"是一本對如詩如畫的北戴河海岸線的簡短概要—1938 年的導遊，還屬於那個沒有句點與逗點的書寫方式。閱讀的人必須自己斷句；區分，也許會造成閱讀的困難，但是會有斷句時的歸屬感，如同從前西方人在閱讀時使用鵝毛筆刀來割開連結在一起的書一樣。

王鳳華：北戴河海濱舊聞錄，中國城市出版社，北京，1997：一本屬於軼事性的地方文史，部分很難懂，因為作者血管裡流著詩人的血液，而且也選擇如此寫作。

北戴河檔案（Peitaiho Directory）1924，出版者：天津法國圖書館（網頁：peitaiho directory, ebook.lib.hk）：一本附有地圖和位址目錄，其中包括動物志與植物系列一些文章，以及對旅遊的建議。

特斯強生及德克爾（Tess Johnston & Deke Erh）：接近天堂—在中國古老的夏日度假聖地的西方建築（Near to Heaven--Western Architecture in China）。中國老手報社，香港，1994：可惜的是，該書充滿鄉愁思緒的作者；沒有提供有關蓮峰山別墅的資料：《誘人的，但卻又無法接觸到和超越我們視線的【---】我們只能透過精緻的大門窺視到天窗，門柱，門廊【---】。

動植物鑑

孫繼勝：秦皇島鳥類圖志，香港文匯出版社，香港，2005—一本有關北戴河鳥類世界的圖鑑；內附豐富的圖片。

迪恩維克斯（Dean R. Wickes）：”北戴河的花“，北京自然史協會，北京領導出版，1926—一本薄薄的，用柔軟真皮連結的小書，有很豐富的圖片。

馬丁威廉姆斯（Martin Williams）：北戴河（Peitaiho），中國東部—遠東鳥類遷徙樞紐（www.drmartinwillians.com）

期刊

天津出的**北洋畫報**。—在 20 與 30 年代，每週出版兩次（星期三與星期六），充滿了相片和插圖；涉及到各種最新的有關政治、文化以及八卦新聞。每一期刊中最少包括一張”寫真“的畫面（藝術照研究）。夏天時，此畫報在北戴河有專門的記者常駐報導。

良友畫報—是當時中國最受歡迎的；從 1926 年到 1945 年上海發行的畫報。畫報中的照片有一部分可以看見還附帶著英文說明："最近國民黨黨員們在南非定製了一個銀制的微縮城市模型，送給蔣介石元帥""李（Yioh Chung Li）小姐到達倫敦中國使館，她是來與施（Szeming Sze）博士舉行婚禮的，施先生是中國駐華盛頓施部長的長子"。

北華捷報（The North-China Herald，Shanghai），上海—當時在中國發行量最大的西方報紙。在夏天的時候，他們有一個專欄叫《Outport（外阜）》，會定期的報導北戴河。例如 1902 年 8 月 12 日的報導：《德國海軍上將旗艦，俾斯麥爵士號，在

（北戴河）海上拋錨停靠【---】，永遠吸引著人們的目光的是：其蒸汽小艇來回多次的穿梭於艦艇與海灘上的旅館之間。最近在一次的魚雷演習中在海中丟失了一枚魚雷，三天以來，許多小艇拖網打撈海底，希望能找到它。巡洋艦上的樂隊在亞士都（Astor Hotel）飯店舉辦一場音樂會，海軍上將也很友善的讓樂團在岩石角上表演【---】》。—1905 年的一篇秋天演習的報導（北華捷報 1905 年 11 月 10 日）：《段祺瑞，後來安徽系的頭頭，北軍的領導人：克來爾（Major von Claer）少校，德國使節團非常受尊敬的參贊，原本騎著馬跟在後面，突然在不平坦的場地裡全速奔跑；想要趕超；進到行列中他的位置上去。不幸他胯下的那匹非常神氣；強壯的駿馬，來了個馬失前蹄，一頭栽向前；翻滾倒地，頭朝下，馬上的騎士翻過馬的肩膀摔了下來，而馬全身的重量壓在了騎士的身上【---】三個蘇俄人見狀立刻趕了過來；快速的從其毛茸茸的小馬上跳下來，扶起那位不幸的軍官，而美國人龐迪斯（Pontius）先生，跳下馬來，穩定住那匹發抖的馬。克來爾少校因為直接面朝下撞地，躺在那裡一動不動。蘇俄的騎士們，粗曠強壯；對這樣的事情似乎從前就有經驗，爭分奪秒立刻著手進行急救。他們抓住他的肩膀與手臂下方，舉起他，約高過他們的頭頂一尺或是更高一點，然後（鬆手）讓他再雙腳重重的落到地上。約在一分鐘左右這樣重複了幾次，好像要把少校體內僅剩的一點生命抖落出來。不管怎麼說，這個作法證明有效。少校立刻睜開了眼睛，雖然還不清醒，但是看的出來意識逐漸恢復【---】一兩個小時後，要感謝他的身體素質和強健的體魄；以及及時的解救處理，這位光鮮亮麗的少校居然康復了。》—報紙出新年特刊，此時也會收到各處贈送的日曆，習慣上報紙都會對其撰文描寫敘述一番：《【---】由中國及日本貿易公司代理贈送的一份掛曆，也可以用來記流水帳，一個星期一張，上面印著“西方保險公司（Western Assurance Co.,San Francisco.）”，舊金山三藩市。從”Messrs. Hall & Holtz,”的一張大尺寸的掛曆，可以看見用紅與藍兩種顏色印著中國的農曆和西曆日期，另外還附有美麗的隨身攜帶的小刀，其把手是動物的角製成；上面還刻有裝飾圖。來自日本的“Yusen Kaifa”的是很大一張的掛曆，上面有兩個彩色日本少女在看著水晶球，而在水晶球中有一艘蒸汽船，是投了該公司的保險的。從“Messrs. Arnhold, Karberg & Co“的代理商送來的是皇家保險公司的年曆，上面印有”Landcashire”保險公司的字樣【是皇家保險公司的子公司】。從”東京海事保險有限公司“，有兩份以日本為背景的彩色印刷；上面還附有公定假日的日期表。從”Messrs. Schaar & Wortmann“的代理商得到一本”Messrs. Read Brothers Ltd.“兄弟有限公司的日曆，它是 Bass Ale 與 Guiness 啤酒的裝瓶商，上面有公司創始人的一個女兒瑪麗（Marie Studholme）的肖像。從”Messrs. Week & Co Ltd 得到的油印掛曆，每個月一張；特別用紅色印刷標記著英國，法國，德國，加拿大以及美國來的郵船到達的日期。從 H. M. Gorton 先生，是 Messrs. Siemssen & Co., 代理商的總經理，送的是一本太陽火災保險公司（Sun Fire Insurance Co.,）的年曆，並且附送了一個滾壓式吸墨紙墊，上面印著公司的名稱（公司總資產：2 563 045 英鎊）。從 Messrs. Berigny & Co. 的獨家代理商，兩桌曆是約翰海格有限公司（John Haig & Co. Ltd.） 格棱利夫（Glenleven）威士卡的蒸餾器提供。從 Sphinx 保險公司，一張巨大的掛曆，一張由 P. Barrier-Belleure 所製作的彩色光刻的石版畫，下面標題：《倦怠》，上面是位穿著很少；袖口開的很深很低的的少女。從 Messrs Ilbert & Co., 代理商，是件便利的小掛曆一商業聯盟保險有限（Commerical Union Assurance Co., Ltd.）公司【因為每個禮拜的日數是奇數，對於這種一個星期要撕掉一頁的日曆；總是一再的讓印刷的人感到頭痛，為了解決這個問題絞盡腦汁；有些人乾脆就讓星期日不見了，這也令人懊惱。在 Commercial Union 的這個週曆上，一直保持著八個位置，多出的一個 1.5 英吋見方的空格一留給人記事用。】。標準人生保險（Standard Life Insurance Co.）公司，提供的是日記本，書寫本上面附有周曆，以及一個可以隨身攜帶的年曆和年鑒（公司資本額：1130 萬英鎊）。從 Messrs. Meyerink & Co., 代理商，兩本棕色和金色印刷的；可以撕下的日曆，屬於蘇格蘭保險公司（Scottish Assurance Co.）（1851 年建立，每個月一張）。而中國互助人壽保險公司（China Mutual Life Insurance Co. Ltd.,），用紅色與綠色印刷的掛曆，上頭有孔夫子坐在由鹿拉著的車上；周圍有中國女神仙環繞，上方還有中國的天使從雲端眷顧著。從 Messrs. Kirchner & Boger，代理商，泛大西洋火災保險公司的吸墨紙墊滾。從 Messrs. Scott, Harding & Co., 代理商，利物浦與倫敦全球保險公司的掛曆，火災險，人壽險，退休金，（資金額 1100 萬英鎊），也包括壓吸書寫後遺留下的多餘墨汁的的卷壓墊。邦聯（Allianz）保險公司，掛曆為巴黎廣場花園的旋轉木馬與鸚鵡【---】》（我從北京一位賣煤炭的人那裡，得到了幾乎是整套的北華捷報（North China Herald），這些報紙在文化大革命的時候，被當成是帝國主義文學，被棄置在那裡；隨之被遺忘了。）

德文新報 Ostasiatischer Lloyd，C. Flink 出版一在東亞出現的最古老的德文雜誌，每週六在上海出刊一在夏天的時候，從遙遠的上海，人們成群結隊湧向北戴河。1906 年 6 月 22 日的《東亞 Lloyd》上的一則廣告，由中國工程以及礦業公司出資的（其前身就是開平礦業）。

“重要公告到北戴河修養的旅遊”是中國工程以及礦業公司船務部門；上海登的廣告；推薦最便捷的去北戴河避暑度假的方式是從上海乘蒸汽船，經秦皇島到北戴河。

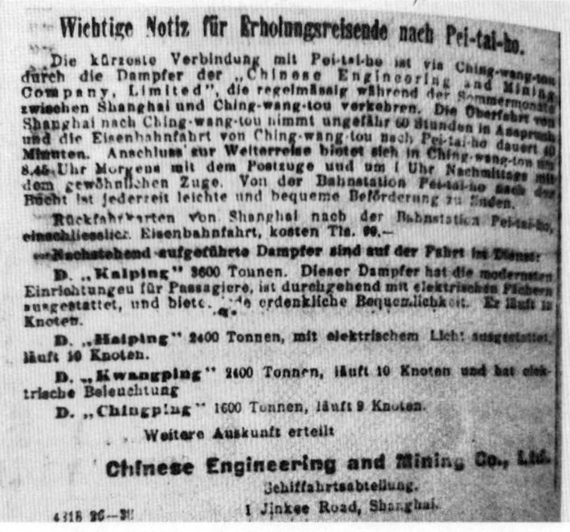

旅遊文化？同頁還有另外一則廣告：

“我的人生告白”，是已就去世奧地利作家 Leopold von Bacher Marsch 的夫人 Wanda 的回憶錄 . 簡裝 3.25，精裝 3.90

亞洲雜誌 Asia Magazine，1917 年成立，有豐富的插圖；相片，半學術性的月刊，其中不乏當時有名的作家，發現之旅的探險家，以及居住在中國的記者：如湯恩比（Toynbee），赫盧離（Huxley），紀德（Andre Gide）， 愛貢歐文（Egon Erwin）、基斯（Kisch），斯文赫定（Sven Hedin），賽珍珠（Pearl S. Buck），薩莫賽特毛姆（Somerset Maugham），林語堂，歐文拉鐵摩爾（Owen Lattimore），威廉 C. 懷特（William C. White），耶瑟夫史迪威（Joseph Stilwell<Vinegar Joe>（尖酸喬），約翰杜威（Jon Dewey），布蘭德（J. P. Bland）- 這只列舉其中的一部分。奇妙歷史的寶庫；稀奇古怪的故事：從美國來到中國購買鞭炮的商人（W. E. Pristly：” 作為光榮的鞭炮者的角色（In the Role of Honorable Firecracker）“；1931，7 月 ）；翻過幾頁後；有一篇關從美國來的

女髮型藝術師在亞洲時《東方人永恆的波浪卷》的經歷（Margarete E. Guehring：一還有續篇連載）。威拉德斯崔特（Willard Straight）是此亞洲雜誌（Asia Magazine）的創始人；他有著短暫而精彩的一生：他在康乃爾大學學的是建築工程，曾經是赫德 Robert Hard 在北京的秘書，日俄戰爭時路透社的記者，美國駐瀋陽的總領事，J. P 摩根銀行（J.P.Morgan & Co）駐中國的總代表 -- 威拉德斯崔特（Willard Straight）在巴黎和談之初，成為西班牙流感的受害者，正如顧維鈞的第一任夫人一樣；因流感不治身亡。（那位元儲存了華北捷報的賣炭人，除了賣給我不同年份北華捷報的合訂本外，也賣給了我不同年份的亞洲雜誌的合訂本）

傳記性的總集

李華興，陳旭麓，”中華民國史辭典“，上海人民出版社，上海，1992 年：一本不可或缺的、可供查詢的資料庫，詳細的記錄了民國時期的人物，官方以及私人機構的詳細故事；歷史。

畫冊說明：原出自南京的第二歷史檔案館，1994 年，香港商務印書館出版的有關民國的歷史文獻。”孫中山與國民革命“，”袁世凱與北洋軍閥“，”蔣介石與國民政府“(三冊)，”汪精衛與汪偽政府(兩冊)”。

亞瑟胡梅（Arthur W. Hummel）(發行人)：“清代的中國傑出名人”，2002 年，臺北，SMC 出版社再版，2 冊。就是中文書籍也很少能夠有能出其右的參考工具書。我保存著一本中文翻譯本，特別在官方頭銜方面有很大的幫助。

特別的字典

陳崎：中國秘密語大字典，漢語大辭典出版社，上海，2002，

高艾軍，北京話詞語，北京大學出版社，北京，2001

徐世榮，北京土話辭典，北京出版社，北京，1990

網路資料

幾乎是取之不盡用之不竭，西方人還未探索的中國網路寶庫。幾乎所有本書中所提及的人物，在網路上都可以查到數不勝數的有關資料可繼續參考。當然對這些資料必須小心，如果提供此資訊的來源是錯的；非“學術性”的；最好忽視，而只去參考查詢印出來的出版物。隨著時間的推移，人們逐漸會發展出一種感知，知道什麼是真的，什麼是假的。權威性的細節情況，一旦被人知曉；就很難編造，偽造。人物，生活經歷，事實，如同拼圖一般，將其整理起來；擺放在適當的位置，所以任何外來物，就插不進去。一北戴河名人別墅（http://blog.sina.com/bhd1025）提供了本文中多數所述及的別墅照片。對每張照片都還描述，提供了那些別墅的歷史故事與資料。

人物的文獻（按字母順序）

Gustav Detring（德璀琳）：與赫德正好相反，德璀琳自己幾乎沒有留下什麼文字記載（日記，書信等），兩人天生就似一個圓的直徑的兩端。當沉默的赫德整天不停的寫的時候，不愛寫字的德璀琳卻愛從早到晚不停的說：金登幹（Campell）於 1897 年 8 月 13 日寫給赫德的信中說道：《德璀琳那天晚上和我說話說到淩晨三點，講述描繪他的經驗，另一天晚上又說到了淩晨兩點。》赫德的日記和與倫敦來往的書信，成為研究德璀琳的最重要的文獻泉源。也因此 1984 年，維拉斯密特（Vera Schmidt）的：《歐洲顧問在中國的工作與

影響》—德璀琳（Gustav Detring（1842—1913）服務於李鴻章麾下》專著，由奧托哈拉斯威茲出版社（Verlag Otto Harassowitz，）在德國的威斯巴登（Wiesbaden）出版．從這本書中得到了支撐，經過我的研究查證取用了她書中赫德有關德璀琳的節錄，同樣包括德國官方正式的聲明（北京公使館，天津領事館），也同樣包括他的助手對他的看法說法：保羅金（Paul King）：《在中國海關工作，一個在中國工作了47年的個人記錄》；倫敦，1980出版。三個中國有關德璀琳的文獻：李正中主編的“近代中國天津故居”，天津人民出版社，2001在天津出版：這本書內較少提及與居所有關的資訊，談到比較多的是原居住者的人生。周利成，王勇則編著，“外國人在舊天津”，天津人民出版社，2007年。孫志升也是“到北戴河看老別墅”的作者，對於開平礦業所有權轉換的陰謀有詳細的描述，同時也對德璀琳，胡佛，還有那位清廷派來的特使張燕謀他們的陰謀作為描寫詳細。

段芝貴：拉皮條的故事，在孫志升的“到北戴河看老別墅”中有詳細的描述。本書中段芝貴的兩張圖像均來自文獻“袁世凱與北洋軍閥”一書，（中國第二歷史檔案館）。—“辮子將軍張勛的政變”，比較愛新覺羅溥儀的：“從皇帝到平民”From Emperor to Citizen；外語出版，北京

福開森（John Calvin Ferguson）：他是少數幾位被收錄在李華興與陳旭麓所發行之“中華民國辭典”中的外國人。——個比較詳細的；有關他的生活與對中國的影響的敘述，可以參考張科生的—“福開森，官居二品的洋人”，http:www.gmw.cn（光明日報的網址）—有關瓷器瓶的事件，可以參考劉鋼：“福開森收藏軼事”網址：liugang.bishe.com—有關格土德華納（Gertrude Bass Warner）的逃亡故事，來自於她的自述--，可以從奧瑞岡Oregon大學圖書館網頁查到（http：//li bweb.uoregon.edu），此網頁資料中還有一篇關於福開森的長文--《40年後》--同樣的他寫給格土德華納（Gertrude Bass Warner）的書信—福開森幫助張自忠逃離日本人的追捕，是在百度百科（http:baike.baidu.com）中有描述。有關將軍的傳記可以參考李宣華，陳嘉祥：“梅花上將張自忠傳奇”；重慶出版社，2005。（張自忠有梅花上將的封號是因為他被埋葬在重慶的梅花山）—有關福開森1901年在上海出生的問題兒子杜康（Duncan）請參照《托特斯基雕像（The Trotsky Sculptors Ferguson & Sheridan）》網址如下：（http://www.trotskyana.net/other_trotskyana/trotsky_sculptors/trotsky_sculptors.html）

蓋林（Rolf Geyling）：主要資料來源於上述的《北戴河古蹟》，以及《老天津的外國人》—其中有針對他個人的詳細的、令人欣賞的生平；其建築作品的重要性及價值；獎項，官階等等，在”維也納建築百科全書（Architektenlexikon Wien）“可以查的到（http://www.architektenlexikon.at/de/167.htm）。

漢內根（Constantin von Hanneken）：最佳的；最真實的資料來自萊尼爾。法肯伯格（Rainer Falkenberg）所發表出版的漢內根的信件：康士坦丁漢內根，《來自中國的信 1879—1886—做為德國軍官在中國》，博勞出版社（Boehlau Verlag），1998。這裡也印出了他父親的書信：普魯士將軍伯恩哈德。漢內根（Bernhard von Hanneken），對於其兒子在中國軍事方面的工作；特別是在建築旅順軍港及防禦工事上、都積極參與，在言行上以及作為上，都從旁鼓勵、出點子協助。可惜 1886 年以後寫給他妻子的信，沒有被收錄編入—高昇號（Kowshing）軍艦被炸沉，請參考船長格斯沃提（Captain Galsworty' s Report）的報告：（http://www.russojapanesewar.com/kowshing.html）.-- 高昇號（Kowshing）艦短暫的一生（1883—1894）；讓人覺得著名的船長作家康拉德（Joseph Conrad 1857-1926：Lord Jim 的作者）也很可以就是這艦艇上的艦長。比較 H. W. Dick & S. A. Kentwell：" 從貨船到貨櫃船（Beancaker to Boxboat）：在中國水域的蒸氣船"，澳洲海事協會，坎貝拉（Canberra），1988。

赫德（Sir Robert Hart）爵士：在中國的歐洲人中，從來沒有人能夠比赫德得到更多的關注以及描述—在他還活著的時候，就已經是個傳奇了。兩個存在的主要資料來源，都是出自他的自我見證的：首先是他從 1867-1908 年的日記，還有就是長達幾十年的與其倫敦的秘書金登幹（James Duncan Campell）的來往書信。這位金登幹（Campbell）先生在倫敦，不只是赫德的私人秘書及財產的管理者，他同時也是中國海關在倫敦的聯繫辦公室的主管，他的工作包括為海關選擇以及培養後繼人選。就如同是赫德的華生醫師。那如猛馬象般龐大的日記，一共訂裝成了 77 冊，其中包括了他對他的工作的評論，他的生活，他的同事，他的家人，中國的官員，海關總署的職員，外交使節們，還有數不清的照片，以及有關中國歷史、故事，政治等等各方面的收藏。這些資料都存放在他的母校；貝爾法斯，女王大學 Queen 's University，Belfast 的圖書館中。（網址：h'ttp://digitalcollections.qub.ac.uk/digital-image-gallery/hart/）. 到現下為止，只有第 31 冊（1885 年 8 月 31 日至 1887 年 2 月 27 日）可以被查詢。其中原因之一；是因為赫德手寫字體很難閱讀。在一封 1902 年 4 月 6 日寫給金登幹有關於他的日記的信中：

《唯一讓我擔心的一除了未完成的工作，還有家庭的糾結外一就是我那麼多冊存在著的日記；我現在希望它們已經和我的那些其他的所有的東西一樣，都送入火堆化成灰燼了，因為，最重要的是，它們可能落入錯誤的人的手中，而其中有些頁面中包含著一些事情，最好讓它被遺忘，此外，更有甚者，被新聞報紙等的，以往當著" 珍貴 "資料，後來的查驗，我很擔心會發現這些東西根本沒有價值，而那些輕率的人，用其所能夠理解的方式對內容錯誤運用，其間甚至謹慎的人，也許會因為不完全理解；其中對許多不同事件的簡短的說明，而聯想到各種不同的的事件；或者更糟糕的，不能夠看懂甚至誤讀了我急就章快速書寫的象形文字。如果我死在了這裡（中國），而我還有時間可以交代的話，我會讓人將這些寄給你，你可以轉交給布魯斯（Bruce），把它當成家庭的古董一不要出版，也不要借給任何種的寫作者。請千萬記住了，--- 安息（R.I.P！注：一般是刻在墓碑上的）！》一在外國語言出版社，北京，所出版的，《赫德與金登幹間的私人書信往來，1874—1907》，從大清帝國海關的檔案中採取的，包括不少於 3528 封信件和 4496 份電報：總計四冊，上千頁；每頁都印的密密麻麻的。

赫德，這位難以想像的多產的書寫者，在其有生之年，總是將其所寫的，當成秘密在進行，一如清朝的皇帝般，將其陵墓讓聾啞的文盲來搭建，自信的赫德也信賴人群中簡單的人，他們既不能讀也不會寫（在他們中如導論中提到的，有趕駱駝的，拉車的）讓他們來保管。這書裡所引用的日記擷取部分，有關赫德的心態上（音樂，天氣等等）；不是從數位網路上那第 31 冊日記所擷取的，就是出自史特林。希格拉夫（Sterling Seagrave）的“龍女（Dragon Lady）”（Vintage Book, New York,1992：一本詳細研究慈禧太后的傳記），其中有所謂的“我們的赫德”這一章節，以及《北京圍城（The Siege of Peking）》這本書。赫德喜歡年輕女孩子，在這本書序言中提及：《【---】有人發誓說看見他與咯咯嬉笑著的年輕女孩；在山坡上的亭子裡玩捉迷藏。》一倫敦時報的記者莫理森對於赫德的評論：（【---】看到他對年輕女子的性癡迷（sex mania）【---】，赫德爵士看起極其脆弱；搖搖欲墜的樣子【---】》），我也是從希格拉夫的書中查閱擷取的。她有幸被允許查閱；這些莫理森至今尚未公開出版的《日記及通訊》，引用記載在這位女士的書中：《莫理森的日記以及通訊（Diaries and Correspondence of G.，E. Morrison，1895—1918）；它被保存在雪梨米琪（Mitchell Library）圖書館。一此外所採用的補充材料：赫德的中國《婚姻》以及特殊的性癖好參考李蘭（Lan Li）與戴爾。維德利（Deirdre Wildy）：《新發現的和有重要性的赫德爵士的法定說明：有關他的十九世紀在中國秘密生活（A New Discovery and its Significance：The Statutory Declarations made by Sir Robert Hart）》。http://sunzil.lib.hku.hk.--- 有關帕林（Palen）如何再度回海關任職的故事，由其自己敘述，出現在 1928 年 12 月份的亞洲雜誌上：（Lewis Stanton Palen），“一位美國佬當中國官（A Yankee Mandarin）”（文中也提及他與滿州的總督趙爾巽會面的事）--- 北京的天主教主教法威爾（Favier）在義和團事件將要爆發前；給法國大使館示警，出自彼得。弗萊明的（Peter Fleming）：“北京圍城（The Siege of Peking）”，牛津大學出版社（Oxford University Press, Hongkong）香港，1983.

（Albert Kiessling）阿爾伯特起士林： 三個地方編年史志中，王鳳華，孫志升，馮樹合，都觸及到他，但是他們應該很難可以與這位“御廚”有任何的瓜葛才對。此外他在那一本“外國人在老天津”中，有他的位置。他在北戴河有房子，在“北戴河名人別墅”部落格中（http：//blog.sina.com/bhd1025）也有一席之地。對外國人來說，起士林在天津是個咖啡廳更是個組織，就如同紐約的咕嚕邁亞（Rumpelmayer）咖啡廳，或者是威尼斯的巴黎酒吧（Paris Bar）。難怪在天津居住過的外國人的傳記中，都會提及這間餐廳。就只舉兩個例子：蓋瑞納斯（Gary Nash），的“塔拉叟伊傳說：從俄國經過中國到澳大利亞（The Tarasoy Saga: from Russia through China to Australia）”，（Rosenberg Publishing, Kenthurst, 2002）– 布萊恩鮑威爾（Brian Power），”天堂之津”The Ford of Heaven “，（London Owen, 1984）。後面這本書，我最初只有中文翻譯本：“租界生活—一個英國人在天津的童年”，天津人民出版社，2007。這是一種誘人的語言遊戲：由布萊恩鮑威爾所描述小提琴師家施耐德（Schneider）先生的景象，用中文讀出如下：坐在盆栽棕櫚旁的一個三重奏小組，演奏著施特勞斯和舒伯華爾滋舞曲，三人中的領奏者，小提琴手赫爾施奈德，是一位奧地利人，他是個矮個子，臉色蒼白，留著小鬍子，眼睛憂鬱無神。--- 每當起士林先生覺得他雇來的這個三人演奏小組中間休息時間過長時，他就會走過去，背著手在他們旁邊一站，用眼角瞥著施奈德。赫爾施奈德會嘆一口氣，拿起來琴弓，將一塊小軟墊兒放在肩上，小心翼翼的把小提琴放在上面，開始調試每一根弦，準備演奏下一支華爾滋。--- 在我們離開時，廣場外總有一個俄國街頭藝人拿他的巴拉萊卡琴對著我們演奏小夜曲。他不得不輕輕的演奏，不然，起士林先生的侍者就會把他趕跑。--- 為了德國的讀者上面的一段，我將其從中文翻成德文；又把它翻譯成英文，後來我碰巧遇見了英文的原版書；與原文兩相比較；因為語言習慣的不同；真是個很有意思的遊戲。

Claude William Kinder（金達）： 金達在上述的地方誌中，因為那幅著名的女士騎驢宣傳廣告而被提及。中文公開發表的文章中對於他的生平—滿州國的鐵道 --—卻沒有存在任何報導。唯一的一次發現他，還是我從香港的鐵路社會的網站上：http://www.hkrs.org.hk/memword/kaiping/accident.htm 的一篇文章《第三部分：意外—香港鐵路社會》裡，那篇文章中還有照片，地圖以及其他有關《關內外鐵路總公司》的資料—而我第一次從北京到北戴河，走的就是這條鐵路線。

顧維鈞（Wellington Koo）： “顧維鈞：回憶錄”，翻譯者：中國社會科學院近代史研究所，中華書局，1993，13 冊．--- 這類回憶錄的形式就是：《我說的（解釋的，打斷插入，應該考慮的，同意，強調等等）—他所提出的反駁（解釋的，打斷插入，應該考慮的，同意，強調的等等）。

大席小宴；酒會，正式會議和意見交換；講演一琳琅滿目；充塞在他那大概有 11000 頁的；印刷的密密麻麻的頁面中。但是關於他的私人世界，卻幾乎沒有任何的蛛絲馬跡。一關於顧維鈞的第一段婚姻，和在與顧惠蘭離婚後的生活，可以參考中國百度百科（http//baike.baidu.com），那裡也可以瞭解到部分的顧維鈞的私人生活。一有關顧維鈞的英文出版物有：斯提芬。克拉夫的“顧維鈞和現代中國的出現”（Stephen G. Craft: V.K Wellington Koo and the emergence of modern China：肯德基州大學出版，1994。一約納堂。克利門斯（Jonathan Clements）的“顧維鈞”：Wellington Koo; China, Haus Publishing 2008）一有關他的第二任夫人顧維鈞夫人惠蘭 [Hui-Lan] 的出版物有，1943 年紐約戴爾新聞（Dial Press）出版的瑪麗泰雅（Mary van Resselaer Thayer）的：“顧惠蘭（Hui Lan Koo）自傳”，.一也是在紐約出版的；與伊莎貝拉。塔維斯（Isabella Taves）合作的：“沒有不散的宴席“（No feast last forever）”；（Quadrangle Books，1975）一在這兩本書中一不同於顧維鈞的”回憶紀錄“一只論及私人生活以及八卦新聞。（看起來這段婚姻關係應該是很緊張）

Dr. George Morrison（莫理循）：他自己撰寫；1895 年倫敦後瑞斯寇克斯（Horace Cox，）出版的”莫理循（G. E. Morrison）：一個澳洲人在中國“，.–莫理循與赫德相似；都習慣記詳細的日記。他的”日記”；如前面提到的；被保存在雪梨的米切爾大學（Mitchell University），至今依然沒有公開出版。本書中所引用的段落，摘錄自（Sterling Seagrave and Peter Thompson & Robert Macklin），.--- Hui-Min Lo：”由劍橋大學出版社（Cambridge University Press）；1976 和 1978 出版的“莫里循信函（1895-1912）”The correspondence of G. E. Morrison1895-1912”,. 共二冊。其中的第二冊（1912—1920）在網上可以查閱（http//books.google.com）一彼得湯普森和羅伯特麥克林（Peter Thompson & Robert Macklin）合著；2004 年在雪梨由阿稜尤文（Allen & Unwin）出版的：”一個死過兩次的男人（The Man Who Died Twice）”.一斯特林西格拉夫（Sterling Seagrave）：”龍女（Dragon Lady）”，其中更詳細的描寫了莫理循的合作夥伴拜克。豪斯（Backhouse）那時候的角色.一胡夫崔佛容培（Hugh Trevor Roper）：的“北京隱士（Hermit of Peking）”一書起底了艾德蒙德。拜克豪斯爵士（Backhouse）不為人知的秘密生活，倫敦馬克米蘭（Macmillan），1976 年出版：崔佛容培（Trevor-Roper）是拜克。豪斯生活的揭露者，也引出有關他的“回憶錄”--《死亡的過往》，《墮落的滿州》讓他那被隱藏了幾十年之久的“病態的癖好”露出端霓。不久前有兩本有關他的書公開出版：“墮落的滿州（Decandence Mandchoue）”一注明是拜克。豪斯爵士（Sir. Edmund Trelawny Backhouse）的中國回憶錄：由德里克三德豪斯（Derek Sandhaus）編輯以及介紹、伊爾紹書局（Earnshaw Books）2011 在香港出版，此位編輯就是因為出了偽造的“希特勒日記”而臭名遠揚，他不會說中文。

因此他幾乎不可能針對其書中的重大議題做出正確判斷，如拜克豪斯在其日記中以大清朝朝廷大員身份；以日記形式為基礎，而寫的暢銷書：「慈禧太后下的中國」是真實還是杜撰的，就啟人疑竇；而他就無法形成自己的判斷。因為對擁有貓頭鷹般狡詐；愛惡作劇的拜克豪斯的作為；已經超出了他的感覺與想像。– 保利康迪特斯密特（Polly Condit Schmidt）的：“北京的幕後（Behind the Scenes in Peking）”；由約翰莫瑞（John Murray）出版於 1910 年的倫敦 .--- 普特曼維勒（B. L. Putnam Weale）的：” 從北京來的輕率信件“（Indiscreet Letters from Peking）1906 年由“胡斯特和布萊克特有限公司（Hurst and Blackett, Limited）在倫敦出版：這本書是至今為止對義和團事件以及外國大使團們被圍在北京城的親生經歷者中；描述的最真實；最詳盡生動；最為活靈活現的一本書。一沈嘉蔚：”莫理循眼裡的近代中國“，福建教育出版社 2005 出版：這本富麗堂皇；雙語版的書中；從莫里循留下的資料中收集了數以百計的照片與資料。

Willard Simpson（辛伯森）：有關他最重要的資料記載以及他的”怪樓“，來自於王鳳華的”北戴河海濱舊聞錄“。這本書，也成為許多地方誌的依據。

Alfred Sze（施肇基）：有關他的一生中的各個階段，都留下了豐富齊全的資料；其中包括他 1910 年去滿洲抗鼠疫；他是調查控制委員的主要成員；親自參加了抗鼠疫的事蹟，見中國網路上”施肇基（http//nj-yhml.cn）“，都可以查到。那裡有他的早年回憶錄；是翻譯過來的；名字是：Sao-ke Alfred Sze，（Reminiscences of his early years）由安民付（Anming Fu）記錄；艾米吳（Amy C. Wu）翻譯。-- 有關滿州鼠疫一節可以比對法拉爾（R. Farrar）的“滿洲瘟疫”（http//www.ncbi.nlm.nih.gov/pmc/articles/PMC2005379）；還有艾莉且寧（Eli Chernin）：”及理查皮爾森斯莊的“1910-1911 年滿洲的肺鼠疫”（Richard Pearson Strong and the Mandchurian Epidemic of Pneumonic Plague, 1910-1911）（http//www.safarmer.com/Indo-Eurasian/manchurian.plague.pdf）“.--- 艾威雷特狄金森（Everett M. Dirksen）對施肇基的一場演說的評論，也在網路上供參考（www.dirksencenter.org）。他女兒施妹妹（Mai Mai Sze)1947 年倫敦約拿桑凱普（Jonathan Cape）為之出版的回憶錄：”哭泣的回音”（Echo of cry）“，書內有作者畫的多幅圖畫 。—那張亨利施（Henry Sze）的廣告照；上面寫著句格言：“一個人在其一生中不可承諾太多，那麼人們也就不會失望太大”。見網頁：www.cyranos.ch.。--- 有關魯道夫施（Rudolf Sze）的事蹟，參考歐利普烏勘（Olimpiu G. Urcan）的：“魯道夫施的神秘的國際象棋生活 The mysterious Chess life of Rudolf L. Sze”（http:// www.chesscafe.com/text/skittles277.pdf）

Tang Shaoyi 唐紹儀：有關袁世凱被前總理譴責的文章，可以參考 www.query.nytimes.com.--- 有關他的被謀殺，見小費德里克瓦克曼（Frederic Wakeman Jr）1996 年劍橋大學通訊社出版的：" 1937-1941 上海荒地 --- 戰爭時期的恐怖主義和都市犯罪（The Shanghai Badlands – Wartime Terrorism and Urban Crime 1937-1941）".

王郅隆：有關他以及其軍閥夥伴倪嗣沖的傳記，請參閱《早期老別墅》一書。王郅隆別墅的照片和他本人詳盡的生平履歷在"北戴河名人別墅"（www.blog.sina.com/bhd1025）的部落格中都能找到。

吳鼎昌，有關吳鼎昌透過玩麻將贏得別墅，可以參考：吳鼎昌：人物 ABC，www.abc.com– 李偉在：" 報人風骨：徐鑄成" 的傳記中，（廣西師範大學出版社，2008），有吳鼎昌的畫像。徐鑄成是大公報的記者；也就是在火車的"藍包廂" 中陪伴著吳鼎昌從天津到埔口的那位。吳鼎昌的資料，可以在中國的網路中點名字查詢。有關吳鼎昌的坦誠的說他下不了蔣介石的賊船的說法，見吳鼎昌第二次從政。

徐志摩，有關徐志摩；這位中國的鄧南遮（d' Annunzio）的文獻和資料，如同少帥張學良一樣，很難看透。—1966 年雙日（Doubleday）公開出版了娜塔莎張（Pan-Mei Natasha Chang）英文版的：" Bound Feet and Western Dress "（小腳與西服）"，講述的是徐志摩的元配；張幼儀一生的故事，由其姪女娜塔莎張（Pan-Mei Natasha Chang）記述，她是紐約的一位漢學家及律師。文章中徐志摩在康橋的生活片段是從張幼儀的角度來看的，本書的節錄來自此書。我這裡只有一本台灣臺北智庫股份有限公司於 1996 年出版的"小腳與西服" 的中文譯本，這本書極可能比英文版更詳實豐富，因為張幼儀的生活故事最初是用中文敘述的。—尤納特斯彭瑟（Jonathan D. Spence）的：" 通往天堂的平安門（The Gate of heavenly Peace），1981 年由維金企鵝（Viking Penguin）出版；其中的一篇文章特別讚美"歌頌涅槃（Extolling Nirwana)". 他在這本書中給出了第二個書名："中國人與他們的革命（The Chinese and Their Revolution)"，他在書中不只是給了梁啟超同時也是徐志摩很大的篇幅。有關徐志摩與陸小曼的關係，見 www.xinhuanet.com.---"塵中飛揚，徐志摩與陸小曼"。網頁中提供了許多影像剪輯的資訊，文檔，文獻，照片和許多影片剪輯的片段。—有關王庚；陸小曼的第一任丈夫，他的生平履歷，見：baike.baidu.com

--- **王庚**：陸小曼的前夫和徐志摩的朋友；他本人的生活和經歷見 baike.baidu.com--- 有兩部；有些晦澀，但是寫的十分精緻典雅的書，台灣臺北出版的張源的："徐志摩四角戀"，被收錄在：中外圖書出版社的"風流人物" 中。—芝翁，高拜石的"古春風樓瑣記"，（台灣新生報，臺北，1974）。—這兩部書，都是我多年前在臺北熱鬧的萬華夜市；蛇市，也是妓女紅燈區所在，購得的，記得是位難纏的賣家，費了兩天的時間，才從台幣300元降到250。但是它確實值300。在賣家的旁邊的竹凳子上，坐著只穿著衣服的猴子，不停的對你露出牙齒。成交後，小販給猴子一支香菸，猴子笑了）。

張學良：針對他的文獻與資料，在中國大陸與台灣都是無窮無盡的！他與趙四小姐的戀情一如中國版的羅蜜歐與朱麗葉，引起人們不斷的遐想。同樣的在中原大戰時張學良幹預的六年後；在西安劫持了蔣介石，然後是超過50年持續不斷的軟禁。一一個花花公子，將軍，政治人物，冒失鬼。北洋畫報及良友畫刊，在三十年代初，幾乎每一份刊物上，都有他的八卦新聞和報導。其中最精心的傳記是張永濱所著的"張學良大傳"；（團結出版社，北京，2007）。一第一次與趙四小姐浪漫的初次見面一好萊塢的電影的開場也不過如此一我是在中國：www.lifeall.com"張學良與趙四小姐的婚戀傳奇"發現的一有關張學良的戒毒過程，參考比較："張學良聽宋子文勸戒毒：誰給毒，我馬上打死他"見：www.chinanews.com.cn– 唐德剛："張學良口述歷史"；（中國檔案出版社，北京，2007）。隨這本書附有唐德剛與張學良的對話錄音CD牒。唐德剛是哥倫比亞大學的歷史學教授，先前寫過過李宗仁的傳記。訪談發生在1990年的臺北；張學良臺北的家中或是在各種旅館中進行的。這是一份有聲的CD碟片，具有所有權的；特別的錄音資料。採訪的對話不專業，而是一種隨和；和藹有禮儀的男人之間的聊天。主題不停的更換，從小木頭談到了小手杖，一大堆的笑話笑聲。開始的時候能聽見有人在那裡練習彈鋼琴，然後聽到有洗牌的聲音，有時候中間還可以聽得到戰前的歌曲和流行歌曲的節奏。--- 張學良雖然年事已高但是說起話來鏗鏘有力。他的談話沒有刻意的修飾及選詞造句，都是簡單直接明白的大白話；日常用語。有些事情他是絕對不透露任何口風，因為顧及到當事人，他有意為之，不願意被當成"張大嘴"。唯年事已高的徵狀會不自覺的；不停不斷的重複說：《沒，沒，沒，沒》。。。。或《他不聽，他不聽，他不聽，他不聽》等等。常常也會重複整個句子。--- 這本書表現出了張學良是一如既往的漫不經心；無所謂的天真，自信。--- 唐德剛與張學良的首次會面時，還必須經過臺北當局的同意才能進行，因為他還處於軟禁期間。唐德剛獲得許可是同意在一定的時間；和一定的地點：臺北喜來登的某一層樓舉行會面採訪。當唐德剛從電梯走出來的時候，迎面來了一個穿便服的人，顯然不是大飯店的職員，彼此展開如下的對話：

"這一層樓今天關閉了。"。

"我是被要求來這兒的"，唐德剛說

"誰要你來的？"

"一位張先生。"

"您的大名？"

"唐！"

"唐教授？"

這時候那個人的臉上有了一絲笑容。"張先生在等候您！"

他帶領著唐走到一個宴會廳，那前面還站著兩位穿便服的人。第一位打開了宴會廳的大門，然後往內喊道：“唐教授到了！”

宴會廳中除了有一張宴會大桌子外，還有一張沙發、小桌子和沙發椅。位置足夠十幾個客人用。在沙發上坐著一位老先生，帶著黑眼鏡與一頂羊毛帽一張學良。

寫傳記者的計畫並不那麼容易實現。張學良習慣了發號施令；下達指令，不會聽命於他人；特別是聽從一位“筆桿子”的要求。他的態度就是，《我說，你寫》也只能在在如此的情況下進行。但是傳記能夠成功的先決條件，是張學良必須預備好了；願意配合才行。但是張學良從來沒有這方面的習慣與紀律。一第二次的訪談嘗試是 1991 年的紐約，哥倫比亞大學為了這本自傳同意撥款給唐教授。這個項目原本是要在一個宴會上與哥倫比亞大學學院的負責人；簽署一個協定。一張學良答應了出席，但是要求細節方面應該與接待他的貝夫人協調。在確定安排會面的三天前，唐教授打電話給貝夫人想要再度確認。

貝夫人說，“他去旅行了。”

唐教授驚得目瞪口呆：“我們不是已經說好了要見面嗎？”

“他不願意等，於是就去旅行了。

”去哪裡了？“

”去佛洛里達。“

”何時回來？“

”他不回紐約了，就直接飛回台灣了。“

這純粹是騙人的，唐教授後來是從教會的牧師那裡得知；張學良每個星期日都去做禮拜。唐教授再次打電話給貝夫人，和她談起見面的事，貝夫人的回答是：”太多的人邀請他，我擔心他的健康，因此就找了這麼個托詞；拒絕了所有的約會。“唐教授希望與張學良本人說話，她將話筒遞給了張學良，張學良一副無辜的樣子：”德剛，你不是要邀請我去參加宴會嗎？我還在等著哪。“

於是再來一次，而這時候，哥倫比亞大學的負責人很多都去度假了。唐德剛開車去接了張學良。在餐廳門口剛好有個停車位，張學良坐在後座，就要開門下車，唐德剛請他等他把車子倒進停車位後再下車。--- 等兩個人都下了車：張學良的評論：”德剛，你還會倒車？“

在外面等著的中國客人們都笑了起來。對於張學良說法的解釋是：30 年代，當時要開倒車，不像今天，只用一隻手和一隻腳；而是需要雙手與雙腳並用，是很複雜的事兒。儘管張學良自己也會開車，但是已經習慣直接下車，然後讓司機去停車。

這個傳記撰寫的計畫又觸礁了。唐德剛當然不是張學良的司機要幫他開倒車。第一版錄音的複製品，在張學良死後的一年發行一在台灣，我去參觀蔣介石紀念堂時獲得的，這份四個小時的影像資料一”張學良大世紀“（英文版的名字是，1901一2001 A Century Memory of Young Marshal），（喜馬拉雅研究發展基金會

www.cdnet.com.tw）。主要的重點對話是張學良與年輕的戰友們；在 1993 年拍攝記錄的，也就是在與歷史學家唐德剛訪談之後錄製的一有年紀的少帥：圓圓的臉龐上有許多的老人斑，一支大圓眼鏡架在鼻子上，看起來像頭貓頭鷹。充滿生氣的眼睛望來望去，還加上很多的手勢。看不出已是高齡，他看起來精神充沛；像是個 70 幾歲的人。最初穿著格紋寬大的短袖上衣，或者這樣子的襯衣配穿西裝打領帶，頭戴著那頂黑色毛帽，過去他開飛機的時候一定會戴的。一他坐在台灣家裡的客廳中，高挑的天花板，令人舒適的安逸的，雜亂無章的傢俱擺設：傢俱橫過來，豎過去，桌上有好多；半滿的玻璃杯的茶，一個嵌入式的壁爐上面放著照片，牆上掛著鑲在鏡框裡的中國畫，一個為站著用的；斜的桌面的桌子立在牆角。張學良的演講沒有任何造作、不自然，他很生動活潑；活靈活現；發自內心深處的從頭談起。在每一個高潮前，他會停頓一下，在那個緊要關頭，大家都在等著（當然也都已經是眾所周知的事了）。在他的手裡，有張記事的紙，上面有超級大的提示語。（他在這個年紀已經幾乎看不見了）那張記事紙，有報紙那麼大，大到可以躲在後頭。他講的有關故事內容和一些與歷史相關的事宜；如哥倫比亞大學教授唐德剛教授所收集的，他全部放棄不提。一舉個例子：1911 年這個反清革命的年代；趙爾巽總督的命是如何被拯救的；這個關鍵的故事，他的父親應該經常談到才對。那麼這個故事到了第二代張學良的口中：

《啪》，他把手槍拍在桌上，《我反對》。搖晃著手中的記事紙，張學良的目光掃了大家一圈，重複著這句話，《啪，我反對！》然後就講起了他的童年往事：

《新年在我們奉天，下麵房間的桌子，被肉餃子壓彎了（這是傳統的中國過年必備的食品），在這天寒地凍的地方不需要冰箱，來訪的客人，抓起一把餃子丟進熱水中去煮 [---] 我們家的廚房裡有多少人手？》他嘴角翹起；調皮淘氣笑眯眯的搖著手上的記事紙；對著群眾看了一圈，等待著。

《超過 70 人》

他說。沒有人敢想像。

《超過 70 人！》

然後故事就激發起了人們的想像：

《在學校裡，我們捕捉蒼蠅，然後把它們圖成紅色，藍色和黃色，將它們當成是士兵。有一次，有一隻蒼蠅停在了老師的書上，老師是近視眼。》

張學良將手中的計事紙拿的很靠近自己的眼睛，搖擺著頭，嘴裡喃喃自語：《哦，一支紅蒼蠅？》

接著開始了一個奇特不尋常的描述；不是談論蒼蠅兵。而是發生在滿州真的事情：

《在作戰前，他們不許尿尿，這是被禁止的。在發動攻擊前的兩個小時，是不准許尿尿的。為什麼？》然後又開始了沉默遊戲；閉口不言；再開始：《因為在寒冷中水滴會結成冰，使槍鎖住無法使用，這時

候沒有別的法子，只能是再向槍撒泡尿，讓熱尿融化結的冰。但是時間也不太夠。》

這時候腦中圖像立刻浮現了：（兩個士兵；兩支槍都不能用；每個人都對准了自己的槍撒尿，只有一個人成功。）一張學良的旁邊坐著一位守護者；”趙四小姐“，她穿著一件灰色的西服套裝，裡頭是件淺藍色的高領毛衣，手腕上戴著只男錶。長長的臉上滿是皺紋，朝後梳著的頭 ，男式的夾克上衣上有巨大的口袋，更增加了她的男人氣。她也戴著與張學良同樣的圓邊大眼鏡。一個嚴格的、不苟言笑的老歷史老師，不說歷史故事，只是時不時的提醒；糾正反對他的一些說法，這時候他會搖晃著手中的記事紙阻止她。一個例子：有一段影片，張學良穿著件無袖的；格子毛背心在打網球。她轉向他，（難得一見的，她笑了）：《這件毛線背心是我打給你的，一格兒格兒針的）。當張學良的第一任夫人于鳳至在洛杉磯的墳墓照片出現時，趙四小姐離開了現場一段時間。

嫉妒？[114]

西安事變是這捲影帶的重點——個關鍵的歷史，一如其父在瀋陽的歷史一樣。張學良將其記事的紙放到一旁，好像一切記憶猶新歷歷在目。關於周恩來，不必多說（用不著哩哩囉囉說好的事）就立刻明白。他對他是這樣描繪的：《年輕時是個美男子，直到後來留了滿臉的鬍子。》[115] 也是個非常有頭腦的聰明人，不像那個⋯⋯誰，那個誰，那個誰，》。--- 那個誰的名字，他記不起來了。有聽眾幫助提醒：《毛澤東》。張學良點頭，但是沒有說出這個名字來。然後接著對蔣介石有一段的解釋，與唐德剛對話有些不同。蔣委員長在此事件後讓他還可以活下來，其實要感謝蔣宋美齡（完全是蔣夫人幫我的）《蔣先生是要把我槍斃的》。一有關他的長壽秘訣：《我睡的很好【---】（我要是想睡覺，我就躺那兒睡覺（他指著沙發）一有關張學良暫住在貝夫人家的紐約之行，（見林博文；張學良，宋子文；檔案大揭密，時報出版，2007）。

周學熙：有關他的文獻，不只是在地方誌上有記載，也在先前提到的**“從前的老別墅”**，佔有了特別的一章。一此外：姚抗的“北國工業巨子：周學熙傳”，（河北人民出版社，石家莊。1995）。另外在中國的互動百科中對他有最詳細的描述；見周學熙（http//www.hudong.com）。

朱啟鈐：那位拿著白銀小鏟子的人，是北戴河的中心人物，在地方文志內，以及前述的”早期老別墅“中總是佔有專門的篇章。中國第二歷史檔案，南京出版的，”袁世凱與北洋軍閥“裡頭有許多的相片都出自他的收藏。一其他的來源：曹振中出版的；孟菁緯的”蠖公記事“。一”朱啟鈐先生生平記事“（中國文史出版社，北京，1991）：這是一種死後出的紀念文集，重新收集編輯了他所撰寫的散文及詩詞，表示對他的讚賞以及回憶，其中包括了他捐給國家的藝術品還有種種的遺產清單：（傢俱，衣物，皮毛，茶葉，藥物，酒類等等）。現金朱啟鈐留下的只有800

元。一有關朱啟鈐在北戴河的墓園，可以參考楊炳田的”朱家墳始末”。一朱海北，“先父朱啟鈐與風雲變換的北戴河”，在台灣的傳記文學 1996 年新年出版。作者是朱啟鈐的大兒子也是當年張學良的副官。一吉拉米巴米：“朱啟鈐的銀鏟子”（Geremie R. Barme: Zhuqiqian’ s Silver Shovel，）2008 年 6 月發表在澳大利亞國家大學的“中國遺產” 的季刊中（China Heritage Quarterly（Australia National University. No14, Juni 2008.）（www.chinaheritagequarterly.org）文章指出朱啟鈐對北京城現代化的重大貢獻，其中包括 1915 年 6 月 16 日在暴雨如注中開始拆（北京）城牆的歷史性相片，好似上天在為這種褻瀆行為留下了眼淚。

此外有關拆北京城牆見“90 年前北京整修前門軼事“中的第 6 章；www.1921.org.cn

“趙堂子胡同朱啟鈐舊居”：www.bj.xinhua.org

特別主題（按字母順序排列）：

買官：金受申；林夏賢：金店，見”北京往事談“

妓院：舊中國黑社會密史，（經濟日報出版社，北京，1998）一對其組織有詳細的報導，與劇院有令人驚訝的相似度。這裡和那裡的業務；猶如後臺（演出的本身和他們藝術表現的能力）和前臺（演員的責任心，賣票，廣告宣傳等等）；管轄權和責任是有區分的。明星的薪水以及分紅按照彼此的約定。後台有所謂的領家娘“，” 大了“或是“媽媽”” 姆媽“。他們負責小姐的調教以及引導，包括衣著和打扮，當然也包括如何取悅客人等等。一前臺的事物，由” 老闆” 負責，也叫” 叉兒“(行話意思為生殖器或者就簡單的說” 杆兒“。他負責的範圍：租賃房舍，裝潢；傢俱，付稅，日常支出，與官署打交道，也包括雇用服務人員：如果說要建立個有十個女孩的” 組織“，就要有 3 個廚師，4 個苦力（打掃清潔房間，擦地，採買，跑腿報信等等），一位理髮師，一個守夜的，3 到 4 位的娘姨，幾個女傭，她們是不允許與客人打照面的。一他們兩人：姆媽與老闆，一” 茶壺“或者稱” 站院子的“要隨時隨地伺候左右。其任務組合目的是招呼好客人（打簾子，上茶，送上熱毛巾與香菸，收錢等等）。此外還要能監督、照看好小姐們。一個好的” 茶壺“不好找。他必須是見多識廣；社會經驗豐富的男人，耳聰目明，感官敏銳、八面玲瓏、見機行事，維持住客人使之滿意、順從。沒有必要不會得罪客人。笑面相迎，彬彬有禮，還要能夠對客人的臉和名字有驚人準確的記憶。這是先決條件。

北京的中央公園：張文鈞：在上面提過的” 舊中國黑社會密史“書中的” 舊北京妓院黑幕“。

中國詩詞：西蒙雷所著的” 詩詞與圖畫“(Simon Leys: Poetry and Painting）.” 和涉及中國古典審美觀的；1986 年紐約由候特，瑞恩哈特及溫斯頓（Holt，Rinehart and Winston）出版的“燃燒的森林”（Aspects of Chinese classical Aesthethics in：Burning Forest. 作者含沙射影，旁敲側擊的批評了30年的無知控制；沙漠化了原有的文化。

”說書人“：靳麟：”評書“，見前面提過的金受申的”北京往事談“。---《北京觀眾的無情、挑剔是出了名的（金受申），任何不合規矩，或是說書人疏忽大意的說差了；說溜了嘴，造成過失、錯誤，就會引來指責，有時候大聲到會讓說書人無法招架。還有如果在處理劇情時出了差錯，會被當成譏笑的箭靶。例如兩人正騎在駿馬上戰鬥：如果這位英雄上馬時的腳踩馬鐙；錯了（方向），結果造成面向後的騎在馬背上；在熱戰中出現了如此紕漏？被人高喊著的聲浪糾正，讓說書者領受教訓。這位英雄（也是說書者）沒有別的選擇，只能重新再上一次馬。這一次雖然說是上對了邊；但是又不小心；沒有注意到對手的駿馬；又鬧出了紕漏；接下來造成的結果是兩匹馬混攪在了一起，成了一匹。觀眾開始不安了；再試一次，可惜馬兒卻又奔向了相反方向；難道我們的英雄要逃跑？觀眾又笑了，同時又大聲的喊叫起來。--- 在戰鬥行動中像這一類的武打功夫動作的故事，成為說書的主軸，而順著這主軸一擁而上；發展出許多細枝末節；類似的陷阱、詭計、圈套等等。觀眾想要盡可能的活靈活現、身臨其境的感覺；而如此多的這些細節也就為說書人埋下了陷阱；成為製造問題的魔鬼。[116]

說書的規矩是說書人有權保留對作品的詮釋以及解釋，也包含對故事發展的過程，但是不能說：《其包含的意義是……》，或者《這代表了的意思是……》等等，也有例外；那就已經存在于原文中的”聊齋誌異“。語言上，特別是在對話中，不能有《他說》，或者《她說》，或者其他類似的話。說話人的言語內容以及身份，必須更多的透過音色和聲調來表現。在劇情必須繼續進行的情況下，對話必須簡短扼要，聽眾的記憶是短暫的，很快就會不耐煩。還有不符合規矩的就是過多的停頓。這些有意的停頓與所謂的”扣子“不同，這是在過程中忽然的頓住；來了個休止符。”扣子“是難度很高的藝術處理技巧的表現，只允許在特別的、對的時刻、對的地方出現，精准罕見的使用，否則就失去了效果。

金魚：金受申一如上面提起過的他的書中有詳細的報導，包括了所有的金魚繁殖與養殖方面的問題：一個補充說明：金魚最討厭的就是新鮮的、新打上來的冰涼的井水，只能用被陽光曬過的水。必須要先曬多久？那就要看金魚的種類而定：如果是比較敏感的；如翻鰓魚，藍龍睛魚，或者望天，曬的過程需要好幾天，祂們只有在老水中才感到”如魚得水的“舒服。其他的大多數的魚；也包括”蛋魚“；曬一天就夠了。換水一般則需要每一天。對於水只需要曬一天的魚，是安放兩排的水盆。每個月單數日，把第一排的金魚撈換到第二排的盆中，然後把第一盆的水倒掉換成新水，讓太陽曬。在偶數的日子，相反運作重複一次。如此這般的聰明容易按日子結構性交換著，老水被保存在另外的大木桶中。此外需要注意的；特別是一些外國培育的魚種，需要注意水不能含鈣質。只有在仲夏的特高溫天氣例外可以放入涼的；沒有曬過的井水，--- 是為了時不時的給盆裡的水降溫；尤其是早上當金魚開始疲憊的浮出到水面；張合著嘴，--- 這是個危險的信號 ---；稱之為”叫水“。第四個工作程式就是在早上與晚上清潔魚的排泄物以及殺滅害蟲；和去除其他的污穢。使用的器皿是切掉了上面的葫蘆當杓子，或者是半圓的、彎曲的銅管，戲稱”滑稽“，因為那些髒東西，好像不好笑的笑話一樣，黏糊糊的黏在一起。一補充資料：石志廉，”北京金漁業“：見”舊京人物與風情“。

蛐蛐：劉衡璣，”蛐蛐趣談“”，見”北京往事談“。

皇室的官階：一本 1897 年倫敦出版；1970 年臺北重印的“中國政府：中國官員名稱手冊；排序分類和注解）；至今依然是不可或缺的參考指南。著作者是威廉邁亞：（William Fredrick Mayer, The Chinese Government: A manual of Chinese Titles, Categorial arranged and explained, London, 1897.）：邁亞（Mayer）撰寫不是偶然，他也提到了中國的金魚。可以參考有關“中國與日本的問答第二冊”：”金魚的繁殖”（Goldfish cultivation in: Notes and Queries on China and Japan, Vol.II）

清廷官階官服：一共分為九品；也就是九個品級，一眼就可以從其官服的標誌

上看出來。最重要的是朝服上所繡的“補子”，腰帶和錐形、上面由紅色線繩覆蓋的朝帽；帽子尖頂上的紐扣配飾，也就是“頂戴”。--- **頂戴**的扣飾，按照級別：從上而下分別為以下的材料：紅寶石或是其他的半透明的紅色的寶石（一品），紅珊瑚（二品），藍寶石（三品），藍色不透光的寶石（四品），水晶（五品），白色不透明的寶石（六品），表面經過特別擊打處理壓花的黃金（七品），黃金（八品）和壓花的銀（九品）。--- 朝服的刺繡**補子**：一品是鶴，二品是金色的野雞，三品孔雀，四品野雁，五品野雉，六品蒼鷺，七品鴛鴦，八品是鵪鶉，九品松鴨。一**腰帶**，一品是金鑲玉，二品是金鑲紅寶石，三品是拋光的金，四品打拋過的金加上銀扣，五品普通的的金加上銀扣，六品珍珠母。七品銀，八品透明的牛角，九品水牛角。一品與二品這最上面兩級的高官皆稱為“紅頂”，下麵的二級是“藍頂”一面子問題：重要的是在正式慶典和邀宴時，到底有多少的紅頂與藍頂現身參加盛會。

銅錢，銀兩等等：金受申，見上面提過的“北京通”。在民國建國的第一年，（見銅錢的缺乏），有關鑄幣的事兒，可以參考榮尼吉伯特（Rodney Gilbert），這位資深的北華捷報記者，1930 年 8 月份的亞洲雜誌上有他的文章：”成噸的錢“其中有如下的描述：

《1917 年的秋天，我隨著黃河洪水順

流而下；到了山東省的最西邊，看到三至四艘要出海的，揚著帆的運輸船系綁著；停靠在河岸，裡頭裝著什麼很重、吃水很深的物品，上面飄著日本國旗。我在離它不遠的下游上了岸，往上走，發現一長串的村民，（他們腳步不穩的；肩挑著麻袋、層層纏繞、包裹著的重擔），登上其中的一條船，走在搭到船上的木板條上，橋頭被幾個武裝的、但是沒有穿制服的痞子守著。船上有日本人在秤重量；那是一串串的銅錢，然後付給他們白花花的銀元，一等達成交易，中國船員快速抓住麻袋；把它移送到貨倉。有一位日本人很有禮貌的邀請我上船，然後帶著我進入船艙，在那裡我看到了超過我能想像出的還要多的多的、中國所能鑄造出來的銅錢【---】。後來我問了村民，為何官方沒有干涉。他們解釋說日本人是執行者。河流兩邊的土匪們收了他們的錢，被他們買通了，他們負責讓官方人員以及少有的幾個士兵快樂。而這些同一群的土匪們；也提供這些賣銅錢的村子適當的安全保護【---】》。《為何中國官方沒有發現，一枚銅錢的價值在第一次大戰的時候，已經遠遠高於一般的金屬，這就很難解釋了！他們並不瞭解真實狀況【---】這可真是有利可圖的、極大的暴利買賣！……

林彪政變：見李志綏 1994 年倫敦出版的”毛主席的私人生活“(Li Zhisui, The private life of chairman Mao, Chatto & Windus）.2005 年倫敦出版的”毛，人們不知道的故事“(Jung Chang & Jon Halliday, Mao, The unknown story, Jonathan Cape, ）. 和 1986 年紐約出版的西蒙雷的“燃燒的森林”（Simons Leys in: The burning forest, Holt, Rinehart and Winston。）

是政變還是逃亡：至今仍是個謎。有關這方面的資料如山的顯現，不只是有中文的，也有西方的。--- 第一個問題：林彪從 1971 年起被中國共產黨大佬們認定是毛澤東接班人、是人民共和國的副主席。地方重要的軍事將領都是他的屬下。當紅衛兵失去控制的時候，他原可以包圍住他們各個擊破；化解文化大革命。他那時候比毛澤東更有權勢，特別是在：”槍桿子出政權“這方面。毛澤東需要他，他不需要毛澤東。為何要政變？ --- 第二個迷：林彪是個小心翼翼的功於算計的策略家，--- 一位如蛐蛐遊戲中的”奇巧齒口“這一類 ---，在以往他只有在有百分之百的取勝把握時才會出兵。一個”最後絕戰“，對他來說是不會發生的。他剛好是玩孤注一擲遊戲的反面：他是個權力的運作的專業技術人才。如果他要上演叛變；他會成功的。不管怎麼說，如果他要叛變；那麼起碼會是一場內戰，絕對不會像一個肥皂泡樣的破了。另外一方面；他不只是為軍事天才；他的戰鬥歷史至今仍然在世界各地的軍事院校在研讀，他有恐水病；好像被瘋狗咬過似的；只要聽見水聲，就能引起他瀉肚子，他從來不洗澡，而是讓他的老婆用濕毛巾給他擦拭。同時還對光線和穿堂風敏感和有恐懼，他的訪客在他身旁只能動作放緩慢。一除了精神上還有身體上的苦痛，他對棉織物過敏，無法吃肉與水果，--- 也因為如此缺水，生理上也產生了病變 ---，腎臟結石。有一次他再度被其困擾折磨，毛澤東還派遣他自己專用的醫師去看他，當他被帶入臥房的時候，居然發現共和國的第一大元帥，在他夫人的臂彎裡流淚，她正在把泡軟了的饅頭喂他吃。大便他是在床上；用一個被子像個帳篷似的圍著、用便盆解決，看上去絕對不是什麼英雄形象。也因此醫師懷疑林彪依然繼續在使用鴉片。（30 年代末他曾經到蘇俄去戒毒）--- 而最後的終結地，前面已經說過了，就是北戴河。林彪雖然有恐水症，但是喜歡海邊的空氣。他不喜歡風，所以他的所在居所是被密不透風的層層樹林遮擋保護著。--- 這一場大戲的其他成員：他的夫人葉群，他的兒子林立果，又稱”老虎“，他的女兒，林立恆，小名豆豆。他的兒子作為空軍的高級軍官，被同齡人描繪為”幼稚的花花公子“，如同中國的史濤汾柏格（Stauffenberg* 計畫在會議中謀殺希特勒的軍官），對社會主義失望，被毛澤東過大權力排擠。林彪政變的劇本；是在林彪死後，才開始真正進入公眾的視聽。

看起來有許多不同的謀殺毛澤東的計畫：對他的專列火車投擲炸彈、炸毀鐵路橋樑、使用凝固的汽油彈，抽出手槍直接射擊毛等等。謀殺代號”571“，（諧音”武起義“。毛澤東的代號是 B—52（當年把北越變成一片瓦礫和灰燼的美國轟炸機）一可以設想，這些計畫並非後來才發明創造的，但是很難令人相信這些計畫是從林彪腦袋裡蹦出來的。這樣的計畫，看起來比較更像出於他的兒子之手一那位幼稚的花花公子哥”太子殿下“，就從”老虎“的稱號和另外兩個代號：就可以看出來這是花花公子們喜歡與賞識的。這也是共產黨領導們；所謂領導層的特權與例外，時至今日這也還是一樣不變的規矩。—一如既往，整個計畫如果真的存在的話，就像紙牌屋一樣的自己倒塌了。這些密謀政變者被迫大逃亡。一架英國的三叉戟飛機在附近的山海關的機場待命，飛機不知名的原因墜毀在外蒙古的邊界。蒙古官方調查團的報告說；直接形象的寫道：《林彪的頭蓋骨沒了，他的腦子（一個天才腦子；但是也充滿病態恐懼的腦子；和拿破崙一樣）明顯的落在了附近；完整的被包裹在被鮮血染的如漆器般透亮腦膜中》。一上述是正式的說法。可以確定的是林彪午夜離開北戴河，淩晨 2：30 左右就被發現死在了蒙古大草原上。”在活得生命中；被死亡包圍（《在死裡求生》“：我們向誰求助，如果不是你，我的上帝，嘔；上帝呀！你有權被我們的罪惡激怒。》）。有足夠的資料證明死亡之人是林彪，蘇俄的法醫將遺體運到了莫斯科。從牙齒來判定，他就是從前到莫斯科戒毒的鴉片癮者。他與他的夫人被發現的時候都是光腳。從這可以推測，當時應該是飛行員迫降，而不是被飛彈擊落。這個迷團依然待解，那就是飛機裡的黑盒子，它被安裝在機艙中；記錄無線電通話和艙內對話的內容。它完整的被找到；卻又不久後就從地面上消失了。有人說，最後的無線通話是周恩來，--- 可能也有毛澤東 -- 與林彪：請求林彪和提示飛行員調轉機頭返回？這是另外的一個謎。那位機師先是被當成叛徒，後來卻成了英雄。所有的這一切都很可能。因為這些記錄都隨著黑盒子消失了，無法得到印證：飛行員曾經試圖掉頭返回；或則也很可能因為飛行員拒絕飛越蒙古國界而引起了槍戰：也可解釋了為什麼飛機會墜毀的原因，因為按照在墜毀現場的報告；說飛機的油箱中還有足夠的汽油，可以繼續飛行。--- 不過真實的過程是如此的充滿了戲劇性，也就不難要出紕漏。除此至今沒有找到答案的問題是：到底這樣的逃亡可能會造成什麼樣的結果？一個政變？再次提一下主要的反對的意見：林彪做為中國最有權力的人，根本不需要政變，如果真要政變也不會逃亡。--- 有一種可能的解釋：那位幫林彪處理腎結石的醫生的說法是，林彪已經頭腦不清楚了。如果根據這個說法，其實就不難理解，這號人物為何會有如此不可思議的行動，除非是因為心理失控，被追殺的強迫症—赫斯綜合徵狀（Hess Syndrom）. 在強大的壓力下；忽然造成了急性、個性突發性的改變。也就是”副手“取而代之成了第一把手；換句話說，這位小紅書毛語錄的發明者，忽然瘋了，--- 如果這個情形沒有在文化大革命時就發生過的話！而文化大革命，他也是共同策劃和煽動者，如果他已經安然的在俄國降落了，他也可能如同赫斯（Hess* 希特勒得力第二把手；忽然離開德國飛到了英國的事件）一樣，忘了過去所有的一切。— 或者也可能是他兒子在其父親不知情的情況下搞的政變，將父親當成了人質？因為有目擊者說，林彪是被迫登上飛機的。夠一個驚悚片的資料：《林彪的黑盒子》。

瓜：金受申（見上述書中）

鴉片以及衍生品：初步說明：每個社會都需要其藥品，一如每個生病的身體需要藥品一樣。在西方人們伸出手抓的是酒精；是歷史的巧合，這和希臘，羅馬以及基督教有連帶的關係。但是鴉片其實也不能算是一種不好的選擇，

相對於酒精，鴉片不那麼激烈和讓人抑鬱，反而是溫和及使人平靜，造成的結果讓人們可能可以更好的和平共處：不同於因酒精而滋事鬧事、打架鬥毆、耍流氓，暴力、殺人。隨著時間的推移人類學會了如何與酒精共處，那麼與鴉片共處也不是不無可能。（我在這裡說的不是嗎啡與海洛因）—《喬治（策紹真）和他的許多同伴們；曾經可以這樣；也做過。在他寫的“老北京浪蕩子”中這樣提到：《人們可以將【鴉片】當成一種《高貴的禮物》，有鴉片癮的人很少喪失其道德 [---]。與我的朋友額恩斯特（Ernst），我們經常會一起吸上個幾口；同時舒服悠閒的聊著天，沒別的。不論是他還是我都沒有上癮。我們唯一感受到的是一種舒服滿足的感覺和安祥平和。》中國人已經開始在將這個毒品變得無害的路上，也有了不錯的進展。在中國的鴉片史中，還包括了添加物，所

謂的「料子」，或者叫”人造土”：添加物的目的是在不減損，改變其自然的香氣和作用的情況下，同時稀釋減弱鴉片的麻醉功能。行話叫”底”，區分為軟底與硬底。這與其成分組成無關，只是表示其對鴉片本身功能造成的影響的一種表達。《硬底》是在鴉片煮過和過濾了以後才添加進去的，減少了每一份的鴉片用量。《軟底》是與鴉片一起煮和過濾，也就造成 --- 不僅只是量的減少，也是質的改變。一最受歡迎的“底”，其中是蘋果料子，是位叫劉二爺的人在清朝末年發明的，他是清末在熱河的避暑聖地（＊如今的承德避暑山莊）院內；總管京劇劇院事務的頭領，就在皇家避暑的夏宮內，當地他抽到的鴉片；雖然有著蘋果的香氣，但是對他來說味道還是太強了些。他環顧自己盛開著花的花園，忽然靈感來了：去了皮的青蘋果煮過變濃稠的醬汁。這個混合體，聞起來如同鴉片一模一樣而且質地亦同；這讓他非常高興，很長的一段時間成了他的最愛，然而不久後就被他遺忘了。因為那必需用熱河附近的新鮮的綠蘋果才有此滋味。其他的軟的、不新鮮的或是別的地方的蘋果，都不行。因為這個原因反而使得作為添加物的“底子”比原本的”主子“還貴。一香草；草藥也可以成為底子混合使用，首選是黃芩（Scutellaria baicalensis）類，和槐豆莢一種在中國北方無處不在的槐豆（Sophora japonica）樹上結的果莢。用其混合的主要功能是要減少吸食鴉片者內在的“心火”，一種中醫所說的病徵，如煩躁不安，口乾舌燥，心跳或是脈搏加快，出汗，便秘，結膜炎等等。一最好的草藥底是芝麻與苜蓿（Medicago sativa）的濃縮汁調和而成。從顏色，結構和味道上都與鴉片差不多一樣，正好可以以假亂真，也是讓上癮者以此來作為戒除毒癮的替代物。相同的還有以下的方子：紅棗，用水浸泡軟，去除外皮與核，搗成泥，煮過，去除殘渣，將濃汁繼續熬煮，直到只剩下濃縮成纖細黏稠的精華。最終這個就是”加假減真“；逐漸一步一步添加的物質，可以用來戒除上癮者的毒癮。另外的一個方子：桂皮，浸泡七天，使之變軟後，用薄絲網過濾後放入鍋中，直到成為糨狀[117]。

現在再回頭設想一下；在西方社會要將鴉片當成社交藥品，誠然是一種不尋常的、充滿異國情調的，以及完全陌生的一個世界的理念。不是去面對酒以及烈性酒的廣告，而是要被迫去面對鴉片與鴉片的衍生物和它的用具：特別的種類和情況，《底》、珍貴的材質做的的煙斗、煙燈、煙具、煙塌，鴉片館。這是個糟糕的，不好的社會團體嗎？不一定！是否更有活力？這是另外的一個問題。大概不是，但是這個西方世界不是正慢慢的、越來越暴力、攻擊性越來越強的在走向滅亡？而這對鴉片來說是正面的。存在的問題是：如何戒除掉酒癮？就這一點來說也許鴉片未嘗不是一種論點。眾所周知的事實是毒品只能透過另外的其他的毒品來戒除。一問題深入到社會中。有關鴉片這方面的資料，很大的一部分是受到了太多的意識形態的渲染。人們需要的是簡單清晰的處方、診斷，指示路標和引導；而不是意識形態的宣傳。真正的指南少之又少。西方在這一方面的資料如同中國一樣的缺乏。我發現的有一些比較少有的、中立的資料來源是在金受申的”北京通“中的：”鴨片與煙具“和”毒窟剪影“：這是個有關鴉片館，種類，如何吸食，用具，造假，內部行話等等的資訊寶庫。---“舊中國黑社會秘史”三本一套的著作；1998 年經濟日報出版社在北京出版。幾乎包含了中國黑社會的各個方面。---2005 年冼波的”煙毒的歷史“，由北京中國史出版社出版。--- 吉伯特金（Gilbert King）1926 年 10 月發表在亞洲雜誌上的：”罌粟花又開（The Poppy Blooms again，）“他報導了四川以及雲南地區種植鴉片的情況，他還提到動物的蹄子研磨成粉末，也是一種添加物 ---。中國海關 1923 年出的概要：”主要的中國商業物品（進出口）（The principal articles of Chinese commerce（import and Export）“，其中包含了許多相關的中國字、詞：如今都消失了；在字典或是大詞典內翻找都會是徒勞的。

群鴿：翁偶虹，鴿趣，見”舊京人物與風情“。北京燕山出版社，1996

劉迎秋，”淺談養鴿“，見“北京往事談”，北京出版社，1988。

海關事務：侯希巴婁摩爾（Hosea Ballou More）所著的：”中國王朝的國際關係”（The international relation of the Chinese Empire, 3Bd.）為三本一套。1978 年臺北重印。這套書中有關服務於海關事務和總覽方面；是至今為止最佳的歷史書。摩爾他曾經是海關的職員。

北京的飲用水：金受申如上所敘述

辮子：金受申；見上訴的書中 --- 在第二部分；作者專注詳細的介紹了女理髮師。

註釋

114 墓園中有個石頭天使，墓碑上刻著英文名字：《Feng Tze Chang 1899—1990，in loving memory of Ni-Ni》美好的紀念 Ni Ni，她的愛稱？，下麵有中文，張于鳳至 1899 年到 1990 年。旁邊留了一個墓穴；上面的名字“張學良”。

115 周恩來在學生年代就是出名的美男子，甚至是女性化的。參加票友的平劇的排演，他經常扮演女角，也因此有了“孫小姐”的封號。

116 那細節的魔鬼，經常會讓精明的說書人變成了不情願的喜劇兒，多數的出於莫名其妙的原由。金受申舉了個例子：兩個對手；面對面的站著；完全是對決的場面，其中一人蒙昧無知；名叫”裴三兒“，他的對手舉起了手中的狼牙棒；呼叫道：《嘿！嘿！裴三兒，啊，裴三兒！》。忽然哄堂大笑；金受申說 --- 沒有人知道為什麼。

北戴河

中國三部曲

作者：魯伯濤
譯者：李松根、趙亞生
策劃：趙亞生
編輯：張桂越
美編：葉欣玫
校對：李岱凝、鄭妙蘭

出版者：巴爾幹洋行
地址：台北市大同區延平北路一段 69 巷 10 號一樓
電話：02-2636-9496
郵政劃撥：5020-7680　戶名：張桂越
郵局 ATM：700-2441271-0846879
定價：新台幣 420　港幣：120　人民幣：120
出版日期：2021 年 10 月

ISBN：978-986-90412-4-9